# 구약학개관

## 개정증보 2 판

박동현 지음

장로회신학대학교출판부

# 머리말

이 책은 1999년에 처음 펴내고 2001년과 2002년, 두 차례에 걸쳐 그대로 찍어낸 『구약성경과 구약학』의 둘째 셋째 부분('둘째 마당. 구약학 분야 개관'과 '셋째 마당. 구약본문 풀이 연습')을 조금 다듬어 따로 낸 책이다(아래 8~13쪽의 '『구약성경과 구약학』 머리말' 참고). 『구약성경과 구약학』은 지난 여러 해 동안 장로회신학대학교의 대학부와 신학대학원 신학과 과목인 '구약학개관'의 교재로 사용되었다. 그 가운데서 첫 부분은 다소 전문적이고 학술적인 나머지 부분과는 달리 일반 지역교회의 청년부나 대학부에서도 성경 공부 교재로 활용되면서, 때때로 좋은 반응을 얻었다. 이리하여, 이 첫 부분과 나머지 두 부분을 나누어 따로 책을 만들기로 하여, 첫 부분은 『구약성경개관』, 나머지 부분은 『구약학개관』이라는 제목으로 새로 펴내기로 했다. 그리하면서, 그 동안 독자들이 전해 온 좋은 의견을 반영하고 새로 나온 참고문헌을 덧붙였다.

개정 증보 작업 과정에서 일을 조금 수월하게 하려고 다음 몇 가지 점은 초판과 달리 했다. 첫째, 구약학 각 분야에 대한 참고문헌 목록을 초판에서는 각 분야에 대한 서술 바로 뒤에 두었으나,

개정증보판에서는 책의 맨 뒤에 한데 모아 놓았다. 여기서 참고문헌이라 함은 이 책에서 참고한 책이나 자료를 가리킨다기보다는 구약학의 각 분야를 앞으로 더 깊이 연구하려고 할 때 도움이 될 문헌을 뜻한다. 둘째, 초판에 마련해 두었던 성구색인을 개정증보판에서는 뺐다. 셋째, 초판의 본문 풀이 연습 여러 도표에서 각 부분의 관련성을 표시하기 위해 썼던 이음줄을 개정증보판에서는 뺐다.

이미 여러 번 찍어낸 책을 두 권으로 나누어 새롭게 펴내기로 허락해 주신 장로회신학대학교 출판부장 임성빈 교수님을 비롯한 여러 위원 교수님, 출판에 관련된 실무를 도와 준 출판부의 김용민 선생님, 복잡하고 힘든 편집 작업을 기꺼이 맡아 정성스레 해 준 오권택 전도사님에게 깊은 감사의 뜻을 전한다.

2002년 12월
광나루 언덕에서
지은이

# 개정증보판을 내면서

1999년에 처음 펴낸 『구약성경과 구약학』의 뒷부분을 2003년에 『구약학개관』이라는 이름으로 따로 묶어낸 지 10년 더 되는 세월이 흘렀습니다. 그 동안 이 책으로 수업을 해 나가는 과정에서 이제는 아예 새로운 구약학개관 교과서를 써야 하지 않을까 하는 생각이 들었습니다. 여기에는 적어도 다음 네 가지 까닭이 있습니다. 첫째, 지난 10여 년 동안 구약학 각 분야의 연구에 새로운 흐름이 많이 나타났습니다. 둘째, 『구약학개관』에 상당히 많은 오자가 눈에 띄었습니다. 셋째, 둘째 마당 구약본문 풀이 연습에서 한글 본문을 개역한글판에서 개역개정판으로 바꾸자는 요구가 있었습니다. 넷째로, 이 본문 풀이 연습에 덧붙일 다른 여러 본문 풀이 자료가 마련되었습니다. 그렇지만 이 모든 요구를 담아 새 『구약학개관』을 펴내기에는 아직 여러 가지 면에서 힘들어 아쉽지만 우선 급한 대로 개정증보판을 내기로 했습니다. 그리하여 이번 개정증보판에서는 구약학 각 분야를 소개하는 첫째 마당의 몇 군데를 조금 더 다듬고, 둘째 마당 구약본문풀이도 오자를 바로잡는 정도에서 그대로 두었습니다. 다만 부록의 참고문헌 목록은 되도록 많이 보충했습니다.

    개정증보판을 펴내도록 허락해주신 장로회신학대학교 연구지원처장 임희국 교수님을 비롯한 여러 위원 교수님, 출판 관련 실무를 맡아주신 손천익 선생님, 2003년 『구약학개관』 편집 작업에 이어 이번에도 바쁘고 힘든 가운데서 개정증보판 파일 제작을 맡아주신 오권택 목사님, 그 동안 저와 함께 구약학개관 수업을 해 나가면서 오자를 알려주거나 여러 가지 좋은 제안을 해 준 학생 여러분, 참 고맙습니다!

2010년 2월 1일
광나루 언덕에서
지은이 올림

# 개정증보 2판을 내면서

　　개정증보판을 내고 5년의 세월이 흘렀습니다. 그동안 저는 은퇴 교수가 되었고, 제가 속한 교단을 비롯하여 한국 교회의 여러 교단 총회의 결정으로 개교회 강단과 일반 그리스도인이 쓰는 성경이 개역에서 개역개정판으로 바뀌어 가고 있습니다. 이에 맞추어 '둘째 마당 구약본문 풀이 연습'의 성경 본문을 개역개정판으로 바꾸었습니다.

　　제 개인 사정으로 은퇴 이후 발전한 성서학의 최신 연구 결과를 제대로 반영하기는 힘듭니다만, 참고문헌 목록에서 몇 군데를 보충했습니다(문헌 번호 0.2.2., 0.6.2., 0.6.3., 0.6.4., 0.6.6, 0.6.12., 0.6.13., 8.5).

　　이번 개정증보 2판 원고도 오권택 목사님의 헌신적인 도움으로 만들 수 있었습니다. 목사님은 교회 개척으로 눈코 뜰 새 없이 바쁘고 힘든 가운데서도 이 일을 기꺼이 맡아주셨습니다. 참 고맙습니다.

　　부족한 사람의 보잘것없는 책을 다시 개정할 수 있게 허락해 주신 장로회신학대학교출판부에도 감사의 뜻을 전합니다.

2015년 11월 27일
아치울에서
박동현 올림

# 『구약성경과 구약학』 머리말

　　이 책은 <구약학개관>이라는 교과목 이름 아래, 1997학년도 2학기, 1998학년도 1학기, 1999학년도 1학기에 장로회신학대학교 대학부 신학과 2학년 또는 신학대학원 신학과 1학년 학생들에게 가르친 내용을 정리하고 보충하여 만든 것이다. 실제로는 필자가 그동안 구약성경과 구약학에 대해서 여러 선생님들에게서 배운 것을 토대로 스스로나 나라 안팎의 신학도들과 함께 공부한 것을 전체적으로 한 번 정리해 본 것이기도 하다.

　　『구약성경과 구약학』- 구약성경을 읽기는 많이 읽는데 도무지 그 뜻을 바르게 알 수 있는 방법을 익히지 못한 사람들이 있는가 하면, 구약학을 꽤 배웠는데 정작 구약성경은 모르는 사람들도 있다. 이런 상황 가운데서, 구약학이 구약성경을 이해하는 데 어떻게 도움이 될 수 있을까, 구약학을 깊이 배우면 배울수록 구약성경을 더 잘 모르게 된다는 불평을 하는 학생들에게 그것이 그렇지 않다는 것을 설득력 있게 말하려면 어떻게 해야 할 것인가 하는, 실존적인 문제를 의식하면서 필자는 지난 세 해 동안 <구약학개관> 수업을 진행했다.

　　구체적으로는 세 가지를 생각했다.

　　맨 먼저, 요즈음 신학도들은 구약성경 자체를 잘 모른다는 느낌을 강하게 받았기 때문에, 구약성경에 대해 가르치기에 앞서 구약성경에 적혀 있는 내용 자체를 잘 안내할 필요가 있다고 생각했다. 그리하여 구약본문 개관을 구약학 연구의 전제로 삼았다.

다음으로, 구약학을 배우는 목적은 결국 구약본문을 바르게 이해하고 풀이해서 잘 가르치고 실천하는 데 있다고 보기 때문에, 대학부의 경우에는 아직 저학년이고, 신학대학원의 경우에는 신학을 배우는 첫 학기이지만, 구약본문풀이를 우선 한글 성경을 중심으로 어떻게 할 수 있을는지를 직접 경험할 수 있게 하려고 했다. 그리하여 '구약본문 풀이 연습'에서는 아직 히브리어나 아람어나 헬라어나 라틴어를 잘 알지 못하는 상황에서 여러 가지 한글 성경과 영어 독어 번역 성경을 서로 견주어 보면서, 어떻게 하면 그래도 객관성 있게 본문의 뜻을 이해하고 설교할 수 있을까 하는 데 초점을 맞추었다.

구약본문 개관에서 구약본문 풀이 연습으로 나아가는 길목에 놓인 것이 구약학의 여러 분야에 대한 기초적인 이해이다. 이 부분이 좁은 의미의 구약학개관이 될 것이다.

이리하여 구약본문 개관, 구약학의 분야 개관, 구약본문 풀이 연습이 지난 세 해 동안 필자가 학생들과 더불어 한 구약학개관 과목의 세 구성 요소가 되었고, 이 책도 그렇게 짜여 있다. 곧, 첫째 마당에서는 '구약본문 개관'을, 둘째 마당에서는 '구약학 분야 개관'을, 셋째 마당에서는 '구약본문 풀이 연습'을 시도했다.

구약본문 개관에서는 구약본문을 히브리어 성경의 순서를 따라 구약본문의 짜임새와 흐름과 중심 내용을 살펴본 것인데, 그 과정에서 [도표]를 많이 만들어 썼다. 다양한 본문 내용을 도식화하는 과정에서 각 부분의 독특성을 놓치게 될 위험이 있지만, 이는 일단 감수하기로 한다.

구약학 분야 개관에서는 구약학을 편의상 서론을 포함하여 11개 분야로 나누어, 각 분야의 기본 내용을 될 수 있는 대로 간결하게 소개했다. 사실은 마지막으로 '구약윤리'를 다루기 직전에 '구약본문설교'를 다루는 단락이 있어야 하지만, 이에 대해서는 [참고문헌 목록] 10.1에 실린 글들(특히 필자의 글)을 보는 것으로 대신하고, 그 실제 연습 내용을 셋째 마당에 따로 모아두기 때문에 둘째 마당에서는 뺐다. 각 분야에 대한 서술을 마친 다음에는 [참고문헌 목록]을 상당히 길게 덧붙였다. 이 [참고문헌 목록]은 각 단원에서 서술한 내용의 근거가 되는 문헌을 비롯하여 앞으로 그 분야를 체계적으로 더 깊이 공부하려고 할 때 볼 만한 문헌을 소개한다. 따라서 이는 앞에서 서술한 기본 내용을 보충하는 성격을 띤다. 다른 한편으로, 필요에 따라서는 [참고문헌 목록]에 들어 있지 않은 문헌도 각주에서 더러 소개하기도 한다.

[참고문헌 목록]에서는, 한글 문헌을 될 수 있는 대로 많이 넣고, 외국어 문헌은 중요하다고 판단한 것만 골라서 소개했다. 어떤 책이나 글을 우리가 편의상 열 가지로 나눈 구약학의 어느 한 분야에 넣기가 힘들 경우에는 그 중심 내용을 따라 분류했다. 다만 우리 나라 학자들의 소논문 모음은 편의상 '9. 구약신학'에 넣었다.

본디 이 교재는 일 주일에 세 시간씩 진행된 수업에 맞추어 만든 원고를 밑바탕으로 한 것이어서, 될 수 있는 대로 매 시간 원고의 분량을 '구약본문 풀이 연습'의 경우에는 A4 용지 두, 네 쪽, 여섯 쪽에 꽉 차게 작성했다. '구약학 여러 분야 개관' 원고를 만들 때도 그리했다. 그러다 보니, 마땅히 자세히 다룰 내용도 줄이는 경우도 적지 않았고, 덧붙이면 좋은 내용을 빼야 하는 때도 있었다. 그렇지만, 이 교재에서는 수업 시간에 나눈 자료를 될 수 있으면 그대로 싣기로 했다.

이렇게 교재를 엮다 보니 적어도 두 가지 점에서 아쉬운 생각이 든다.

첫째, 구약성경과 구약학을 진지하게 공부하려는 신학도들에게 아주 중요한데도, 이 교재에서 다루지 못하게 된 것이 하나 있다. 다름 아니라, 구약성경의 각 부분별, 또 각 권 별 안내이다. 이를 테면 오경 연구, 예언서 연구, 시문서 연구, 지혜서 연구, 창세기 연구, 출애굽기 연구 등이다. 특히 구약의 각 책별 중요 주석과 연구서들을 참고문헌 목록에 포함시키지 못했다. 이는 다음 기회로 미룰 수밖에 없는데, 우선 구약의 각 책에 대한 최근의 서양 문헌 목록은 에리히 쩽어(Erich Zenger)를 비롯한 여러 학자들이 힘을 모아 만든 『구약개론서』(Einleitung in das Alte Testament) 제3판(1998년)([참고문헌 목록] 5.46의 책)를 참고하면 좋다.

둘째, 구약본문 개관을 히브리어 성경을 기준으로 하다 보니, 부분적으로는 구약의 각 책을 우리 개신교회에서 보통 쓰는 구약성경에서 구약 각 책을 배열한 것과 다른 순서로 공부하게 됨으로써, 경우에 따라서는 혼란이 생길 수도 있다. 우리에게 익숙한 배열 순서로 구약본문 개관을 서술하는 것은 다음 기회로 미루기로 한다.

이 책은 <구약학개관 교본>의 성격을 띠기 때문에, 개인적으로나, 몇 사람이 함께, 구약성경과 구약학 공부 자습서로 쓸 수도 있다. 실제로 1998학년도 1학기 신학대학원 신학과 1학년 학생들과 함께 구약학개관을 할 때는, 매 시간 먼저 학생들이 개인 연구에 근거한 조별 공부의 결과를 보고하고, 그에 대해서 짧은 시간이나마 질의 응답 토론을 거친 다음에 함께 그 내용을 정리하는 식으로 수업을 진행했다. 그러한 과정에서 구약성경과 구약학에 대해서 필자가 지금까지 그 어떤 참고문헌에서도 읽지 못한 창조적인 내용을 서로 나누는 기쁨을 느낄 때가 적지 않았다. 안타깝게도 지금은 그런 점들을 이 교재에 거의 반영하지 못하지만, 언젠가는 한 번 학생들과 함께 공부한 구약학의 내용을 책으로 낼 수 있기를 바란다.

구약본문 개관의 경우에 여럿이 함께 구약성경에 대해 자습하려면, 먼저 도표를 본 다음에 그 도표에서 눈에 띄는 바에 대해 서로 이야기를 나눈 뒤에 '구약본문 개관'에서 해당 부분을 읽어 보아도 괜찮을 것이다. 그렇지만, 이 책에 들어 있는 도표에 매이지 말고, 각자 나름대로 구약성경 각 권의 짜임새와 중요 내용과 흐름을 간추려 보고, 그것을 밑바탕으로 해서 대여섯 사람이 한데 모여 서로의 의견을 나누어 보는 것이 중요하다. 그리한 다음에 이 책에 들어 있는 도표와 서술 내용을 비판적으로 검토해 보면 가장 좋을 것이다.

구약학 분야 개관의 경우에는 자습하기가 쉽지 않지만, 우선 각 분야에 대해서 개인적으로 지니고 있는 상식이나 생각에서 출발하여 몇 사람이 함께 이야기를 나누어 보고, 스스로 기본 문헌을 찾아 읽고 다시 생각을 모아본 다음에, 이 책에서 서술하는 내용과 비교해 보면 좋다.

구약본문 풀이 연습의 경우에는 여럿이 해당 본문을 읽고 여러 가지 관점에서 본문의 뜻을 바르게 이해하고, 오늘의 상황에 적용하기 위해 진지하게 토의할 수 있는 여지가 많다.

신약성경에 견주어 볼 때 분량이 엄청나게 많은 구약성경의 내용을 간단히 간추리고, 마찬가지로 신약학에 비해서 그 범위가 아주 방대해진 구약학의 여러 분야를 간결하게 정리하여 소개하며, 신약 본문과는 달리 아주 다양한 내용이 담긴 구약의 본문을 선별하여 풀이하는 법을 익히도록 한다는 것은, 사실 필자의 능력을 넘어서는 어려운 작업이었다. 그런 만큼, 이 교재의 내용 가운데 앞으로 다듬고 고치고 보충할 것이 많으리라 생각하며, 관심 있는 독자들의 질책과 도움을 기대한다.

그 동안 필자에게 성경을 사랑하며 공부하는 법을 가르쳐 준 나라 안팎의 여러 스승님들, 필자와 함께 성경을 연구해 온 선후배

동료 및 학생들이 아니었더라면, 이런 책마저도 엮어낼 수 없었을 것이다. 또한 바쁜 가운데서도 여러모로 복잡한 원고를 꼼꼼하게 교정해 준 장로회신학대학교 신학대학원 신학과 2학년 송영윤 학생과 엄청난 양의 성구 색인을 정성 들여 마련해 준 대학부 신학과 3학년 박종철 학생에게 고마운 뜻을 전한다.

   아무튼 이 보잘것없는 책이 구약성경을 깊이 있게 읽으면서 구약학을 체계적으로 공부하여, 말씀의 참된 일꾼이 되려는 사람들에게 조그마한 길잡이라도 될 수 있다면, 필자로서는 더 이상 바랄 것이 없겠다.

1999년 9월
아차산자락에서
지은이

## 차 례

머리말 ................................................................................................. 3
개정증보판을 내면서 ........................................................................ 5
개정증보 2판을 내면서 ..................................................................... 7
『구약성경과 구약학』 머리말 ............................................................ 8
차 례 .................................................................................................. 15
일러두기 ............................................................................................ 26

### 첫째 마당 구약학 분야 개관 ...................................................... 27
**0. 서 론** ........................................................................................... 29
  0.1. 구약학의 하위 분야별 분류 방식 ......................................... 29
  0.2. 정경 부분별 또는 문학유형별 분류 방식 ............................ 31
**1. 구약언어학** ................................................................................. 33
  1.1. 히브리어나 아람어로 쓰인 구약성경 ................................... 33
  1.2. 교회에서 널리 쓰이는 히브리 낱말 또는 아람 낱말 몇 가지 ... 34
  1.3. 히브리어 지식이 구약본문 이해에 도움이 되는 보기 ....... 36
  1.4. 구약성경의 아람어 부분 ........................................................ 42
  1.5. 히브리어와 아람어가 셈어족과 기독교 신학에서 차지하는 자리 ........ 43
  1.6. 몇 가지 보기를 통해 본 히브리어와 아람어의 비교 ....... 45
**2. 구약지리** ..................................................................................... 47
  2.1. 구약지리에 대한 일반 지식 ................................................... 47
  2.2. 구약지리가 본문 이해에 도움이 되는 보기 ........................ 48
  2.3. 구약성경지리란 무엇인가? .................................................... 51
  2.4. 이스라엘의 기본 지형 ............................................................ 54
  2.5. 이스라엘 땅의 기후 ................................................................ 56
  2.6. 이스라엘 땅의 식물과 동물 ................................................... 57

3. 구약역사 및 구약고고학 ..................................................................... 59
   3.1. 구약역사 및 구약고고학에 대한 일반 지식 ................................ 59
   3.2. 구약역사 및 구약고고학에 대한 이해가 본문 이해에 도움이 되는 보기 ......... 61
   3.3. 구약역사란 무엇인가? ................................................................ 64
   3.4. 구약역사 연구 방법론 ................................................................ 68
   3.5. (구약)성경고고학이란 무엇인가? .............................................. 71
   3.6. 구약역사 및 구약고고학 연대 .................................................... 77

4. 구약주변세계(고대근동)연구 .............................................................. 81
   4.1. 구약주변세계에 대한 일반 지식 ................................................ 81
   4.2. 구약주변세계 이해가 구약본문 이해에 중요한 까닭 ................ 82
   4.3. 구약주변세계란? ........................................................................ 86
   4.4. 구약주변세계의 지리와 역사 .................................................... 87
   4.5. 구약주변세계의 언어와 문자 .................................................... 90
   4.6. 구약주변세계의 문헌 ................................................................ 90

5. 구약개론 ................................................................................................ 97
   5.1. 구약개론의 뜻 ............................................................................ 97
   5.2. 구약개론과 구약본문 이해 ........................................................ 99
   5.3. 구약개론의 실제 내용 ................................................................ 99
   5.4. 구약개론 연구의 역사 .............................................................. 100
   5.5. 현대 구약개론학의 일반적인 연구 결과 ................................ 100

6. 구약외경 및 구약위경 연구 .............................................................. 109
   6.1. 구약외경 및 구약위경에 관련된 일반 지식 .......................... 109
   6.2. 구약외경과 구약위경이 구약 또는 신약 본문 이해에 도움이 되는가? ...... 110
   6.3. 외경 및 위경이란 무엇인가? .................................................. 111
   6.4. 구약외경 .................................................................................... 114
   6.5. 구약위경 .................................................................................... 121

## 7. 구약해석학 ............................................. 125
7.1. 해석학 또는 해석에 대한 초보적인 생각 ........................ 125
7.2. 성경해석학 ............................................... 128
7.3. 구약해석학의 중심 내용 ................................... 131
7.4. 구약해석학의 방법론 ...................................... 136

## 8. 구약주석방법론 ........................................ 137
8.1. 주석이 무엇인가? ........................................ 137
8.2. 본문 주석의 첫 단계 – 본문 범위 확정, 초역, 관찰 ............ 139
8.3. 역사비평적 주석방법론 ................................... 146
8.4. 구약주석의 새 방법들 .................................... 165
8.5. 주석을 실제로 어떻게 할 것인가? .......................... 171

## 9. 구약신학 .............................................. 175
9.1. 구약신학이란 무엇인가? .................................. 175
9.2. 구약신학의 역사 ......................................... 176
9.3. 구약신학 연구방법론 ..................................... 179

## 10. 구약윤리 ............................................. 185
10.1. 오늘의 윤리적 상황과 구약성경 .......................... 185
10.2. 구약윤리란 무엇인가? ................................... 186
10.3. 구약윤리 연구의 역사 ................................... 187
10.4. 구약윤리 연구방법론 .................................... 188
10.5. 구약윤리의 특수성과 보편성 ............................. 189
10.6. 구약윤리의 전제 ........................................ 190
10.7. 구약윤리의 중요 주제 ................................... 192
10.8. 오늘도 타당한 구약윤리의 내용 .......................... 193

# 둘째 마당 구약본문 풀이 연습 ... 197

## 0. 이사야 50장 4~9절 ... 199
- 0.1. 본문 범위 설정에 무리가 없는가? ... 199
- 0.2. 본문 한글 번역의 문제 ... 200
- 0.3. 본문의 짜임새와 흐름 ... 200
- 0.4. 본문 이해를 위해 생각해 볼 점 ... 204
- 0.5. 본문의 교훈 ... 205
- 0.6. 설교할 때 고려할 본문의 교훈 ... 205

## 1. 창세기 12장 1~3절 ... 208
- 1.1. 본문 범위 설정에 무리가 없는가? ... 208
- 1.2. 본문 한글 번역의 문제 ... 208
- 1.3. 본문의 짜임새 ... 209
- 1.4. 본문의 의도와 목표 ... 209
- 1.5. 본문의 중요 낱말이나 개념 ... 210
- 1.6. 본문 앞뒤와 이어지는 점들과 본문이 창세기에서 차지하는 자리 ... 210
- 1.7. 본문이 구약전체, 더 나아가서 성경전체에서 차지하는 자리 ... 211
- 1.8. 설교할 때 고려할 본문의 교훈 ... 211

## 2. 창세기 26장 26~31절 ... 212
- 2.1. 본문의 범위 설정에 무리가 없는가? ... 212
- 2.2. 본문 한글 번역의 문제 ... 213
- 2.3. 본문의 짜임새와 흐름와 내부 상응 관계 ... 213
- 2.4. 본문이 26장 1~33절에서 차지하는 자리 ... 214
- 2.5. 창세기에서 본문과 이삭이 차지하는 자리 ... 218
- 2.6. 본문의 중심 개념 ... 219
- 2.7. 본문의 교훈 ... 220
- 2.8. 설교할 때 고려할 본문의 교훈 ... 220

### 3. 창세기 50장 15~21절 ... 222
- 3.1. 본문의 범위 설정에 무리가 없는가? ... 222
- 3.2. 본문 한글 번역의 문제 ... 223
- 3.3. 본문의 짜임새와 흐름 ... 223
- 3.4. 본문의 중심 낱말 및 개념 ... 224
- 3.5. 요셉 본문(창 37~50장) 및 창세기의 흐름에서 본 본문의 의미 ... 226
- 3.6. 설교할 때 고려할 본문의 교훈 ... 227

### 4. 출애굽기 15장 19~21절 ... 229
- 4.1. 본문 범위 설정에 무리가 없는가? ... 229
- 4.2. 본문 한글 번역의 문제 ... 229
- 4.3. 본문의 문학 형식과 짜임새와 흐름 ... 230
- 4.4. 본문의 진술 의도 ... 231
- 4.5. 본문이 앞 뒤와 이어지는 점들과 출애굽기에서 차지하는 자리 ... 231
- 4.6. 설교할 때 고려할 본문의 교훈 ... 232

### 5. 출애굽기 15장 22~26절 ... 233
- 5.1. 본문 범위 설정에 무리가 없는가? ... 233
- 5.2. 한글 번역의 문제 ... 233
- 5.3. 본문의 짜임새와 흐름 ... 234
- 5.4. 본문 이해에 중요한 점 ... 236
- 5.5. 설교할 때 고려할 본문의 교훈 ... 237

### 6. 레위기 25장 1~7절 ... 238
- 6.1. 본문 범위 설정에 문제가 없는가? ... 238
- 6.2. 본문 한글 번역의 문제 ... 239
- 6.3. 본문의 짜임새와 흐름 ... 239
- 6.4. 본문의 중심 낱말 및 개념 ... 240
- 6.5. 본문과 출애굽기 23장 10~11절의 비교 ... 240
- 6.6. 설교할 때 고려할 본문의 교훈 ... 241

**7. 레위기 25장 23~28절** .................................................. **242**
   7.1. 본문 범위 설정에 문제가 없는가? ........................... 242
   7.2. 본문 한글 번역의 문제 ............................................... 243
   7.3. 본문의 짜임새와 흐름 ................................................ 244
   7.4. 본문의 중심 낱말 및 개념 ......................................... 245
   7.5. 25장의 다른 부분과 관련시켜서 이해할, 본문의 몇 가지 내용 ........... 246
   7.6. 본문이 레위기 25장 및 레위기에서 차지하는 자리 ........... 247
   7.7. 설교할 때 고려할 본문의 교훈 ................................. 248

**8. 신명기 26장 1~11절** .................................................. **249**
   8.1. 본문 범위 설정에 무리가 없는가? ........................... 249
   8.2. 본문 한글 번역의 문제 ............................................... 249
   8.3. 본문의 표현 형식과 짜임새와 내부 상응 관계 ........... 250
   8.4. 본문의 중심 낱말 및 개념 ......................................... 251
   8.5. 본문과 신명기 및 율법서의 다른 부분의 관계 ........... 252
   8.6. 설교할 때 고려할 본문의 교훈 ................................. 252

**9. 사사기 11장 1~11절** .................................................. **253**
   9.1. 본문 범위 설정에 무리가 없는가? ........................... 253
   9.2. 본문 한글 번역의 문제 ............................................... 254
   9.3. 본문의 짜임새와 흐름 ................................................ 255
   9.4. 본문의 중심 낱말 및 개념 ......................................... 257
   9.5. 본문 이해를 위해 조사해 볼 내용 ............................ 258
   9.6. 입다 본문이 사사기에서 차지하는 자리 ................... 259
   9.7. 설교할 때 고려할 본문의 교훈 ................................. 260

**10. 사무엘상 12장 19~25절** ........................................ **262**
   10.1. 본문 범위 설정에 무리가 없는가? ......................... 262
   10.2. 본문 한글 번역의 문제 ............................................ 264
   10.3. 본문의 짜임새와 흐름과 내부 상응 관계 ............... 264
   10.4. 설교할 때 고려할 본문의 교훈 ............................... 265

## 11. 열왕기하 22장 8~13절 .................................................. 266
11.1. 본문 범위 설정에 무리가 없는가? ........................ 266
11.2. 본문 한글 번역의 문제 ............................................ 267
11.3. 본문의 짜임새와 흐름 ............................................ 267
11.4. 본문에 거듭 나오는 낱말이나 이름 ...................... 268
11.5. 본문 이해를 위해 알아보거나 생각해 볼 문제들 ..... 268
11.6. 설교할 때 고려할 본문의 교훈 .............................. 269

## 12. 이사야 1장 10~17절 ................................................. 270
12.1. 본문 범위 설정에 문제가 없는가? ........................ 270
12.2. 본문 한글 번역의 문제 ............................................ 271
12.3. 본문의 짜임새와 흐름 ............................................ 271
12.4. 본문의 중심 낱말 및 개념 ...................................... 273
12.5. 설교할 때 고려할 본문의 교훈 .............................. 273

## 13. 이사야 7장 1~9절 ..................................................... 275
13.1. 본문 범위 설정에 무리가 없는가? ........................ 275
13.2. 본문 한글 번역의 문제 ............................................ 275
13.3. 본문의 짜임새와 흐름 ............................................ 276
13.4. 본문 이해를 위해 조사할 일 .................................. 276
13.5. 본문이 이사야서에서 차지하는 자리 .................... 278
13.6. 설교할 때 고려할 본문의 교훈 .............................. 278

## 14. 이사야 40장 27~31절 ............................................... 279
14.1. 본문 범위 설정에 무리가 없는가? ........................ 279
14.2. 본문 한글 번역의 문제 ............................................ 280
14.3. 본문의 짜임새와 흐름과 표현 형식 ...................... 281
14.4. 본문의 중심 낱말 및 개념 ...................................... 283
14.5. 본문의 역사적 배경 ................................................ 284
14.6. 설교할 때 고려할 본문의 교훈 .............................. 285

**15. 예레미야 12장 7~12절** ..................................................... **287**
   15.1. 본문의 범위 설정에 무리가 없는가? ............................. 287
   15.2. 본문 한글 번역의 문제 ............................................... 287
   15.3. 본문의 표현 형식과 짜임새와 흐름과 내부 상응관계 ........... 288
   15.4. 본문의 중심 낱말 및 개념 ............................................ 290
   15.5. 설교할 때 고려할 본문의 교훈 ....................................... 291

**16. 예레미야 17장 5~8절** ..................................................... **292**
   16.1. 본문 범위 설정에 문제가 없는가? ................................. 292
   16.2. 본문 한글 번역의 문제 ............................................... 293
   16.3. 본문의 짜임새와 흐름 ................................................. 293
   16.4. 본문의 중심 낱말 및 개념 ............................................ 294
   16.5. 설교할 때 고려할 본문의 교훈 ....................................... 295

**17. 예레미야 31장 15~20절** ................................................... **296**
   17.1. 본문의 범위 설정에 무리가 없는가? ............................. 296
   17.2. 본문 한글 번역의 문제 ............................................... 297
   17.3. 본문의 짜임새와 흐름과 표현 형식 ................................. 297
   17.4. 본문을 바로 이해하기 위해 조사해 볼 것 ......................... 299
   17.5. 설교할 때 고려할 본문의 교훈 ....................................... 299

**18. 에스겔 22장 23~31절** ..................................................... **300**
   18.1. 본문 범위 설정에 무리가 없는가? ................................. 300
   18.2. 본문 번역에 문제가 없는가? ........................................ 300
   18.3. 본문의 짜임새와 흐름 ................................................. 301
   18.4. 본문을 바로 이해하기 위해 생각해 볼 점들 ..................... 303
   18.5. 본문의 교훈 ............................................................. 303
   18.6. 설교할 때 고려할 본문의 교훈 ....................................... 304

**19. 에스겔 34장 1~6절** ....................................................... **305**
   19.1. 본문 범위 설정에 무리가 없는가? ................................. 305
   19.2. 본문 한글 번역의 문제 ............................................... 306

19.3. 본문의 짜임새와 흐름 ...... 306
19.4. 본문의 중심 낱말 및 개념 ...... 307
19.5. 설교할 때 고려할 본문의 교훈 ...... 308
**20. 호세아 6장 1~6절** ...... **309**
20.1. 본문 범위 확정의 문제 ...... 309
20.2. 본문 한글 번역의 문제 ...... 310
20.3. 본문의 짜임새와 흐름, 앞 뒤 단락과 이어지는 점들 ...... 311
20.4. 본문의 중요한 낱말, 개념 ...... 312
20.5. 본문의 중심 내용 ...... 312
20.6. 설교할 때 고려할 본문의 교훈 ...... 313
**21. 아모스 5장 21~24절** ...... **314**
21.1. 본문 범위 설정에 무리가 없는가? ...... 314
21.2. 본문 한글 번역의 문제 ...... 315
21.3. 본문의 짜임새와 흐름 ...... 315
21.4. 본문의 중요 낱말 및 개념 ...... 316
21.5. 아모스 시대 북왕국의 상황 ...... 317
21.6. 본문이 아모스에서 차지하는 자리 ...... 317
21.7. 설교할 때 고려할 본문의 교훈 ...... 317
**22. 아모스 7장 10~17절** ...... **318**
22.1. 본문 범위 설정에 무리가 없는가? ...... 318
22.2. 본문 한글 번역의 문제 ...... 318
22.3. 본문의 짜임새와 흐름과 내부 상응 관계 ...... 319
22.4. 본문의 중심 낱말 및 개념 ...... 321
22.5. 설교할 때 고려할 본문의 교훈 ...... 321
**23. 미가 6장 6~8절** ...... **322**
23.1. 본문의 범위 설정에 무리가 없는가? ...... 322
23.2. 본문 한글 번역의 문제 ...... 322
23.3. 본문의 표현 형식과 짜임새와 흐름과 내부 상응 관계 ...... 323

23.4. 본문 이해를 위해 생각해 볼 점 ...... 325
23.5. 설교할 때 고려할 본문의 교훈 ...... 325
**24. 시편 1편** ...... **326**
24.1. 본문 범위 확정의 문제와 시편 전체에서 본문이 차지하는 자리 ...... 326
24.2. 본문 한글 번역의 문제 ...... 327
24.3. 본문의 짜임새와 흐름과 내부 상응 관계 ...... 327
24.4. 본문의 중심 낱말 및 개념 ...... 329
24.5. 설교할 때 고려할 본문의 교훈 ...... 329
**25. 시편 13편** ...... **330**
25.1. 본문과 앞 뒤 시편의 관계 ...... 330
25.2. 본문의 한글 번역 문제 ...... 330
25.3. 본문의 짜임새와 흐름 ...... 332
25.4. 본문의 중심 낱말 및 개념 ...... 333
25.5. 본문 이해를 이해하려고 할 때 궁금한 점 ...... 334
25.6. 설교할 때 고려할 본문의 교훈 ...... 334
**26. 시편 122편** ...... **335**
26.1. 시편 122편이 시편 전체에서 차지하는 자리 ...... 335
26.2. 본문 한글 번역의 문제 ...... 336
26.3. 본문의 짜임새와 흐름 ...... 336
26.4. 본문의 주요 개념 ...... 337
26.5. 본문의 중요 내용 ...... 337
26.6. 설교를 준비할 때 생각할 점 ...... 338
26.7. 설교할 때 고려할 본문의 교훈 ...... 338
**27. 다니엘 1장 8~20절** ...... **340**
27.1. 본문 범위 확정에 무리가 없는가? ...... 340
27.2. 본문 한글 번역의 문제 ...... 341
27.3. 본문의 짜임새와 흐름과 앞뒤 관련성 ...... 341
27.4. 본문 이해를 위해 알아볼 점 ...... 342

27.5. 다니엘 1장이 다니엘서에서 차지하는 자리 ...................................... 342
27.6. 본문의 교훈 ........................................................................................ 343
27.7. 설교할 때 고려할 본문의 교훈 ......................................................... 343
**28. 역대하 20장 5~13절 .......................................................................... 344**
28.1. 본문 범위 설정에 무리가 없는가? .................................................. 344
28.2. 본문 한글 번역의 문제 ..................................................................... 345
28.3. 본문의 짜임새와 흐름 ....................................................................... 345
28.4. 본문의 표현 형식과 내부 상응 관계 ............................................... 347
28.5. 설교할 때 고려할 본문의 교훈 ......................................................... 347
**29. 역대하 28장 8~15절 .......................................................................... 349**
29.1. 본문 범위 설정에 무리가 없는가? .................................................. 349
29.2. 본문 한글 번역의 문제 ..................................................................... 350
29.3. 본문의 짜임새와 흐름과 중요 낱말의 상응 관계 .......................... 351
29.4. 역대하 28장과 열왕기하 16장의 관계 ........................................... 352
29.5. 설교할 때 고려할 본문의 교훈 ......................................................... 352

**부록: 참고문헌 목록 ................................................................................ 353**
0. 신학입문과 구약학입문 일반 ................................................................ 355
1. 구약언어학 ................................................................................................ 377
2. 구약지리 .................................................................................................... 382
3. 구약역사 및 구약고고학 ......................................................................... 385
4. 구약주변(고대근동)세계 ......................................................................... 390
5. 구약개론 .................................................................................................... 394
6. 구약외경 및 구약위경 연구 ................................................................... 397
7. 구약해석학 ................................................................................................ 400
8. 구약주석방법론 ........................................................................................ 404
9. 구약신학 .................................................................................................... 416
10. 구약본문설교와 구약윤리 .................................................................... 422

# 일러두기

1. 히브리어, 헬라어, 라틴어 등 외국어의 한글 음역은 < > 안에 써넣기로 한다.

2. 히브리어의 한글 음역은 될 수 있는대로 좇고, "개역개정판의 히브리어 고유명사 한글 음역 방식과 히브리어 한글 음역 시안", 「성경원문연구」 제8호(2001년 2월), 106~157을 따르기로 한다.

3. 이스라엘의 하나님 이름을 나타내는 네 히브리 자모(יהוה)는 일단 <야훼>로 표기하기로 하지만, 개역개정판 성경에서 본문을 인용할 때는 '여호와'를 그대로 쓴다.

4. 성경에 나오는 고유 명사의 표기법은 일단 개역개정판을 따르고, 그 밖의 경우에는 통상 관례에 따르기로 한다.

5. [참고문헌 목록]에서는 (1)우리 나라 학자들이 한글로 쓴 문헌 (2)한글로 옮긴 외국학자들의 글이나 책 (3)외국어로 된 문헌의 순서로 배열하였다. 또 한글 문헌 가운데 지은이 이름이나 책 이름이 한자로 적힌 것도 한글 세대를 생각해서 한글로 고쳐 적었다. 한자를 꼭 써야 할 경우에는 괄호 안에 넣었다.

6. [참고문헌 목록]에 들어 있는 문헌을 각주에서 인용할 때는, 기본적으로 저자 이름과 줄인 제목만 적고, 그 뒤 (   )안에 [문헌]이란 표시와 함께 번호를 써 놓아서, 그에 대한 자세한 내용은 [참고문헌 목록]에서 찾아보게 하기로 한다.

7. 그밖에 따로 각주에서 인용한 책 가운데 한글 책은 『』로 표시하고, 잡지나 논문집에 실린 글의 쪽수를 표기할 때, '쪽'이나 p(p).나 S.는 적지 않고 쪽의 숫자만 바로 적기로 한다. 잡지의 경우에는 그 앞에 쉼표도 적지 않기로 한다.

첫째 마당

# 구약학 분야 개관

0. 서론
1. 구약언어학
2. 구약지리
3. 구약역사 및 구약고고학
4. 구약주변세계 연구
5. 구약개론
6. 구약외경 및 구약위경 연구
7. 구약해석학
8. 구약주석방법론
9. 구약신학
10. 구약윤리

# 0. 서론

## 0.1. 구약학의 하위 분야별 분류 방식

0.1.1. 김중은[1]은 구약학의 분야를 크게 구약본문에 대한 단순한 구약'성경공부' (Bible Study)와 전문적인 구약'성경연구' (Biblical Studies)의 둘로 나누고, 구약성경연구를 다시 구약언어, 구약개론, 구약역사(이스라엘 역사), 구약신학, 구약주석의 다섯 분야로 나눈다.

0.1.2. 독일의 경우 구약학에 관련되는 과목은 아래와 같다.

ㄱ. 구약언어학 – 히브리어, 아람어, 수리아어, 우가릿어, 악캇[2]

---

[1] 김중은, 『구약의 말씀과 현실』([문헌] 9.11의 책), 305~14를 보라.
[2] 흔히 '아카드'로 음역하지만, 여기서는 이 책에서 쓰는 히브리 낱말의 한글 음역방식에 맞추어 '악캇'으로 음역하기로 한다. 개역개정판 창세기 10장 10절에서는 '악갓'으로 음역했다.

어 등. 히브리어 원전 강독도 이에 포함된다.

ㄴ. 본문의 내용에 대해 알아보는 구약 '성경지식'(Bibelkunde)
  – 이는 앞에서 말한 구약성경공부에 해당한다.

ㄷ. 구약주석방법론을 다루는 구약 기초 세미나(Proseminar).

ㄹ. 기초 강의(Vorlesung)과목으로 구약개론, 이스라엘 역사, 구약신학.

ㅁ. 기타 특별 주제를 다루는 강의(이를 테면 이사야, 시편 등의 주석 강의)와 본 세미나(Hauptseminar)나 고급 세미나(Oberseminar).

세계 구약학계에서는 성경사본학, (구약)성경지리, (구약)성경고고학, (구약)성경해석학, 심지어 구약본문설교, 구약인류학, 구약윤리 같은 것도 구약학의 하위 분야로 나누어 보기도 한다.[3]

이번 과목에서는 우리가 쓸 수 있는 시간의 형편에 맞추어, 구약언어학(1), 구약지리(2), 구약역사 및 구약고고학(3), 구약주변세계[4] 연구(4), 구약개론(5), 구약외경 및 위경(6), 구약해석학(7), 구약주석방법론(8), 구약신학(9), 구약본문설교 및 구약윤리(10)의 열 가지로 나누어 구약학을 개관하기로 한다.

0.1.3. 그런데, 구약학의 이런 여러 분야 가운데서는 다른 일반 학문 분야와 밀접하게 관련되는 경우가 많다. 곧 구약언어학은 일반 언어학과, 구약지리는 일반 지리학과, 구약역사는 일반 역사학과, 구약고고학은 일반 고고학과, 구약주변세계 연구는 고대 중동

---

[3] 장일선, 『알기 쉬운 구약학』([문헌] 0.5.2의 책)목차와 견주어 보라.

[4] 보통 쓰이는 고대근동이라는 말 대신에 구약주변세계라고 부르는 까닭에 대해서는 아래 4.3을 보라.

학과, 구약해석학은 일반 해석학과, 구약윤리는 일반 윤리학과 연관된다(도표 1 참고).

이리하여 구약학이 본디는 신학의 한 분야이지만, 다른 한편으로는 종합 학문의 성격을 띠기도 한다.

**도표 1. 구약학의 여러 분야의 관련 일반 학문 분야**

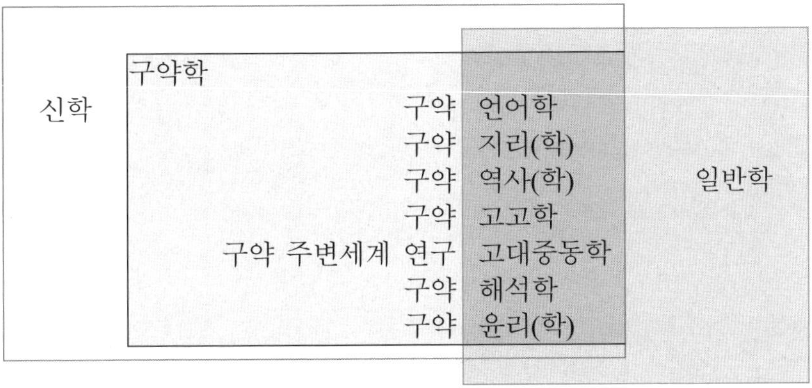

| 신학 | 구약학 | | 일반학 |
|---|---|---|---|
| | | 구약 언어학 | |
| | | 구약 지리(학) | |
| | | 구약 역사(학) | |
| | | 구약 고고학 | |
| | 구약 주변세계 연구 | 고대중동학 | |
| | | 구약 해석학 | |
| | | 구약 윤리(학) | |

## 0.2. 정경 부분별 또는 문학유형별 분류 방식

구약학개관의 또 다른 내용은 정경의 삼분법을 따라 오경 연구 개관, 예언서 연구 개관, 성문서 연구 개관을 들 수 있다. 또한 구약학은 구약본문의 문학유형을 기준으로 역사서, 시문서, 지혜문서, 묵시 문서 등으로 나누어 개관할 수도 있다. 이런 식으로 구약학을 개관하는 것은 다음 기회로 미루기로 한다.[5]

---

[5] 이에 대해서는 장일선, 『알기 쉬운 구약학』([문헌] 0.5.2의 책), 7~10장과 헤이즈, 『구약학입문』([문헌] 0.5.7의 책), 5~10장 그리고 나이트/터커 편집, 『히브리 성서와 현대의 해석자들』([문헌] 0.5.8의 책)에서 이와 관련되는 부분을 참고하라.

# 1. 구약언어학

## 1.1. 히브리어나 아람어로 쓰인 구약성경

유대인이나 기독교인이 아니더라도 세계 문화사에 대한 약간의 지식을 지녔으면, 구약성경이 히브리 말과 글자로 적힌 책이라는 정도는 안다. 그렇지만 조금 더 정확히 말한다면, 구약성경의 원어는 히브리 말과 아람 말이다. 다니엘서 2장 4절 후반절~7장 28절과 에스라 4장 8절~6장 18절과 7장 12~26절과 예레미야 10장 11절, 또 창세기 31장 47절의 <여가르 사하두타>(יְגַר שָׂהֲדוּתָא)는 아람 말로 되어 있고 구약성경의 나머지 부분은 모두 히브리 말로 적혀 있다.

따라서 일반인들은 번역된 형태의 구약성경을 읽고 있는 셈인데, 구약성경의 본 뜻을 제대로 이해하려면 우선 구약성경에 쓰인 히브리어와 아람어를 배워야 한 것은 두말할 여지가 없다. 구약언어학의 일차적인 연구 대상은 구약성경 히브리어와 아람어이다. 그렇지만, 그것이 전부는 아니다. 칠십인역의 헬라어 연구도 구약언어학에 속한다. 그뿐만 아니라, 히브리어와 아람어와 뿌리가 같은 다른 여러 가지 셈어 연구도 넓은 의미의 구약언어학에 들어간다고 할 수 있다.

아래에서는 먼저 기독교회 안에서 이미 널리 쓰이고 있는 히브리 낱말이나 아람 낱말을 몇 가지 알아본 뒤에, 구약성경본문 이해에 원어를 아는 것이 어떤 면에서 도움이 되는지를 히브리어의 경우를 보기로 하여 살펴 보겠다. 마지막으로 구약성경 아람어에 대해 간단히 소개하기로 한다.

## 1.2. 교회에서 널리 쓰이는 히브리 낱말 또는 아람 낱말 몇 가지

### 1.2.1. 할렐루야

기독교인들의 입에서 가장 많이 들을 수 있는 히브리어 표현은 '할렐루야'(시 111:1; 112:1 등)일 것이다. 이 낱말의 본디 발음은 <할를루 야흐> (הַלְלוּ יָהּ)이고, 문자적인 뜻은 "너희는 야흐를 찬양하라" 인데, 여기서 <야흐>는 <야훼>(개역개정판에서는 '여호와'라고 쓰지만, '야훼'가 '여호와'보다 더 정확한 것으로 보인다)의 짧은 꼴이므로, 결국 '할렐루야'는 "너희는 야훼를 찬양하라"는 뜻을 지닌다. 히브리어 문법을 따라 설명한다면, '할렐루야'는 남성 복수에 대한 명령형과 그 목적어가 한데 어우러진 꼴이다.

### 1.2.2. 임마누엘

마태복음 1장 23절에서 이사야 7장 14절을 인용하여 예수님의 별명으로 소개하는 '임마누엘'(עִמָּנוּ אֵל)도 히브리어이다. <임마누엘>의 뜻은 "하나님이 우리와 함께 계신다"인데, 히브리어 문법상으로 이는 낱말 둘로 이루어진 하나의 문장, 그것도 동사 없이 이루어진 문장이다.

### 1.2.3. 메시야

예수님을 가리켜 메시야라고 하는 것은 비기독교인들도 아는데, 이 말은 요한복음 1장 41절과 4장 25절에 나오는 헬라 말 <메시아스>(Μεσσιας)에서 온 것이고, 이 헬라 말은 다시 아람 말 <므쉬하>(מְשִׁיחָא)로 거슬러 올라 간다. 히브리 말로는 <마쉬아흐>(מָשִׁיחַ)가 되는데, 이는 '기름붓다'를 뜻하는 동사 <마샤흐>(מָשַׁח)에서 비롯된 명사로 '기름부음 받은 자'를 가리킨다. 결국 '메시야'는 헬라 말 <크리스토스>(Χριστος)에서 온 그리스도와 같은 뜻을 지닌다.

### 1.2.4. 예수

예수라는 이름이 신약성경에서는 마태복음 1장 21절에 맨 처음으로 나오는데, 이는 헬라 말 <예수스>('Ιησοῦς)에서 비롯된 것이다. 이 헬라 말은 히브리 말 <예슈아으>(יֵשׁוּעַ)또는 <여호슈아으>(יְהוֹשׁוּעַ)로 거슬러 올라간다. <여호슈아으>는 <여호>와 <슈아>가 어우러져 문장 형식을 이룬 것으로, "여호는 도움/구원이시다"를 뜻하는데, <여호>는 '야훼', '여호와'의 줄인 꼴 가운데 하나이다.

### 1.2.5. 아멘

아멘(אָמֵן)은 구약성경에서 민수기 5장 22절에 맨 처음 나오는데, 이 경우에 <아멘>은 제사장이 말하는 저주가 타당하다는 것을 그 저주를 듣는 사람이 확증하는 응답의 말이어서, "그렇게 되기를!"이란 뜻이다. 예배와 관련하여 "정말 그렇습니다"라는 뜻으로 쓰이는 <아멘>은 시편 41장 13절 등에서 찾아볼 수 있다.

## 1.3. 히브리어 지식이 구약본문 이해에 도움이 되는 보기

### 1.3.1. 같은 표현이 서로 관련된 다른 기능을 지니는 경우

호세아 1장 9절에서 하나님은 호세아에게 고멜이 둘째 아들을 낳거든 "그의 이름을 로암미라 하라 너희는 '내 백성이 아니요' 나는 너희 하나님이 되지 아니할 것임이니라"고 하신다. 이 때 <로암미>(לֹא עַמִּי)는 본디 '내 백성이 아니라'(לֹא עַמִּי)를 뜻하지만, 여기서는 고유 명사, 곧 호세아가 고멜에게서 얻은 둘째 아들의 이름으로도 쓰이고 있다. 달리 말하면, <로 암미>라는 히브리어 표현으로, 새로 태어난 사내 아이의 이름과 그런 이름을 주시는 까닭을 같이 표현함으로써, 이스라엘 백성을 하나님이 심판하시리라는 뜻을 드러내신 것이다. 앞의 문장을 문자 그대로 옮긴다면, "그의 이름을 '내 백성이 아니요'라고 하라. 너희는 '내 백성이 아니요' 나는 너희 하나님이 되지 아니할 것임이니라"가 된다. 이런 점을 번역 성경에서는 제대로 살릴 수가 없다.

### 1.3.2. 뿌리가 같은 두 낱말을 함께 써서
### 둘 사이의 특별한 관계를 표현하는 경우

(1) 창세기 2장 7절에서 "여호와 하나님이 땅의 흙으로 사람을 지으시고"라고 할 때, '흙'은 본디 '땅의 티끌'인데, 이 때 히브리어로 땅은 <아다마>(אֲדָמָה)이고, 사람은 <아담>(אָדָם)이다. 그러니까, 하나님이 <아다마>의 티끌로 <아담>을 지으셨다는 것이어서, 사람을 창조하신 이는 하나님이시지만, 다른 한편으로는 사람의 근본이 땅이라는 점, 따라서 땅과 사람은 밀접한 관계가 있다는 사실을 뚜렷이 드러내고 있다. 이런 점도 번역에서는 살리기가 힘들다.

그런데, 명사 <아담>은 또한 동사 <아담>(אָדַם, '붉다')에서 온 듯하다(애 4:7의 '붉어' 참고).

(2) 창세기 25장 30절에서 에서가 야곱에게 " '그 붉은 것'(<하아돔>, הָאָדֹם)을 내가 먹게 하라 한지라"고 말했다고 한 다음에, "그러므로 에서의 별명은 에돔(אֱדוֹם)이더라"는 설명을 덧붙인 것도 앞의 경우와 마찬가지로 뿌리가 같은 두 낱말을 함께 써서 둘 사이의 특별한 관계를 잘 표현한 경우이다. 이 문장을 히브리어로 읽는 사람에게 우선 떠오르는 것은, 아마도 살갗에 붉은 색이 많이 돌았나 보다 하는 생각일 것이다.

(3) 가나안 땅에 들어간 이스라엘이 여리고 성을 점령한 다음에 아간이 하나님의 명령을 거스려 온 이스라엘에 재앙이 닥쳤을 때, 여호수아와 이스라엘 백성이 취한 조치가 여호수아 7장 25~26절에 다음과 같이 기록되어 있다.

> 여호수아가 이르되 '네가 어찌하여 우리를 괴롭게 하였느냐' 여호와께서 오늘 '너를 괴롭게 하시리라'하니 온 이스라엘이 그를 돌로 치고 물건들도 돌로 치고 불사르고 그 위에 돌 무더기를 크게 쌓았더니 오늘까지 있더라 여호와께서 그 맹렬한 진노를 그치시니 그러므로 그 곳 이름을 오늘까지 '아골' 골짜기라 부르더라

여기서 "네가 우리를 괴롭게 하였다", "(여호와께서) 너를 괴롭게 하시리라", '아골'이 히브리 말로 각각 <아카르타누>(עֲכַרְתָּנוּ), <야으코르카>(יַעְכָּרְךָ), <아코르>(עָכוֹר)이어서 같은 뿌리 <ㅇㅋㄹ>(עכר) ('괴롭히다', '불행에 빠뜨리다', '혼란에 빠뜨리다')에서 비롯된 것을 알 수 있다. 곧 '아골 골짜기'란 '괴로움 골짜기'라는 뜻이다. 그러니까, 이 골짜기를 아골 골짜기라고 부른 까닭을 히브리어 본문에서는 쉽게 알아차릴 수 있는 것이다.

(4) 창세기 2장 23절에서 "... 이것을 남자에게서 취하였은즉 여자라 부르리라..."고 할 때, 히브리 말로 남자와 여자가 각각 <이쉬>(אִישׁ)와 <잇샤>(אִשָּׁה)이어서 서로 관련되어 있다. 곧 남자를 뜻하

는 히브리 말에 여성을 가리키는 접미소(接尾素)인 <아>(ה ָ)를 덧붙이고 둘째 어근 <쉰>(שׁ)을 중복시켜 여자를 뜻하는 히브리 말을 만든 것이다. 루터는 이 점을 고려하여 남자를 뜻하는 독일 말 <만>(Mann)에 여성 지시 접미소인 <인>(in, 이 경우에는 모음 변화도 생긴다)를 붙여서 여자를 <맨닌>(Männin)이라고 옮겼다. 영어에서는 남자를 뜻하는 man 앞에 wo를 붙여 여자를 woman이라 한다.6 우리말로는 어떻게 이런 점을 살려 옮길 수 있을까? '가시버시'라는 말에서, '가시'가 '버시'로부터 비롯되었다고 할 수 있을까?

(5) 이사야 7장 9절에서, 하나님은 이사야를 통해서 아하스 임금에게 "너희가 굳게 믿지 아니하면 너희는 굳게 서지 못하리라"라는 경고의 말씀을 전하신다. 이를 히브리어로 읽으면, <임 로 타아미누 키 로 테아메누>(אִם לֹא תַאֲמִינוּ כִּי לֹא תֵאָמֵנוּ)가 되는데, 여기서 '믿다'는 히브리 동사 <아만>(אמן)의 사역능동형(<히필>)이고, '굳게 서다'는 같은 동사의 단순수동형 또는 재귀형(<니팔>)이어서 '믿는 것'과 '굳게 서는 것'을 밀접하게 연관시켜 표현하고 있다. <아만>이 본디 '굳다, 믿을만하다, 안전하다'를 뜻한다는 점을 고려하여, 공동번역에서는 "너희가 굳게 믿지 아니하면 결코 굳건히 서지 못하리라"로, 표준새번역에서는 "너희가 믿음 안에서 굳게 서지 못한다면, 너희는 절대로 굳게 서지 못한다!"로 풀어서 옮기고 있다. NIV에서는 If you do not stand firm in your faith, you will not stand at all로, JB에서는 But if you do not stand by me, you will not stand at all로, 루터 번역 독일어 성경에서는 Glaubt ihr nicht, so bleibt ihr nicht("너희가 믿지 아니하면, 머물지 못하리라")로 옮겼다.

---

6 게르드 브란튼베르그 지음, 노옥재 외 3인 옮김, 『이갈리아의 딸들』(서울: 황금가지, 1996)은 현재의 남성과 여성의 상황을 거꾸로 놓고 쓴 소설인데, 이 소설에서 여자는 <움>, 남자는 <맨움>으로 불린다. 이는 <맨>, <우먼>을 뒤바꾼 것이다.

### 1.3.3. 발음이 비슷한 낱말들을 맞세워
### 말하려는 바를 인상 깊게 표현한 경우

이사야 5장 7절에서 이사야는 유다 백성에 대한 하나님의 실망을 "정의을 바라셨더니 도리어 포학이요... 공의를 바라셨더니 도리어 부르짖음이었도다"라고 표현한다. 여기서 '정의'와 '포학'은 각각 히브리 낱말 <미쉬팟>(מִשְׁפָּט)와 <미스파흐>(מִשְׂפָּח)이어서 두 낱말의 발음이 비슷하고, '공의'와 '부르짖음'도 각각 <츠다카> (צְדָקָה)와 <츠아카>(צְעָקָה)여서 마찬가지로 그러하다. 이런 점을 번역에서 어떻게 살릴 수 있겠는가?

### 1.3.4. 한 낱말이 두 가지 뜻을 지닐 수 있게 표현한 경우

(1) 예레미야 23장 33절에서 "이 백성이나 선지자나 제사장이 네게 물어 이르기를 여호와의 '엄중한 말씀'이 무엇인가 묻거든..."이라고 할 때, '엄중한 말씀'이라고 옮긴 히브리 말 <맛사>(מַשָּׂא)는 '짐'을 뜻할 수도 있고 '말씀'을 뜻할 수도 있다. 이 한 낱말로써 이 단락(렘 23:33~40)에서는 하나님의 말씀을 짐스럽게 여기는 잘못을 나무라고 심판을 선언한다.

(2) 호세아 2장 16절[히브리어 본문에서는 18절]에서 하나님은 "... 그 날에 네가 나를 '내 남편'이라 일컫고 다시는 '내 바알'이라 일컫지 아니하리라"고 말씀하시는데, 여기서 '내 남편'과 '내 바알'이 히브리 말로는 각각 <이쉬>(אִישִׁי)와 <바을리>(בַּעְלִי)이다. <바알>(בַּעַל)은 '소유주', '임자'를 뜻하지만 '남편'을 뜻할 수도 있다. 따라서 <바알리>도 사실은 '내 남편'이라고 번역할 수 있다. 그렇지만 <이쉬>('내 남자', '내 남편')가 사랑에 가득 찬 호칭인 반면(앞에서 본 창 2:23을 생각해 보라!), <바을리>는 남편이 법적으로 자기의 소유주인 점을 드러내는 딱딱한 호칭이다. 곧 이스라엘과 하나님의 관계가 단순히 법적인 소유 관계가 아니라 인격적이고 사랑에 기반을 둔 관계가 되리라는 뜻을 이런 식으로 표현한 것이다.

### 1.3.5. 어순을 바꾸어 문장의 한 요소를 강조하는 경우

(1) 밧세바를 범하고 그 남편 우리야를 죽게 한 다윗에게 예언자 나단은 사무엘하 12장에서 가난한 사람이 자식처럼 키우던 암양 새끼를 빼앗아 손님을 대접한 부자의 이야기를 들려주고, 다윗이 그 이야기를 듣고 "이 일을 행한 그 사람은 마땅히 죽을 자라..."(5~6절)고 할 때, 나단은 7절에서 다윗에게 "당신이 그 사람이라"고 한다. 이 문장이 히브리어로는 <앗타 하이쉬>(אַתָּה הָאִישׁ)인데, 이는 히브리어 명사 문장에서 주어(<하이쉬>, '그 사람')와 술어 (<앗타>, '당신')의 순서를 바꾸어 술어를 강조하는 식으로 표현한 것이어서 글의 흐름에 잘 들어맞는다. 곧, 이는 '그 사람은 다른 사람 아닌 바로 당신이요'라는 뜻이 된다.

(2) 이사야 50장 4절의 첫 문장이 개역개정판에는 그냥 "주 여호와께서 ... 주사"로 번역되어 있지만, 그 히브리어 문장 <아도나이 야훼 나탄>(אֲדֹנָי יְהוִה נָתַן)에는, 동사가 먼저 나오고 주어가 뒤따르는 보통 히브리어 문장과는 달리 주어가 앞에 나와서 강조되어 있다. 이리함으로써, '다른 이가 아닌 주 야훼께서 주셨다'는 뜻을 두드러지게 나타낸 것이다.

### 1.3.6. 인칭대명사를 통해 주어를 강조하는 경우

(1) 갈멜 산 위에서 엘리야가 드린 제물에 하늘로부터 불이 내려 응답이 있자, 이를 본 백성이 열왕기상 18장 39절에서 "여호와 그는 하나님이시로다"고 부르짖는다. 그 히브리어 문장 <야훼 후 하엘로힘>(יְהוָה הוּא הָאֱלֹהִים)에서, 남성 단수 삼인칭대명사 <후>가 없더라도 글을 이해하는 데에는 아무런 문제가 되는데, 이것이 들어가서 주어(<야훼>)를 강조한다. 그리하여 이 문장은 '야훼 바로 그 분이시야말로 참 하나님이시다'라는 뜻을 띠게 된다.[7]

---

[7] 김이곤, "야훼 후 하엘로힘", 류호준 편집, 『하나님의 말씀은 영원히 서리

(2) 아모스 2장 9절에서 하나님이 "내가…멸하였나니"(<워아노키 히쉬맛티>, וְאָנֹכִי הִשְׁמַדְתִּי)라고 말씀하실 때, 여기서 정동사 <히쉬맛티>("내가 멸하였다") 만으로도 주어가 누구인지 알 수 있는데 굳이 단수 일인칭 대명사 <아노키>('나')를 정동사 앞에 내세움으로써, 주어를 강조한다. 그뿐만 아니라 주어가 정동사 앞에 나옴으로써 더욱더 주어를 강조한다. 더 나아가서 글의 흐름을 보아 역접(逆接)접속사로 이해할 수 있는 <워>(וְ, '그러나')까지 덧붙여서 앞 6~8절에서 지적된 이스라엘의 범죄 행위와는 대조되는 하나님의 은혜로우신 행위를 매우 뚜렷하게 드러낸다. 이런 대비 상황을 개역개정판 번역은 제대로 살리지 못하고 그냥 "내가…멸하였나니" 정도로 밋밋하게 옮겼다. 표준새번역은 이런 점들을 비교적 잘 고려하여 "그런데도 나는…멸하였다"로 옮겼다.

### 1.3.7. 히브리 낱말의 독특한 뜻을 우리말로 제대로 옮길 수 없는 경우

   대표적인 보기로 동사 <하야>(הָיָה)를 들 수 있다. 이는 본디 어떤 사건이 벌어지는 것을 표현하는 동사이다. <하야> 동사의 사건성은 예언서에 자주 나오는 어구인 "(그때에)여호와의 말씀이 임하였다"(<와여히 드바르 야훼>, וַיְהִי דְבַר יְהוָה)에서 잘 드러난다. 이는 야훼의 말씀이 아무개에게 계시되는 사건, 그를 전폭적으로 사로잡는 사건이 일어난 것을 뜻한다.

   그런데 이 <하야> 동사가 영어의 be 동사 같은 역할을 하는 수도 있기는 하지만, 그런 경우는 오히려 드물다. 그런데도 그런 식으로 옮김으로써 히브리어 본문의 뜻을 어그러지게 하는 수가 적지 않다. 이를테면, 출애굽기 3장 14절에 나오는 "나는 스스로 있는

---

라. 주토(朱土) 최의원 박사 신학 교육 40년 기념논문집』(서울: 크리스챤 다이제스트, 1997), 67~90을 참고하라.

자이니라"(<에흐예 아세르 에흐예>, אֶהְיֶה אֲשֶׁר אֶהְיֶה)는 번역은 자칫 잘못하면 이스라엘의 하나님 여호와를 그저 존재론적으로만 이해하게 할 위험성이 있다. 이 문장은 오히려, 아주 풀어서 말해 본다면, "나는 내가 하고자 할 때 (이스라엘을) 위해 사건을 일으킬 수 있다", "나는 내가 함께 하여 도우려는 자와 함께 하여 돕느니라"는 정도로까지 이해할 수 있어서 하나님의 역동적인 구원의 의지를 드러내는 문장이다. 물론 이 문장을 바르게 이해하려면, 히브리어의 동사 미완료형이 지니는 뜻과 문법적으로 이와 비슷한 꼴을 보여주는 출애굽기 33장 19절("나는 은혜 베풀 자에게 은혜를 베풀고, 긍휼히 여길 자에게 긍휼을 베푸느니라",<워한노티 엣 아세르 아혼 워리함티 엣 아세르 아라헴>, וְחַנֹּתִי אֶת־אֲשֶׁר אָחֹן וְרִחַמְתִּי אֶת־אֲשֶׁר אֲרַחֵם)도 참고하고 출애굽 사건 전체의 맥락도 고려해야 한다.

### 1.4. 구약성경의 아람어 부분

1.4.1. 다니엘 2장 4절을보면, 상반절에서 "갈대아 술사들이 아람 말로 왕에게 말하되 / 왕이여[8] 만수무강 하옵소서"라고 한 다음 하반절부터 갈대아 술사들이 아람 말로 한 말이 인용되는데, 이 인용 부분이 아람 말로 나온다. 오늘 형편에서 비슷한 보기를 만들어 본다면, 어떤 작가가 글을 쓸 때 "그 때 존이 나타나서 내게 영어로 말하기를 'Hi, Chulsoo, how are you?...' "라는 식으로 써 나가는 경우를 생각해 볼 수 있다.

1.4.2. 에스라 4장 7~8절에서도 비슷한 방식으로 히브리 말에서 아람 말로 넘어간다. 7절에서 "아닥사스다 때에 비슬람과 미드르닷과 다브엘과 그 동료들이 바사 왕 아닥사스다에게 글을 올렸으니 그 글은 아람 문자와 아람 방언으로 써서 진술하였더라"고 한 다

---

[8] 개역성경의 난외주를 보라.

음 8절부터는 아람 말로 된 글의 내용이 나온다. 다시 오늘 형편에서 이와 비슷한 보기를 생각해 본다면, "그 때 존이 백악관으로 영어로 쓴 글을 보내기를 'Dear Clinton, I'd like to inform you of...' "라는 식이다.

  1.4.3. 창세기 31장 47절에는 라반과 야곱이 언약의 증거로(44절) 만든 돌 무더기를 아람 말(<여가르 사하두타>, יְגַר שָׂהֲדוּתָא)과 히브리 말(<갈르엣>, גַּלְעֵד)의 두 가지로 적고 있다. 뜻은 둘 다 마찬가지로 '증거의 무더기'이다. 라반은 아람 사람이었고(31:24), 야곱은 히브리 사람이었기 때문이다.

## 1.5. 히브리어와 아람어가 셈어족과 기독교 신학에서 차지하는 자리

```
원셈어(Proto-Semitic)
│
│ ┌동부 셈어 ┌에블라어 - 앗수르어
└ │         └악캇어 ┌ 옛 악캇 방언
  │                 └ 바빌로니아 방언
  │
  └서부 셈어 ┌남부 셈어 ┌ 남부 아랍어
            │          └ 에티오피아어
            └중앙 셈어 ┌ 수리아 팔레스티나어(북서부 셈어)
                      │ ┌ 아람어
                      │ ├ 가나안어
                      │ │ ┌ 모압어
                      │ │ ├ 히브리어
                      │ │ ├ 에돔어
                      │ │ ├ 암몬어
                      │ │ ├ 아마르나
                      │ │ └ 페니키아어
                      │ └ 우가릿어
                      └고전 아랍어 이전의 북부 아랍 방언들
```

1.5.1. 아람어는 분류도⁹에서 보듯이 북서부 셈어 가운데서 그 증거자료가 가장 뚜렷하고 가장 긴 기간동안 보존되어 온 말이다. 아람어는 주전 600년경부터 주후 700년에 이르기까지 중동세계 전역에 주된 국제언어로 문헌과 의사전달에 사용되어 온 말이다.¹⁰

1.5.2. 기독교 신학에서 아람어가 중요한 까닭은 앞서 말한 대로 구약 일부가 아람 말로 씌어졌을 뿐만 아니라, 예수님의 모국어가 아람어였고 신약성경에 아람어 표현이 적지 않게 들어 있기 때문이다. 앞서 말한 <므쉬하>('메시야')말고도 몇 가지 보기를 더 들어 보면 다음과 같다.¹¹

- '아바'(αββα, אַבָּא)(막 14:36; 롬 8:15; 갈 4:6): '아버지'라는 호격
- '아겔다마'(Ἀκελδαμαχ, חֲקַל־דְּמָא)(행 1:19): '피의 밭'
- '바라바'(Βαραββᾶς, בַּר־אַבָּא)(막 15:7): '아바(=아비야?)의 아들'
- '바요나'(Βαριωνᾶ, בַּר־יוֹנָה)(마 16:17):
  '요나(<요하난>의 짧은꼴)의 아들'
- '엘리 엘리 라마 사박다니'(ἐλωΐ ἐλωΐ, λαμᾶ σαβαχθανι,
  אֱלָהִי אֱלָהִי לְמָה שְׁבַקְתָּנִי)(막 15:34):
  "나의 하나님, 나의 하나님, 어찌하여 나를 버리셨습니까?"
- '에바다'(ἐφφαθα, אֶתְפְּתַח)(막 7:34): "네 자신을 열어라!"
- '도마'(Θωμᾶς, תְּאוֹמָא)(막 3:18): '쌍둥이'
- '가나안인(시몬)'(Καναναῖος, קַנְאָן)(막 3:18 등): '열심당원, 셀롯당원'
- '게바'(Κηφᾶς, כֵּיפָא)(요 1:42 등): '그 바위'
- '고르반'(κορβᾶν, קָרְבָּן)(막7:11)/(마 27:6): '제물'/ '바침'
- '재물'(μαμωνᾶς [<마몬>], מָמוֹנָא)(마 6:24 등): '소유'
- '마라나다'(μαραναθα, מָרַן אֲתָא 또는 מָרָנָא תָא)(고전 16:22):
  "(우리) 주께서 오셨다" 또는 "(우리) 주여, 오시옵소서!"

---

⁹ *ABD* IV(1992), 157의 '발생에 따른 셈어 분류도' 참조
¹⁰ Kaufman, "Language(Aramaic)"([문헌]1.1.8의 글), 173.
¹¹ H.P.Rüger, "Aramäisch II. Neues Testament", *TRE* 3(1978), 602~620.

- '라가'(ρακα, רֵיקָא / רֵיקָה)(마 5:22): '빈 사람', '천박한 자', '바보'
- '달리다굼'(ταλιθακουμ(ι), טְלִיתָא קוּמִי/ טַלְיְתָא)(막 5:41): "소녀야, 일어나라!"

## 1.6. 몇 가지 보기를 통해 본 히브리어와 아람어의 비교

아람어는 히브리어와 아주 비슷하다. 그리하여 구약성경 히브리어를 잘 읽을 수 있으면 구약성경 아람어도 어렵지 않게 배울 수 있다. 여기서는 그냥 몇 가지 맛만 보기로 한다.

### 1.6.1. 낱말의 꼴이 같거나 비슷한 경우

(1) 꼴이 같은 경우

'돌'(<에벤>, אֶבֶן), '임금'(<멜렉>, מֶלֶךְ), '모든'(<콜>, כֹּל), '...와 같이'(<임>, עִם), '영'(<루아흐>, רוּחַ)등은 히브리어나 아람어나 마찬가지이다. 다만, 이런 낱말에 어미변화가 있을 때는 모음이 달라진다.

(2) 꼴이 비슷한 경우

'좋은'을 뜻하는 히브리어 형용사 <톱>(טוֹב)에 상응하는 아람어 낱말은 <탑>(טָב)이다. 히브리어 <로>(לֹא)와 아람어 <라>(לָא)는 '아니다'를, 히브리어 <벤>(בֵּן)과 아람어 <바르>(בַּר)는 '아들'을 뜻한다.[12] 히브리어 동사 <카탑>(כָּתַב)('쓰다, 적다')에 해당하는 아람어 동사는 <크탑>(כְּתַב)이고, '돌아가다, 돌아오다'는 뜻의 히브리어 동사 <슙>(שׁוּב)이 아람어에서는 <톱>(תוּב)으로 나타난다.

---

[12] 바로 위 1.5.2에 나오는 이름 '바요나' 참고.

### 1.6.2. 낱말의 활용 변화가 같거나 비슷한 경우

(1) 명사와 형용사의 변화

아람어 명사 또는 형용사의 여성 단수의 절대형과 연계형의 어미는 히브리어의 경우와 마찬가지로 각각 <아>(הָ)와 <앗>(ת ַ)이다. 남성 단수의 절대형과 연계형의 경우에는 아람어가 각각 <인>(ין)과 <에>(ֵ)이고 히브리어는 <임>(ִים)과 <에>(ֵ)이어서 거의 비슷하다. 그렇지만, 아람어에는 명사 또는 형용사 뒤에 어미가 붙은 한정형이라는 것이 있는데, 의미상으로는 히브리어 명사 또는 형용사 앞에 정관사가 붙은 경우와 같다. 그리하여 아람어 <말카>, (מַלְכָּא)와 히브리어 <함멜렉>(הַמֶּלֶךְ)은 다 같이 '그 왕'을 뜻한다.

(2) 동사 변화

아람어 강동사 단순능동 미완료형 변화를 단수 남성 3인칭, 여성 3인칭, 남성 2인칭, 여성 2인칭, 공성 1인칭, 복수 남성 3인칭, 여성 3인칭, 남성 2인칭, 여성 2인칭, 공성 1인칭의 순서로 적어보면 다음과 같다.

יִכְתֻּב תִּכְתֻּב תִּכְתֻּב תִּכְתְּבִין אֶכְתֻּב
יִכְתְּבוּן יִכְתְּבָן תִּכְתְּבוּן תִּכְתְּבָן נִכְתֻּב

<익톱 틱톱 틱톱 틱트빈 엑톱
익트분 익트반 틱트분 틱트반 닉톱>

이를 히브리어의 경우와 한번 견주어 보라.

יִכְתֹּב תִּכְתֹּב תִּכְתֹּב תִּכְתְּבִי אֶכְתֹּב
יִכְתְּבוּ תִּכְתֹּבְנָה תִּכְתְּבוּ תִּכְתֹּבְנָה נִכְתֹּב

<익톱 틱톱 틱톱 틱트비 엑톱
익트부 틱토브나 틱트부 틱토브나 닉톱>

## 2. 구약지리

### 2.1. 구약지리에 대한 일반 지식

구약지리와 관련하여 우선 우리가 알고 있는 것은 구약성경에 나오는 여러 가지 지리적인 이름이다. 이를테면 나라 또는 땅 이름으로 앗수르, 바벨론, 아람, 암몬, 모압, 에돔, 바사, 블레셋 따위를, 강 이름으로는 요단, 얍복 따위를, 바다, 호수 이름으로는 염해(=사해), 대해(=지중해), 갈릴리 호수, 도시 이름으로는 예루살렘, 사마리아, 니느웨 따위를, 마을 이름으로는 베들레헴, 아나돗, 드고아, 벧엘 따위를, 산 이름으로는 감람산, 헬몬산, 느보산, 세일산 따위를 알고 있다.

## 2.2. 구약지리가 본문 이해에 도움이 되는 보기

### 2.2.1. 구약지리가 왜 중요할까?

성경에서 기록된 대부분의 사건은 늘 일정한 공간에서 일어났다. 그런 만큼 그런 장소를 제대로 이해하지 않고서는 성경 본문을 제대로 이해하기가 쉽지 않다. 히에로니무스(약 347~419/20년)는 "아테네를 본 사람은 헬라 역사를 더 잘 이해할 수 있다. ... 마찬가지로 유다를 보고 그 옛 장소와 지역을 알게 되면 성경도 다른 눈으로 보게 된다. ..." 라고 말한 적이 있다.[13]

### 2.2.2. 이스라엘 땅 자체의 지정학적 위치

먼저 아래 두 그림을 보고 자기가 사는 땅을 세계의 중심으로 보는 것이 타당한지 생각해 보자.[14]

'대동야의 나라들「주간 아사히」, 1942년 1월 4일자

---

[13] Donner, *Einführung*([문헌]2.2.4의 책), 1.

[14] 첫 그림은 잡지「길」(서울: 사회평론사) 97년 10월호, 203의 것, 둘째 그림은 E. Zenger(hg.), *Welt*([문헌] 0.8.48~1의 책), 115에 실린 하인리히 뷘팅(Heinrich Bünting, 1545~1606)의 지도를 줄여 복사한 것이다.

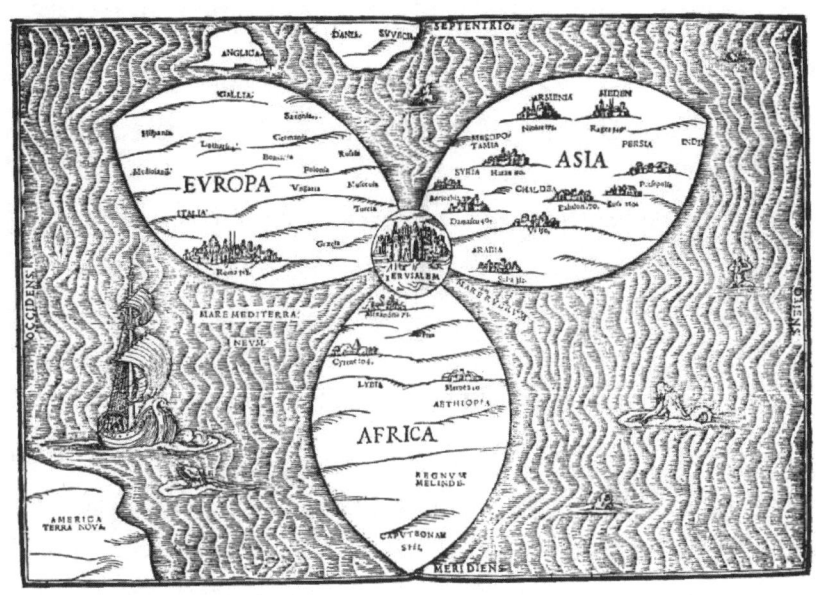

　이스라엘 땅은 아시아, 아프리카, 유럽의 세 대륙이 만나는 지점이다. 그렇게 보면 이스라엘을 세계의 중심이라 할 수도 있을 것이다. 실제로 구약의 신앙 전통에서 시온은 세계의 중심으로 여겨진다. 시온은 하나님의 도성이기 때문이다. 이처럼 지리 이해에는 이미 신앙적인 입장이 반영되어 있다. 이는 에스겔 38장 12절에서 이스라엘 특히 예루살렘을 가리켜 '땅의 배꼽'(개역개정판: '세상 중앙')이라고 부르는 데서도 알 수 있다.

### 2.2.3. 같은 장소인데 이름이 여러개인 보기

　(1) 긴네렛(민 34:11 등), 긴네롯(수 11:2 등), 갈릴리(수 20:7 등), 디베랴(요 6:1등), 게네사렛(마 14:34 등)
　(2) 헤브론=기럇아르바(창 23:2 등)

### 2.2.4.어떤 정치적인 사건에서 특정의 장소가 의미를 지니는 경우

(1) 여로보암이 벧엘과 단에 금송아지 제단을 세운 까닭이 있다. 벧엘은 남북왕국의 경계이자, 옛 성소가 있던 곳이요, 단은 가장 북쪽이다.

(2) 북왕국 이스라엘에 가서 하나님의 말씀을 전한 예언자 아모스의 출신지가 드고아라 할 때, 이는 아모스가 본디 남왕국 사람이었다는 점을 알려 준다.

### 2.2.5.지형을 알면 본문의 이해가 쉬운 경우

(1) 사무엘상 14장에 보면 요나단의 용감한 행동에 힘입어 이스라엘이 블레셋을 쳐부수는 이야기가 나온다. 그 싸움터에 '험한 바위'가 둘 있는데, 하나는 북쪽 믹마스 앞, 하나는 남쪽 게바 앞에 있었다(4~5절). 나중에 요나단이 이곳을 '손발로 기어 올라가' 블레셋 사람을 기습한다(13절). 4절에서 우리 말 개역개정판이 '험한 바위'로 옮긴 히브리어 표현 <셴 핫셀라으>(שֵׁן־הַסֶּלַע)를 직역하면, '바위의 잇빨' 곧 가파른 절벽을 생각해 볼 수 있다. 실제로 요즈음 그곳에 가 보면 믹마스와 게바 사이에는 계곡이 있고 계곡 양 가에 낭떠러지가 있다.[15]

(2) 이스라엘 임금이 모압 임금과 싸울 때 엘리사가 돕는 이야기가 열왕기하 3장에 나온다. 싸움터에서 군인들과 군마가 마실 물이 없어지자 당황한 이스라엘 임금이 엘리사에게 도움을 청했고, 이에 엘리사는 골짜기에 개천을 많이 파면 물이 가득하게 되리라 한다(16~17절). 이 때 '골짜기'는 건기 때는 물이 없고 우기 때는 물이 넘치는 골짜기를 가리키는데, 이를 히브리어로는 <나할>(נַחַל), 아랍어로는 <와디>라 한다.

---

[15] 고세진, "성경 번역의 문화적 과제 – 이빨 같은 절벽과 사라진 여관–", 「성경원문연구」([문헌] 0.9.4의 잡지), 창간호(1997. 8), 156~177 참고.

## 2.3. 구약성경지리란 무엇인가?

### 2.3.1. 지리

우리말 큰사전[16]에서는 지리를 '육지와 바다 위치, 형상, 산천의 소재, 명칭, 여러 나라 도시의 배치, 인문 따위의 현상' 또는 그런 '지리를 연구의 대상으로 하는 학문'이라고 풀이한다.

지리에는 지형, 지명 뿐만 아니라 기후, 또 그것들이 주민들의 생활에 미치는 영향, 주민들이 땅을 변화시킨 내용까지 포함하는 수가 많다.

### 2.3.2. 구약성경지리인가, 이스라엘 지리인가?

구약성경에 나오는 지리 관련 내용을 다루는 것이 구약성경지리학이라면, 그 중심은 아무래도 이스라엘 지리가 된다. 그렇지만 메소보다미아, 수리아, 애굽의 지리도 같이 알면 좋다. 이를테면, 다메섹, 두로, 시돈, 하맛, 고센, 바드로스, 온, 다브네스가 어디 있는지, 또 그런 곳들의 지형, 기후 따위를 알아둘 만하다. 이 부분은 나중에 다루게 될 구약주변세계 연구의 한 부분이기도 하다.

### 2.3.3. 성경지리 연구 역사

초기에는 순례자들이 유서 깊은 곳을 방문하여 남긴 여러 가지 기록이 성경지리 연구의 중심 자료가 되었다. 물론 순례자들의 관심은 몇몇 특별한 장소에 한정되었을 뿐이지, 팔레스티나 자체에 대한 것은 아니었다.

그렇지만 이들은 더러 지도도 그렸다. 6세기 경에 생긴 것으로 보이는, 오늘 요르단의 암만 남쪽으로 30킬로미터 지점에 있는 마

---

16 한글학회 엮음, 『우리말 큰사전』(서울: 어문각, 1992).

데바/마다바[구약성경에서는 '메드바', 민 21:30 등] 교회의 성지 지도 모자이크가 그 좋은 보기이다. 이 모자이크는 1884년에 발견되었는데, 손상된 부분이 많아 조각으로만 남아 있다. 가로 9.6미터, 세로 6.06미터 크기로 나일 삼각주에서 소아시아까지, 1:15000 축척으로 만든 것이다. 이 지도를 만든 사람은 자기 나름대로 여러 자료를 참고한 듯하고 시가 지도(특히 예루살렘), 동물(요단 계곡 숲의 사자), 식물(여리고의 종려나무), 물고기(!), 도로, 그 장소의 의미에 대해서 적어두기도 했다(아래는 그 일부로서 요단 계곡 하부를 보여준다).[17]

팔레스티나 땅 연구를 위한 본격적인 탐사 여행은 19세기에 이르러서야 시작되었고, 그 뒤로는 여러 가지 과학적인 방법까지 동원했다. 그리하여 이즈음은 항공 지형 사진 같은 것도 성경지리 연구에 쓰인다.

---

[17] Keel/Küchler/Uelinger, *Orte*([문헌]2.2.6의 책), 489.

### 2.3.4. 구약 지지학(地誌學, Topography)

이는 구약성경에 나오는 어떤 지명이 오늘의 어디를 가리키는가를 밝히는 학문 분야이다. 일찌기 가이사랴의 유세비우스(260/65~339)의 성경 지명록이 있었다.[18]

히브리 성경에 나오는 475개의 지명 가운데 170개 정도(40퍼센트)가 오늘 그대로 옛 이름을 보존하고 있다.[19] 그 밖의 경우에는 한 곳의 이름이 가나안 시대, 이스라엘 시대, 헬라 시대, 로마 시대, 아랍 시대 등으로 역사가 흐르는 가운데 여러번 바뀌었다. 이를테면 위 2.2.2에서 말한 갈릴리의 경우가 그러하다. 구약의 세겜은 지금의 나블로스이고, 다윗 성은 오늘의 예루살렘 성 밖 남동쪽 언덕이며, 구약의 여리고는 오늘의 여리고와 위치가 조금 다르다.[20] 이런 연구에서는 고고학적 발굴 결과와 성경 본문, 성경 외 문헌을 잘 비교해 보아야 한다.

### 2.3.5. 역사 지리

우리 나라 지리를 배울 때 고조선 시대, 삼국 시대, 삼한 시대, 고려 시대, 조선 시대 영토, 행정 구역, 도시 이름이 다 다른 것까지 고려해서 배운다. 이스라엘 지리를 배울 때도 마찬가지이다. 이를테면 아하로니의 책[21]에서도 가나안 시대, 이스라엘의 가나안 정복시기, 통일왕국시대, 분열왕국 시대, 유다왕국만 남았던 시기의 팔레스티나의 지리를 다룬다.

---

[18] Donner, *Einführung*([문헌]2.2.4의 책), 2.
[19] Fritz, *Einführung*([문헌]3.4.14의 책), 23.
[20] 핀란드 헬싱키에 가보면 도로 표시가 핀란드말과 스웨덴 말의 두 가지로 표시되어 있다. 지난날 핀란드는 스웨덴의 식민지였다. 우리 지명 가운데도, 순우리말 지명, 한잣말 지명이 있는가 하면, 일본말에서 온 지명도 남아 있다.
[21] [문헌] 2.2.1.

## 2.4. 이스라엘의 기본 지형[22]

### 2.4.1. 요단 계곡/저지대, 사해 지구대

이스라엘 땅은 요단 계곡/저지대를 중심으로 해서 서쪽과 동쪽으로 나누어진다. 요단 계곡의 북쪽에는 갈릴리 호수, 남쪽에는 사해가 있고 사해 밑으로는 홍해에까지 이른다.

### 2.4.2. 요단 서쪽

요단 서쪽의 경우 일반적으로 해안 평야시대, 중앙 산지, 요단 계곡으로 되어 있다. 북쪽 갈릴리 지역은 비옥한 땅이고 남부 네겝은 거친 땅이다. 중앙 산지로는 남쪽의 유다 산지, 중부의 에브라임 산지, 북부의 사마리아 산지가 있다. 그리고 유다 산지와 사해 사이에 유다 광야가 있다. 해안 평야로는 남부의 <쉐펠라>(שְׁפֵלָה, 개역개정판에서는 보통 '평지'로 옮겼다[수 11:16]). 블레셋, 중부의 샤론, 북부 이스르엘 평야가 있다.

### 2.4.3. 요단 동쪽

요단 동쪽은 일반적으로 고원지대이다. 요단 동쪽에는 큰 강이 넷 있다. 야르묵(갈릴리 남단), 얍복(갈릴리와 사해 사이), 아르논(사해 중앙), 세렛(사해 남부)이 그것인데, 야르묵 윗 지방이 바산(요즘의 골란 고원), 야르묵과 얍복 사이가 길르앗, 얍복과 아르논 사이가 암몬, 아르논과 세렛 사이가 모압, 세렛 아래가 에돔이다.

---

[22] 다음 쪽에 옮겨실은, 정중호, 『이스라엘 역사』([문헌]3.1.9의 책), 20의 지형 개략도를 참고하라.

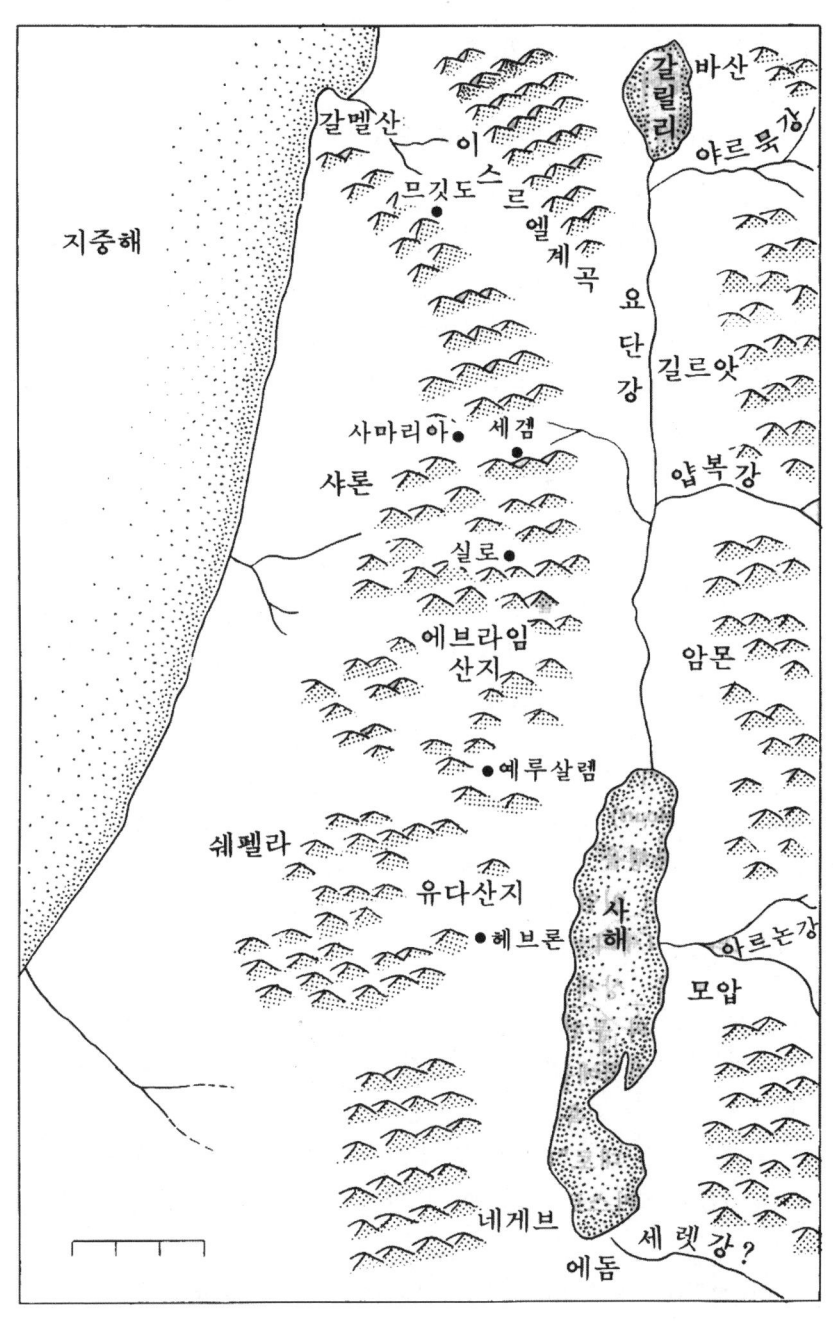

## 2.5. 이스라엘 땅의 기후

### 2.5.1. 지리적 위치에 따른 기후와 비[23]

대강 북위 31~33도에 자리잡고 있는 팔레스티나는, 서쪽으로는 겨울에 습기가 많은 지중해와 북쪽으로는 높은 산들과 동쪽과 남쪽으로는 메마른 사막지대가 있어서, 아열대 기후 지역의 가장자리에 자리잡고 있다. 이리하여 사철이 서쪽에서부터 몰려오는 비가 내리는 겨울과 동쪽에서 뜨거운 바람이 불어오는 메마른 여름의 둘로 줄어든다.

비는 주로 11월 중순에서 4월 중순까지 다섯 달 동안에 한 해 내리는 비의 80퍼센트가 내린다(노아 홍수에서 비가 내리기 시작한 창세기 7장 11절의 2월 17일부터 비가 그친 8장 4절의 7월 17일까지, 곧 7장 24절에서 말하는 150일이 다섯 달을 말한다).

이른 비(가을비)는 더러 9월에 오기도 하지만 보통은 10월 전반에 내린다. 메마른 여름을 지난 다음 내리는 비이므로 반가운 비이지만 농삿일에는 그리 큰 도움이 되지 못한다. 늦은 비는 4, 5월에 내려 곡식이 여물게 한다. 이 늦은 비(봄비)는 불규칙적으로 내리므로 야훼 하나님이 특별한 선물로 주시도록 구해야 한다(슥 10:1).[24]

### 2.5.2. 열매 걷이

보리 걷이는 요단 계곡에서는 4월초에, 해안 평야에서는 8~10일 늦게, 산지에서는 4월말에 시작하고, 밀 걷이는 각각 14일 정도 더 늦다.

무화과 열매는 한 해에 두 번, 6월에 이른 열매가 맺히고, 먹기 좋은 여름 무화과는 8, 9월에 열린다. 가장 늦게 10월에 거두어 들

---

[23] Keel/Küchler/Uelinger, *Orte*([문헌]2.2.6의 책), 39~43, 69, 78~80.
[24] 같은 책, 43.

이는 열매가 올리브 열매이다.

## 2.6. 이스라엘 땅의 식물과 동물

### 2.6.1. 식물

구약성경에 나오는 식물의 이름으로서 개역개정판 성경에는 밀, 보리, 포도 나무, 무화과 나무, 감람 나무, 가시 나무, 종려 나무, 상수리 나무, 살구 나무, 백향목, 엉겅퀴, 쑥 따위가 나오는데, 때로는 이런 번역 때문에 이스라엘 땅에 고유한 식물을 우리 나라의 식물과 같은 것으로 오해하는 일이 벌어지기도 한다. 이를테면, 아모스 7장 14절에 나오는 '뽕나무'는 우리 나라의 뽕나무가 아니다. 표준새번역이나 공동번역에서 그리하였듯이, 이는 '돌무화과' 나무로 옮기는 것이 더 낫다. 이 나무는 지중해안 평지나 요단 계곡 같은 낮은 지대에서만 자라는 나무로, 그 열매는 무화과의 일종으로서 즙이 많지만 덜 달고 열매가 익기 직전에 열매마다 흠집을 내어야만 벌레 먹지 않고 익을 수 있다. 아모스가 스스로를 가리켜 '뽕나무를 재배하는 자'라 할 때 그 히브리어 표현은 바로 이 돌무화과 열매에 흠집을 내는 자라는 뜻이다.

### 2.6.2. 동물

구약성경에 등장하는 동물로는 개, 양, 염소, 소, 말, 돼지, 나귀 같은 가축을 비롯하여 코끼리, 낙타 뿐만 아니라 이리, 시랑, 사슴, 사자, 표범, 곰 같은 야생 동물과 뱀과 악어 같은 파충류와 비둘기, 독수리, 까마귀, 타조 같은 새들도 있다.

# 3. 구약역사 및 구약고고학

## 3.1. 구약역사 및 구약고고학에 대한 일반 지식

### 3.1.1. 우리가 흔히 알고 있는 구약역사의 내용

(1) 구약역사의 시대 구분

오늘 개신교 번역본을 따라 성경을 읽는 사람들은 구약에 나타난 인류와 이스라엘의 역사가 창세기의 창조, 실락원, 홍수 시대에서 시작하여 이스라엘 선조들의 시대, 이스라엘의 애굽 체류 및 출애굽 시대, 가나안 정착 시대, 사사 시대, 왕정 시대(통일 왕국 시대와 분열 남북 왕국 시대), 바벨론 포로 시대를 거쳐 역대기하와 에스라 느헤미야서의 포로기 이후 시대까지 이어지는 것으로 이해한다.

(2) 구약역사에서 중요한 몇 가지 사건과 그 내용

또 별다른 참고서 없이 구약본문만 부지런히 읽어도, 통일 왕국 이스라엘이 북왕국 이스라엘과 남왕국 유다의 둘로 나누어진 것은 솔로몬의 아들 르호보암 때라는 것, 북왕국 이스라엘은 앗수르에게, 남왕국 유다는 바벨론에게 멸망당한 것, 바벨론 포로 시대가 끝난 다음 페르샤(바사) 임금 다리오 때 예루살렘에 성전을 다시 짓게 된 것을 알 수 있다.

그 밖에도 이스라엘의 흥망과 관계된 나라들로 아람과 블레셋 모압 에돔 같은 이웃 나라들이 있었다는 것도 머리에 떠오를 것이고, 그런 나라들이 언제 이스라엘에게 어떻게 했는지도 생각날 것이다. 이를테면 블레셋은 사무엘과 사울과 다윗 시대에 이스라엘과 전쟁을 여러 차례 벌였고, 아람은 엘리사 시대에 북왕국 이스라엘에 쳐들어 왔다.

### 3.1.2. 우리가 이미 알고 있는 (구약)성경고고학에 대한 내용

구약지리나 구약역사와는 달리 오늘 일반 교회에서 성경고고학에 대한 이야기는 들어보기가 쉽지 않다. 가끔씩 창세기 8장 4절에서 아라랏산에 다달았다는 노아의 방주가 어디서 발견되었다, 모세의 시체가 발견되었다는 등의 이야기가 이런 저런 신문이나 잡지에 보도되어 일반 사람들의 관심을 끌기도 한다. 달리는, 성지 순례 다녀오는 사람들이 많아지면서, 여행 안내자들에게서 몇 가지 고고학적인 내용의 이야기가 전해지기도 한다. 이를 테면 여리고가 지금까지 발굴된 바로는 세계에서 가장 오래된 성읍, 칠팔천년 전에 생긴 성읍이라는 것이다.

## 3.2. 구약역사 및 구약고고학에 대한 이해가 본문 이해에 도움이 되는 보기

### 3.2.1. 구약역사 이해가 본문 이해에 도움이 되는 보기

대표적인 보기로 아모스 7장 13절에서 벧엘의 제사장 아마샤가 아모스에게 "다시는 벧엘에서 예언하지 말라. 이는 왕의 성소요 나라의 궁궐임이니라"고 경고한 것은 열왕기상 12장 25~33절에서 여로보암이 북왕국을 첫 임금이 되어서 벧엘과 단에 우상을 세운 사실을 배경으로 하는 것을 들 수 있다.

### 3.2.2. (구약)성경고고학이 구약본문 이해에 도움이 되는 보기

(1) 여부스 성의 '물 긷는 데' (삼하 5:8)

사무엘하 5장에 보면, 다윗이 예루살렘을 여부스 사람들에게서 빼앗는 이야기가 나오는데, 그 때 다윗이 "누구든지 여부스 사람을 치려거든 물 긷는 데로 올라가"라고 했다고 한다(8절). 여기서 '물 긷는 데'로 옮긴 히브리 낱말 <친노르>(צנור)이 무엇을 뜻하는지를 19세기 전반까지만 해도 잘 알지 못했다. 그랬는데, 1864~67년에 예루살렘을 발굴하던 워렌(Warren)이라는 영국군 장교가 현재의 예루살렘 성 밖 남동쪽 언덕받이에 있는 기혼 샘 근처에서 지하 물웅덩이를 발견했고, 그 물웅덩이에서 지하 통로(이른바 워렌의 수직갱)[25]로 기혼샘에 들어갈 수 있다는 사실을 밝혀내었다.

이리하여 <친노르>가 가리키는 바를 제대로 알 수 있게 되었다. 개역한글에서는 '수구'(水口)로 옮겼던 것을, 공동번역 성경과 표준새번역 성경에서 이 히브리 낱말을 '물을 길어 올리는 바위벽', 개역개정판에서 '물 긷는 데'로 옮긴 것은 이러한 발굴의 결과를

---

[25] 『성서백과대사전』 제12권(1981), 741에서 옮겨 실은 다음 쪽의 그림을 참고하라.

반영한 것으로 보인다. 다윗 이전의 여부스 성벽 아랫 부분은 지금도 그곳에 가면 볼 수 있다.

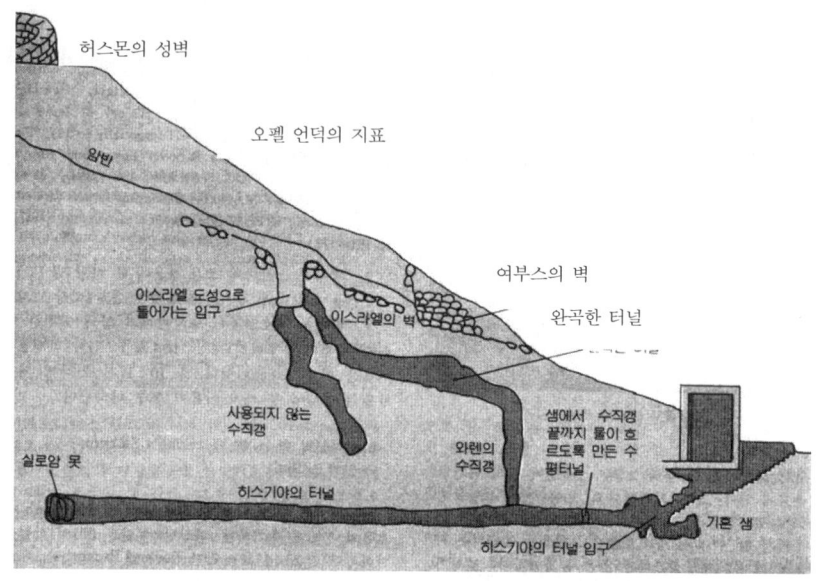

(2) 히스기야 지하수로와 실로암 비문

열왕기하 20장 20절에 보면 "히스기야의 남은 사적과 거의 모든 업적과 저수지와 수도를 만들어 물을 성 안으로 끌어들인 일은 유다 왕 유다 왕 역대지략에 기록되지 아니하였느냐"고 하고, 역대하 32장 30절에서는 "이 히스기야가 또 기혼의 윗 샘물을 막아 그 아래로부터 다윗성 서쪽으로 곧게 끌어들였으니..."라고 하는데, 이런 기록에서 말하는 수로가 오늘의 예루살렘 성 밖 남동쪽 언덕 기슭에 있는 샘에서 그 남쪽으로 이어지는 굴이라는 사실이 1880년에 발견된 비문에 의해서 확인되었다. 그 곳에서 수영하던 아랍 소년 하나가 실로암 못 쪽에서부터 6미터 지점에 동굴 벽에 붙어 있는 비문을 하나 발견했고, 거기에 양쪽에서부터 석공들이 굴을 파 들어가다가 가운데서 서로 만났다는 내용이 적혀 있었던 것이다.[26] 길이가 500미터 넘는 이 수로에서는 요즈음도 정기적으로 물이 치솟는다. 이를 히스기야 지하수로[터널] 또는 실로암 지하수로[터널][27] 라 부르고, 그 비문을 실로암 비문이라 한다.

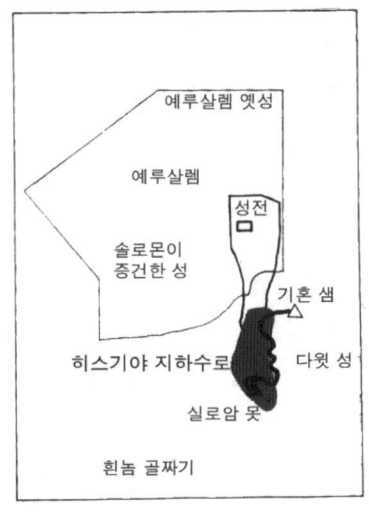 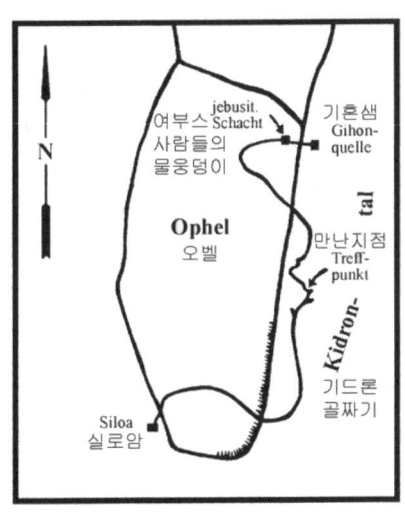

이 수로는 주전 8세기 끝 무렵 예루살렘이 앗수르 군대에게 공격받을 위험한 상황에 처했을 때(왕하 18~19장; 사 36~37장 참고) 성밖의 물을 성안으로 끌어 들이려고 히스기야가 만든 지하 수로였던 것으로 보인다.

---

[26] Renz/Röllig, Handbuch([문헌]4.3.5의 책), 178~189에 그 자세한 내용을 밝혀 놓았다.
[27] 『성서백과대사전』 제12권(1981), 740에서 옮겨 싣은 위의 왼쪽 그림과 Renz/ Röllig, Handbuch([문헌]4.3.5의 책), 180에서 옮겨 싣은 위의 오른쪽 그림을 보라.

## 3.3. 구약역사란 무엇인가?

### 3.3.1. 역사와 역사 서술

(1) 역사학에서 역사에 대해 여러 가지로 전문적인 정의를 내리겠지만[28], '역사'란 낱말의 뜻을 우리말 큰사전에서 찾아보면 '문화나 문명이 변화하고 발전하여 온 자취 또는 그 기록'이라고 하고, '역사학'을 '인류 사회의 발생과 그 발전 과정을 시대를 따라 단계적으로 체계를 세워서 연구하는 학문'이라고 풀이한다.

(2) 역사 기록은 실제로 무엇이 일어났는가를 찾아 서술하는 것인가? 사실을 밝히는 것이 역사 기록의 최종 목표일까? 여러 사실을 이어서 벌여 놓으면, 그것이 곧 역사 서술이 되는가? 역사 기록에서는 개별적인 사건들이 지니는 뜻도 밝혀야 하는가? 그렇다면 결국 역사를 쓰는 사람이 숱한 역사 자료 가운데 무엇을 택해서 어떤 식으로 쓰느냐에 따라 같은 역사의 기록이라 하더라도 여러 가지로 달라질 수 있다. 여기서 이른바 '역사관'이 문제된다.

이러한 점은 벌써 구약성경 안에서 여러 가지 역사 서술을 찾아볼 수 있는 데서도 알 수 있다. 사무엘상하와 열왕기상하에 적힌 역사와 역대기상하에 적힌 역사, 그 둘만 서로 견주어 보아도 둘 사이에 차이가 있다는 사실을 알 수 있다. 둘 다 이스라엘 왕정의 역사를 다루는데도 다윗이 밧세바를 아내로 삼은 사건(삼하 11장)이나 여호사밧이 기도와 찬송으로 적군을 물리친 사건(대하 20장)처럼 한 쪽에 들어 있지만 다른 한 쪽에 들어 있지 않는 내용이 있고, 두 군데 다 나오지만 그 서술 방식이 반드시 같지 않는 경우도

---

[28] 고전적인 역사 관련 교양서적으로는 E.H.Carr 지음, 길현모 옮김, 『역사란 무엇인가?』(서울: 탐구당, 1988)를 들 수 있다. 또 김기봉, 『'역사란 무엇인가?'를 넘어서』(서울: 푸른역사, 2000)를 참고하라.

있다.29 그렇다면 사무엘상하와 열왕기상하를 쓴 사람(들)의 역사관과 역대기상하를 쓴 사람들의 역사관은 다르다고 보아야 할 것이다.30 그리하여 그 둘이 어떻게 다른지 궁금해진다.

그런데 이 둘이 구약성경에 나오는 역사 서술의 전부이겠는가? 이를테면 율법서, 특히 창세기, 출애굽기, 레위기, 민수기에 나오는 역사 기록은 앞서 말한 두 가지 역사 기록 가운데 어느 것과 같은가? 아니면 다른 것인가? 다르다면 어떻게 다른가? 심지어 예언자들 사이에도 한편으로는 공통되면서도 다른 한편으로 다른 여러 가지 역사관이 있는 것처럼 보인다.

(3) 아무튼 이러한 역사관의 차이는 왜 생기는가? 순전히 역사를 적는 사람의 생각에 따라 생기는가? 왜 역사가들은 달리 생각하는가? 인생관, 세계관이 달라서인가? 그럴 수도 있지만, 많은 경우, 아니 인생관, 세계관의 차이에서 역사관이 달라진다 할 때에도, 시대의 요구가 역사가의 역사관에 큰 영향을 미친다.31 구약성경 안에 들어 있는 여러 가지 역사관도 각 시대의 요청과 밀접한 관계가 있을 것이다.

(4) 또한 역사에는 서술의 중심을 어디에 두느냐에 따라서 정치사, 경제사, 문화사, 종교사, 사회사, 개념사, 이념사, 외교사, 과학사, 민중사, 통치사 따위 여러가지 분야가 있을 수 있다. 바람직한 역사 서술은 이 모든 면을 포함해야 할 것이다.

---

29 졸저, 『구약성경개관. 개정증보판』([문헌0.8.8-1의 책], 229~238 참고.

30 여기서 더러 『삼국사기』와 『삼국유사』를 떠올리기도 한다.

31 국사학의 경우, 식민 사관과 민중 사관을 견주어 볼 만하다. 식민 사관에서는 지난날 일본 제국주의자들이 한반도를 힘으로 다스릴 때 이를 뒷받침하려는 입장에서 조선 역사를 죽 서술했다. 해방 이후에 생겨난 민중 사관에서는 역사의 발전을 이제까지 지배층 중심으로 설명하던 것을 이제는 민중 중심으로 설명하려고 한다.

### 3.3.2. 구약역사인가, 이스라엘 역사인가?

(1) 그렇다면 구약역사[32], 구약역사학이란 무엇인가? 구약성경 자체의 역사를 말하는가?[33] 아니면 구약 안의 역사, 곧 구약성경에 들어 있는 역사를 뜻하는가?[34] 앞 경우는 구약본문의 역사, 곧 구약본문이 어떻게 생겨나서 어떻게 전해져 왔는가 하는 문제를 다룬다. 이를 구약본문사(the history of the Old Testament Text, Textgeschichte)라 한다. 이는 구약본문 주석을 할 때 살펴보는 중요한 내용이다. 그렇지만 구약역사라고 할 때는 보통 뒷 경우, 곧 구약성경에 적혀 있는 역사를 말한다.

(2) 그렇다면, 과연 **구약성경 안에 역사가 들어 있는가?** 무슨 역사, 어떤 역사가 들어 있는가? 천지 창조의 역사, 인간 타락의 역사, 홍수의 역사, 바벨탑의 역사, 아브라함의 역사, 야곱의 역사, 요셉의 역사, 출애굽의 역사, 사무엘의 역사... 다니엘의 역사 같은 것을 말하는가?[35] 천지창조의 역사도 역사라 할 수 있는가? 정말로 **구약은 역사책인가?**[36] 그런데 구약성경에 적힌 역사는 실제 사건이 일어난 대로 적어둔 것인가, 아니면 실제 일어난 역사와 어떤 차이가 있는 해석된 역사인가, 차이가 있으면 왜 그런 차이가 생겼으며 이를 어떻게 이해할 것인가? 구약역사를 '신학적'인 역사라고 한다

---

[32] 그전에는 구약 사기[史記]라고도 했다. 소안론, 『구약사기』([문헌] 3.1.4의 책)를 보라.
[33] 영어로는 the history of the Old Testament라 할 만하다.
[34] 영어로는 the history in the Old Testament랄 할 만하다.
[35] '역사'가 『우리말 큰사전』(서울: 어문각, 1992)에는 10가지나 된다. 교회에서는 역사가 적어도 歷史와 役事의 두 가지 뜻으로 쓰이는데, 役事를 이 사전에서는 '토목, 건축 따위의 공사'롤 풀이하지만, 성령의 역사, 하나님의 역사, 사탄의 역사 할 때 '역사(役事)'는 오히려 '활동, 일함'이란 뜻을 띤다.
[36] Gunneweg, *Vom Verstehen*([문헌]7.2.23의 책)에서는 특히 이 문제를 구약해석학에서 다룰 중요한 주제 가운데 하나로 본다.

면 그것을 그대로 자료로 삼아 역사를 서술해도 괜찮겠는가?[37] 여기서 우리는 다시 역사 기록이란 무엇인가 하는 문제에 부딪치게 된다.

(3) 구약역사는 이스라엘 역사인가?

구약역사 가운데 분량으로 보든지 내용으로 보든지 중심을 이루는 것이 이스라엘 역사인 것은 사실이다. 그렇다면, 이스라엘 역사라 할 때 이는 언제부터 언제까지를 말하는 것인가? 이스라엘이 생기고 난 다음부터 없어질 때까지인가? 이스라엘은 언제 생겼는가? 언제 없어졌는가? 이른바 족장사(이스라엘 선조들의 역사)와 창조사는 이스라엘 역사에 들어가는가? 유다가 망한 다음의 역사도 이스라엘 역사인가?[38]

학자들이 쓴 이스라엘의 역사 책 몇 권만 견주어 보아도 여러 가지 경향을 알 수 있다. 학자에 따라 이스라엘 역사 서술의 시작이 족장 시대, 출애굽, 가나안 정착, 사사 시대(이른바 열두지파동맹)등으로 달라지고, 그 끝도 에스라 느헤미야 시대, 예수님 시대, 주후 132년 제2차 유다 독립 전쟁(바 코흐바 전쟁), 심지어 현대까지로 달라진다.

그렇지만, 다른 한편으로는 이스라엘 역사라고 해서 이스라엘 역사만 쓸 수는 없고, 주변 나라들과 이스라엘의 관계를 함께 다루지 않을 수 없다. 이리하여 어떤 학자는 아예 책 이름을 '이스라엘 백성과 그 여러 이웃의 역사 개관'이라고 붙이기도 한다.[39]

---

[37] 구약 연대의 문제에 대해서는 아래 3.5.를 보라.
[38] 여기서 다시 한국사, 한국교회사는 어느 시대부터 어느 시대까지 다루어야 할 것인가 하는 문제도 생각해 볼 만하다.
[39] Donner, *Geschihte*([문헌]3.1.27의 책).

## 3.4. 구약역사 연구 방법론

### 3.4.1. 구약역사 연구 자료

구약역사를 연구하는 데 쓸 수 있는 자료는 문서 자료와 실물 자료의 둘로 크게 나누어 볼 수 있다. 문서 자료에는 구약성경을 비롯하여 수리아, 애굽, 메소보다미아, 소아시아 같은 구약주변세계에서 나온 문서 자료와 성경 아닌 유대 문헌 자료가 있고, 실물 자료는 보통 고고학적인 발굴의 결과로 나온 자료를 말한다.

이리하여 구약역사를 연구하는 사람들은 한편으로 구약성경의 기록과 성경 바깥의 기록을 비교 검토 평가하고, 다른 한편으로는 성경의 기록과 실물 자료를 대조해 본다.[40] 앞 경우의 보기로 열왕기하 3장의 모압 왕 메사의 이야기와 메사 비문을 견주어 본다.[41] 뒷 경우의 보기로는 예루살렘 남동쪽 언덕에 남아 있는 여부스 성벽의 구조물과 히스기야 지하수로를 들 수 있다.[42]

### 3.4.2. 구약역사 자료 평가 방법과 목적

(1) 그런데 문제는 이런 자료들을 어떤 목적으로 어떻게 다룰 것인가 하는 데 있다.

이런 역사 자료들이 구약성경본문에서 확실하게 말하지 않는 부분을 알려 주는 경우에는 한편으로 본문의 역사적 배경을 더 잘 이해할 수 있게 해 줄 것이고, 다른 한편으로는 구약본문의 신학적 의도를 파악하는 데 도움을 줄 것이다. 그런데 이런 자료를 평가할 때 여러 가지 문제가 생겨난다. 이를테면, 구약 시대에 대한 성경 바깥의 기록이나 고고학 자료가 구약역사의 진정성을 입증하는 근

---

[40] 이런 점에서 구약역사 연구에는 구약주변세계 연구, 곧 고대 중동 세계 연구가 포함된다.
[41] 아래 62쪽의 4.6.1을 보라.
[42] 이에 대해서는 위의 3.2.2.2.를 보라.

거를 제공하는가, 그런 것들이 구약성경의 기록과 맞지 않을 때는 어떻게 할 것인가, 또 성경 바깥의 기록이나 고고학 발굴 결과에 대한 해석도 해석하는 사람에 따라 차이가 나지 않겠는가 하는 따위이다.

(2) 19세기 후반부터 본격적으로 발달하기 시작한 고고학 연구의 결과를 구약역사 서술에 쓸 수 있게 되자 솔로몬 이후 이스라엘 역사는 어지간히 잘 알 수 있게 되었지만, 솔로몬 이전은 역사는 내용상으로 아직도 확실하지 않은 부분이 많다. 특히 족장 시대부터 사사 시대까지에 대해서는 학자들 사이에 의견의 차이가 크다.[43] 지금까지 진행되어 온 이스라엘 초기 역사 연구의 큰 흐름은 대강 다음 몇 가지로 간추려 볼 수 있다.

ㄱ. 미국의 윌리엄 팍스웰 올브라이트(William Foxwell Albright, 1891~1971년)와 영국의 존 브라이트(John Bright)계열의 영미 학파에서는 고고학을 이용하여 이 기간에 대한 구약성경의 기록의 역사성을 비교적 보수적인 입장에서 평가한다. 그러다 보니 선입견과 편견이 작용하여 고고학적 자료를 반드시 객관적으로 다루지 못하는 경우도 생겼다.

ㄴ. 알브레히트 알트(Albrecht Alt, 1883~1956년)와 마르틴 노트(Martin Noth, 1902~1968)계열의 독일 학파는 이스라엘의 초기 역사에 대해서 회의적인 입장을 취하여, 주전 12세기의 열두지파동맹(Amphiktyonie)에서 이스라엘이 본격적으로 생겨나기 시작했다고 본다. 이들은 성경 본문의 비평적 분석에 중점을 두면서, 고고학적 증거가 없더라도 성경 본문의 증언에 기초하여 이스라엘 역사를 재건하려고 한다.

---

[43] John William Rogerson, "Biblewissenschaft I. Altes Testament 2. Geschichte und Methoden", *TRE* VI(1980), 346~361 가운데 355~356.

ㄷ. 베냐민 마자르(Benjamin Mazar), 요하난 아하로니(Yohanan Aharoni), 이갈 야딘(Ygal Yadin)같은 이스라엘 학자들은 이스라엘 초기 역사에 대해서는 올브라이트 미국학파 쪽과 비슷한 태도를 보인다.

그 밖에도 롤랑 드 보(Roland de Vaux)같은 불란서계 로마 천주교 학자는 그 나름대로 독자적인 입장을 표명하고 있다.

이처럼 고고학을 주로 성경 기록의 진실성을 입증하는 수단으로 이용하려는 입장이 있는가 하면, 고고학적인 연구 결과를 강조하여 성경 기록의 잘못을 들추어 내려는 정반대의 입장도 있다. 우리는 어떻게 할 것인가? 성경의 기록과 실물 자료 사이에 차이가 있을 수 있다는 현실을 인정하되 성경의 어떤 특정 본문에 대한 고고학적인 발굴물이 없거나 성경 본문 기록과 어긋나는 점이 있더라도 성경의 기록을 통해서 하나님이 전해주시려는 바가 무엇인가를 더 중요하게 생각하고 그것을 이해하려고 힘쓰는 것이 좋겠다.

(3) 또한 지금까지는 정치사 중심으로 이스라엘 역사를 연구해 왔는데, 얼마전부터는 문화사, 사회사(지크프리드 헤르만[44]), 경제사(킵펜베르그[45])쪽으로 이스라엘 역사 연구의 폭을 넓혀가고 있다. 그뿐만 아니라 최근에는 종교사적인 관점에서 이스라엘 사람들의 신앙이 여러 차원에서(공적, 개인적 가정적, 마을 공동체적)여러 지역에서(북왕국-남왕국, 본토-디아스포라), 또 성(남성, 여성)에 따라 다르게 발전되고 서로 갈등하고 대화하면서 발전해 온 점을 밝히려는 연구서(라이너 알버츠[46])가 하나 나와서 격렬한 논쟁을 불러 일으키고 있다.

---

[44] Herrmann, *Geschichte*([문헌]3.1.18의 책).
[45] H.Kippenberg (ed.), *Seminar: Die Entstehung der antiken Klassengesellschaft* (suhrkamp taschenbuch wissenschaft 130)(Frankfurt am Main: suhrkamp, 1977).
[46] Albertz, *Religionsgeschichte*([문헌]9.51의 책).

## 3.5. (구약)성경고고학이란 무엇인가?

### 3.5.1. 고고학

우리말 큰사전에서는 고고학(考古學)을 '옛 인류의 유물, 유적을 살펴 고대 인류의 생활이나 문화에 관하여 연구하는 학문'이라고 풀이하고 있다. 그런데 고고학을 뜻하는 헬라 낱말 <아르카이올로기아>(αρχαιολογια, 낱말 그대로는 '옛 것에 대한 말')는 본디 옛 이야기나 신화로 전해내려오는 바를 이야기하는 것을 가리켰다.

성경고고학은 성경에 전해 내려오는 이름과 사물들을 밝혀내고 설명한다는 뜻에서 옛 것에 관한 학문으로 이해되던 것이, 19세기 탐사 여행이 시작됨에 따라서 발굴물과 폐허가 고고학의 연구 대상에 들어가게 되었다.

좁은 의미의 고고학은 '지나간 문화와 역사에서 보존된 물질적인 잔재들에 대한 학문'을 말한다.[47]

### 3.5.2. (구약)성경고고학

(1) 성경과 관련된 고고학을 말할 때는 보통 '성경고고학'이라고 하지(문희석, 원용국, G. E. Wright, Volkmar Fritz 등) '구약고고학'이나 '신약고고학'이라고 하지 않는다. 그런데 시기적으로 이른바 구약 시대가 신약 시대보다 훨씬 더 길고 훨씬 더 오래 되었기 때문에, 성경고고학이라 하면 보통은 구약 쪽에 큰 비중을 둔다. 이즈음에 이르러서는 성경고고학을 더러는 (수리아)팔레스티나 고고학이라 하기도 한다(William G. Dever). 이 경우 '팔레스티나'는 요단 서

---

[47] Martin Noth, *Die Welt des Alten Testament*(Berlin: de Gruyter, [4]1962), 96.

쪽 지역을 가리키는 지리적인 개념이다. 또는 '이스라엘 고고학'(Yohanan Aharoni), '성지(聖地)고고학'(Kathleen M.Kenyon)이라고도 한다.[48] 우리는 성경고고학이 구약학 연구의 한 분야인 점을 분명히 하려고 편의상 구약고고학이라고 한 것이다.

(2) (구약)성경고고학은 구약의 역사적 문화적 배경을 밝히기 위한 학문 분야로서 19세기 이후에야 본격적으로 생겨나 발전해 왔다. 성경고고학의 과제를 팔레스티나의 정주(定住)및 문화사를 연구하는 것으로 보기도 하지만[49], 요즈음에는 사회사, 경제사를 밝혀낼 뿐만 아니라 자연사적, 생태적인 배경, 인류학적인 큰 틀에서 보는 데까지 그 범위가 확장되었다. 1960년대 이후 미국 중심으로 '새 고고학'(New Archaeology)학풍이 일어나서, 단순히 성경의 기록이 옳다는 것을 증명하는 고고학에서 벗어나서, 성경이 생긴 큰 맥락에 대한 지식을 얻는데 이바지하려고 물리적 문화적 모든 현상을 다루려고 한다. 성서학의 한 분야에서 벗어나 독립된 연구 분야로 하려는 시도로까지 나아간다.[50]

(3) 구약역사학과 고고학의 관계에 대해서는 이미 앞 3.4.2에서 다룬 바 있다.

### 3.5.3. 구약고고학 연구 방법론[51]

고고학 초기, 곧 19세기 중엽 본격적인 발굴 작업이 시작되기 전까지는 관심 있는 사람들이 성지를 여행하면서, 성경에 나오는

---

[48] [문헌] 3.4에 적힌 여러 책이나 글의 이름을 살펴 보라.
[49] Fritz, *Einführung*([문헌]3.4.16의 책), 4.
[50] Dever, "Archaeology, Syro-Palestinian and Biblical"([문헌]3.4.13의 글).
[51] Fritz, *Einführung*([문헌]3.4.16의 책), 29~68 참고.

지명들이나 기념물들을 눈으로 몸으로 직접 찾아보고, 그러한 노력의 결과를 정리하곤 했다. 최초의 지도는 나폴레옹의 원정 기간 동안인 1810년에 나왔다. 최초의 발굴은 1851년 예루살렘 북쪽에 있는 왕들의 묘지 발굴이었다.[52]

(1) 지표 탐사

말 그대로 땅 거죽을 조사하는 이 방법은 어떤 마을의 잔재를 체계적으로 파악하고 아직 있는 기념물들의 재고조사에 쓸모 있다.

일반적으로 마을의 잔재는 보통 언덕과 비교적 분명히 구별되는 독특한 폐허 언덕을 이루는데, 이를 아랍말로 <텔>이라고 부른다(보기: 텔 단). 짧은 기간 동안에 마을이 있어서 보통 언덕과 거의 구별할 수 없는 경우에는 이를 <키르베>라 부른다(보기: 키르벳 쿰란)

잠정적인 연대 측정은 지표의 파편 증거물(도자기, 그릇 종류)에서 추측해낸다. 청동기 시대 주거지에서 나온 그릇과 철기 시대 주거지에서 나온 그릇의 재료와 모습(꼴, 무늬)이 다르다. 같은 시대 유물이라도 지역에 따라 다르기도 한다.[53]

---

[52] 발굴 참가 경험에 대해서는 최근에 본 신학대학원 학생이 쓴 보고문, 강후구, "텔 레호브를 발굴하고 나서", 「예루살렘 통신」([문헌] 0.9.9의 잡지)27(1997 가을), 7~9를 참고하라.

[53] Fritz, *Einführung*([문헌]3.4.16의 책) 부록 별지 도기 연대별 비교 도표와 문희석, 『성서와 고고학』([문헌]3.4.4의 책), 37에서 옮겨 위에 실은 '도기 연대표'를 비교 참고하라.

도기의 연대표

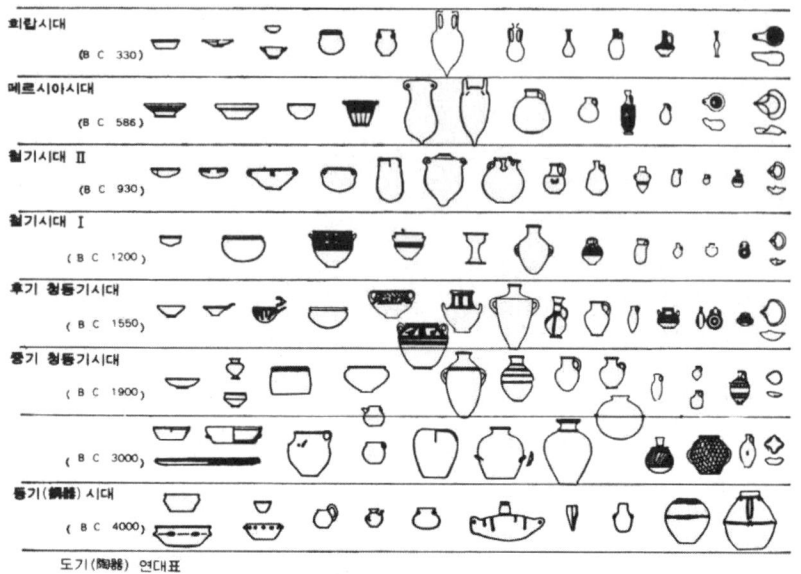

도기(陶器) 연대표

(2) 발굴과 단층 탐사

폐허지를 체계적으로 탐사하기 위해서 발굴을 한다. 발굴은 <텔>의 부분 부분을 하므로 한편으로는 전체 정주사(定住史, Siedlungsgeschichte)를 파악할 수 있도록, 다른 한편으로는 물질 문화의 모습을 가능한 한 포괄적으로 알 수 있게 해야 한다.

여기서 정주층(단층)에 결정적인 표식은 건물(왕궁, 성벽, 성문, 관청, 신전, 개인 집- 귀족, 서민, 무덤, 공용 시설 - 창고, 목욕탕, 물웅덩이)이다. 정주층의 순서에서 정주사를 알 수 있고, 건축 양식과 발굴물은 각 층의 물질 문화를 나타낸다.

문화사는 한 시대에 속하는 것으로 알아낸 모든 기념물 전체를 가지고 밝혀낸다. 그 전시대나 후시대, 또는 이웃 문화와 견주어 봄으로써 역사적인 발전을 파악할 수 있을 뿐만 아니라 서로 다른 지역의 문화적인 특성과 공통점을 알 수 있다. 물질 문화는 삶의 직접적인 표현으로서 각 시대 인간 생활의 조건과 습관과 표현 가능성을 들여다보게 해 준다.[54]

발굴 방법 및 각 거주층을 보여주는 팔레스타인 발굴지의 층위학적 도해표

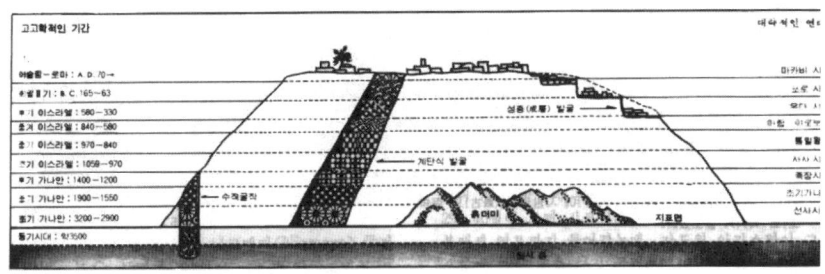

계단식 시굴구(試掘溝)에 따른 문화층 - 시리아의 텔 우데다

제I층:주후600~300년
제II층:주후300~주전64년
제III층:주전 64~500년
제IV층:주전 500~1000년
제V층:주전 1000~1200년
제VI층:주전 1200~1600년
제VII층:주전 1600~1900년
제VIII층:주전 1900~2000년
제IX층:주전2000~2300년
제X층:주전2300~2600년
제XI층:주전2600~3000년
제XII층:주전3000~3500년
제XIII층:주전3500~3900년
제XIV층:주전5000~5500(?)년
원시층-수면이하 약2미터

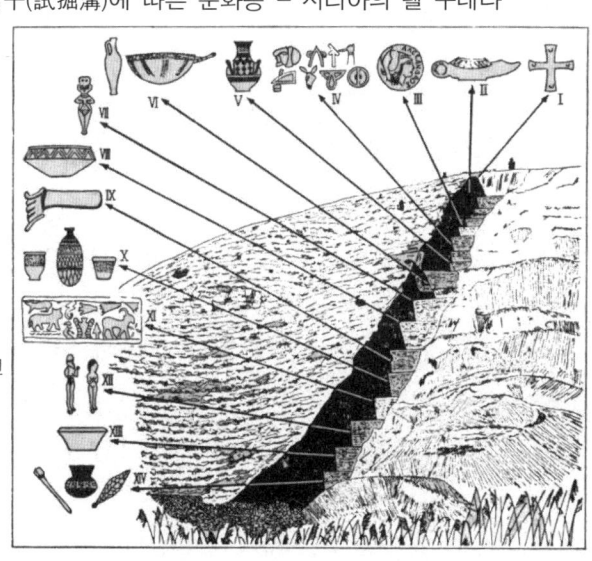

---

[54] 아래에 옮겨 실은 『성서백과대사전』 제1권(1979), 335와 336의 그림을 참고하라.

① 발굴 기술

텔을 여러 구역으로 나누고 그 가운데 한 부분을 조직적으로 조금씩 크고 작은 도구로써 파내고 벗겨내기 시작하는데, 돌은 그것이 성벽에 속하지 않는다는 것이 확정되기 전에는 치우지 않는다. 새 층은 흙의 색깔과 구성이 달라지는 데서 알 수 있다. 이로써 질그릇이 층에 따라 달라진다는 것은 쉽게 이해할 수 있다. 성벽을 조심스럽게 벗겨내고 땅바닥은 비로 잘 쓸어내고, 붓으로써 유물들을 깨끗이 한다. 유물을 손상하지 않도록 특별히 조심해야 한다. 한 층의 여러 부분과 유물들은 낱낱이 번호를 붙인다. 유물과 성벽의 관계를 헤아려 본다.

② 발굴 기록

발굴 기록에는 발굴 장소 도면 작성, 발굴물 정리, 사진, 발굴물 목록이 들어 간다. 전에는 발굴 일지도 적었다.

③ 자연과학적인 조사(동물 뼈나, 유골, 숯, 조개)

인류학적인 조사로서 유골의 모양, 특징, 질병이나 사고 등으로 인한 손상을 알아본다. 그뿐만 아니라, 동물의 뼈를 조사하여 특히 가축의 유래와 발전을 추적해 보며, 식물의 잔재를 조사하여 곡물 문화와 음식물 문화를 알아 본다. 또 나무를 조사하여 나무의 종류가 어떠하며, 그 어떤 나무가 토박이 나무인지 아니면 밖에서 들어온 것인지도 밝혀 본다. 질그릇의 경우에는 그 재료와 구운 정도 방식을 조사하고, 금속물은 그 재료 합성을 알아 본다.

④ 발굴 결과를 발표하고 출판한다.

## 3.6. 구약역사 및 구약고고학 연대

### 3.6.1. 구약역사 연대의 문제점[55]

(1) 구약성경에 연대 기록이 자주 나오지만, 그런 것이 상징성을 띠는 수가 많다. 이를테면 40, 70, 480 같은 숫자가 그러하고, 특히 선사 시대(대강 주전 3000년대 이전, 석기 시대)에 이것이 해당된다. 40년은 이스라엘의 광야 생활(민 32:13), 사사들의 통치기간 가운데 자주 나온다. 솔로몬의 성전 건축을 출애굽 이후 480년(왕상 6:1)이라고 하는데, 이는 40년씩 12세대 지난 시간을 생각하게 한다. 70은 바벨론에 사로잡혀 가 있는 시기를 가리킬 때 나온다.

(2) 구약성경의 연대 기록 그대로 계산해서 주전 4004년에 천지가 창조되었다고 주장한 견해가 일찍이 있었다(James Ussher, 1650~1654).[56] 아무튼 창세기 5장 1~32절에 나오는 사람들의 생존연령을 기준으로 아담에서 노아까지의 기간을 계산하면 1656년, 창세기 11장 10~26절에 나오는 사람들의 생존 연령을 기준으로 셈에서 데라까지의 기간을 계산하면 290년, 아브라함의 가나안 이주부터 야곱 집안의 애굽 이주까지 215년(창 17:17; 23:1; 25:7, 26; 35:28; 47:28; 50:22), 이스라엘의 애굽 체제 기간이 430년(출 12:40)또는 400년(창 15:13)또는 네 세대(창 15:16)이다. 사사시대는 대강 470년으로 잡아 볼 수 있다.

(3) 족장 시대는 언제일까? 중기 청동기 제1기(주전 2000~1800년[57])로 보는 학자들이 많지만, 더러는 후기 청동기(주전 1550~1200년)로 보기도 한다.

---

[55] *ABD* I(1992), 1002~1011을 보라.

[56] 정중호, 『이스라엘 역사』([문헌]3.1.9의 책), 33에서는 주전 4164년의 견해를 소개한다.

[57] 이 연대는 *ABD* I(1992), 1005를 따른 것이다. 아래 3.6.2.2에서 소개하는 프리츠의 연대표에서 중기 청동기 제 1기는 2150~1950년이다.

왕정 시대의 연대 계산에는 즉위한 해를 넣어서 치는 법과 빼고 치는 법의 차이가 있고, 한 해의 시작을 봄으로 보는 경우와 가을로 보는 경우의 차이가 있다. 남북 왕국 임금들의 통치시기를 서로 관련시켜서 적는 경우도 있는데 그것이 서로 맞지 않는 수도 있다.

(4) 이러한 성경의 연대 기록을 다른 나라 연대기와 비교해서 확정할 수 있는 경우가 더러 있다. 이를테면 주전 598년 12월~597년 3월이 여호야긴의 3개월 통치 기간이라는 것이 바벨론 연대기를 통해 확인된다.

### 3.6.2. 구약 연대 얼개

(1) 주전 1000~400년 이스라엘과 주변 나라들의 흥망연대 개요[58]

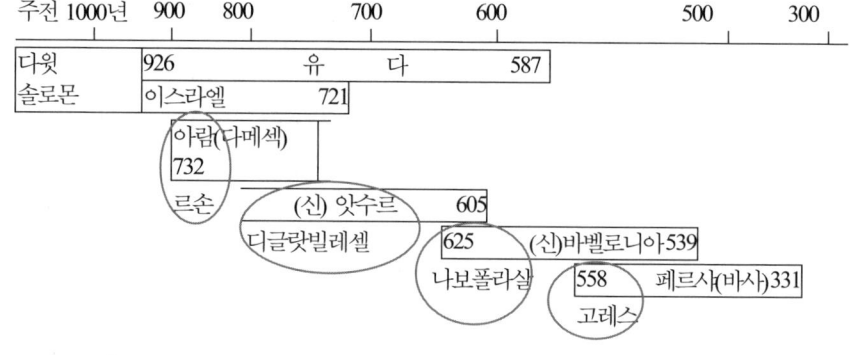

---

[58] Lutz/Timm/Hirsch(hg), *Altes Testament*([문헌] 0.8.37의 책), 573을 참고.함. 자세한 연대표는 각 성경 인쇄본이나 이스라엘 역사 책 부록의 것을 비교 참고하라.

(2) 구약고고학 연대표[59]

| 신석기 | | 주전 8000~3600년 | |
|---|---|---|---|
| 구석기 | | 3600~3150 | 선사시대 |
| 초기청동기 | 제 1기 | 3150~2950 | EB I(Early Bronze)/FB |
| | 제 2기 | 2950~2650 | EB II |
| | 제 3기 | 2650~2350 | EB III |
| | 제 4기 | 2350~2150 | EB IV |
| 중기청동기 | 제 1기 | 2150~1950 | MB I(Middle Bronze) |
| | 제2기전기 | 1950~1750 | MB IIA |
| | 제2기후기 | 1750~1550 | MB IIB |
| 후기청동기 | 제1기 | 1550~1400 | LB I(Late Bronze)/SB |
| | 제2기전기 | 1400~1300 | LB IIA |
| | 제2기후기 | 1300~1200 | LB IIB |
| 철기 | 제 1기 | 1200~1000 | |
| | 제2기전기 | 1000~ 900 | |
| | 제2기중기 | 900~ 800 | |
| | 제2기후기 | 800~587 | 앗수르 지배시대 |
| | 제3기 | 587~332 | 바벨론 페르샤 지배시대 |
| | | 63<br>주전 37~주후 4<br>주후 324<br>640 | 헬라시대(헬레니즘)<br>(폼페이우스의점령)<br>(헤롯)로마시대<br>(콘스탄틴대제)비잔틴시대<br>아랍, 십자군, 터어키<br>영국<br>이스라엘 |

---

[59] Fritz, Archäologie([문헌]3.4.16의 책), 74와 Fritz, "Bibelwissenschaft I/1. Archäologie" ([문헌]3.4.15의 글), 323 참고.

# 4. 구약주변세계(고대근동) 연구

## 4.1. 구약주변세계에 대한 일반 지식

구약성경에는 주로 이스라엘에 관한 내용이 적혀 있지만, 이스라엘의 운명에 영향을 끼친 여러 다른 나라에 대한 이야기도 종종 나온다. 이를테면, 애굽, 헷, 앗수르, 갈대아(=바벨론), 바사, 시돈, 두로, 블레셋, 구스, 스바 같은 나라나 땅의 이름이 나오는가 하면, 니느웨, 바벨론[60], 아스글론, 갓, 우르, 하란, 사르밧 같은 외국 성읍이나 마을 이름도 들어 있다.

그뿐만 아니라 아기스, 아비멜렉, 산헤립, 디글랏빌레셋, 느부갓네살, 고레스 같은 이방 통치자의 이름도 찾아볼 수 있다. 느부갓네살은 유다 왕국을 멸망시킨 임금으로 등장하고, 고레스는 바벨론

---

[60] 히브리 말 <바벨>(בָּבֶל)과 우리말 개역개정판 성경의 바벨론은 나라 이름인 동시에 성읍 이름이지만, 한글 사전에서는 영어의 경우와 마찬가지로 보통 나라 이름으로는 바빌로니아, 성읍 이름으로는 바빌론을 쓴다.

에 사로잡혀 와 살던 유대 사람들이 예루살렘으로 돌아갈 수 있게 한 임금으로서, 이사야 44장 28절과 45장 1절에서는 이스라엘의 하나님 야훼께서 그를 가리켜 각각 '나의 목자'와 '나의 기름 받은 고레스'라 부르기까지 하신다.

## 4.2. 구약주변세계 이해가 구약본문 이해에 중요한 까닭

### 4.2.1. 이스라엘의 지정학적이고 역사적인 근본 상황

이스라엘은 그 지정학상의 위치와 마찬가지로 역사적으로, 또 문화적으로 메소보다미아와 애굽 사이에서 태어나서[61] 여러 작은 민족과 이웃하면서 가나안 땅에서 살게 된 백성이다.

아브라함이 메소보다미아에서 가나안으로 내려 왔다 할 때, 이는 이스라엘 선조의 고향이 메소보다미아인 것을 뜻한다. 그런가 하면 이스라엘 민족이 본격적으로 하나님 백성으로 된 것은 히브리 사람들이 애굽 땅에서 빠져나온 사건을 통해서이다. 더 나아가서, 약속의 땅에 들어온 이스라엘은 가나안 여러 족속(아모리, 기르가스, 히위, 여부스, 그나스, 겐, 브리스 등)뿐만 아니라, 동쪽으로 에돔, 모압, 암몬, 서쪽으로 블레셋, 북쪽으로 아람 같은 작은 나라들과 끊임없이 접촉하면서 살게 되었다.

이리하여 구약주변세계를 가족 관계에 빗대어 말한다면, 메소보다미아는 이스라엘의 아버지, 애굽은 이스라엘의 어머니, 모압과 암몬과 에돔과 수리아 등은 이스라엘의 형제자매라 할 만하다. 따라서 이스라엘을 제대로 이해하려면, 한편으로는 메소보다미아 및 애굽, 다른 한편으로는 둘레의 여러 작은 나라에 대해 알아보지 않을 수 없고, 이스라엘이 주변세계와 비슷하거나 같은 점과 다른 점

---

[61] 위 2.2.2. 참고.

은 각각 무엇이며 그러한 점들이 뜻하는 바가 무엇인지를 생각해 볼 필요가 있다.

### 4.2.2. 주변세계와 이스라엘의 정치 외교 역사적인 관계

(1) 사사 시대부터 다윗 초기까지는 블레셋이 자주 이스라엘로 쳐들어 왔다. 다윗과 솔로몬 시대에는 이스라엘이 지중해안의 두로와 각별한 관계를 유지했다. 분열 왕국 초기인 주전 9세기에는 북왕국 이스라엘이 북쪽 아람과 여러 번 전쟁을 벌였고, 모압 같은 주변의 작은 나라와도 갈등을 겪게 되었다. 주전 8세기 후반부터는 이스라엘 땅에 앗수르의 위협이 커졌고, 주전 7세기 말부터는 유다 왕국이 바벨론의 직접적인 압력 아래 놓이게 된다. 마침내 북왕국 이스라엘은 앗수르에 망하고 남왕국 유다는 바벨론에게 망하게 되고, 6세기 중엽부터는 이 지역이 페르사(바사)의 손에 들어간다.[62]

(2) 특히 남북 강대국의 상황에 따라 이스라엘의 국내 상황도 크게 영향을 받았다. 이를테면 주전 8세기 중엽 북왕국의 여로보암 2세 때 경제가 부흥할 수 있었던 것은 아람이 약화되고 앗수르가 아직 본격적으로 남하하기 전이어서 이른바 권력의 공백기를 틈탄 것이었다. 또 주전 7세기 후반 남왕국의 요시야가 북진 확장 정책을 쓸 수 있었던 것도 앗수르가 약화되고 바벨론이 강대국으로 세계 무대에 아직 등장하기 전이었기 때문이다. 유다 마지막 시대에 처음에는 애굽의 영향 아래 들었던 유다가 바벨론이 갈그미스에서 애굽을 쳐부수자(렘 46:2) 자동적으로 바벨론의 영향 아래 들어 간 것도 그런 보기이다. 바로 느고가 여호아하스를 사로잡아 가고 유다 임금으로 세웠던 여호야김은 곧 바벨론의 봉신이 된 것이다.

(3) 이스라엘과 유다는 북쪽의 앗수르나 바벨론과 남쪽의 애굽

---

[62] 위 3.6.2. 참고.

사이에서 줄타기 외교를 했지만 결국 성공하지 못했다. 그리하여 호세아 예언자는 애굽과 앗수르 사이에 왔다 갔다 하는 북왕국의 외교 정책을 꾸짖었다(호 7:11). 예레미야 27장 3절에서 모압과 에돔과 암몬과 두로와 시돈의 사신들이 예루살렘에 모여 반 바벨론 동맹을 맺으려고 한 것은 이런 배경에서 이해할 수 있다.

이런 소용돌이 가운데서 남북 왕국의 갈등을 외세를 빌어 해결하려 했던 경우도 있었다. 이를 테면 이사야 7장 9절의 "만일 너희가 굳게 믿지 아니하면 너희는 굳게 서지 못하리라"는 이사야의 권고63와 14절에 나오는 임마누엘 예언은 수리아 에브라임 전쟁, 곧 아람과 북왕국 이스라엘이 남왕국의 아하스 왕을 반 앗수르 동맹에 끌이들이려고 벌인 전쟁에 즈음하여 선포된 예언인데, 아하스는 예언자의 권고를 따르지 않고 앗수르에게 기댐으로써 아람과 북왕국의 위협에서는 벗어났으나 스스로 앗수르의 영향권 아래 들어가게 된다(왕하 16장).64

### 4.2.3. 주변세계와 이스라엘의 종교 문화적 관계

이스라엘은 한편으로는 자연스럽게, 다른 한편으로는 정치적인 필요나 강요에 의해서 주변 나라들의 종교나 문화의 영향을 받았다. 보기를 두 가지만 들어 보자.

(1) 여러 이방 신을 섬기게 된 이스라엘

우선 가나안 땅에 들어간 이스라엘 사람들은 일찍이 가나안의 농경 문화에서 생산을 보장해 주는 것으로 보였던 바알 종교 요소를 받아들였다. 또 페니키아의 다산(多產)및 식물의 여신인 아세라

---

63 위 1.3.2.5 참고.
64 남북왕국의 다양한 관계에 대해서는 졸저, 『구약성경개관. 개정증보판』 ([문헌0.8.8-1의 책], 95를 보라.

를 섬겨 이를 상징하는 푸른 나무나 나무 말뚝에 예배드리기도 했다(렘 2:27).[65] 솔로몬은 모압의 그모스와 암몬의 몰록(왕상 11:7 등)[66] 을 위해 예배 장소를 만들었고, 시돈의 아스다롯[67]과 암몬의 밀곰(왕상 11:5, 7)도 끌어들였다.[68] 아모스 5장 26절에는 앗수르의 천체 신인 식굿과 기윤(삭굿과 케완에서 '가증한 것'을 뜻하는 히브리 말 <식쿠츠>의 모음을 따라 고친 것)을 이스라엘이 섬긴 것에 대해 꾸짖는다.[69] 앞서 이미 말한 바처럼 아하스는 정치적인 필요에 의해서 이방 신상을 만들어 예루살렘 성전에 두게 했다(왕하 16:10~16).

바벨론의 영향을 많이 받던 때는 유다 사람들이 담무스[70]를 섬기기도 했는데(겔 8:14), 이 신은 본디 수메르 사람들이 섬기던 목자의 신으로, 나중에는 해마다 죽었다가 다시 살아나는 식물의 신이 되었고, 그 종교 의식으로 가을비를 기다리는 동안 이 신을 위해 특히 여자들이 우는 의식이 있었다.

---

[65] 아세라에 대해서는 N.Wyatt, "Ashera", Karel van der Toorn, Bob Becking, Pieter W. Van der Horst(ed), *Dictionary of Deities and Demons in the Bible*(=*DDD*)(Leiden, New York, Köln: E.J.Brill, 1995), 183~195을 보라.

[66] 그 종교 의식 가운데에는 정해진 예식을 따라 사람을 불살라 바치는 것이 있었다. 예레미야 7장 31절에 자식을 불사른다고 하는 것이 몰록 제사를 암시하는 것으로 보인다. 더러는 <몰렉>(מלך)이라고 하는데, 이는 '부끄러움'을 뜻하는 히브리 말 <보셋>(בשׁת)을 따라 모음을 수정했기 때문이다. 자세한 내용은 같은 책, 1090~1097에 실린 G.C.Heider의 글, "Molech"을 보라.

[67] 서부 셈족의 사랑 및 다산의 여신. 이에 대한 자세한 내용은 같은 책, 203~213에 실린 N.Wyatt의 글, "Astarte"을 보라.

[68] 그모스와 밀곰에 대해서는 각각 같은 책, 356~362와 1076~1080에 실린 H.P.Müller, "Chemosh"와 E.Peuch, "Milcom"을 보라.

[69] 같은 책, 1364~1365와 899~900에 실린 M.Stol, "Sakkuth"와 같은 글쓴이의 "Kaiwan"을 보라.

[70] 같은 책, 1567~1579에 실린 B.Alster, "Tammuz"를 보라.

(2) 토지법 및 왕권 사상

이스라엘의 신앙 전통에서는 왕이라 하더라도 함부로 남의 땅을 빼앗을 수 없었다. 모든 땅의 본디 주인은 오로지 야훼이시고(레 25:23), 야훼께서 지파별로 집안별로 땅을 나누어 주셨다고 믿었기 때문이다. 열왕기상 20장에서 나봇의 포도밭을 살 수 없어 고민하고 있는 아합 임금을 부추기는 이방 출신 왕비 이세벨은 이러한 전통에 구애받지 않고 부당한 방법으로 나봇을 죽이고 그 포도밭을 아합이 차지하게 한다. 여기서 가나안 전통과 이스라엘 전통이 서로 부딪친 것을 볼 수 있다.

### 4.3. 구약주변세계란?

보통 서양 학자들은 고대근동(the Ancient Near East)이라 부른다. 곧 이 표현은 서양에 가장 가까이 있어서 동양 가운데 서양 세계에 가장 일찍부터 알려진 세계를 말하는데, 지리적으로는 북쪽의 흑해와 코카서스 지방과 카스피 해를, 남쪽으로는 인도양을 천연적인 경계로 삼지만 서쪽 지중해 지역이나 북아프리카 지역이나 동쪽 동이란 지역에서는 그 경계를 확실히 하기 힘들다. 대강 오늘의 이란, 이락, 시리아, 레바논, 아라비아 반도, 아시아 지역의 터어키, 지중해 일부를 가리킬 뿐만 아니라 아프리카의 이집트까지 포함한다. 그 큰 구성 요소를 따라 말할 때는 팔레스티나, 수리아, 메소보다미아, 소아시아, 애굽을 가리킨다. 고대라 함은 시기적으로 보통 주전 6세기경 이 지역이 페르샤에게 점령되기 전까지를 가리킨다.[71]

우리는 유럽 중심의 이런 표시를 구약 중심의 표현법으로 바꾸어, 구약주변세계라 부를 수 있다. 이럴 경우에는 구약이란 낱말 자체가 시기를 한정해 준다.

---

[71] von Soden, *Einführung*([문헌]4.1.9의 책), 1~4.

### 4.4. 구약주변세계의 지리와 역사

#### 4.4.1. 지리와 민족들

주전 3000년 이전에 메소보다미아 가장 남쪽에 수메르 사람들이 자리를 잡고 살기 시작했는데, 이들은 북부 인도 지방에서 온 듯하다. 셈 사람들은 악캇 말[72]을 쓰는 북동부 셈 사람들, 에블라 중심의 북부 셈 사람들, 우가릿과 가나안에 살던 북서부 셈 사람들로 나누어 볼 수 있다. 소아시아에는 헷 사람들이 살고 있었다.[73]

#### 4.4.2. 메소보다미아와 소아시아의 역사의 얼개[74]

| 메소보다미아 | 수리아 팔레스티나 | 소아시아 |
|---|---|---|
| 초기수메르시대, 초기왕조시대(주전33~24세기) 악캇 시대(24~22세기) | 에블라 왕국 (24~23세기) | |
| 굿 시대(22세기) 신 수메르 시대, 우르제3왕조(21~20세기) 고대 바벨론 제국(20~16세기) 앗수르 제국(20~6세기) 마리 왕국(2000년~1700년) 카싯 왕국(17~13세기) | 우가릿 도시왕국 (1400~1200년) 블레셋 정착 (1200년 전후) | 헷 제국 (17세기~ 1200년) |
| 신 바벨론(주전7~6세기) 페르샤(주전 6~4세기) | | |

---

[72] 위 1.5. 참고.

[73] 같은 책 11~29, 또 다음쪽에 실린, Karl Matthiae/ Winfried Thiel (eds.), *Biblische Zeittafeln*(Neukirchen-Vluyn: Neukirchener Verlag, 1985), Karte I를 보라.

[74] 앞의 주 69의 책, 40~58과 문희석 편저, 『구약성서배경사』([문헌]4.1.2의 책), 14~132를 견주어 보라. 메소보다미아 발굴에 대해서는 브랙만, 『니네베 발굴기』([문헌]4.4.6)를 읽어볼 만하다. 또 고세진(사진: 이강근), "성지 순례 앗수르", 「목회와 신학」106(1998.4), 134~137도 참고하라.

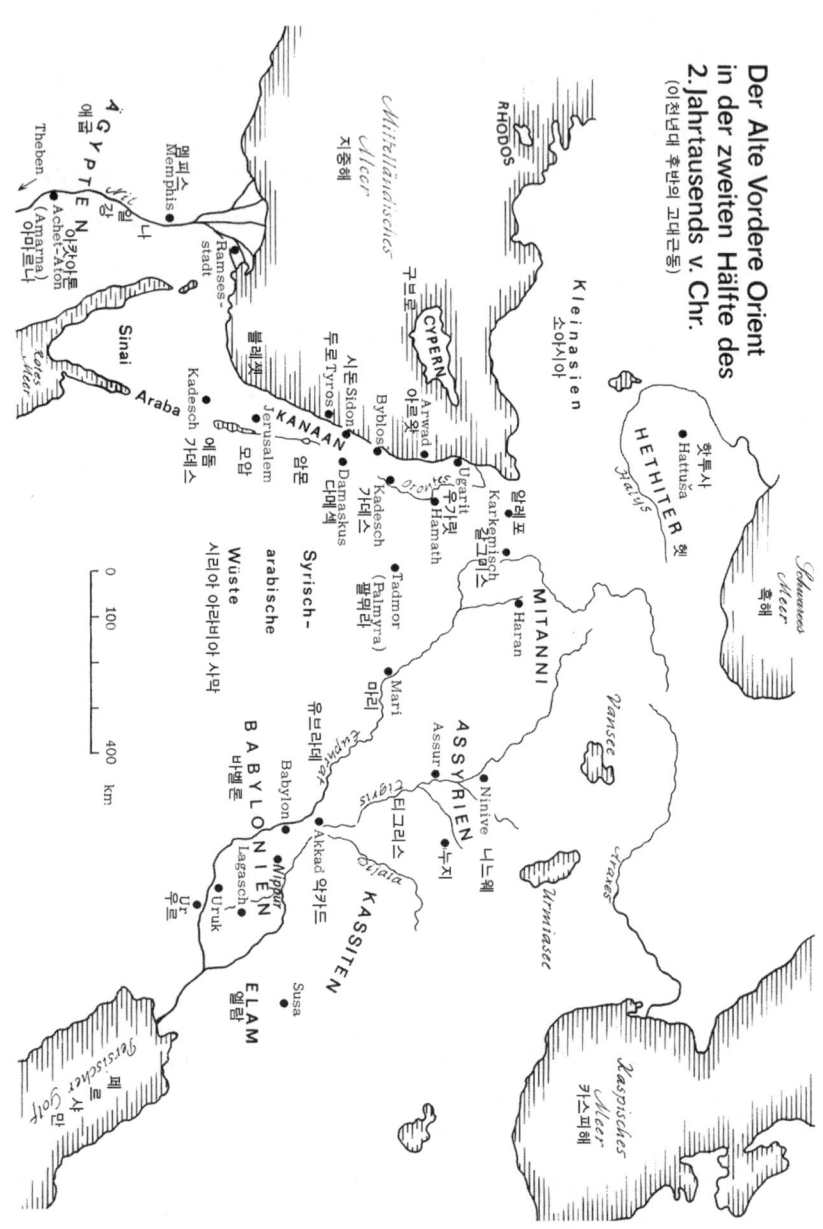

### 4.4.3. 애굽의 역사

고대 애굽이라 하면 보통 주전 3000년경부터 알렉산더가 애굽을 정복한 주전 332년에 이르는 2600년 동안의 애굽을 말한다. 이 기간의 역사를 일반적으로는 30 또는 31 왕조로 나누는데, 이 구분법은 주전 3세기 프톨레마이 일세와 이세 때 애굽 제사장이었던 마네토가 세 권으로 쓴 헬라 말 애굽 역사책을 따른 것이다.[75]

이와는 다른 구분법에 따르면 애굽 역사를 먼저 고대 왕국 시대(주전 2800~2200년, 마네토의 제3~6왕조), 중간 왕국 시대(주전 2100~1730년, 마네토의 제11~13왕조), 신 왕국 시대(주전 1550~약 1100년, 제18~20왕조)의 셋으로 나누고 고대 왕국 이전 시대를 초기 왕조시대, 고대 왕국 시대와 중간 왕국 시대 사이를 제1 중간 시대, 중간 왕국 시대와 신 왕국 시대 사이를 제2 중간 시대 또는 힉소스 시대, 신 왕국 시대 다음을 후기 시대라 한다.[76]

고대 왕국은 피라밋 시대였고, 신왕국 시대 임금 가운데서는 제18왕조의 아멘호텝[아메노피스] 4세[=에크나톤[77]](주전 1364~1347년)는 태양신 아톤만을 섬기도록 하는 종교 개혁정책을 쓰고 새 왕도(王都)아켓아톤[=아마르나]를 건설하여 아마르나 시대를 연 임금

---

[75] Friedell, *Kulturgeschichte*([문헌]4.4.17의 책), 128. 고대 애굽 문화의 발견에 대해서는 베르쿠테, 『잊혀진 이집트를 찾아서』([문헌]11의 책)를 읽어볼 만하다

[76] 여기와 아래의 애굽 연대는 대체적으로 Hornung, *Grundzüge*([문헌]4.4.19의 책)을 따르는데, 이를 "History of Egypt"([문헌]4.4.20의 글)와 견주어 보라.

[77] 애굽 상형문자는 자음만 나타내므로 오늘날 그 낱말들의 발음을 제대로 알아내기 힘들다. 나중에 헬라 문헌에 음역된 것이 있으면 이로부터 본디 발음을 추적할 수 있지만, 그렇지 못한 경우에는 학자들이 편의상 자음 사이에 <아>, <에>, <이>, <오> 같은 모음을 집어 넣어 읽는 것이 보통이다. 그리하여 <에크나톤>도 때로는 <이크나텐>, <아케나텐>, <아케나톤>으로 부르기도 한다. <아멘호텝>은 '<아문>은 은혜로우시다'를 뜻하고, <아케나톤>은 '<아톤>의 마음에 드는 자', '<아톤>의 광채'란 뜻이다.

으로 유명하다.[78] 또 더러는, 애굽의 위세를 크게 떨친 제19왕조의 임금 람세스 2세(주전 1290~1224년)를 이스라엘의 출애굽 시대의 통치자로 보기도 한다.[79] 람세스 2세의 후계자인 메렌프타[메르넵타](주전 1224~1204년)시대에서 나온 한 비문에 이스라엘이라는 이름이 나온다.

## 4.5. 구약주변세계의 언어와 문자[80]

수메르에서는 주전 3000년 이전에 이미 간단한 기호를 만들어 기록 수단으로 삼다가, 주전 3000년대 중반쯤에 쐐기문자[楔形文字](cuneiform letters, Keilschrift)를 만들어 썼다. 이것을 나중에 셈족인 악카드 사람들이 받아들여, 악카드 쐐기 문자가 당시 세계에 널리 쓰이게 된다. 이것을 알게 된 애굽 사람들이 그 나름대로 만든 문자 체계가 상형문자(hieroglyph, Hieroglyphe)이다. 소아시아의 헷 사람들은 그 나름대로 상형문자를 만들어 썼다. 나중에 페니키아 지역에서 애굽 문자를 참고한 자모 문자(알파벳)가 생겨난다.

## 4.6. 구약주변세계의 문헌

천지 및 인간 창조 또는 홍수에 관한 내용은 구약성경말고도 이스라엘 둘레에 살았던 다른 겨레들의 옛 글에도 더러 나온다. 그뿐만 아니라 구약성경의 역사 기록이나 노래들과 비슷한 글들도 그러하다. 이런 경우에, 구약 바깥의 글과 구약본문이 어떤 관계였

---

[78] 아래 4.6.2 참고.
[79] 자크, 『람세스』([문헌]4.4.9의 책)가 이 시대를 다루고 있다.
[80] 고대 세계의 문자에 대해 손쉽게 읽을 수 있는 책으로는 장, 『문자의 역사』([문헌]4.4.10의 책)가 있다.

는지, 또 구약본문의 특성이 무엇인지에 대해 생각해 보게 된다.[81] 두 가지 보기를 들어 보자.

### 4.6.1. 메사 비문

이는 1868년 어떤 아랍 추장이 전해준 소식을 따라 독일 선교사 클라인(F.A.Klein)이 사해 동쪽 13마일 지점에 있는 고대 모압의 신전 도시 디반(렘 48:22등의 디본)에서 발견한 검은 색 현무암에 새겨진 비문을 가리키는데, 지금은 루브르 박물관에 있다.[82]

도표 2. 메사 비문과 왕하 3장 비교

| 메사 비문[83] | 왕하 3장 |
|---|---|
| [1]나는 메사, 그모스[얏트]의 아들, 모압 임금, 디본 사람이다.... [3]그리하여 나는 카르호호에 그모스를 위하여 이 산당을 세웠다. [나는]이것을 [승리] [4]에 도취하여 세웠다. 왜냐하면 그가 나를 모든 왕들에게서 건지셨고 나로 하여금 나의 모든 적들을 내려다보게 만드셨기 때문이다. 오므[5]리가 이스라엘의 왕이었고 모압을 오랫동안 억눌렀다. 왜냐하면 그모스가 그 땅을 노여워하셨기 때문이다. [6]그의 아들이 그 뒤를 이었는데 이도 말하였다. "내가 모압을 억누르리라." 나의 날들에 그[모스]가 말씀하셨고, [7]나는 그와 그 집을 내려다 보았다. 이리하여 이스라엘은 영영 망했다... | [4]모압 왕 메사는 양을 치는 자라 새끼 양 십만 마리의 털과 숫양 십만 마리의 털을 이스라엘 왕에게 바치더니 [5]아합이 죽은 후에 모압 왕이 이스라엘 왕을 배반한지라. ...[24]...이스라엘 사람이 일어나 모압 사람을 쳐서 그들 앞에서 도망하게 하고 그 지경에 들어가며 모압 사람을 치고... |

---

[81] 이 문제에 대해서는 특히 강사문, "구약성경의 보편성과 특수성"([문헌]4.1.1의 글)과 Walton, *Ancient Literature*([문헌]4.1.10의 책), 229~247을 참고하라.
[82] Beyerlin, *Religionsgeschichtliches Textbuch*([문헌]4.2.2의 책), 254에서 복사한 위 그림을 보라.
[83] 이는 같은 책, 255~256에 적힌 독일어 번역을 다시 우리말로 옮긴 것이다.

Abb. 14: Mescha-Inschrift

히브리 말과 비슷한 모압 말로 적힌 이 비문에 따르면, 이 비석은 주전 9세기 중엽 모압의 임금 메사가 자기들의 신 그모스에 감사하는 뜻에서 디본의 광장에 신전을 세운 것을 기념하여 세웠다. 그 내용은 오므리의 아들 때에 모압 임금 메사가 이스라엘의 억압에서 벗어났을 뿐만 아니라 갓 지파 지역의 이스라엘 성읍 가운데 몇을 빼앗고 새로운 성읍도 몇 개 새로 짓고 식수원을 만들도록 했는데, 이 모든 것이 그모스의 덕이어서 그모스를 위해 신전을 짓는다는 것이다.

　열왕기하 3장 4~27절에서는 아합이 죽은 뒤 이스라엘을 배반한 모압 임금 메사를 벌하려고 이스라엘이 유다 및 에돔과 연합하여 모압으로 쳐들어가서 모압을 크게 쳐 부수었다는 내용이 들어 있다. 이처럼 같은 사건을 이스라엘 사람들과 모압 사람들은 각기 자기 입장에서 다르게 쓴 것이다.

　자기들의 신 그모스의 진노로 자기들이 적의 손에 넘어가 있었지만 마침내 그 신이 자기들을 건져내 주었다는 것, 그 신의 지시에 따라 전쟁을 하고, 전쟁에서 이긴 다음에는 그 지역 사람들을 다 죽인 것, 높은 곳에 신전을 지은 것, 신이 메사를 도와서 신전을 짓게 한 것 등은 성경에 그와 비슷한 내용을 찾아볼 수 있다. 또한 성경에 나오는 여러 지명과 견주어볼 만한 것도 적지 않다.

### 4.6.2. 에크나톤의 <아톤> 찬양시

　주전 14세기 애굽에서 유일신론을 주창한 임금인 에크나톤이 태양신 <아톤>을 찬양한 시를 보면 시편 104편과 비슷한 내용이 들어 있다.

도표 3. 아톤찬양시와 시 104편 비교

| 아톤 찬양시[84] | 시 104편 |
|---|---|
| [2]그대 하늘 수평선에서 아름답게 비추시누나 살아계시는 아톤이시여, 생명의 시작이시여… [3]그대 아름답고 크시며, 각 땅 위에 밝으시고 높으시며, 그대 햇살이 땅들을, 그대 지으신 모든 것에 이르기까지 싸안으시도다… 그대 서녘 수평선으로 내려 가시면 땅은 죽음 가운데 있는 것처럼 어두움에 잠기도다… [4]모든 사자들은 그 굴에서 나오고 온갖 벌레들은 물도다… [7]…그 만드신 모든 것의 생명을 보존하시려고 호흡을 주시는 분… 그대 하신 일이 얼마나 다양한지요! … [12]…그대의 아들 <네페르 케페르 레 우아 엔 레>(=에크나톤) 말고서는 그대를 알 사람이 단 한 사람도 없도다… | [20]주께서 흑암을 지어 밤이 되게 하시니 삼림의 모든 짐승이 기어나오나이다 [24]여호와여 주의 하신 일이 어찌 그리 많은지요 (요한복음 1:18과 견주어볼 만함) |

　　다음 그림[85]을 보면 에크나톤이 왕비 및 공주와 더불어, 그 햇살이 손 모양으로 끝나는 태양신 <아톤>에게 제사를 드리고 있다.

---
[84] 이는 같은 책, 43~46에 적힌 독일어 번역을 다시 우리말로 옮긴 것이다.
[85] 같은 책, 44에서 복사한 것이다.

# 5. 구약개론

## 5.1. 구약개론의 뜻

### 5.1.1. 개론의 사전적인 뜻

우리말 큰 사전에서는 '개론'이라는 낱말을 '개략적으로 서술한 내용. 또는, 그 책'이라고 풀이한다. 우리말 '개론'에 상당하는 영어 'introduction'이나 독일어 'Einleitung'은 헬라 말 <에이스아고게> (εἰσαγωγη)로 거슬러 올라가는데, 그 뜻은 '안으로 이끌어들인다', '안내한다', '입문(入門)시킨다'이다.

### 5.1.2. 구약개론의 필요성

그렇다면 구약개론은 구약성경 안으로 이끌어들이는 학문 분야이다. 이런 개론이 필요한 것은 구약성경과 오늘 독자 사이에 시간적, 지리적, 사상적, 문화적인 거리가 너무 크기 때문이다.[86]

---

[86] 가상적인 보기를 들어보자. 아마존의 어느 지역에서 이상한 글씨로 된

### 5.1.3. 구약학에서 말하는 구약개론

구약개론이라는 낱말 자체로 보면 구약에 대해 기초적인 내용을 알려주는 학문 분야를 말하는 듯하여 경우에 따라서는 구약 내용 개관 또는 구약학개관과 거의 같은 뜻으로 쓰이는 것처럼 보이지만, 실제로는 구약 내용 개관을 포함하되 구약성경의 생성 과정을 주로 다룬다. 조금 더 구체적으로 말한다면 '히브리어 성경과 그 각 책들의 역사적인 생성에 관한 학문' 분야이다.[87] 바로 앞 각주에서 든 가상적인 보기와 관련시켜 말한다면, 구약성경을 처음 읽으면서 할 수 있는 생각, 곧 도대체 이 복잡하고 어려운 책이 어떻게 생겨났을까, 한 사람이 다 쓴 것일까? 아니면 여러 사람이 나누어 쓴 것일까? 언제 쓴 것인가? 하는 따위의 물음에 대한 답을 찾는 학문 분야가 구약개론이라 할 수 있다.[88]

---

책이 나왔다고 하자. 그리고 그 책이 오래 전에 씌어진 것이지만 오늘 우리의 종교 생활에 아주 중요한 뜻을 지니는 것으로 알려졌다고 하자. 그리하여 그 책이 우리말로 번역되었고, 그 책을 우리도 한번 제대로 읽고 그 내용에서 가르침을 받고자 한다고 하자. 이럴 때 그 책을 이미 상당히 깊이 알아 본 사람이 그 책을 처음 읽는 사람에게 그 책에 대해 안내하고자 할 때 어떻게 하겠는가? 다음 몇 가지가 그 안내의 중요한 요소가 될 것이다. - 그 책이 어느 나라, 어느 지역에서 나왔는지? 어떻게 발견되었는지? 얼마나 오래되었으며 어떤 글로 씌어졌는지? 그 책을 누가 언제 왜 썼는지? 그 책의 짜임새가 어떠한지? 중요한 내용이 무엇인지? 이런 내용을 간추려 한데 묶으면 이른바 '개론'이 된다.

[87] O.Kaiser, *Grundriβ*([문헌]5.40의 책), I 13: "Die Einleitung in das Alte Testament ist die Wissenschaft von der geschichtlichen Entstehung der Hebräischen Bibel und ihrer Bücher".

[88] 이처럼 구약의 형성사가 구약개론의 중심 내용이 되기 때문에 스멘트(Smend)같은 학자는 아예 자기가 쓴 『구약개론』책([문헌]5.44의 책)에 '구약 형성'이란 제목을 붙이기도 한다. 포러(Fohrer)의 책([문헌]5.37)의 책)제목이 '구약성경의 형성과 이해에 관하여'인 것도 같은 흐름에서 이해할 수 있다.

## 5.2. 구약개론과 구약본문 이해

앞서 제기한 여러 물음에 대한 답을 아는 것이 구약본문 이해에 무슨 도움이 되는가?

오래 전 먼 나라에서 생긴 문서의 부분 부분을 제대로 이해하자면, 그 전체의 얼개와 중요한 내용, 지은이, 생겨난 때를 알면 좋다. 달리 말하자면 누가 언제 어떤 상황에서 왜 썼는지를 알면 그 부분 부분을 바로 이해할 수 있다. 이를테면 적어도 역대기상하는 레위 지파 계열의 성전 음악가들이 유다 왕국이 사라진 포로기 이후 시대에 예루살렘 예배를 중심으로 민족의 일체성을 보존하려고 다윗 왕조의 정통성과 예배의 중요성을 강조하는 식으로 이스라엘 역사를 새로 해석하여 썼다. 역대기상하에 다윗에 대해 부정적인 내용이 빠진 점이나 성전찬양대 등에 대해 자세히 다룬 것도 이런 관점에서 이해할 수 있다. 이처럼 구약 어떤 본문의 뜻을 바르게 이해하려고 할 때 그 본문이 들어 있는 책의 기본 특성에 대해, 더 나아가서 구약 전체에서 그 본문이나 그 책이 차지하는 자리에 대해 잘 알아 볼 필요가 있다.

## 5.3. 구약개론의 실제 내용

### 5.3.1. 구약개론 총론과 각론

구약개론은 구약성경 전체를 다루는 총론 부분 곧, 경전 형성 과정과 본문 자체의 생성 역사에 대한 연구와 구약의 각 책을 다루는 각론, 이를 테면 창세기 개론, 시편 개론, 이사야서 개론 등의 둘로 크게 나눌 수 있다. 총론과 각론 사이에 오경 개론, 예언서 개론, 성문서 개론 같이 구약성경의 중요 구성 부분을 다루는 개론도 생각해 볼 수 있다.

### 5.3.2. 구약개론과 구약외경 및 구약위경 연구

그렇지만, 구약본문의 생성 역사를 알려면 구약 정경(canon)뿐만 아니라, 구약외경(apocrypha), 위경(pseudepigraph)도 함께 다루게 된다. 이에 대해서는 다음에 따로 다루기로 한다.

### 5.4. 구약개론 연구의 역사[89]

425년에 아드리아누스(Adrainus)가 '거룩한(또는 신적인)문서들에 대한 입문' (<에이스아고게 에이스 타스 테이아스 그라파스>, εἰσαγωγη εἰς τας θειας γραφας)이라는 책을 쓴 적이 있는데, 여기서 '개론'이라는 개념이 비롯된 것으로 보인다.

그렇지만 현대 역사비평학적인 연구에서 말하는 구약개론은 종교 개혁과 계몽주의 시대를 거쳐 18세기 말의 아이히호른(J.G. Eichhorn) 같은 학자의 연구에서 본격적으로 시작되었다.

### 5.5. 현대 구약개론학의 일반적인 연구 결과

#### 5.5.1. 구약본문의 역사

(1) 히브리어 성경, 헬라어 구약성경, 우리 말 구약성경

우리 개신교 구약성경의 경우, 정경의 범위는 히브리어 성경을 따르고, 그 각 책의 배열 순서의 틀은 주전 3세기 이후 수백년에 걸쳐 생긴 헬라어 성경(=칠십인역)의 순서를 따르는데, 이는 종교 개혁의 전통에서 비롯되었다. 이리하여 개신교 구약성경과 히브리어 성경의 차이는 결국 정경을 이루는 각 책의 배열 순서에 생기게 되었다.[90]

---

[89] 이에 대한 자세한 내용은 Zobel, "Einleitungswissenschaft I..."([문헌]5.47의 글)을 보라.

[90] 졸저, 『구약성경개관. 개정증보판』([문헌]0.8.8-1의 책), 4~5의 도표 2 참고.

(2) 구약성경 사분법과 삼분법

종래 우리 교회에서는 구약성경을 칠십인역을 따라 율법서, 역사서, 시문서, 예언서의 사분법을 따라 구약개론을 가르쳤다. 이는 정경 형성의 역사적인 순서를 따라 율법서, 예언서, 성문서의 순서로 되어 있는 히브리어 성경의 삼분법과는 다른 기준에 따른 배열법이다. 그렇다면 사분법의 기준은 무엇이었을까? 보통은 문학 유형을 고려하여, 율법서와 역사서를 과거와, 시문서를 현재와, 예언서를 미래와 관련시켰을 것으로 추측한다.

그렇다면, 오늘 우리의 입장에서 볼 때 칠십인역의 배열법에는 몇 가지 문제가 있다. 무엇보다도 예언서를 미래와만 관련시킴으로써 히브리어 본문에서 말하는 예언의 뜻이 좁아지게 되었다. 곧 예언을 시간을 기준으로 이해하면, 하나님이 특별한 사람들에게 말씀을 맡기셨다는 근본 정신이 약화된다. 다음으로, 예레미야 애가가 예언서로 여겨질 수 있다. 또 다니엘서를 다른 예언서와 마찬가지 성격의 예언서로 볼 수 있는지도 의문이다.

그렇지만 히브리어 정경의 삼분법을 따를 때도 문제는 남는다. 정경 형성의 역사적 순서가 정경 각 부분의 가치를 결정하는가, 곧 율법서가 예언서보다 더 귀중하고, 예언서가 성문서에 속하는 책보다 더 귀중하다고 할 수 있는가 하는 물음이 생긴다. 무엇보다도 초대 교회의 성경이 칠십인역이었다는 사실과 지금까지 보존되어 있는 사본상으로도 히브리어 사본보다 칠십인역 사본이 일반적으로는 훨씬 오래 전 것이라는 사실을 생각할 때 칠십인역을 소홀히 볼 수는 없다.

아무튼 번역본보다는 원전에 가까운 성경일수록 가치가 더 있다는 점은 부인하기 힘들다. 이는 번역 작업에조차 하나님이 관여하셨겠지만 번역에는 역시 인간적인 요소가 개입될 여지가 원전의 경우보다 더 크기 때문이다. 그래서 히브리어 성경이 본디는 유대인들의 경전이기는 하지만 기독교인들도 구약성경 연구에서는 히브리어 성경을 가장 중요하게 여긴다.[91] 전통적으로 비평판 히브리어 성경 발간 작업에는 유대인들[92]보다 기독교인들이 더 열심이었다.

### 5.5.2. 구약성경의 저자 개념

(1) 구약성경의 권위 - 하나님에게서 비롯된 책, 영감으로 된 책

'모든 성경은 하나님의 감동으로 된 것으로'(<파사 그라페 테오프뉴스토스>, πᾶσα γραφη θεοπνευστος)라는 디모데후서 3장 16절의 말씀에서 '성경'은 일단 구약성경을 가리키고, 이 말씀에 따르면 구약성경의 궁극적인 저자는 하나님이시다.

그렇다면 하나님이 성경을 몸소 다 쓰셨는가? 출애굽기 31장 18절에 보면 하나님이 돌판에 친히 글을 쓰셨다고 한다.[93] 32장 16절에도 비슷한 내용이 들어 있다.[94] 이를 어떻게 이해할 것인가? 십계 영화에 나오듯이 사실 그대로 이해할 것인가 아니면 십계명이 하나님에게서 비롯되었다는 사실을 상징적으로 표현했다고 볼 것인가? 이는 물론 성경의 모든 기록을 사실의 기록으로 볼 것인가 아니면 그 가운데 상징적인 내용도 있다고 볼 것인가 하는 근본적인 문제와 관계가 있다.

구약성경 자체에 성경 전체나 일부를 어떤 사람이 썼다는 기록이 있는가?

---

[91] 요즈음은 보수적인 학자들조차도 히브리어 정경의 삼분법을 따르는 수가 많다. 이를테면, 원용국, 『성경 형성의 역사』, 1979을 보라.

[92] 20세기 후반에 이르러서야 히브리 대학교에서 엮은 『비평판 히브리어 성경』([문헌] 0.6.6.3의 책)이 나오고 있을 따름이다.

[93] 히브리어 본문으로 보면 '하나님의 손가락으로 씌어진 돌판'이란 뜻이다.

[94] 개역개정판에서는 출애굽기 34장 28절의 마지막 문장의 주어도 하나님으로 옮겼지만, 이 경우는 공동번역이나 표준새번역처럼 주어를 모세로 보는 것이 히브리어 본문의 흐름에 더 어울린다.

(2) 사람 저자에 대한 구약성경 자체의 기록

신명기 31장 9절에서 '모세가 이 율법을 썼다'고 하고, 여호수아 8장 32절에는 '모세가 기록한 율법'(요 1:45 참고)이라는 말이 있고, 다른 데서도 모세가 무엇을 기록했다든지 하나님이 모세더러 무엇을 기록하라고 했다(출 17:14; 24:4; 34:27, 28[95]; 민 33:2; 신 31:22)는 내용이 나온다. 그 첫 경우의 '이 율법(<토라>)'과 둘째 경우의 '율법'은 무엇을 가리키는가? 오늘의 오경을 가리키는가, 아니면 시내산에서 받은 계명을 말하는가, 아니면 이것도 구약 가운데 율법이 대체로 모세에게서 비롯되었다는 사실을 상징적으로 표현한 것인가, 아니면 오경 가운데 어떤 부분은 모세가 직접 남긴 기록에 근거한 것이라는 뜻인가? 또 '모세의 율법'(왕상 2:3; 왕하 14:6; 대하 23:18 등)이란 표현은 오경을 모세가 썼다는 사실을 뜻하는가, 그렇지 않다면 무엇을 뜻하는가?[96]

예레미야 36장 8절과 32절에 보면 하나님의 명령을 따라 예언자 예레미야는 자기가 선포한 바를 자기의 제자이자 친구이며 측근 인사인 서기관(26절) 바룩에게 불러 주어 받아 적게 했다고 한다. 이 경우 바룩이 기록한 것은 '요시야 때부터 여호야김 4년까지'(1~2절) 예레미야가 선포한 말씀과 '그 외에도 그 같은 말'(32절)인데, 그 때 바룩이 기록한 것이 오늘의 예레미야서인가, 아니면 그 일부분인가? 그렇다면 그 이후에 예레미야가 선포한 것으로 지금 예레미야서에 나오는 여러 예언은 누가 기록했는가? 그것도 바룩이 기록했다고 할 것인가?

어떤 학자들은 이사야 8장 16절을 근거로 예언자 이사야의 제자들이 스승의 말을 기록했으리라고 추측하기도 한다.

---

[95] 바로 앞 주를 보라.
[96] '율법'(<토라>)이 모세의 이름과 어떤 식으로든 결합되어 나오는 경우에 대한 자세한 내용은 G.Liedke/C.Petersen, "תּוֹרָה tôrā Weisung", THAT[문헌] 0.7.3.3 의 사전, II($^2$1979), 1032~1043 가운데 1040~1041을 참고하라.

또 하박국 2장 2절에서는 예언자 하박국이 하나님께로부터 '이 묵시(<하존>, חזון '본 것')'를 기록하여 판에 명백히 새기라'는 명령을 받는다. 그러면 그 앞에 나오는 내용은 하박국이 이 명령대로 쓴 것인가? 그 뒤에 나오는 나머지 예언은 누가 쓴 것일까?

### (3) 구약성경 각 책의 이름에 나오는 사람 이름

구약성경을 이루고 있는 책들 가운데 사무엘, 룻, 에스라, 느헤미야, 에스더, 이사야, 예레미야 등으로 사람의 이름이 책 이름으로 쓰이는 경우 이들을 각 책의 저자로 볼 수 있을까?

예언서의 경우 앞서 본 것처럼 그 예언자가 썼다는 기록은 거의 없다. 오히려 그 예언자의 말을 모아둔 책이라는 인상을 주는 표제가 더러 있다. 이사야 1장 1절에서 '이사야가 본 계시', 예레미야 1장 1절에서 '예레미야의 말[정확히는 '말들', 이야기, 역사를 뜻할 수도 있다], 호세아 1장 1절에서 '호세아에게 임한 여호와의 말씀', 아모스 1장 1절에서 '아모스가... 이상으로 받은 말씀'[정확히는 '환상을 본 아모스의 말들']이라는 식으로 말하지만, 각 예언서의 내용을 살펴 보면 예언자가 선포한 말씀 뿐만 아니라, 다른 사람이 예언자에 대해서 기록한 내용도 있다. 또 그 예언자가 살았던 시대와는 다른 때를 배경으로 하고 있는 본문들도 적지 않게 들어 있다.

예언자가 선포한 말씀은 예언자 자신이 기록했는가? 아니면 다른 사람이 기록했는가? 다른 사람이 기록했다면 예언자가 불러 준 대로 기록했는가? 아니면 들은 기억을 되살려서 기록했는가? 혹시 기억이 잘못되거나 자기 나름대로 해석해서 적지는 않았을까? 아니 도대체 누가 언제 왜 기록했단 말인가?

또 시편에서 자주 볼 수 있는 '아무개의 시', 이를테면 '다윗의 시', '아삽의 시', '고라 자손의 시' 같은 표제의 경우, 그 '아무개'가 그 시편의 저자란 말인가 그렇지 않다면 그 '아무개'와 그 시편의 관계는 어떻게 이해해야 하는가? 그런 표제가 없는 시편은 누가 언제 왜 썼을까? 잠언 1장 1절에서 '... 솔로몬의 잠언이라'고 하지만, 25장 1절에서는 '이것도 솔로몬의 잠언이요 유다 왕 히스기야의 신하들이 편집한 것이니라'고 하는 것은 어떻게 이해해야 하는가? 또 전도서와 아가서 첫머리에서 각각 '다윗의 아들 예루살렘 왕 전도자의 말씀이라'와 '솔로몬의 아가라'고 한 것에서, 솔로몬이 전도서와 아가를 썼다고 생각해도 아무런 문제가 없는 것인가?

옛 중동 지방 문서들의 저작과 관리는 주로 궁중 서기관들이나 신전의 제사장들이 맡아서 하던 일이었다는 사실[97]과 이런 표제는 무슨 관계가 있는가?

여기서 또 하나 생각할 것은 구약성경 곳곳에 어떤 문헌에 대한 언급이 나온다는 사실이다. 이를테면, 민수기 21장 14절에서는 '여호와의 전쟁기'라는 책에서 한 구절을 인용하여 이스라엘이 모압 경계에 다다른 상황을 묘사한다. 그렇다면 모세 또는 아무개가 민수기를 쓸 때 참고한 기록들이 있었다는 말인가? 또 여호수아 10장 13절에 보면 아얄론 골짜기에 태양이 머물러 섰다는 내용이 '야살의 책에 ... 기록'되었다는 말이 나온다. 그렇다면 여호수아서를 쓴 사람은 이 책의 기록을 인용했다는 말인가, 아니면 여호수아서 말고도 다른 책에 같은 사건이 기록되었다는 말인가? 그뿐만 아니라, 열왕기상하나 역대기상하에는 그 저자(들)이 참고한 사료의 이름이 여러번 나온다.[98]

---

[97] O. Kaiser, *Grundriß*([문헌]5.40의 책), I 27.

[98] 졸저, 『구약성경개관. 개정증보판』([문헌]0.8.8-1의 책), 14과 '4.왕들에 대한 기록의 도입부와 종결부'와 43과 '6.역사자료' 참고. 또한 『장신원보』제46(1995년 11월15일자), 3에 실린 김중은의 글, "구약시대의 문전활동에 관한 고찰"을

(4) 구약의 저자 개념과 오늘의 저자 개념

이리하여 우리는 구약성경에서 저자를 알려주는 것으로 보이는 이런 여러 가지 표현과 그것이 뜻하는 바가 오늘 우리가 생각하는 저자 표현 방식 및 개념과 같은지에 대해 생각해 보지 않을 수 없다.

헬라 고전 연구 이후 생겨난 저자 개념과 구약의 저자 개념은 다르다. 구약성경에 저자로 적힌 이름은 오늘 우리가 생각하듯이 누가 무슨 책을 썼다는 뜻이라기보다는 어떤 권위 있는 인물에게 어떤 책을 돌린다는 성격을 짙게 띤다. 물론 그 책의 핵심 부분은 그 사람과 직접 관계되지만, 그 나머지 부분은 수백년 동안 그 핵심 부분과 또 그 사람에 대해 전해 내려오는 것을 모으고 한데 엮으면서 발전시켜 온 내용이라고 볼 수 있다.[99] 그리하여 유대 전통에서는 심지어 나중에 랍비들이 해석한 내용까지 모세에게로 돌린다.

여기서 하나 기억할 것은 율법서, 예언서, 성문서가 각각 대강 주전 5, 4, 3세기경에 정경의 권위를 지니기 시작하여 주후 1세기 말에 이르러서야 구약 히브리어 자음 본문이 확정되었으리라는 점이다. 따라서 정경 본문이 확정된 뒤 거의 이천년이나 된 오늘에 우리가 구약본문에 대해 인정하는 만큼의 권위 개념이 정경 본문 확정 이전까지는 없었을 것이다. 그렇더라도 정경 형성 과정 전체에 하나님의 섭리가 있었을 것은 의심할 여지가 없다.

현대 역사비평학에서 구약 각 책이나 각 본문의 생성 과정을 밝히려고 할 때는 본문 자체의 내용과 거기 쓰인 언어, 표현 양식, 개념 등을 중심으로 연구하는 것이 보통이다.

---

참고하라.
[99] O.Kaiser, *Grundriß*([문헌]5.40의 책), I 27.

### 5.5.3. 구약본문의 생성 과정

구약성경의 저자 개념을 오늘 우리가 생각하는 저자 개념과 다르다고 할 때 구약본문, 각 부분, 각 책의 생성 과정도 다르게 설명하게 된다. 이에 대한 연구의 결과로서 대표적인 것이 오경의 자료가설(Quellenhypothese)또는 문서설이다. 오경의 저자 문제와 관련하여 적어도 신명기의 끝부분은 모세 아닌 다른 사람이 썼으리라는 단순한 생각에서부터 출발하여, 모세가 여러 가지 자료를 참고하여 오경을 썼으리라는 주장, 오경의 핵심 부분만 모세에게서 비롯된다는 주장 등을 거쳐서, 오경은 각각 주전 10세기 중엽 솔로몬 때, 800년 경, 7세기 경, 6세기 중엽에 생긴 야훼 전통자료, 엘로힘 전통자료, 신명기 전통자료, 제사장 전통자료의 넷(그 독일어 표현의 첫 자모를 따서 보통 J, E, D, P로 부른다)으로 이루어졌다는 것이 이 이론의 기본 내용이다. 이 이론의 문제점에 대한 논의가 많이 있어 왔고 특히 최근에는 그 한계를 극복하거나 그에 대한 대안을 제시하려는 시도가 있지만[100], 아직도 이를 완전히 대체할 만한 이론은 나타나고 있지 않다.[101]

히브리어 정경을 이루는 세 부분인 율법서와 예언서와 성문서의 형성 과정에 대한 역사비평적 연구 결과의 한 보기는 장일선,

---

[100] 이에 대해서는 아래 8.4.2.를 참고하라.
[101] 이에 대한 자세한 내용은 Zenger u.a., *Einleitung*([문헌]5.46의 책 ⁴2001), 87~122와 한동구, "오경형성에 대한 최근 연구 동향", 「구약논단」3(1997.8), 153~175를 참고하라. 자료설에 대한 비판적인 입장을 알아보려면, 김중은, "창세기 1:1~2:4a(P)/2:4b~25(J)의 문서가설에 대한 비평적 재론과 그 대안을 위한 연구", 「교회와 신학」21(1989), 7~35 = 『구약의 말씀과 현실』([문헌]9.11의 책), 189~217; 김진명, 『레위기 제사문서 형성에 있어서 원 모세 자료 가능성에 대한 연구 – 속죄제 주제를 중심으로』, 1994학년도 장로회신학대학 대학원 신학석사(Th.M.) 미간행 학위논문; Maier, *Das Ende*([문헌]8.2.13의 책); U.Cassuto외, 배제민 역편, 『반문서설』(서울: 기독교문사, 1978)을 참고하라

『알기 쉬운 구약학』[102] 앞 도표 [범례7]에서 찾아볼 수 있다. 그 자세한 내용과 구약 각 책의 생성 역사에 대한 연구 결과는 여러 종류의 개론서에서 알 수 있다.[103]

---

[102] [문헌] 0.5.1의 책.
[103] [참고. 문헌 목록]에 소개된 것 말고도 박창환, 『성경의 형성사』(현대기독교명저 1), 개정증보판(서울: 대한기독교서회, 1997)을 들 수 있다.

# 6. 구약외경 및 구약위경 연구

## 6.1. 구약외경 및 구약위경에 관련된 일반 지식

### 6.1.1. 무에서 창조하심(creatio ex nihilo)

하나님이 온 누리를 '무에서 창조'하셨다는 것이 기독교 창조 교리의 중요한 내용에 속하는데, 그 근거로 보통은 라틴어 <불가타> 구약외경 마카베오하 7장 28절을 든다. 거기에 보면 주전 2세기 전반에 이스라엘의 야훼 신앙을 없애려고 무서운 박해를 하던 시리아의 임금 안티오쿠스 4세 앞에서 아들 일곱과 마찬가지로 순교하는 한 어머니가 순교 직전의 막내 아들에게 하는 말 가운데 다음과 같은 내용이 나온다.

"애야, 내 부탁을 들어 다오. 하늘과 땅을 바라보아라. 그리고 그 안에 있는 모든 것을 살펴라. 하느님께서 무엇인가를 가지고 이 모든 것을 만들었다고 생각하지 말아라.[104] 인류가 생겨 난 것도 마찬가지다"(공동번역).

### 6.1.2. 이사야의 순교

이사야가 므낫세 임금 때 톱에 썰려 순교했다는 내용은 구약위경 '이사야 순교기' 5장 2절에 나온다.

이사야가 톱으로 썰리고 있는 동안에, 베히라가 거기 서서 그를 고발했고, 거짓 예언자들이 모두 거기 서서 이사야를 비웃고 기뻐했다.[105]

### 6.1.3. 헨델의 오라토리오 <유다 마카베우스>(Judas Maccabaeus)

헨델의 오라토리오 <유다 마카베오스>는 마카베오상하의 내용을 근거로 한다. 우리 찬송가 155장, '주님께 영광'이 그 가운데 한 곡이다.[106]

## 6.2. 구약외경과 구약위경이 구약 또는 신약 본문 이해에 도움이 되는가?

구약과 신약에 직접 나오지는 않으나 신구약을 잘 이어주는

---

[104] *Biblia Sacra*([문헌] 0.6.8의 책): "intellegas quia ex nihilo fecit illa Deus"('무에서 그것들을 하나님이 만드셨음을 알라'). 본디 칠십인역에서는 위 공동번역에서 옮긴 것처럼 부정문으로 되어 있다: <그노나이 호티 옥 엑스 온톤 에포이에센 아우타 호 테오스>(γνῶναι ὅτι οὐκ ἐξ ὄντων ἐποιησεν αὐτα. ὁ θεος '존재하는 것들로부터 하나님이 그것들을 만드신 것이 아닌 줄 알라')

[105] Kautzsch(hg.), *Die Apokryphen*([문헌]6.1.13의 책), 126에서 다시 우리말로 자유롭게 옮긴 것

[106] 이 노래가 그전에는 '보아라 용사 돌아온다'는 개선가로 중고등학교 음악책에 들어 있었다.

내용이 구약외경이나 위경에 더러 들어 있어서 성경을 조금 더 넓은 틀에서 이해할 수 있게 한다.

이를테면 마카베오상하서 같은 경우는 이른바 신구약 중간 시대[107]의 유다 역사를 잘 알려 주는데, 특히 다니엘서를 이해하는 데 크게 도움이 된다. 또 유다서 9절에서 천사장 미가엘이 모세의 시체에 대하여 마귀와 다투었다고 하는데, 여기서 암시하는 '모세의 승천기' 같은 책은 구약에서 자세히 말하지 않아서 궁금했던 바들을 다룬다.[108]

문제는 외경이나 위경에 적힌 것을 사실 그대로 믿고 받아들여도 될 것인지, 그렇지 않다면 어떻게 평가할 것인가 하는 데에 있다.

## 6.3. 외경 및 위경이란 무엇인가?

### 6.3.1. 외경과 위경이란 낱말의 뜻

(1) '외경(外經)'과 '위경(僞經)'이란 한잣말은 각각 '성경 밖의 경전'과 '거짓 경전'을 가리키는가? 어떤 학자들은 이 둘을 엄격히 구별하지 않고 '가경(仮經)'이라고도 하는데, 이는 '가짜 경전, 경전 비슷하지만 실제는 경전이 아닌 것'을 뜻하는가? 우리말 큰사전에는 '외경'이 올림말로 나와 있지 않고, '외전'이 나오는데, 이에 대해서는 다시 '경외성경'를 보라고 한다. '경외성경'는 '전거를 믿을 수 없다 하여 성경에 수록되지 아니한 30여 편의 문헌. 구약외전과 신약외전으로 나뉜다'라고 풀이하고 있다. '위경'에 대해서는 다시 '경외성경'를 보라고 한다.

---

[107] 아래 6.3.2 참고.
[108] 아래 6.5.2 참고.

(2) 이 두 낱말은 <아포크뤼파>(ἀπόκρυφα)와 <프슈데피그라파>(ψευδεπιγραφα)라는 헬라 말에서 비롯된 서양말들의 번역인데, 이 두 헬라 말의 뜻은 각각 '숨겨놓은 것[=책]들'과 '가짜 이름이 붙은 글들'이다. 앞 경우는 한편으로 일반인들은 잘 이해할 수 없이 신비하다는 좋은 뜻에서 '숨겨놓은 책들'이라 한 것으로, 다른 한편으로는 그 내용이 황당무계하고 이교적이어서 '감추어놓은 것들'이라는 부정적인 뜻으로 이해할 수 있다.[109] 뒷 경우는 책을 쓴 사람이 자기 이름을 밝히지 않고 남의 이름, 특히 구약성경에 나오는 이름난 사람들(아브라함, 모세, 에녹 등)을 자기가 쓴 책의 저자로 썼기 때문인 듯하다.

아무튼 외경과 위경은 개신교의 정경에 들어오지 못한 책을 가리킨다. 천주교에서는 외경도 제2경전(Deuterocanonical)[110]이라 하면서 정경에 넣는다.

### 6.3.2. 신구약 중간 시대 문헌과 어떻게 다른가?

(1) 신구약 중간 시대라 할 때, 이를 더러는 개신교 성경 번역본의 전통을 따라 구약의 마지막 자리에 있는 말라기와 신약의 첫머리에 나오는 마태복음 사이의 시기를 가리키는 것으로 생각하여 주전 사오백년 간을 그 기간으로 잡기도 한다. 그렇지만, 구약성경에 들어 있는 책의 배열 순서와 그 생성 연대의 순서는 다르고, 또 이즈음에는 보통 다니엘서가 주전 2세기 전반에, 구약성경 가운데서는 맨 마지막으로 생겨났다고 보기 때문에, 실제로 신구약 중간 시대는 대강 주전 200년과 주후 100년 사이의 시간을 가리킨다고

---

[109] 메츠거, 『외경이란 무엇인가?』([문헌]6.1.6의 책), 11.

[110] 『해설판 공동번역 성서』([문헌] 0.6.2.5의 책)목차 다음에 나오는 일러두기를 보라.

할 수 있다. 외경과 위경에 속한 책들이 대부분 이 기간에 생겨나기도 했지만, 그 뒤에 나온 것들도 있다.[111] 또 이 300백년 동안에는 외경이나 위경에 속하지 않는 책들도 생겨났다. 이리하여 맥나마라 같은 학자는 이 기간에 나온 비정경 문헌을 통틀어 신구약 중간 시대 문헌이라 부르면서, 구체적으로는 묵시 문학, 유언 문학, 쿰란 공동체의 문헌, 기도문, 헬라 유대 문헌, 랍비 유대교 문헌의 여섯 가지로 크게 나누어 다룬다.[112]

(2) 문헌의 출처를 따져 말할 경우에는 이 기간의 문헌을 그냥 유대교 문헌이라고 부를 수도 있는데, 그럴 경우 이는 다시 크게 쿰란 문헌(쿰란 동굴 말고도 사해 근처 다른 유대 동굴에서도 사본들이 나왔으므로 더러는 사해 사본 문헌이라고 한다[113])과 랍비 문헌으로 둘로 나누어 말할 수 있다. 쿰란 문헌에는 외경 위경 사본뿐만 아니라 쿰란 공동체 자체의 생활에 관한 책들과 구약의 여러 책에 대한 주석서들과 찬송시 기도문 예배문 같은 것들도 있다. 랍비 문헌은 주로 구약해석서들이다.

### 6.3.3. 외경과 위경의 권위와 가치

외경과 위경을 정경에서 구별해낸 것은 종교 개혁자들이다. 마르틴 루터는 신앙에 표준적인 '성경과 같이 볼 수는 없지만 읽어서 쓸모 있고 좋은 책들[114]'이 외경이라 했다. 위경은 외경보다도 가치가 더 떨어져 그저 참고해 볼 만한 글들이다.

---

[111] 아래 6.5.4 참고.
[112] 맥나마라, 『신구약 중간 시대의 문헌 이해』([문헌]6.1.5의 책), 19와 9~14의 목차를 보라.
[113] [문헌] 6.2를 보라.
[114] *Stuttgarter Erklärungsbibel*([문헌] 0.6.4.9의 책) 5*에서 재인용: 'Bücher, so der Heiligen Schrift nicht gleichtet und doch nützlich und gut zu lesen sind'.

## 6.4. 구약외경

### 6.4.1. 구약외경의 정의, 범위, 위치, 분량

히브리어 성경에는 없지만 헬라어 칠십인역의 전통을 대체로 따른 라틴어 <불가타>[115]에 들어 있는 문서들로서 16세기 종교 개혁자들이 본격적으로 정경에서 구별해 내어 외경이라는 이름 아래 따로 모아 둔 책으로[116], 공동번역에는 토빗, 유딧, 에스더 추가 부분, 지혜서, 집회서, 바룩, 다니엘 추가 부분(세 아이의 노래, 수산나, 벨과 뱀), 마카베오상, 마카베오하의 9권을 구약과 신약 사이에 따로 묶어 두었다. 일반적으로 현대 천주교 성경에서는 이 9권의 외경 가운데 독립적인 책인 7권은 각각의 문학적 성격이나 역사적인 관련성을 따라서 토비트와 유딧은 느헤미야와 에스더 사이에, 마카베오상하는 에스더 다음에, 지혜서와 집회서는 아가서 다음에, 바룩은 예레미야 애가 다음에 둔다.[117] 에스더와 다니엘에 덧붙는 부분은 그 문맥에 맞게 들어가 있다.[118] 아무튼 이렇게 볼 경우 오늘 천주교의 구약 정경은 46권이 되는 셈이다.

그런데 더러는 바룩서를 다시 좁은 의미의 바룩서와 예레미야의 편지의 둘로 나누어 따로 나누고, 다니엘서 추가 부분도 셋으로 구별하여 각각 한 책으로 헤아릴 뿐만 아니라, <불가타>의 에스드라스 삼서(=칠십인역의 에스드라스 상), 칠십인역에는 없지만 <불

---

[115] 랄프스(Rahlfs)가 엮은 『칠십인역』([문헌] 0.6.7.1의 책)의 마카베오 삼사서와 송시와 솔로몬 시편은 라틴어 <불가타>에 빠져있고, 칠십인역의 에스드라스 상이 라틴어 <불가타>에서는 에스드라스 삼서로, 칠십인역의 에스드라스 하(=오늘의 에스라 느헤미야)가 라틴어 <불가타>에서는 에스드라일서와 이서로 나누어져 있다. 천사무엘, 『구약외경의 이해』([문헌]6.1.4의 책), 203 참고.

[116] 아래 6.4.2 참고.

[117] 맥나마라, 『신구약 중간시대의 문헌 이해』([문헌]6.1.5의 책)목차를 보라.

[118] 아래 6.4.3.1 참고.

가타>에 들어 있는 에스드라스 사서와 므낫세의 기도까지 외경에 넣기도 한다.[119] 이럴 경우 구약외경은 모두 15권이 되는데, 그 분량은 모두 183장이어서 히브리어 구약 929장의 5분의 1 조금 덜 되고, 신약 260장의 3분의 2가 넘는다.[120]

그렇지만, 최근 찰스워스 같은 학자가 주장하듯이 <불가타>에만 있는 두 권은 위경에 들어간다고 보는 것이 좋을 것이다.[121]

### 6.4.2. 구약외경의 언어와 역사[122]

(1) 헬라어로 쓴 지혜서와 마카베오하서를 빼고는 모두 셈말로 적혀져 있다.

(2) 초기 유대인들 가운데서는 이 책들을 권위 있고 영감받은 것으로 생각하는 사람들이 많이 있었으나, 이즈음에 이르러 유대교에서는 외경을 정경으로 여기지 않는다.

(3) 기독교 성경 번역 역사에서는 4세기 제롬이 구약을 히브리어 성경에서 라틴어로 옮기면서 헬라어 정경에 덧붙어 있는 것들을 '외경'이라고 불렀고, 서방 교회는 나중에 이 <불가타>에 외경 부분을 다시 넣었다. 루터와 초기 종교개혁자들이 외경을 정경 가운데 넣지 않은 까닭은 외경의 어떤 부분이, 이를테면 마카베오하 12장 43~45절이나 토비트 따위의 책이 각각 연옥설이나 공적설 같은 천주교 교리를 뒷받침한다고 생각했기 때문이다.

---

[119] 메츠거, 『외경이란 무엇인가?』([문헌]6.1.6의 책), 26~27과 Kautzsch(hg.), *Die Apokryphen*([문헌]6.1.13의 책), 9~10 참고. 므낫세의 기도가 랄프스가 엮은 칠십인역에 들어 있기는 하지만, 본디는 그렇지 않았던 것으로 보인다. 천사무엘, 『구약외경의 이해』([문헌]6.1.4의 책), 231 참고.

[120] 앞의 책, 10 참고.

[121] Charlesworth, "Old Testament Apocrypha"([문헌]6.1.9의 글), 294. 이리하여 찰스워스는 구약외경을 13권으로 한정한다.

[122] 앞의 글, 292~293.

이에 대해 천주교회는 1546년 트렌트 공의회에서 개신교에서 말하는 외경도 기독교 정경의 한 부분이라고 선언하였다.

### 6.4.3. 구약외경 각 책의 내용과 연대

구약외경은 책에 따라 역사, 묵시, 지혜, 교훈 등 여러 가지 문학적 성격을 띠는데, 그 내용과 생성 연대를 대강 알아보면 다음과 같다.[123]

6.4.3.1. 정경에 있는 책에 덧붙은 부분

(1) 에스더 추가 부분

헬라어 성경의 에스더에는 다음 여러 가지 내용이 덧붙어 있다. 모르드개의 꿈(1장 앞에 18절), 유대인들을 몰살시키라는 아하수에로의 칙령(3장 13절과 14절 사이 7절), 모르드개가 에스더에게 전해 온 말(4장 8절과 9절 사이 3절), 모르드개와 에스더의 기도(4장 17절과 5장 1절 사이 29절), 에스더가 아하수에로 임금을 배알하게 됨(5장 1절과 2절 사이 9절과 5장 2절과 3절 사이 4절), 유대인의 복권에 관한 아하수에로의 칙령(8장 12절과 13절 사이 24절), 9장 19절과 20절 사이에 1절, 모르드개가 꾼 꿈의 해석(10장 3절 뒤에 11절)이 그것이다.

이 추가 부분들은 주후 70년 이전에 생겨난 것이 분명하지만, 주전 167~114년 사이 서로 다른 때에나 또는 주전 1세기 어느 때에 덧붙었을 것이다. 이 추가 부분을 쓴 사람들은 유대교를 변호하고 에스더서에 빠진 - 가장 중요한 것은 - 하나님의 이름, 여러 가지 신학적인 낱말이나 개념을 보충했다. 이를테면 구원은 이제 에스더가 보인 용기의 산물이 아니라 에스더의 신앙 때문이라는 식이다.

---

[123] 앞의 글, 293~294과 앞의 주 111에서 인용한 맥나마라의 책에서 해당 부분을 참고.했다.

(2) 다니엘서 추가 부분

다니엘 3장 23절과 24절 사이 68절에 걸쳐 길게, 불길 가운데서 다니엘의 친구 아사랴가 부르는 찬송('아사랴의 찬송')과 또 세 친구가 함께 부르는 찬송('세 젊은이의 찬송')이 나오고, 맨 뒤 12장 다음에 수산나에 대한 이야기(64절 분량) 및 벨과 뱀[또는 용]에 대한 이야기(42절 분량)이 들어 있다.

아사랴의 기도는 독자들의 관심을 악한 임금에게서부터 순교에 직면한 유대인들에게로 돌리게 하면서, 오직 한 분 하나님이 계시고 이 하나님이 의로우시다는 점을 강조한다.

수산나 이야기는 덕망 높은 여인에 관한 것인데, 두 노인이 수산나에게 욕정을 품지만 수산나가 이를 거절하고, 이에 그들이 수산나를 고발하나 다니엘이 반대 심문에서 그들이 거짓말하고 있다는 점을 밝혀내고 수산나를 건져낸다는 이야기이다.

벨과 뱀의 이야기는 두 부분으로 되어 있다. 하나는 우상 벨에게 바친 음식을 먹는 것은 우상이 아니라 제사장들이라는 사실을 다니엘이 어떻게 증명하는지를 묘사한다. 다른 하나는 다니엘이 우상을 부순 죄로 사자굴 속에 들어가 굶주려 죽게 되었을 때 예언자 하박국이 천사의 지시와 도움을 받아 다니엘에게 먹을 것을 갖다 주고 다니엘은 풀려난다는 이야기이다.

이 추가 부분들은 주전 165~100년에 생겨났을 것이다.

### 6.4.3.2. 별개의 책으로 된 외경

(1) 토비트(14장 분량)

주전 180년 경 저작되었을 이 책에는, 특히 하나님은 율법에 충실한 자들을 참으로 도우신다는 점을 가르치는 소설 같은 이야기가 들어 있다. 등장 인물로는 니느웨에 사로잡혀 사는 의인 토비트, 그의 아내 안나, 그의 아들 토비아, 잇달아 남편 일곱을 잃은 신부 사라, 첫날밤에 사라의 신랑들을 죽이는 악한 귀신 아스모데오, 이를 물리치는 천사 라파엘이 나온다.

(2) 유딧(16장 분량)

주전 150년 경 저작되었을 유딧서는 여걸 유딧이 앗수르 장군 홀로페르네스를 물리치고 그의 목을 자름으로써 자기 조국을 어떻게 구해내는지를 알려 주는 이야기이다. 이 책은 특히 침략해 오는 적으로 드러나는 악을 거부하고 토라에 복종하도록 유대인들을 격려하려는 목적을 지니고 있다. 9장에 나오는 유딧의 기도에 보면, 놀랍게도 말로 원수를 속이는 것을 허락해 달라는 내용이 들어 있다.

(3) 지혜서(19장 분량)

'솔로몬의 지혜'라는 이름이 붙어 있지만 실제로는 주전 1세기 경에 쓰인 듯한 이 책에는 헬라적이고 애굽적인 개념과 유대의 전통 지혜론이 뒤섞여 있다. 잠언에서 볼 수 있었듯이 이 책에서도 지혜가 의인화되어 있다.

(4) 집회서(51장 분량)

'(예수 벤)시락(의 지혜)서'라고도 불리는 이 책을 '집회서' (Ecclesiasticus)[124] 곧 '교회의 책'이라고 한 것은 기독교회의 전통을

---

[124] 전도서를 영어로 Ecclesiates라고 하는 것과 혼동하지 않도록 조심해야

따른 것인데, 이 책은 주전 180년 경 예루살렘의 보수적인 스승이 지은 것 같다. 이 책에서는 유대교를 변호하고 헬라 문화를 비판한다. 성전과 율법을 공경하고, 의롭고 자비로우신 한 분 하나님을 믿으라는 것이 그 중심 주제이다. 그 히브리어 사본들이 마사다에서 발견되었다.

(5) 바룩서(6장 분량)

예레미야의 친구이자 비서이자 제자인 바룩의 이름이 붙어 있는 이 책은 주전 1, 2세기에 생긴 것으로 보이는데, 마지막 6장은 '예레미야의 편지'로 따로 다루기도 한다.

이스라엘의 죄 때문에 예루살렘이 파괴되었다는 점을 인정하고 하나님께 용서를 비는 말로 시작하여, 지혜를 찬양하는 시문을 거쳐, 예루살렘으로부터 어떤 탄식 소리가 들리는지를 묘사한다.

6장의 헬라어 단편 사본이 쿰란 제7동굴에서 발견되었는데 이는 아마도 주전 100년 경에 생긴 것으로 보이고, 그 원본은 아마 주전 300년경 어느 때에 저작되었을 것이다. 72절이나 되도록 길게 쓴 이 편지는 우상을 두려워하거나 숭배하지 말라고 권고하는 내용과 형식의 글인데, 예레미야 10장 1~16절의 영향을 받은 듯하다.

(6) 마카베오상(16장 분량)

주전 2세기말에 저작되었을 이 책에서는 마카베오 집안이 군사적인 업적을 세워 요한 히르카누스의 통치에 이르게 된 것을 칭송한다. 저자는 하스몬 왕조와 친한 사람이지만, 순교의 중요성이나 가치에 대해서는 말하지 않는다. 이 책은 주전 2세기 팔레스티나 역사를 연구할 때 쓸 수 있는 중요한 자료 가운데 하나이다.

한다.

(7) 마카베오하(15장 분량)

마카베오상의 연속이 아니라 그 1~7장의 내용을 다른 식으로 자세히 다루는 마카베오하는 주전 2세기 말이나 1세기 초에 기록되었을 것이다. 2장 19~23절에 따르면, 이 책에서는 키레네 사람 야손이 쓴 다섯 권짜리 역사의 개요를 간추려 다룬다. 그 실제 내용을 살펴 보면, 이 책은 마카베오상보다 훨씬 더 신학적인 성향을 띠면서 몸의 부활과 순교의 효력과 기적의 계시적인 차원을 강조하고, 하스몬 왕조에 대해서는 호의를 품고 있지 않다.

6.4.3.3. 칠십인역에 들어 있지만 위경의 범주에 넣을 책들

(1) 에스드라스 상(<불가타>의 에스드라스 3서, 9장 분량)

주전 150~100년에 생겨났을 이 책에서는 역대하 35장 1절~36장 23절과 에스라서와 느헤미야 7장 38절~8장 12절을 새롭게 쓰려고 시도한다. 곧 요시야 통치 중기로부터 에스라 개혁의 절정기까지의 역사를 다룬다. 에스드라스 상 3장 1절~5장 6절은 구약과 상관 없다. 이 책은 에스라를 '대제사장'으로 높이고 성전을 찬양하며 스룹바벨에 집중하는 경향을 띤다.

(2), (3) 마카베오 3서(7장 분량)와 4서(18장 분량)는 각각 주전 1세기와 주후 1세기에 생긴 것으로 보인다.[125]

(4) 솔로몬의 시편(18장 분량)은 주전 1세기의 여러 시를 모아 둔 것으로 보인다.[126]

랄프스가 엮은 칠십인역에 보면 또한 시편 다음에 '송시'라는 책 이름 아래 14개의 시문을 모아 두었는데, 그 내용은 신 구약 여러 곳에 들어 있는 기도문과 찬송시와 므낫세의 기도이다.

---

[125] 이에 대해서는 맥나마라, 『신구약 중간 시대의 문헌 이해』([문헌]6.1.5의 책), 251, 255~259를 보라.

[126] 이에 대해서는 같은 책, 202~205를 보라.

### 6.4.4. 구약외경의 중요성

구약외경에 속한 책들이 비록 그 질에 있어서 정경에 속한 책들보다 떨어진다 하더라도, 종교 개혁 이전까지는, 그러니까 기독교 초기 역사 1500년 동안이나 기독교 정경의 한 부분이었다는 점을 생각한다면 이 책들을 소홀히 볼 수만은 없다.

## 6.5. 구약위경[127]

### 6.5.1. 구약위경의 정의, 범위, 종류

(1) 초기 유대교(주전 250년~주후 200년)와 초기 기독교 안에서 생겨나서 이 두 종교의 근원에 대한 이해에 본질적인 도움을 줄 수 있는 책들이지만 정경과 외경에 속하지 않는 책들을 가리켜 위경이라 한다. 이런 책들에는 아브라함, 모세, 다윗, 솔로몬, 예레미야, 이사야, 에스라 등 옛 인물들의 이름이 붙어 있는 수가 많다. 위경에 속한 책들의 숫자는 확정되어 있지 않아, 최대로 잡으면 65권까지 헤아릴 수 있다.

(2) 그 문학적인 성격을 따라 종류별로 나누어 보면 대강 다음과 같다.
- ㄱ. 묵시 문학서: 에녹1, 2, 3, 서, 바룩2, 3서, 에스라4서, 아담 묵시록, 아브라함 묵시록, 엘리야 묵시록, 에스라 묵시록, 에스겔 묵시록, 스바냐 묵시록 등
- ㄴ. 유언 문학서: 12족장 유언서, 아담 유언서, 삼 족장(아브라함, 이삭, 야곱)유언서, 모세 유언서, 욥 유언서, 솔로몬 유언서
- ㄷ. 구약 내용의 확대 또는 전설: 아담 하와 전기, 야곱의 사닥다리, 요셉의 역사, 바룩4서, 이사야 순교승천기, 희년서(Jubilees), 얀네와 얌브레, 예언자들의 생애, 아리스테아스의 편지 등

---

[127] Charlesworth, "Pseudepigrapha"([문헌]6.1.10의 글), 참고.

ㄹ. 지혜나 철학 문헌: 마카베오3, 4서, 아히카르 등
　ㅁ. 기도, 시, 송시(Ode[128]): 야곱의 기도, 요셉의 기도, 므낫세의 기도, 솔로몬의 시편, 솔로몬의 송시 등
　ㅂ. 유대 헬레니즘의 저작 단편들: 비극작가 에스겔, 주석가 아리스테아스 등

### 6.5.2. 내용

위경에 속한 책들은 주로 구약의 영향을 받았다. 그리하여 구약의 유명한 인물들이 받은 묵시라고 하는 책들이 있는가 하면, 구약의 내용을 다시 고쳐 쓰거나 확장한 경우도 있고, 다윗의 시편을 본따 지은 시들도 있고, 어떤 책들은 유대 지혜 문헌 형식을 갖춘 작문이기도 하다. 구약에서 궁금한 내용들, 이를테면 낙원, 아담, 하와, 멜기세덱을 다루는 수가 많다. 초기 유대교의 민담이 지니고 있던 힘을 반영하는 수도 더러 있다.

### 6.5.3. 위경의 지은이들이나 엮은이들

이런 책들 가운데에는 유대인들이 지었거나 엮은 책들이 있는가 하면, 처음에 유대인들이 쓴 것을 나중에 기독교인들이 확장했거나 다시 쓴 책들도 있다. 어떤 경우에는 주후 70년 이전의 유대 문서나 구전에 의거하여 기독교인들이 쓰기도 했다.

이런 범주에 속하는 어떤 책이나 글이 본디 유대교에서 비롯되었는지 아니면 기독교에서 비롯되었는지 확정하기가 때때로 쉽지 않다. 초기 기독교인들 가운데 많은 사람들이 유대인이었고, 이들은 기독교 신앙의 입장에서 구약 및 그 관련 문서들을 풀이했다. 때때로 유대교 문서를 어떻게 이해해야 하는지를 분명하게 하려고 편집하기도 했다. 보통은 기독론적인 내용을 덧붙였다.

---

[128] 영한사전의 설명에 따르면 특수한 주제로 특정의 사람, 물건을 기리는 서정시를 가리킨다.

### 6.5.4. 연대

기독교에서 비롯된 위경 문서들은 대강 주후 100~400년 경에 생긴 것으로 볼 수 있다.

가장 오래된 위경 문서들은 주전 3세기까지 거슬러 올라간다. 나머지는 예루살렘이 파괴된 주후 70년부터 미쉬나의 편집이 마무리된 200년경 사이에 생겨난 듯하다. 가장 나중에 생긴 것들은 4, 5세기 것들이다. 희년서와 에녹1서와 12족장 유언서는 사해 사본에 들어 있어서 그 연대를 추정하게 해 준다. 희년서와 에녹1서는 주후 70년 이전에 생긴 것이 확실하다. 12족장 유언서의 헬라어와 아르메니아 교정본(recension)은 기독교에서 비롯된 것이 분명하나 셈말로 된 그 초기 단편들은 적어도 이 문서가 부분적으로는 유대교에 근원을 두고 있다는 점을 알려준다.

### 6.5.5. 권위와 가치

위경 가운데 숱한 책들을 초기 유대인들은 구약의 책들과 마찬가지로 영감을 받은 것으로 여겼다. 이는, 이런 책들에는 예언이 잔뜩 들어 있으므로, 아담, 에녹, 노아, 아브라함, 모세, 다윗, 솔로몬, 에스라, 또 예언이 사라졌다고 생각된 시대 이전에 살았던 사람들이 쓴 것으로 보았기 때문이다. 팔레스티나 유대인들과 디아스포라의 삶, 특히 주후 70년 예루살렘 파괴 이전 그들의 삶을 이해하고 재건하는 데 주 자료가 된다. 신약에서 예수께서 쓰신 상징과 용어, 이를테면 '하나님의 나라', '인자', '생수'를 이해하는 데 큰 도움이 된다.

# 7. 구약해석학

구약을 해석하는 학문 분야를 구약해석학이라 하는가? 그렇다면, 해석이란 무엇인가? 무엇을 풀이하는 것을 뜻하는가? 구약학의 모든 분야가 구약을 풀이하는 데 이바지하자는 것이라면, 굳이 구약해석학을 따로 배워야할 까닭이 있는가?

## 7.1. 해석학 또는 해석에 대한 초보적인 생각

### 7.1.1. 사전적인 뜻

우리말 큰 사전에서는 '해석학(解釋學)'을 '해석의 방법, 규칙을 연구하는 학문'을 뜻하는 철학 용어로 풀이하고, 해석(解釋)은 '1.=풀이. 2. 기호, 말, 예술 따위로 표현된 것을 실마리로 하여 그 속에 담긴 내용을 밝히거나 기교적으로 이행하는 것'이라 한다.[129]

---

[129] 웹스터 영영사전에서는 '허메뉴틱스(hermeneutics)'를 '해석과 해설의 방법론상의 여러 원칙에 대한 연구'(the study of the methodological principles of

일반적으로 해석학을 뜻하는 서양 말, <허미뉴틱스>(hermeneutics)나 <헤르메노이틱>(Hermeneutik)은 헬라어 표현 <헤르메뉴티케 테크네>(ἐρμηνευτικη τεκνη)로 거슬러 올라간다.130 이와 뿌리가 같은 신약 헬라 낱말로는 <헤르메뉴오>(ἐρμηνευω 눅 24:27의 '설명하다'와 요 1:38, 42; 9:7 의 '번역하다'; 히 7:2의 '해석하다'), <헤르메뉴테스> (ἐρμηνευτης 고전 14:28의 '통역하는 자'. 창 42:23의 '통역' 참고), <헤르메네이아>(ἐρμηνεια 고전 12:10; 14:26의 '통역함')가 있는데, 이 낱말들은 헬라의 신 <헤르메스>('Ερμῆς, 행 14:12의 '허메'. 롬 16:14의 '허마' 참고)와 상관있다. 말과 글을 만들어 낸 신으로 헬라 사람들이 섬기던 '헤르메스'는 신들의 뜻을 전해주는 신, 중재자 역할을 하는 신이어서 이런 낱말들의 본 뜻이 '해석하다'일 것으로 보이지만, 동사 <헤르메뉴오>는 한편으로는 '전달하다', 다른 한편으로는 '설명하다' 정도의 뜻을 지닌다.131

### 7.1.2. 일반적인 뜻

해석학은 일반적으로 '이해의 기술'이란 뜻을 지니는데, 좁은 뜻으로는 글로 씌어진 본문을 풀이하는 방법과 기술을 가리킬 수 있고, 넓은 뜻으로는 이해를 가능하게 하는 상황, 심지어는 이해 과정 전체를 가리키기도 한다.132

---

interpretation and explanation)또는 특수한 뜻으로 '성경해석의 여러 일반 원칙에 대한 연구'(study of the general principles of biblical interpretation)라고 풀이하고 있다. 두덴 독독 사전(*Duden Deutsches Universal Wörterbuch* [Mannheim/Wien/Zürich: Bibliogra-phisches Institut, 1983])에는 '헤르메노이틱'을 "1. 어떤 본문(특히 성경)이나 미술 작품이나 예술 작품을 해석하고 설명하는 학문적인 과정, 2. 실존 철학에서 인간 현존을 이해하는 형이상학적인 방법"으로 풀이하고 있다.
130 von Bormann, "Hermeneutik I."([문헌]7.2.27의 글), 108.
131 같은 글, 110.
132 Lategan, "hermeneutics"([문헌]7.2.24의 글), 149.

해석학은 이해, 특히 어떤 본문을 이해하는 문제에 관한 학문이다. 그 본문이 무엇이냐에 따라 해석학의 여러 분야가 생긴다. 서양 문화에서 비교적 오랜 전통을 지닌 특수 해석학으로 법 해석학, 성경해석학을 들 수 있다. 그런데 해석학에서 해석의 대상을 문서에만 제한하지 않고, 인간 삶의 모든 분야에 확대시킬 수 있다. 그리하여 음악 해석학, 미술 해석학도 가능하다. 더 나아가서 철학자들은 인간 존재 자체에 대한 이해를 해석학의 문제로 다루기도 한다. 하이덱거가 주창하는 '존재의 해석학'이 그 보기이다.

### 7.1.3. 이해의 문제

그렇다면, 이해한다는 것은 무엇을 뜻하는가? 문화, 예술, 전통, 삶, 사람, 사회, 역사를 이해한다는 것은 무엇을 뜻하는가? 우리말 큰사전에서는 '이해'를 '1. 사리를 분별하여 해석함. 2. 깨달아 앎'이라고 풀이한다. 무엇을 이해한다는 것은 그것이 본디 뜻하는 바를 아는 것을 말하는가? 아니면 거기서 한 걸음 더 나아가서 그것이 본디 뜻하는 바가 오늘의 나 및 우리와 무슨 관계가 있는지를 아는 것도 말하는가?

이보다 더 근본적인 질문을 던져 보자. 왜 이해해야 하는가? 이해하지 않으면 무슨 큰 일이 일어나는가? 우리의 삶에서 이해의 문제가 왜 중요한가?

구체적으로 보기를 들어서 생각해 본다면, 영상 문화 시대인 이즈음에 '서편제'나 '쥬라기 공원' 같은 영화가 본디 뜻하려는 바가 무엇이었을까? 이를 알려면 어떻게 해야 할 것인가? 작품의 내용, 곧 줄거리와 짜임새와 전개 방식과 표현 형식과 역사적 배경을 알아보면서 제작자가 작품을 통해 전하려는 바가 무엇인가를 알아보면 될 것인가? 그것이 오늘 나와 우리에게 무슨 의미가 있는가? 작가의 주장에 동의할 수 있는가? 아니면 작가의 주장이 잘못되었다고 생각하는가?

## 7.2. 성경해석학

### 7.2.1. 성경해석학의 필요성

성경 본문을 바로 이해하자면, 곧 성경 본문을 통해서 하나님의 뜻을 알려면 성경 본문을 해석하지 않을 수 없다. 성경을 꼭 이해해야 하는가? 성경을 이해한다는 것은 무엇을 뜻하는가? 성경을 어떻게 이해할 것인가? 성경을 이해하는 데 어려운 점은 무엇인가? 성경을 이해하는 데 중요한 점은 무엇일까? 도대체 성경은 어떤 책인가? 우리가 성경에 대해서 배운 것과 알고 있는 것과 생각하고 있는 것은 정말 옳은가? 그 가운데 잘못 배운 것이나 잘못 아는 것이나 잘못 생각하는 것은 없는가? 옳고 그른 것을 어떻게 알 수 있을까? 이런 여러 가지 물음과 더불어 성경해석의 문제가 생기는 것은, 성경이 시간상으로 공간상으로 엄청나게 다른 상황을 배경으로 생겨난 책이어서 오늘 우리 시대의 사람들에게 낯설기 때문이다. 따라서 그 책이 오늘 우리에게 지니는 뜻을 알아내려면 해석 작업이 요청되고, 그에 대해 전문적으로 연구하는 학문 분야가 필요하다.

### 7.2.2. 성경해석의 역사

(1) 그런데 이미 성경 안에 해석의 보기가 여럿 들어 있다.[133] 신명기는 모세가 시내산에서 받은 율법을 새롭게 해석하는 형식을 띠고 있다. 역대상하는 사무엘상하 및 열왕기상하의 역사를 다르게 해석하고 있다. 예수께서는 구약 율법을 새롭게 해석하셔서 자신에게 적용시키셨다. 바울의 이방 선교도 복음을 당시 헬레니즘 세계의 맥락에서 새롭게 해석한 것이라 할 수 있다.

---

[133] 이에 대한 대표적인 연구서로 M.Fishbane, *Biblical Interpretation in Ancient Israel*(Oxford: Clarendon Press, 1985)을 들 수 있다.

(2) 고대 교회 시대 안디옥 학파에서는 문법적이고 역사적인 방법으로 성경을 해석했다면, 알렉산드리아 학파에서는 비유적인 방법(알레고리)을 주로 썼다. 받아들일 수 있는 해석과 그렇지 못한 해석을 구별할 규범이 나중에 필요하게 되자 교회의 권위가 교리 해석을 지배하게 되어 중세까지 이르렀다. 종교 개혁에서 성경을 교회의 권위에서 해방시키자 본격적으로 성경을 바르게 해석할 수 있는 방법을 찾게 되었고 그것이 여러 가지로 발전했다. 본문의 역사적인 뜻을 밝히는 것이 우선적이라고 생각하던 것이, 본문의 현실적인 의미를 주로 추구하는 실존적 해석으로 발전하고, 최근에는 본문 자체가 그 나름대로 독자성을 띤다는 점을 강조하여 해석하는 구조주의적 해석과 이에서 더 나아가 독자의 반응이 해석을 결정한다는 이론에까지 나아가고 있다.[134]

### 7.2.3. 성경해석학과 성경주석학의 관계

성경해석학이 성경을 어떻게 이해하느냐에 대한 원칙이나 원리를 주로 다룬다면, 성경주석학은 구체적으로 성경의 개별적인 본문을 풀이해나가는 방법을 자세히 다룬다. 그런데, 실제로는 성경해석학과 성경주석학을 엄격히 구별하지 않고 뒤섞어서 말하는 수가 많다.[135]

### 7.2.4. 성경해석학의 원리

성경 본문을 하나의 문학적인 본문으로 본다면, 문학 작품에 대한 해석학의 원리가 성경해석학에도 적용될 수 있다. 그렇지만 성경이 그저 문학 작품인 것만은 아니므로 성경에 특별히 적용되어야 할 해석학의 원리도 있을 것이다.

---

[134] 아래 8.4.2.3~4 참고.
[135] 이를테면 정기철 엮음, 『성서해석학』([문헌]7.25의 책)에 실린 글들을 보라.

(1) 몇 가지 문학적 해석학의 원리

ㄱ. 본문이 본디 뜻했던 바를 밝힌다. 언제 어디서 왜 누구에게 무엇을 어떻게 전하려 했는지를 밝힌다. 본문이 과거에 지녔던 뜻을 알아보는 작업이다. 여기서는 본문의 역사성을 문제 삼는다.

ㄴ. 본문이 오늘까지 전해 내려오면서 이해되어왔던 바는 어떠한지 알아 본다. 이른바 본문이 인간 역사에 끼친 영향, 작용의 역사를 알아보는 것이다. 이는 본문이 본디 뜻했던 바에 반드시 매이지 않는다. 본문이 마치 하나의 독립적인 인격체가 된 듯이 그 나름대로 역사를 이루어 온 것이다. 그리하여 심지어 본문이 본디 뜻하던 바와는 아주 다르게나 정반대로 이해해 왔을 수도 있다. 이는 본문의 독자성(autonomy)을 전제로 한다.

ㄷ. 본문이 오늘 나와 우리에게 무엇을 뜻할 수 있는지를 생각한다. 여기서는 독자의 상황이 중요하다. 내가 어떤 동기에서, 무엇에 관심을 가지고, 어떻게 읽고 있는가? 여기서는 본문의 실용성, 규범성이 문제된다.

(2) 성경해석학의 고유한 원리는 성경 자체의 계시성(啓示性)에서 비롯된다. 곧 성경해석학의 초점은 성경을 통해서 말씀하시는 하나님의 음성을 듣는 데 있지 본문을 어떤 원칙에 의해서 해석하는 데 있지 않다.[136]

### 7.2.5. 구약해석학

구약해석학은 두말할 나위 없이 구약성경 이해를 겨냥한다. 앞서 성경해석학에 대한 내용에서 대상이 구약이란 점에서 전문화된다.

---

[136] 베스터만 편집, 『구약성서해석학』([문헌]7.2.21의 책), 164: "본문에 봉사하는 것이 아니라 어떤 원칙에 의해 본문과 그 문맥을 지배하고자 하는 모든 석의 방법론은 거부되어야 한다"(한스 발터 볼프).

## 7.3. 구약해석학의 중심 내용

구약의 특수성에서 비롯되는 구약해석학의 내용은 어떠한 것일까? 이에 대한 답이자 구체적으로 구약해석학이 무엇을 뜻하느냐에 대한 답은 학자에 따라 한결같지 않다.

지난날 특히 50년대 말 유럽 신학자들은 모형론(typology, 유형론, 예표론, 표상학이라 옮기기도 함)[137]을 구약해석학의 방법으로 볼 수 있느냐 하는 문제를 중심으로 구약성경이 기독교 신앙에서 어떤 의미를 띠는가 하는 문제에 대해 많은 논란을 벌였는데[138], 이는 결국 신약과 구약의 관계에 대한 문제로 나아간다. 곧 구약성경이 그리스도의 복음 곧 신약성경에서 어떤 기능을 지니는가 하는 것이다. 달리는 구약을 율법책, 역사책이라 할 수 있는가, 그렇다면 이는 무엇을 뜻하는가 하는 문제를 다루는 것을 구약해석학의 중심 과제로 보기도 했다.

### 7.3.1. 구약이 기독교 복음 내지 신약에서 지니는 기능

신약성경 곳곳에서 구약의 여러 부분을 인용하고 있는데, 그러한 과정에서 신약성경의 기자들이 구약을 해석하는 방법을 알 수 있다.[139] 여기서 신약에서 쓰고 있는 방법만으로 구약을 해석해야 하는가 문제가 생긴다.

(1) 기독론적 구약해석
이는 구약본문을 예수 그리스도 중심으로 해석하는 방법이다. 곧, 신약성경에는 구약성경이 예수님을 가리킨다고 하는 내용(눅 24:44 등)이 자주 나온다. 이리하여 일찍이 기독교회 안에서 '구약

---

[137] 아래 7.3.1(2)를 보라.
[138] 앞의 책을 보라.
[139] 이에 대한 개괄적인 내용은 Hübner, "OT Quotations..."([문헌]7.3.4의 글)을 보라.

은 오실 메시야에 대해서, 신약은 오신 메시야에 대해 말한다', '구약은 신약의 그림자이다'라는 등의 말이 널리 들을 수 있게 되었다.[140] 그런데, 실제적으로는 구약의 모든 본문을 그리스도에게 관련시키기는 어렵다. 그렇다면, 그리스도와 관련이 없거나 덜한 구약 본문은 가치가 떨어지는 본문이라고 보아야 하는가?

### (2) 모형론적 구약해석[141]

다음으로 신약에서 구약을 해석하는 중요한 방법 가운데 하나가 모형론인데[142], 이에 따르면, 구약에는 신약의 구원사의 여러 실체에 상응하는 모델, 예비적인 제시로 간주할 만한 인물이나 제도나 사건이 있다는 것이다. 그것들을 '모형(模型)'(<튀포스>, τυπος, 출애굽기 25장 40절에 나오는 '식양'의 칠십인역 번역)이라 하고 그에 상응하는 신약의 실체를 '대형(對型)' 또는 '원형'(<안티튀포스>, ἀντίτυπος)이라 하는데, 이 낱말 자체는 베드로전서 3장 21절("물은 예수 그리스도께서 부활하심으로 말미암아 이제 너희를 구원하는 표[<안티튀포스>]니 곧 세례라")에서 노아가 홍수에서 구원받은 것을 기독교인이 죄에서 구원받는 세례와 대응시키면서 쓰인다. 곧 기독교인을 구원하는 세례에 쓰인 물을 노아 홍수의 '대형'으로 본 것이다.

---

[140] 기독론적인 구약 연구의 대표적인 연구서로는 헹스텐베르크의 '구약의 기독론'(E.W. 헹스텐 베르크 지음, 원광연 옮김, 『구약의 기독론』[서울: 크리스챤 다이제스트, 1997][이 책은 영문판 E. W. Hengstenberg, *Christology of the Old Testament* [Grand Rapid, Michigan: Kregel Publications]의 번역이고 독일어 초판은 1835년에 나왔음)과 빌헬름 피셔의 '구약의 그리스도 증언'(Wilhelm Fischer, *Das Christuszeugnis des Alten Testaments* [München: Chr.Kaiser, 1935])을 들 수 있다.

[141] Dohmen/Stemberger, *Hermeneutik*([문헌]7.2.22의 책), 166~170과 견주어 보라.

[142] 이에 대한 대표적인 연구서로는 고펠트, 『모형론』([문헌]7.3.2의 책)을 들 수 있다.

또 고린도후서 3장이나 히브리서 3장에서는 모세와 그리스도를 '모형'과 '대형'으로 맞세운다. 로마서 5장에서는 아담을 그리스도의 '모형'(14절의 <튀포스>를 개역한글에서는 '표상'으로 번역했다. 표준새번역과 개역개정판에서는 '모형'으로, 공동번역에서는 '원형'으로 옮겼다)으로 본다.

구약 자체에도 이런 유형론의 흔적을 찾아볼 수 있다. 이사야 40장 이후에서 바벨론에 사로 잡혀 간 유다 사람들이 다시 팔레스티나로 돌아오는 것을 새 출애굽으로 보는 것이 그 대표적인 보기이다. 그렇지만, 구약 전부를 이렇게 유형론적으로만 해석할 수 있겠는가 하는 문제가 제기된다. 또 유형론으로만 구약을 이해할 때, 구약본문이 본디 구체적인 역사 가운데 지니고 있던 뜻을 놓칠 염려가 있다.

(3) 약속과 성취라는 틀에 맞춘 해석[143]

'옛 말씀이 이루어졌다'는 식의 표현이 신약에 자주 나와서 구약을 약속, 신약을 성취로 흔히 생각하게 하지만, 이미 구약성경 안에 약속과 성취의 상응 관계를 볼 수 있다. 특히 사무엘상하와 열왕기상하[144]와 예언서에서 그러하다. 그렇지만 예언서의 경우 아무래도 약속 부분이 성취 부분보다 더 많다. 이리하여 이렇게 아직 성취되지 않은 예언, 넘치는 약속은 신약을 바라보게 한다.

이런 식의 이해에서 이루어진 약속은 이미 과거에 속하게 되고, 약속과 성취의 틀은 하나님 말씀의 진실성을 확증하는 기능을 지니지만, 하나님의 약속이 이루어졌다고 해서 끝난 것이 아니라 예수 그리스도 안에서 하나님의 여러 약속이 참 약속인 것이 확증되고 이루어지면서 그 뒤로도 계속 존속한다.

---

[143] 아래(3)~(5)는 Dohmen/Stemberger, *Hermeneutik*([문헌]7.2.22의 책)에서 인용한 책 180~183을 주로 참고한 것이다.

[144] 졸저, 『구약성경개관. 개정증보판』([문헌0.8.8-1의 책]), 95 참고.

(4) 율법과 복음이라는 틀에 맞춘 해석

바울은 구약을 신약의 복음에 맞서는 율법으로 이해하고 풀이했다. 사람의 죄를 깨우쳐 주는 교육 수단이 구약이라는 것이다. 그렇지만, 구약 자체의 내용을 자세히 살펴 보면 무엇보다도 십계명 본문에서 똑똑히 드러나듯이 율법도 복음인 것을 알 수 있고, 신약의 복음 안에도(율)법적인 요소가 있을 수 있다는 점을 알 수 있다.

율법(<토라>)의 참 뜻과 좁아진 뜻의 차이가 있다. 구약에서 본디 뜻하는 <토라>는 하나님의 '가르침' 곧 하나님의 뜻이 계시된 것이고, 바울은 이 <토라>가 오해되어 인간에게 딱딱하게 작용된 면을 부각시킨 듯하다. 문제는 사람들이 <토라>를 잘못 이해하고 적용한 데에 있다.

(5) 창조와 완성이라는 틀에 맞춘 해석

구약에서 창조된 바가 신약에서 완성된다는 생각은 구약을 지속적으로 발전하는 구원사의 과정의 첫 부분으로 이해하려는 데서 비롯된다. 그럴 경우 신구약을 굳이 나누어볼 필요가 없어지고, 중간 시대 문헌을 빼 놓고는 이런 연속성을 주장하기가 힘들어진다는 문제가 제기된다.

(6) 신구약 관계를 어떻게 보아야 할 것인가?

기독론적인 해석법, 모형론적인 해석법, 약속과 성취의 상응 관계, 율법과 복음의 대비, 창조와 완성의 관계 - 그 모두가 기독교 정경이라는 큰 틀 안에서 구약성경을 이해하는 데 중요한 기준이 될 수 있지만, 그 어느 하나도 구약의 모든 본문을 해석하는 절대적인 방법이 될 수 없다. 이는 또한 신구약성경의 관계를 쉽게 한 두 가지 개념으로 설명할 수 없다는 점을 뜻하기도 한다.

구약성경이 오늘 기독교인들의 성경이 될 수 있는 근거는 무엇보다도 인류를 죄에서 구원하신 예수 그리스도의 아버지 하나님이 바로 구약에서 말하는 창조주 하나님, 역사의 주 하나님이시라는 사실에 있다. 따라서 예수 그리스도께서 오시기 전이라 하더라도 이 하나님이 특별히 뽑으신 이스라엘을 통해서 이루신 여러 가지 일들 가운데서 계시된 하나님의 뜻은 오늘 기독교인들에게 중요하다. 그리하여 구약성경에 나타난 하나님의 창조와 구원의 역사는 그 자체로 귀중한 뜻을 지닌다. 구약의 모든 본문은 구체적인 역사 상황 가운데 일차적인 뜻을 지니고 있기 때문에, 그 뜻에 비추어 이해하는 일을 소홀히 할 수 없다.[145]

### 7.3.2. 구약은 율법책인가?[146]

히브리어 정경의 전통을 따라 구약을 크게 세 부분으로 나눌 때 맨 앞에 나오는 것이 율법서이고, 그 이름이 때때로 구약 전체를 가리키는 수가 있음은 물론이다. 또 히브리어 정경상의 예언서 첫 부분과 끝 부분, 성문서 첫 부분과 끝 부분이 직접 간접으로 율법서를 언급하고 있어서, 구약 전체를 율법책이라 보아도 무방하다.[147] 그렇지만, 앞서 언급했듯이 이 경우 율법이란 낱말의 뜻은 바울이 복음과 대조시킨 경우보다는 훨씬 넓다.

### 7.3.3. 구약은 역사책인가?[148]

구약은 심판을 포함하여 하나님이 이 세상에 베푸신 사랑과 은혜의 역사가 적힌 책이라 할 수 있다. 그렇지만, 이 역사라는 낱말을 어떤 뜻으로 이해할 것인가에 대해서는 논란이 많다.[149]

---

[145] 졸고, "구약성경을 어떻게 읽을 것인가?", 「목회와 신학」107(1998.5), 170~175 가운데 174~175를 참고하라.
[146] Gunneweg, *Vom Verstehen*([문헌]7.2.23의 책), 85~120과 견주어 보라.
[147] 졸저, 『구약성경개관. 개정증보판』([문헌0.8.8-1의 책]), 28~33 참고.
[148] 앞의 주, 145의 책와 견주어 보라.
[149] 위 3.3 참고.

## 7.4. 구약해석학의 방법론

앞에서 말한 여러 관점을 고려하면서, 구약본문은 일단 그 자체의 흐름 안에서 해석함과 아울러, 또는 그 다음 단계로 그것이 기독교 경전의 한 부분으로서 새롭게 지니게 된 뜻을 이해하는 식으로 해석해야 할 것이다.[150]

---

[150] 이리하여 구약해석학은 또한 구약신학과 밀접히 관련된다.

# 8. 구약주석방법론

## 8.1. 주석이 무엇인가?

### 8.1.1. 사전적인 뜻

'주석'(註釋), '주해'(註解), '석의'(釋義), '강해'(講解)란 낱말들이 국어사전에서는 그리 뚜렷한 뜻의 차이 없이 비슷하게 풀이하고 있지만, 일상 어법에 따라 그 낱말들이 주는 느낌은 조금씩 다르다.

주석이라고 하면 한 줄 한 줄, 한 낱말, 한 낱말의 뜻을 풀이한 다는 느낌을 준다. 논문을 쓸 때 붙이는 각주에서 주라는 낱말의 뜻이 그러하다. 그러면서도 단락 단락의 뜻을 풀이해 주는 일도 주석에 들어가는 것으로 보인다.[151] 주해도 비슷한 뜻이겠다. 석의라 함은 본문 전체의 뜻을 밝혀낸다는 면을 조금 더 강조하는 듯이 보인다. 강해는 주석, 주해, 석의한 것을 알아듣기 쉽게 풀어 놓은

---

151 <논어집주> 같은 표현을 생각해 보라.

것을 가리키는 것 같다. 보통은 강해 설교를 뜻하기에 본문의 뜻을 밝히는 것 못지 않게 밝힌 뜻을 현재의 상황에 맞게 풀이하는 것에도 관심을 쏟는다. 그러고 보면 강해는 주석 다음의 과정까지 포함한다 하겠다.

영어로는 exegesis, interpretation, exposition의 순으로 학문적인 정확성과 엄밀함이 덜어지고 실용도가 높아지는 듯한 인상을 받는다. 1960년대에 미국에서 나온 The Interpreter's Bible은 본문해설을 exegesis부분과 exposition부분의 둘로 나누어 성경의 한 책이라 하더라도 각 부분의 필자를 달리하고 있다. 1996년부터 나오고 있는 The New Interpreter's Bible에서는 각 책에 대해 한 사람이 commentary를 쓴 다음에 reflections를 덧붙인다. 또 미국에서 낸 총서 Interpretation은 일반적인 주석 총서 commentary보다는 조금 쉽고 대중적인 느낌을 준다. 학문적인 주석 총서로서 Hermeneia('해석'이라는 뜻의 헬라 말)라는 것도 있다.[152]

웹스터 사전에서는 exegesis를 exposition, explanation과 같이 보면서 특히 '어떤 본문이나 성경의 부분을 비평적으로 풀이하는 것'(critical interpretaion of a text or portion of Scripture)이라고 한다. 두덴 독독 사전에서는 Exegese를 '어떤 본문, 특히 성경을(학문적으로)풀이하고 해석하는 것'([wissenschaftliche] Erklärung u. Auslegung eines Textes, bes. der Bibel)이라 한다.

Exegesis, Exege는 헬라 말 <엑세게오마이>(εξηγεομαι, '...밖으로 이끌어내다')에서 비롯된 명사이다. 그렇다면 주석은 본문의 뜻을 찾아내는 것을 뜻한다.

따라서 주석하는 사람은 자신의 생각을 본문에 집어넣지 않도록 해야 한다. 이런 경우를 가리켜 더러는 <에이스지시스>, <에이제게제>(Eisegesis, Eisegese)라고 하는데, 이는 헬라 낱말 <에이스게오마이>(εισηγεομαι, '안으로 이끌어들이다', '안에 집어 넣다'는 뜻)에

---

[152] [문헌]8.7.24를 보라.

서 만든 말이다. 이는 주석이 될 수 없다. 자기 입장에서 본문을 풀이한 것일 뿐이다. 이 점은 석의, 주해, 해석에서도 마찬가지이다. 그러면 정말 나의 주관을 완전히 없이하고서 본문이 스스로 밝혀 주는 뜻만을 알 수 있는가? 그런 일이 있을 수 있는가?

### 8.1.2. 주석의 정의

온건한 신학 성향의 미국 학자인 더글라스 스튜아트에 따르면, "주석이란, 성경 구절들의 쓸모있는 해석을 해 내기 위해 하는 조심스럽고 분석적인 연구과정"이어서 "주석의 목적은 구절에 실제로 담긴 정보 이상도 아니고 이하도 아니다."[153] 그런가 하면, 유럽 역사비평학의 입장을 대변하는 오딜 한네스 슈텍에 따르면 "구약 주석은 구약에 전해 내려온 본문들의 뜻을 역사적으로 학문적으로 밝혀내려는 노력이다."[154]

아무튼 일반적으로 생각한다면, 주석의 일차적인 목적은 본문의 뜻을 밝히는데 있고, 밝혀진 뜻을 오늘의 상황에 적용하는 것은 설교자의 임무에 속한다.

## 8.2. 본문 주석의 첫 단계 – 본문 범위 확정, 초역, 관찰

### 8.2.1. 본문의 뜻

언어학에서는 우선 어떤 이론을 적용하기 전 형식적으로 한정되어 있는, 대부분의 경우 글로 적힌, 한 문장 이상의 표현물을 가리켜 본문이라 한다. 구약주석에서 본문이라 할 때 본디 이는 번역 성경의 어느 부분을 뜻하지 않고, 히브리 말이나 아람 말로 적힌 본문을 가리킨다.

---

[153] Stuart, "Exegesis"([문헌]8.2.23의 글), 682.
[154] Steck, *Exegese*([문헌]8.2.22의 책), 3.

### 8.2.2. 구약본문의 역사

(1) 히브리어(아람어)본문

히브리어(아람어)정경의 형성 과정에 대해서는 이미 앞에서 알아본 바 있다.[155] 이 히브리어 성경을 기독교회는 이미 2세기경에 기독교 경전의 한 부분으로 받아들여 그 권위를 인정하다가 마침내 4세기경 신약의 정경화 과정이 대강 마감되면서 기독교 정경의 문제가 전체적으로 마무리된다.

이렇게 오늘 우리 개신교 전통으로 보면 39권, 유대 전통으로 하면 24권의 책으로 이루어진 히브리어 성경은 일단 그것이 주후 일세기 끝무렵 정경으로 확정되면서 자음만으로 씌어진 표준 본문도 하나 정해진 것으로 보인다. 이 자음 본문을 잘 베껴 후세에 전해 준 사람들이 히브리 말로 <소프림>(סֹפְרִים)이라 불리는 서기관들인데, 이들의 뒤를 이어서 주후 5세기경부터 이 자음 본문에 모음과 액센트 부호와 몇 가지 주를 붙여서 전해받은 본문을 정확히 보존하여 전달하고자 애쓴 사람들이 <마소라>학자들이다. <마소라>(מָסְרָה)라는 말은 본디 전통을 뜻하는 히브리 낱말인데 가장 넓은 뜻으로는 성경 본문의 필사본을 만들 때 지켜야 할 전통적인 규칙들을 가리키고 좁은 뜻으로는 그들의 필사본에 적어 넣은 주를 통틀어 일컫는 말이다.

이 마소라 학자들이 그동안 베껴 온 구약본문이 온전히 보존되어 있는 것 가운데 가장 오래된 것이 1008년 경에 생긴 레닌그라드 사본이고, 이것을 기본 본문으로 삼고 다른 히브리어 사본들과 비교 검토한 내용을 아래 비평란에 기록하여 엮은 것이 지금 구약학계에서 보통 쓰고 있는 여러 종류의 인쇄본 히브리어 성경이다. 최신판인 이 히브리어 성경은 <비블리아 헤브라이카> 제4판

---

[155] 위 5.5.2 참고.

인데, 이를 보통은 그 출판지 이름을 따라 <비블리아 헤브라이카 슈투트가르텐시아>, 줄여서 <베하에스>(*BHS*)라 한다.[156] 제3판은 그 대표 편집자의 이름을 따라 <비블리아 헤브라이카 킷텔>, 줄여서 <베하카>(*BHK*)라 부른다.[157] 종래 독일어권 학자들을 중심으로 비평판 히브리어 성경을 편집해 오던 것과는 달리 현재 세계 성서공회 연합회가 주선하여 전세계 학자들이 참여하여 <비블리아 헤브라이카 제5판>(*Biblia Hebraica Quinta = BHQ*)을 편집해내고 있는데, 지금까지 낱권으로 나온 것으로는 제18권(일반 서문과 룻기·아가·전도서·예레미야애가·에스더, 2004년)과 제20권(에스라·느헤미야, 2006년)과 제5권(신명기, 2007년)과 제17권(잠언, 2008년)과 제13권(열두 작은 예언서, 2010년)과 제7권(사사기, 2011년)이 있다.[158]

그 사이에 이런 히브리어 성경들의 밑바탕이 되는 레닌그라드 사본보다 한 세기 앞서 930년 경에 생긴 것으로 알려진 알렙포 코덱스가 발견되었으나, 1947년 반(反)유대폭동 때 일부가 손상되었다. 그러나 이 알렙포 코덱스를 기초로 해서 히브리 대학에서 독자적으로 비평판 히브리어 성경을 '히브리 대학교 성경'(*The Hebrew University Bible = HUB*)이란 이름으로 엮어 내고 있는데, 현재까지는 이사야서(1995)와 예레미야서(1997)[159]와 에스겔(2004)만 나와 있다.

이처럼 주후 1세기말경부터 오늘에 이르기까지 히브리어 성경의 중심을 이루고 있는 것은 마소라 본문이지만 히브리어 사본들 가운데는 세부적인 점들에 있어서 마소라 본문과는 다른 본문들도 일찌기 있었던 것으로 보인다. 그 보기로 들 수 있는 것들이 주전 3세기 중엽부터 생겨난 칠십인역 헬라어 성경의 어떤 부분의 대본

---

[156] [문헌] 0.6.6.2의 책.
[157] [문헌] 0.6.6.1의 책.
[158] 이에 대해서는 [문헌] 8.3.을 보라.
[159] 이에 대해서는 졸고, "『히브리 대학교 성서 예레미야서』 본문비평 장치의 성격"([문헌]8.3.7의 글)을 보라.

이 되었을 것으로 추측하는 히브리어 본문, 쿰란 사본을 포함한 사해 두루마리가 보여주는 히브리어 본문, 오경에 제한되는 것이기는 하지만 사마리아 전통의 오경 본문이다. 그 밖에도 주전 2세기 후반기에 생긴 것으로 보이는 무랍바트 두루마리와 마사다 사본 같은 것들도 있는데, 이 모두 마소라 전통과는 차이가 있다.

(2) 고대 번역본

주전 3~1세기경 애굽의 알렉산드리아를 중심해서 생겨난 구약성경 헬라어 번역본인 칠십인역(=*LXX*)은 하나의 통일된 번역이라기 보다는 번역 기술이나 히브리어 지식이나 문체 등에 있어서 서로 매우 다른 여러 사람의 번역들을 모은 것으로 보인다. 초기 기독교인들의 구약성경이 칠십인역이었음은 신약에 인용된 구약본문들이 주로 칠십인역 구약성경에서 온 것임을 보더라도 잘 알 수 있다. 이런 과정에서 기독교인들은 칠십인역 성경에서 기독교에 유리한 내용을 찾아내기 시작하였고 시간이 흐름에 따라서 기독교적인 내용들을 덧붙이게 되었다. 이에 반발하여 유대인들은 주후 2세기 경에 이미 히브리 본문에 맞도록 헬라어 성경을 개정하는 작업을 하게 된다. 이리하여 새로 나온 헬라어 번역본들로서 중요한 것이 아퀼라역(α'), 쉼마쿠스역(σ'), 데오도시안역(θ')이다.

주후 230~240년에 알렉산드리아의 오리게네스는 6500쪽이 넘도록 각 쪽에 여섯 란을 두고서 그 때 구할 수 있던 히브리 성경, 그것의 발음을 헬라어로 바꾸어 적은 것, 아퀼라 번역본, 쉼마쿠스 번역본, 칠십인역, 테오도시온 판을 각각 적어 넣어 서로 비교하도록 하는 <헥사플라>를 편찬하였다. 오리게네스의 관심은 히브리원문을 근거로 하여 기독교인들이 칠십인역을 자의적으로 쓰고 있다고 비난하는 유대인들의 논쟁에 기독교인들이 맞설 수 있도록 칠십인역이 히브리 본문에 얼마나 가까운가를 드러내어 보이려는 데 있어 이 여섯 가지 본문을 비교하면서 그 나름대로 다섯번째 란의 칠십인역을 새롭게 손질하였다. 이 칠십인역이 나중에는 헥사플라와는 따로 떨어져서 그것만으로 널리 쓰이게 되었는데 이것을 칠십인역의 헥사플라 개정판(*BHK*의 $G^H$)또는 오리게네스 칠십인역(*BHS*의 $G^O$)이라고 부른다.

그 뒤로도 칠십인역은 그 나름대로 여러 가지 개정판 사본이 생겨났다.

오늘 우리가 칠십인역을 연구하려고 할 때는 일반적으로 여러 가지 칠십인역 사본들을 비교하여 만들어 놓은 비평판 헬라어 성경으로는 1931년부터 나오고 있지만 아직 끝나지 않은 괴팅겐에서 나오는 것[160]과 1935년에 간단하게 나온 랄프스의 것[161]의 둘을 본다. 괴팅엔 칠십인역은 여러 사본을 비교하여 가장 원본에 가까와 보이는 본문을 재건한 것이고, 랄프스 칠십인역은 칠십인역 사본 가운데 가장 중요한 것 세 가지를 중심으로 엮은 것이다.

칠십인역 말고도 히브리어 성경의 고대 역본으로는 아람어 역본인 <타르굼>과, 제롬이 390/391~405년에 걸쳐 번역한 라틴어 성경과, 주전 1세기부터 주후 2/3세기에 걸쳐 생겨난 시리아 역본인 <페쉬타>가 있다. 특히 제롬의 라틴어 번역본은 서방교회의 표준 성경으로 인정받으면서 16세기에 이르러서 <불가타>(Vulgata, '대중적인', '대중적으로 알려진'이란 뜻)라는 이름으로 불리게 되었다.

### 8.2.3. 본문 범위 확정의 방법과 실제

(1) 원칙: 본문의 범위를 주석하는 사람의 마음대로 확정할 수는 없다. 본문 자체의 단락 구분을 따라야 한다. 본문 자체의 단락 구분이란 무엇인가? 본문의 흐름으로 볼 때 어디서 시작하여 어디

---

[160] [문헌] 0.6.7.2의 책.
[161] [문헌] 0.6.7.1의 책.

서 끊어지는지를 본문 스스로 알려주는 수가 많다. 그것을 따름이 옳다.

(2) 장절 구분: 우선 우리 눈에 띄는 것은 성경의 장절 구분과 각종 성경에서 볼 수 있는 단락 구분이다. 그렇지만 이런 것들은 본디 구약 히브리어 성경에 있던 것은 아니고 나중에 생겨난 것이어서 절대적이지 않다. 구약성경의 장 구분은 13세기 초에 라틴어 성경에서 처음으로 생겨나서 나중에 히브리어 성경에 들어가게 되었다고 한다. 절 구분은 일찍이 유대인들이 성경을 회중 앞에서 단락을 끊어가며 읽는데서 시작하여 여러 과정을 거쳐 언제인가 확정되었는데 성경에 처음으로 그 절 표시가 들어오게 된 것은 16세기에 이르러서라고 한다.

(3) 유대인들의 단락 구분: 성경의 장 구분 훨씬 이전부터 유대인들은 그들 나름대로 히브리어 성경에 열린 단락과 닫힌 단락의 두 종류로 단락 구분을 표시를 하였다. 이보다 더 큰 단락 구분으로 <세데르>(סֵדֶר)와 <파라쉬>(פָּרָשׁ)도 있었다. 구약 전체는 대략 452개의 <세데르>로 이루어져있는데 이는 팔레스틴에서 생긴 것으로 율법 부분은 예배 시간에 매주 일정량을 읽어 대강 한 삼년에 한 번 읽도록 나누었다고 한다. <파라쉬>는 바벨론에서 생긴 것으로 일년에 전 성경을 다 읽을 수 있도록 54 또는 53으로 나누었다 한다. 이런 단락구분이 본문 범위 확정에 도움이 되기도 하나 그것이 단락구분의 절대적인 기준이 되는 것은 아니다.

(4) 현대어 번역본 성경들의 단락 구분

여러 번역본 성경들은 각기 제 나름대로 단락을 구분하고 있는데 이 또한 주석 작업에 절대적인 의미를 지니지는 않는다. 오히려 단락을 잘못 구분해 놓음으로써 초보자에게 혼란을 주기도 한다. 창세기 4장 16절을 개역개정판에서는 16~24절 단락의 첫머리로 표시했지만, 표준새번역이나 공동번역에서는 히브리어 인쇄본 성경을 따라 1~15절의 마무리 부분으로 보도록 단락을 짓는다.

우리 말 성경에서 맺는 꼴로 끝나지 않았더라도 앞 뒤 내용으로 보아서 단락을 지어야 할 경우도 있다. 이를테면 창세기 32장 21절의 끝이 개역개정판에는 '밤을 지내다가'로 되어 있어 그 뒤와 이어지지만 22절 이하에서는 다른 사건이 전개되므로 21절에서 끝맺는 것이 좋다.

단락 구분이 반드시 장 절 구분과 일치하지 않는다. 한 절 중간에서 앞 단락이 끝나고 새 단락이 시작할 수 있다. 한 절 가운데서 단락을 지어야 하는 경우로서는 창세기 35장 22절을, 새 장이 시작되었지만 앞 장의 끝 부분과 한 단락을 이룬다고 보아야 할 경우로 출애굽기 5장 22절~6장 1절을 보기로 들 수 있다. 이 경우 모세의 기도와 하나님의 응답이 한데 어우러져 한 단락을 이루고, 6장 2절부터는 새 단락이 시작되기 때문이다. 출애굽기 35장 30절~36장 1절의 경우에도 모세의 말이 장 구분을 넘어서서 계속된다.

(5) 단락 구분의 실제: 이리하여 장절 구분과 여러가지 단락 구분을 참고하면서도 독자적으로 단락을 구분하는 방법을 익혀야 한다. 그런데 실제로 단락을 제대로 구분하기가 쉽지 않다. 사실 단락 구분자체가 주석의 전 과정을 통해서 검증되는 수가 많기 때문이다. 그렇다 하더라도 우선은 단락의 시작과 마지막을 알리는 문구들이 있는지를 살피고 글이 흘러가면서 내용적으로나 형식적으로 끊어지는 데가 있는가를 자세히 살펴봄으로써 단락 구분의 작업을 시작할 수 있다.

### 8.2.4. 본문 초역과 관찰

본문의 범위를 확정했으면, 이제 그 본문을 대강 우리말로 번역해 본 다음, 히브리어나 아람어 본문을 진지하게 자주 많이 깊이 자세히 읽는 것이 주석의 다음 단계이다. 읽으면서 받는 느낌, 눈에 띠는 것, 떠오르는 생각, 이상하게 여겨지는 것, 더 알고 싶은 것들을 적어 둔다. 때때로 이런 것들이 엉뚱할 수도 있지만, 어떤 경우에는 창의적인 본문 이해의 밑거름이 되기도 한다. 초역은 나중에 주석 작업이 더 구체적으로 진행되면서 여러번 손질하게 된다.

## 8.3. 역사비평적 주석방법론

### 8.3.1. 역사비평적 주석방법 과정의 얼개

역사비평학적인 주석방법론이 서양에서 지난 수백년에 걸쳐 꾸준히 발전하여 일반적으로 쓰이고 있지만 그 자세한 내용을 알아보면 지금도 학자들 사이에 그 쓰는 용어라든가 강조점에 있어서 차이가 있다. 이리하여 그 방법을 소개하는 우리 나라 학자들 사이에도 각자가 배우고 익힌 바에 따라 소개하는 것이 서로 다르다.

오늘 우리로서는 이러한 서양의 역사비평학적인 주석방법론을 일단은 배워야 하지만 달리는 그것만이 전부일 수 없고 우리는 우리 나름대로 우리에게 맞고 세계 교회와 신학계에 도움을 줄 수 있는 주석방법론을 찾아내어야 한다는 점도 잊을 수가 없다. 그러한 과정에서 고도로 발달된 서양의 역사비평학적인 주석방법론이 오늘 한반도의 신학도들이나 목회자들에게 어떤 의미가 있는지를 생각하게 된다. 곧, 우리들이 그 방법을 우리 현실에 적용해 본다면 얼마나 어느 정도까지 어떻게 이용할 수 있을까 하는 것이다.

독일에서 주로 쓰이는 주석방법론 교과서인 슈텍(Odil Hannes Steck)의 책을 기준하여 역사비평학적 주석방법론의 전체 얼개[162]를 간단히 알아보면서, 그동안 우리가 함께 공부한 것을 조금은 되풀이하고 몇 가지는 고치거나 덧붙이기로 하자.

---

[162] Steck, *Exegese*([문헌]8.2.22의 책), 17~18.

한 본문의 생성 과정 추적

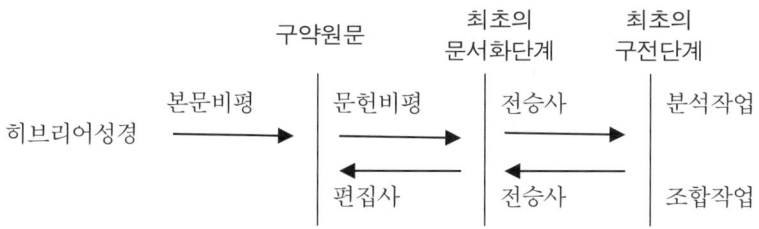

최종 본문이나 생성 단계의 본문 각 부분의 전제 규명

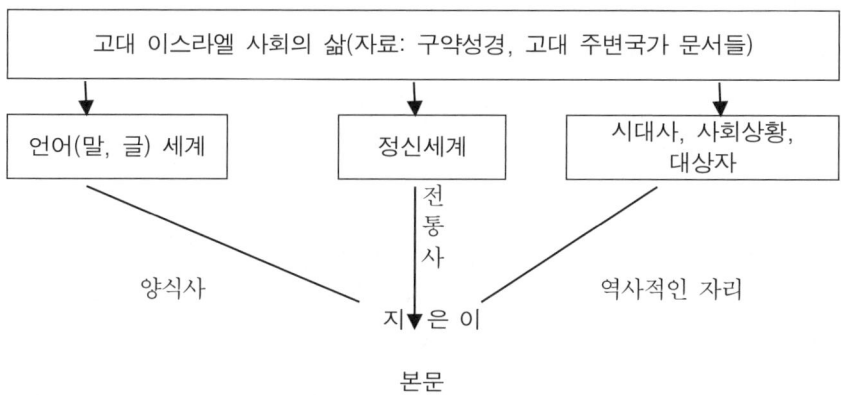

슈텍은 역사비평적 주석방법의 얼개를 우선 두 가지 다른 관점으로 나누어 본다. 곧, 한 본문의 생성 과정을 추적하는 것과 관계되는 작업 과정들과 최종 본문이나 생성단계의 본문 각 부분의 전제들에 관계되는 작업 과정들의 둘이 그것이다.

(1) 본문 생성 과정을 추적하는 작업 과정들[163]

한 본문의 생성 과정의 추적과 관계되는 작업 과정들은 다시 본문을 분석하는 과정과 그 분석한 것을 다시 종합하여 본문을 이해하는 과정으로 나눈다.

---

[163] 이에 대한 또 다른 간결한 서술을 보려면 장영일, "설교준비를 위한 구약 성서 이해"([문헌]8.2.6의 글), 33~40을 참고하라

전체 주석 작업은 우리에게 주어진 본문을 분석하는데서 시작한다. 그 첫 단계인 본문비평(Textkritik, Textual Criticism)은 우리가 볼 수 있는 비평판 히브리어 성경에서 출발하여 될 수 있는대로 히브리 원문에 가까운 본문을 찾아 만들어 보려고 하는 작업 과정이다.

둘째 과정이 문헌(문학, 자료)비평(Literarkritik, Literary 또는 Source Criticism)이다. 이는 본문비평의 결과로 우리 앞에 놓인 그 본문에서 출발하여 그 본문이 글로써 어떻게 생겨났을까를 거꾸로 추적해간다. 곧, 본문의 통일성을 살펴서 본문을 이루는 부분들의 역사를 분석해 나가는 한편, 본문이 속하는 더 큰 흐름 가운데서 본문이 차지하는 자리를 알아보고자 한다.

그 다음 단계가 전승사(Überlieferungsgeschichte, Tradition History) 연구이다.

전승(傳承)이라는 우리 말과 <위버리퍼룽>(Überlieferung)이라는 독일말과 <트래디션>(Tradition)이라는 영어, 이 모두 쓰는 사람에 따라서 여러 가지 다른 뜻이 될 수 있다. 아무튼 세 나라 말 자체로는 무엇인가가 전해내려 이어져옴을 뜻한다. 이는 우리 사람들의 삶의 여러가지 면에 적용될 수 있는데, 이것이 성서신학에서 쓰일 때는 두말할 나위 없이 성경 안에 그 무엇이 전해내려 이어져옴이나 그렇게 전해내려 이어져 오는 것들을 뜻한다. 그 가운데는 글로 전해내려온 것도 있고 입으로 전해내려온 것도 있다. 여기서 이 낱말들이 여러가지 뜻으로 쓰일 수 있는 틈이 생기게 된다.

어떤 학자들은 글로 전해 내려오든, 입으로 전해 내려오든 전해 내려오는 것은 모조리 전승이라고 하고[164], 어떤 학자들은 입으로 전해 내려오는 것만을 전승이라고 본다. 슈텍의 경우는 뒷 경우

---

[164] 마르틴 노트는 편집사까지 전승사에 넣고, 클라우스 코흐는 글로 씌어진 전 단계들도 전승이라는 개념으로 표현한다(Steck, *Exegese*, 64).

로서 이 점에서 전승사 연구를 문헌비평과 구별한다. 그런데 문제는 여전히 남는다. 영어 <트래디션>은 흔히들 전통이라는 우리말로 옮기고 독일말에는 <위버리퍼룽> 말고 그와 비슷한 뜻을 지니는 <트라디찌온>(Tradition)이란 말도 있다. 슈텍은 본문의 지은이에게 영향을 주는 정신 세계를 전통(Tradition)이라는 말로 표현하지만 어떤 학자들은 그 낱말을 가지고서 슈텍이 뜻하는 <위버리퍼룽>을 뜻하기도 한다.[165] 쉬운 일은 아니지만 오늘 우리로서는 책을 읽을 때 그 책의 지은이가 이 낱말들을 어떤 뜻으로 쓰는지를 미리 알아보고 그 점을 늘 생각하면서 읽을 수 밖에 없다.

아무튼 슈텍은 본문이 문서화되기 전 그 알맹이가 입으로 전해내려오던 과정을 추적하는 전승사를 분석적인 작업 과정인 동시에 종합적인 작업 과정으로 본다.

편집사(Redaktionsgeschichte, Redaction History)연구는 문헌비평의 결과를 가지고서 본문을 종합적으로 관찰하는 과정이다. 곧 최초의 문서화 단계로부터 최후로 정경화된 본문에 이르는 과정을 추적한다.

아래에서는 본문비평과 문헌비평만 조금 더 자세히 알아보기로 한다.[166]

(2) 본문의 전제들을 밝혀내는 작업과정들

이처럼 본문비평, 문헌비평, 전승사 연구, 편집사 연구를 한 본문의 생성 과정을 밝혀내는 작업 과정이라 한다면, 양식사 연구 또는 양식비평(Formgeschichte, Form Criticism), 전통사(Traditionsgeschichte) 연구, 역사적인 자리(Historischer Ort) 규명은 그 본문이나

---

[165] '전통사'와 슈텍이 뜻하는 바와 같은 좁은 의미의 '전승사'를 같은 뜻으로 쓰기도 하고(바움개르텔)문서 전승까지 포함하는 넓은 뜻의 전승사와 비슷한 뜻을 '전통사'란 말을 쓰기도 한다(게르하르트 폰 라트, 안토니우스 군네벡)(같은 곳).

[166] 아래 8.3.2~3을 보라.

본문의 각 부분이 생겨날 때 그 지은이에게 영향을 주던 여러가지 사회 언어 문화 정신 시대적인 상황을 밝혀내는 작업 과정이라 하겠다.

본문이나 본문의 각 부분은 단순히 어떤 개인의 작품일 수만은 없다. 그 개인은 그가 살던 시대의 여러가지 흐름에 영향을 받고 그 시대에 널리 쓰이던 여러가지 표현 방식과 사상을 이용하여 말을 하고 글을 써 다음 세대에 전해 주기 때문이다.

본문이나 생성 단계의 본문 각 부분의 전제를 슈텍은 언어 세계, 정신 세계, 시대 사회 상황과 대상자라는 셋으로 나누어 각 부분을 다루는 작업 과정을 양식사 연구, 전통사 연구, 역사적인 자리 연구라고 부른다.

역사적인 자리 연구란 본문의 역사적인 배경을 밝히는 과정을 말하고, 전통사 연구란 앞서 전통이란 말의 쓰임새를 말할 때 이미 잠시 언급하였다.

양식사 연구에 대해서만 아래에서 따로 알아보기로 한다[167].

### 8.3.2. 본문비평

(1) 본문비평의 필요성

① 본문 확정의 필요성

범위를 정한 본문을 주석하자면 이제 그 본문의 자음과 모음을 확정해야 한다. 왜냐하면 인쇄술이 발달하기 전에는 사본들을 손으로 베끼는 과정에서 잘못 베끼거나 그 나름대로 정당한 이유를 붙여 달리 고쳐 베끼는 수도 생기고 베껴놓은 것이 무슨 뜻인지 도무지 알 수 없는 부분도 있고 사본의 일부가 이런 저런 사정으로 희미해지거나 떨어져 나간 경우가 생기기 때문이다.

---

[167] 아래 8.3.4를 보라.

이렇게 본문의 자음과 모음을 확정하는 과정을 두고서 본문비평이라 부른다. 달리 말하면 어떤 글의 원본과 원본 사본들이 전해 내려오지 않는 경우 나중에 전해내려오는 여러 자료들의 도움을 받아 될 수 있는한 그 원본을 낱말 그대로 밝혀 내려는 언어학적인 처리 과정이나 절차를 본문비평이라 한다. 본문비평은 성경뿐만 아니라 모든 옛 문서에 해당된다. 문예 부흥 시대에 고전에 대한 관심이 높아지면서 이러한 연구과정이 생겨난 것 같다.

② 잘못 베낄 수 있는 경우

베끼는 과정에서 잘못 보거나 잘못 듣고서 잘못 쓰는 경우로 몇 가지 보기를 들어 보자.

첫째, 자모가 비슷할 때 이를 잘못 적을 수 있다[자모혼동]. 이를테면 우리 말에서 '사람'을 '사랑'으로 잘못 베낄 수 있듯이, <아람>(ארם)을 <에돔>(אדם)으로 잘못 베낄 수 있다. 둘째, 자모의 순서를 뒤바꾸어 적는 수가 있다[자모위치바뀜, 字位轉換, Metathesis]. 셋째, 본디 띄어쓰기 하지 않았던 글을 낱말로 나누면서 낱말가르기가 사본에 따라 달라지는 수가 있다. 넷째, 같은 것을 거듭쓰는 수가 있다[거듭쓰기, 重複誤寫, dittography]. 이를테면, '사람을 아끼는 것이 중요하다'를 '사람 사람을 아끼는 것이 중요 중요하다'로 잘못 베껴쓸 수 있다. 다섯째, 같은 것을 두 번 써야 하거나 비슷한 것이 나란히 나오는데 그 가운데 한번만 쓰고 다른 한번은 빠뜨리는 수가 있다 [한번빼먹기, 重字脫落, haplography]. 본디 '사람과 사람은 서로 사랑해야 하는데'인 것을 그만 '사람은 서로 사랑해야 하는데'로만 쓸 수 있다. 여섯째, 두 무리의 낱말의 끝이 같거나 비슷해서 그만 가운데를 빼먹고 적는 수가 있다[類似文尾, homoeoteleuton]. 이를테면

'오늘 나는 학교에 갔다가 왔고

어제 너는 교회에 갔다가 왔지만'

이라고 두 줄로 쓰인 것을 그냥 '오늘 나는 학교에 갔다가 왔지만'이라고만 베낄 수 있다. 일곱째, 두 무리의 낱말의 처음이 같거나 비슷해서 그만 가운데를 빼먹고 적는 수가 있다[類似文頭, homoeoarchton].
'오늘 나는 학교에 들렀으나
끝내 나는 철수를 보지 못한채'

를 그냥 '오늘 나는 철수를 보지 못한채'라고만 잘못 베껴쓸 수 있다. 여덟째, 비슷한 발음의 낱말을 잘못 적는 수가 있다. 아홉째, 모음으로 쓰이는 자음을 잘못 붙이는 수가 있다. 열째, 모음을 잘못 적는 수가 있다.

③ 일부러 고쳐 적는 경우
일부러 본문을 고쳐서 적는 경우로는 하나님에게 어울리지 않아 보이는 낱말은 어울리는 말로 바꾸는 것, 문법적으로 주어와 술어 사이에 수가 맞지 않을 경우에 맞추는 것, 주어나 목적어가 되는 사람 이름을 덧붙이는 것, 여러 사본에 다르게 나타나는 것을 서로 견주어보고 뒤섞어서 하나로 뭉뚱그려 적는 것[異文融合, conflation], 잘 쓰이지 않는 낱말은 일반적인 낱말로 바꾸어 쓰는 것 등을 들 수 있다.

(2) 비평의 의미

아무튼, 예로부터 전해 내려오지만 원본이 사라진 문헌의 경우 이런 잘못을 바로잡을 수 있고 성경의 경우에도 그럴 수 있겠지만 이를 본문 '비평'이라 할 때 우리는 아무래도 그 말이 마음에 걸린다. 다름 아니라 하나님의 계시가 담긴 성경에 사람이 감히 비평을 가할 수 있을까 하는 물음이 생기기 때문이다. 이에 대해 답하자면 비평이란 낱말이 무엇을 뜻하는지를 다시 생각해 볼 필요가 있다.

비평이 무엇인가? 창작과 비평, 역사와 비평... 신학과 비평, 교회와 비평?

우리말 큰 사전에서는 '비평'을 '① 옳고 그름 따위를 가리어 논란함 ② 남을 이러쿵저러쿵 좋지 않게 말함'이라고 풀이하고 있는데, 비평이란 낱말을 우리가 일반적으로 좋지 않게 생각하는 까닭은 우리는 보통 둘째 뜻, 좋지 못한 뜻으로 이 낱말을 이해하기 때문이다. 이는 우리의 잘못된 삶 때문에 낱말의 좋은 뜻이 사라지고 낱말이 더럽혀진 보기 가운데 하나이다. 첫째 뜻의 비평은 우리의 생각과 삶을 바르게 하기 위해서는 반드시 필요한 것이고 이런 비평을 제대로 해 오지 않았기 때문에 우리 개인과 가정과 사회와 세상에 많은 문제가 생겨나 우리의 삶을 어지럽히고 있는 것이다. 비평이란 낱말도 거의 같은 뜻으로 쓰이는 것으로 비판이란 낱말이 있는데 이는 '옳고 그름을 가리어 판단하거나 지적함'이라고 사전이 그 뜻을 풀이해 준다. 비평 또는 비판을 뜻하는 서양말 crisis, Kritik은 헬라 동사 <크리노>(κρινω)에서 비롯되는데 그 뜻은 '가르다, 나누다, 구별하다'이다. 이로 보더라도 비평, 비판은 무엇의 값어치를 떨어뜨리려거나 남을 헐뜯으려는 것이 그 목적이 아님을 알 수 있다. 비평이나 비판은 오히려 진리나 진실을 밝히려는 과정이요 절차라 하겠다.

(3) 본문비평 작업의 실제적인 과제와 한계

앞서 살펴본 바에 따르면 오늘 우리가 구약성경이라고 부르는 책이 정경 본문으로 확정된 것은 구약의 부분에 따라 차이가 있지만 대강 주전 5세기에서 주후 1세기 사이에 원문이 확정된 것으로 본다. 이리하여 거의 이천년이나 되는 긴 시간을 거쳐 그 책이 오늘 우리에게 전해 내려온 것이다. 그 과정에서 여러 종류의 히브리어 사본과 번역본과 번역본의 사본이 생겨났고 이 사본들 사이에는 서로 맞지 않는 점이 많이 생겨났다. 그리하여 오늘 우리로서는 오래 전에 확정된 정경 원문이 어떠했을런지를 찾아낼 작업을 하지 않을 수 없게 된 것이다. 이를 달리는 정경 원문을 되살려내는 일이라고도 한다.

그렇지만 실제로 이 일은 거의 불가능하다. 그 숱한 사본들을 온 세계에 흩어져 있기도 하고, 우리가 그 사본들을 제대로 읽어 내자면 히브리어, 아람어, 헬라어, 라틴어, 시리아어, 영어, 독어, 불어 등 온갖 말을 알아야 하기 때문이다. 또 그럴 수 있다 하더라도 아직 발견되지 않은 사본들도 적지 않을 것이기 때문에 지금 있는 사본들을 가지고서 원문을 밝혀 놓아도 그것이 이상적인 것일 수는 없다.

이런 여러가지 사정을 생각해 볼 때, 본문비평에는 처음부터 상당한 한계가 있음을 알 수 있다. 그리하여 본문비평의 목적도 원문 재건이라고 크게 잡기 보다는, 실제로 우리가 접할 수 있는 자료들을 살펴 보는 가운데 원문을 잘못 베끼거나 좋은 뜻으로 고쳐 베낀 것이 어떤 것들인가를 찾아보고 그것을 거꾸로 바로 잡는 정도가 우리가 할 수 있는 본문비평이라고 보아야 할 것이다.

그러한 과정으로서 대강 다음 세 단계를 생각해 볼 수 있다.

첫째, 본문의 역사를 알아 둔다. 우리에게 전해 내려오는 히브리 사본들과 여러가지 번역 사본들, 또 그 인쇄본들이 언제 누구에 의해 어떻게 생겨났는지 어떤 장단점을 지니는지를 알아야 그것들을 서로 견주어 볼 수 있다. 특히 히브리어 사본들과 번역본들, 번역본들의 사본이 서로 어떤 사이인지를 대강 알아두는 것이 절대적으로 필요하다.

둘째, 일반 신학도들과 목회자들이 사본들을 직접 대한다는 것이 우리 나라에서는 실제로 불가능하기 때문에 몇 가지 인쇄되어 나온 비평판 히브리어 성경(적어도 킷텔판과 슈투트가르트판은 가지고 있어야 할 것이다), 헬라어 성경(랄프스의 칠십인역 정도)과 라틴어 성경(독일에서 펴낸 불가타 정도)을 중심으로 하면서 주석서들 가운데 본문비평을 자세히 다루고 있는 것들(ICC = International Critical Commentary나 BK = Biblischer Kommentar. Altes Testament나 Hermeneia)에 소개되는 내용들을 따져 본다. 비평판 인쇄본들의 비평란들과 주석서들의 본문비평에 관한 부분을 잘 이용하면 많은 정보들 얻을 수 있게 된다.

셋째, 그렇게 이미 학자들이 마련해 놓은 몇 가지 자료들을 살펴 볼 때도 구체적인 경우에 적용할 수 있는 합리적인 원리들을 세워서 그에 따라 독자적으로 비평 작업을 하도록 하여야 한다.

(4) 본문비평의 몇 가지 기본 원리

본문비평의 원칙을 라틴말로 전해 내려오는 것들을 중심으로 간추려 본다면 다음과 같다.

① '사본들은 무게로 달아 보는 것이지 수로 헤아리는 법이 아니다'(manuscriptura ponderantur non numerantur). 곧 숫자가 많다고 해서 신빙성이 높아지는 것이 아니고 그것이 어떤 사본이냐 하는 것이 중요하다는 말이다. 여기서 다시 몇 가지를 생각해 볼 수 있다.

- 오래된 것일수록 원문에 가깝다.
- 번역본보다는 히브리어 본문이 원문에 가깝다.

마소라 본문이 우선되지만 사해사본들도 잘 참고하여야 한다. 이 둘은 서로 다른 전통에 속해 있다. 문제가 되는 것은 칠십인역과 마소라 본문과의 관계이다. 일반적으로 마소라 본문을 더 중요하게 보지만 마소라 본문이 절대적일 수는 없다. 경우에 따라서 칠십인역의 대본이 되는 히브리 본문이 마소라 본문보다 더 나을 수 있기 때문이다. 예레미야서의 경우 칠십인역이 마소라 본문보다 칠 분의 일이나 짧은데 이는 마소라 본문이 나중에 많은 것을 덧붙였 다는 생각을 하도록 해 준다. 그렇지만 칠십인역과 마소라 본문이 서로 다른 부분은 그 경우 경우에 따라 문법, 어휘, 내용, 전후관계 등 여러가지 사정을 보고 어느 것이 원문에 가까울런지 판단하여 야 한다. 히브리 본문이 다른 나라 말로 옮겨지면서 달라지는 좋은 보기로서 이사야 19장 25절 후반절을 들 수 있다.[168]

| 히브리어 마소라 본문 | 헬라어 칠십인역 | 아람어 타르굼 |
|---|---|---|
| 1 복 있도다 내 백성<br>2 애굽!<br><br>4 또 내 손으로 지은 것인<br>앗수르!<br><br>⑦ 또 내 상속물<br>이스라엘! | 1 복 있도다 내 백성!<br>2 애굽에 있는,<br><br>4 또 앗수르 사람들<br>가운데 있는(내백성)<br><br>⑦ 또 내 상속물<br>이스라엘! | 1 복 있도다 내 백성!<br>2 내가 애굽에서 이끌어낸<br>3 그들이 내 앞에서 죄를 지었기에<br>4 내가 그들을<br>앗수르로 유배 보내었노라<br>5 그러나 그들이 회개한 지금은<br>6 그들이 내 백성이라 일컫게 되리라<br>⑦ 또 내 상속물 이스라엘<br>(이라 일컫게 되리라). |

마소라 본문은 이제껏 하나님 백성 이스라엘을 괴롭히던 두 큰 나라 애굽과 앗수르를 하나님께서 구원해 주실 것을 말하고 이 스라엘도 그들과 함께 평화로이 하나님의 다스림을 받을 것을 말 한다. 그에 대해 칠십인역은 구원의 약속은 오로지 사로잡혀간 이 스라엘 사람들에게만 해당되도록 하였다. 타르굼은 지난날 야훼께 서 베풀어주신 구원의 역사를 되돌아 보는 말씀이 되게 하였다.

여기서 우리는 본디 온누리에 대한 야훼의 주권과 은혜를 드 러내어 주는 히브리 본문을 포로기 이후 유대인들이 그들의 형편

---

[168] 다음 도표는 Wonneberger, *Leitfaden*([문헌]8.3.12의 책), 4에 히브리어, 헬 라어, 아람어로 적힌 도표를 우리 말로 옮긴 것이다.

에 맞도록 풀이하면서 헬라 말로, 또 아람 말로 옮겼음을 헤아려 볼 수 있다. 이 경우는 칠십인역의 대본이 되는 히브리 본문 자체가 마소라 본문보다 달랐을 수도 있고, 그 본문 자체는 마소라 본문과 다르지 않았는데도 헬라 말로 번역하면서 달라졌을 수도 있을 것이다. 오늘 우리로서는 그 자세한 과정을 알 수 없다.

이렇게 볼 때, 칠십인역을 히브리어 성경보다 즐겨 읽던 것이 고대 기독교인들이었지만 그렇다고 해서 오늘 우리가 무조건 칠십인역을 마소라 본문보다 더 낫게 여길 수 없다 하겠다. 이리하여 앞서 말한 본문비평의 기본 원리 세 가지에 비추어 보더라도 우리가 모두 마소라 본문을 일단 따라야 마땅함을 알 수 있다. 곧 번역은 이미 해석이기에 히브리 본문보다 나을 수 없고, 칠십인역과 타르굼은 읽기에 쉽지만, 곧 이해하기 쉽지만 길어서 그보다 내용적으로 읽기 힘들고 짧은 마소라 본문이 원문에 더 가깝다고 판단할 수 있다.

② 일반적으로는 '읽어내기 더 어려운 것이 원문에 더 가깝다'(lectio difficilior lectio probabilior)고 볼 수 있다. 왜냐 하면 본문 전달 과정에서 이해하기 어려운 부분은 풀어 쓰기가 쉽기 때문이다. 거꾸로 알기 쉬운 것을 어렵게 한다는 것은 거의 생각하기 힘든다.

③ 읽기에 짧은 것(lectio brevior)이 긴 것보다 원본에 가깝다. 길다는 것은 곧 무엇인가가 덧붙였음을 생각하도록 하기 때문이다.

### 8.3.3. 문헌비평(자료비평)

(1) 용어 문제

영어 표현 source criticism은 보통 '자료비평'이라 하지만, literary criticism 또는 독일어 표현 Literarkritik의 경우에는 literary, Literar-를 어떻게 이해하느냐에 따라 '문서 비평', '문학비평', '문헌비평'의 여러 가지로 번역될 수 있다.169 결국 이러한 번역의 문제는 성경주석의 이 작업과정을 어떻게 이해하느냐 하는 것과 관계된다.

우리말로 문학, 문서, 문헌도 조금씩 뜻이 다르다. 한글학회에서 펴낸 우리말 큰사전에 따르면 문서란 '글이나 숫자 따위로 일정한 뜻을 나타낸 것'을, 문학이란 '정서, 사상을 상상의 힘을 빌어서 말과 글로써 나타낸 예술작품. 곧 시, 소설, 희곡, 평론, 수필 따위'를, 문헌이란 '옛날의 제도나 문물을 아는 데에 증거로 되는 기록이나 서적'을 뜻한다고 풀이한다.

이렇게 볼 때, 오늘 우리가 읽는 본문에서 출발하여 그 각 부분이 최초로 글로 씌어질 때까지의 과정을 거꾸로 밝혀보려는 것이라 할 때 문헌비평이 가장 알맞다고 생각한다. 자료비평이라 하면 자료만 다루는 듯한 느낌을 주므로 이 과정 전체를 다 말하지 못한다. 문학비평이라 할 경우 이는 본문의 문학적인 성격, 특징 등을 주로 다루는 것이어서 실제로는 양식비평, 수사비평에 들어가는 문제들에 더 치우치는 듯한 인상을 준다.

### (2) 문헌비평의 전제 – 성경 본문 형성에 대한 이해

구약성경본문이 어떻게 생겨났을까 하는 물음에서 시작해보자.

---

169 이형원, 『구약성서비평학입문』([문헌]8.2.4의 책), 81은 Literary criticism을 문서비평이나 자료비평으로 옮기면서 이를 문학비평과 신문헌비평과 달리 본다. 헤이즈/할레데이의 책을 옮긴 김근수, 『성경주석학』([참고.]8.2.10의 책), 91은 문학적 비평으로, 장일선, 『구약성경과 설교』([문헌]8.2.7의 책), 77~97과 175~191은 각각 문서비평과 문학비평을 나누어 다루고 있고, 포웰의 책을 우리 말로 옮긴 이종록, 『서사비평이란 무엇인가?』([문헌]8.6.22의 책), 30 등은 literary criticism이 최종 본문을 문학적인 작품으로 분석하는 것을 뜻한다는 의미에서 역사비평과 대립되는 개념이 되는 문학비평이라고 옮긴다. 방석종, 『구약해석입문서』([문헌]8.2.2의 책), 94는 Literarkritik을 문학비평으로 옮기는 것이 알맞다고 본다.

구약성경은 어느 한 사람이 어느 한 순간에 한 자리에 앉아서 쓴 책이 아니라, 여러 사람이 여러 시대에 걸쳐 여러 곳에서 쓴 글들의 모음이다. 이러한 사실은 구약성경 전체에만 해당되는 것이 아니라 구약성경의 각 책들과 많은 경우에는 각 본문들에도 해당된다. 드물게는 어떤 본문이 한 사람에 의해 한 순간에 한 자리에서 씌어졌을 수도 있겠지만 대부분의 경우에는 본문마다 그 본문이 오늘의 모습으로 우리 앞에 놓이기까지 자라온 역사가 있다. 일반적으로는 말로 전해 내려오던 것이 어느 순간에 글로 씌어진다. 이것이 그와 비슷한 내용의 다른 글이나 글들과 합쳐져서 어느 정도 규모를 갖춘 본문이 되는데 그렇게 합쳐지는 과정에서 합치는 사람이 두 글을 잇기 위해 머릿말, 이음말, 맺음말 같은 것을 적어넣을 수도 있고 전해받은 본문의 내용을 자기가 사는 시대에 맞도록 풀이하는 말을 덧붙일 수도 있다. 또 한 사람이 어떤 본문을 썼다 하더라도 그는 요즈음 글을 쓸 때 남의 글을 이끌어 쓰는 경우처럼 그가 이미 구할 수 있었던 다른 자료를 이용할 수 있었을 것이다.

(3) 문헌비평의 뜻

문헌비평이란 한 본문의 생성 과정을 오늘 우리가 보는 모습의 본문에서 출발하여 그 본문의 구성 부분이 처음으로 글로 씌어졌을 때까지 거꾸로 추적하는 작업인 동시에, 한 본문이 더 큰 문학적 흐름 안에서 차지하는 위치를 밝혀 내는 작업이다. 문제는 그 어느 경우이든 이처럼 여러 과정을 거쳐 생겨난 본문에 오늘날처럼 그 본문의 각 부분이 언제 누구에 의해 씌어졌는지, 자료를 썼다면 그 출처가 어디인지를 분명히 밝혀져 있지 않는다는 데에 있다. 그리하여 그 여러 과정을 거치는 가운데 고쳐지거나 새롭게 덧붙은 것이나, 지은이가 쓴 여러가지 자료를 찾아내는 일이 오늘 본문을 주석하려는 사람들의 일거리가 된 것이다. 다행스러운 것은 구약성경본문이 생겨나는데 관여한 사람들은 한편으로는 앞 세대로부터 전해받은 것들을 될 수 있는대로 그대로 두면서 다른 한편으로는 자신들의 처지에 맞도록 손질하려고 하였다는 점이다. 아무튼 문헌비평은 처음 글로 씌어진 것이 시대의 변화에 따라 현실화되고 새롭게 이해되는 식으로 그 뜻이 달라지고 확대되는 과정을 거꾸로 추적하여 마침내는 본문의 저자와 생성 연대를 밝히려고 한다.

(4) 문헌비평의 방법

① 본문 자체 관찰 - 먼저 본문에 통일성이 있는가를 알아보아야 한다. 그리하려면 갑작스럽게 주어나 목적어가 바뀌는 등으로 본문의 흐름에 있어서 무리가 없는지? 본문의 부분 부분 사이에 어떤 긴장 관계가 없는지? 본문 안에 필요 이상으로 되풀이 되는 부분은 없는지? 따위를 잘 살펴 보아야 하는데 갑작스런 전환이나 긴장이나 중복이 본문의 고유한 문체이거나 글쓴이의 특별한 의도일 수 있다는 점도 생각하여 본문을 지나치게 오늘 현대인의 관점에서 분석할 것은 아니다.

② 본문과 다른 본문과 비교해 봄 - 다음으로 본문을 그와 비슷한 다른 본문과 견주어 보아서 본문의 특징을 따져 보면서 본문이 다른 본문의 영향을 받아 생겨난 것인지 다른 본문에 영향을 준 것인지를 생각해 본다.

주로 이 문헌비평의 결과를 묶는 것이 구약개론학이다. 각종 구약개론 교과서를 보면 구약의 각 책이 어떻게 생겨났는지에 대해 이제껏 학자들이 연구해 놓은 것을 알 수 있다.

### 8.3.4. 양식사 연구, 양식비평

(1) 양식과 삶의 자리

우리 사람들이 쓰는 말과 글은 그 쓰임새에 따라 여러가지이다. 그리하여 여러가지 말투와 글의 형식이 생겨났다. 시골집 툇마루에서 할머니가 품에 손주를 안고 옛날 이야기를 해 주실 때 쓰는 말투와 초상집에서 죽은 사람의 덕을 기리고 그 죽음을 애닮게 보는 뜻을 밝힐 때 쓰는 말투는 다르다. 사람 죽은 것을 널리 알리는 부고장의 말투와 매매 계약서의 말투는 다르다. 법조문에 쓰이는 문장과 설교원고에 쓰이는 문장도 다르다. 외교사절의 말투와 국가원수의 말투도 다르다. 모심을 때 부르는 노래와 상엿소리는 다르다. 재판소 판결의 말투와 대학교 세미나의 토론 말투는 다르다. 주례사의 말투와 전국체육대회 축사의 말투는 비슷하면서도 다르다. 책을 선전하는 광고문과 교회의 부흥회를 알리는 광고문의 말투는 비슷하면서도 다르다.

양식사 연구란 지은이는 그 당시 널리 쓰이던 문구나 표현 방식이나 문학 형식을 써서 자기가 말하고 싶은 것이나 전해 받은 것을 말하고 전한다는 사실을 전제로 한다. 그리하여 그 여러가지 문학 형식들은 또한 각기 그 나름대로 그것이 본디 생겨나 쓰이던 상황이 있음을 전제한다. 뿐만 아니라 그 상황이 달라짐에 따라 그 문학 형식도 달라질 수 있다.

이처럼 그 사회에서 통하는 정해진 표현 형식을 양식(form, Form)이라고 부르고, 그 뿌리가 되고 배경이 되는 상황을 '삶의 자리'(Sitz im Leben)라 하며, 양식이 달라지는 역사를 양식사(Formgeschichte)라고 일컫는다. 상여소리의 삶의 자리는 운구 행렬이고, 매매계약서의 삶의 자리는 장사이며, 판결문의 삶의 자리는 법정이다. 옛날 이야기는 가정 생활에, 모심는 노래는 농삿일에, 조사는 장례식이나 추도식에, 주례사는 결혼식에, 성시 교독은 예배에 삶의 자리를 두고 있다. 이런 여러 가지 양식은 또한 시대에 따라 달라지기 때문에 각기 그 나름대로 역사를 지니게 된다.

양식사 연구가 본문 이해에 이바지하는 바는 문학 형식 뒤에 있는 사회의 문화적인 상황을 밝혀 주는 데에 있다. 그러니까 본문에 나오는 일정한 유형을 통해서 본문이 어떠한 삶의 상황에서 생겨났는지를 알 수 있게 되는 것이다.

(2) 용어의 문제

여기서도 용어의 문제가 생긴다. 양식사 연구를 맨처음 주창한 헤르만 궁켈은 양식사이라는 말보다는 유형사(Gattungsgeschichte)라는 말을 썼는데 나중에 신약학자 마르틴 디벨리우스 이후 양식사라는 용어가 일반적으로 쓰이게 되었다. 사실 양식과 유형은 거의 비슷한 뜻으로 쓰인다. 영어로는 불란서말에서 들어온 장르(genre)라는 말로 유형을 뜻하기도 한다. 슈텍은 양식이라는 낱말은 표현형식이라는 매우 일반적인 뜻으로, 유형은 정해진 표현 방식이라는 특수한 뜻으로 쓴다.[170] 그런가 하면 어떤 학자는 유형을 알아차릴 수 있는 개별적인 작은 표현형식을 가리켜 양식이라 하기도 한다.[171] 또 독일어 Formel, 영어 formular라는 낱말도 쓰는데, 이는 양식이나 유형을 알아차리도록 하는 가장 작은 단위의 정해진 형식을 가리키므로 양식(요)소, 유형(요)소라고 옮기기도 한다.

(3) 양식 또는 유형의 종류

양식 또는 유형의 종류는 구약개론책에서 간단히 다루는 수가 많다. 성경 본문의 양식은 우선 크게 산문과 시문으로 나눌 수 있다. 산문에는 주로 이야기 형식의 글이 많은데, 예언서의 경우 내용

---

[170] Steck, *Exegese*, 102.
[171] Barton, "Form Criticism(OT)"([문헌]8.6.23의 글), 839.

에 따라서 소명 보도문, 환상 보도문, 상징 행위 보도문 등으로, 형식에 따라서 삼인칭 보도문, 일인칭 보도문이 있다. 시문에는 노래와 격언과 예언 등이 있고, 노래에는 시편의 경우 다시 찬양시, 탄원시, 감사시 등의 유형으로 나눌 수 있고, 예언은 우선 크게 심판 예언과 구원 예언으로 나눈다. 또 산문 시문과는 다른 범주로 볼 수 있는 법조문의 경우에는 조건법과 절대법 등의 양식이 있다.

### (4) 양식비평의 방법

① 한 본문의 짜임새와 흐름을 잘 살피면서 그 양식 요소들이 어떠한가 살펴본다. 어떤 것이 양식이나 유형의 요소가 될만한 낱말 묶음인지 추측해 본다. 그것이 같거나 비슷한 상황에서 어떤 양식이나 유형 요소들이 나타나는지 성구사전을 통해서 찾아 본다. 경우에 따라서는 일정한 낱말 묶음이 한 사람이나 그 책에만 나오는 독특한 것일 수 있다. 이럴 경우는 한 개인이나 전통의 문체와 관련시켜 이를 이해하게 된다. 더 나아가서 그 양식이나 유형의 요소가 시간이 흐름에 따라 어떻게 달라졌는지 알아본다. 기본적인 꼴에 무엇이 덧붙거나 그 낱말 묶음 가운데 어떤 낱말이 다른 낱말로 바뀌었는지를 알아 본다.

② 그것이 다른 양식이나 유형의 요소들과 한데 어우러져 어떤 양식이나 유형의 글이 되었는지 알아 본다. 그 양식이나 유형이 시간이 흐름에 따라 어떻게 달라졌는지 알아본다.

③ 그 양식이나 유형이 본디 쓰이던 사람의 자리가 어디였겠는지 생각해 본다.

### (5) 양식비평의 보기

에스겔서 34장을 보면 "이처럼 주 야훼께서 말씀하셨노라", "주 야훼의 발언", "아무개(들)아, 야훼 말씀 들으라!", "내가 야훼인줄 그들이 알리라"[172]라는 일정한 형식의 표현이 여러번 나온다. 이것들이 어떤 특별한 예언 양식의 요소인지, 아니면 에스겔서의 독특한 문체인지 알아볼 필요가 있다. 사실은 이미 주석가들이 다 해보았기 때문에 답은 나와 있다. 그렇지만 우리로서는 마치 우리가 처음 이 문제를 연구하는 기분으로 해 보자. 어떻게 시작할 것인가?

먼저 히브리 성구사전의 <코>(כה)항목에서 <코 아마르 야훼>(כה אָמַר יהוה) "이처럼 야훼께서 말씀하셨노라")를 찾아 보면 이 표현이 출애굽기 4장 22절에 처음 나온 다음 무려 433번, 그것도 구약성경의 어떤 한 책에만 나오는 것이 아니고 구약성경 곳곳에 나온다는 것을 알 수 있다. 여기서 우리는 이 낱말 묶음이 구약성경에서 매우 중요한 역할을 할 뿐만 아니라 하나의 굳어진 양식요소일 수 있다는 생각을 하게 된다.

문제는 이 낱말 묶음의 성격과 역사를 더듬어 보려는 것이므로 이와 비슷한 경우들을 살펴보아야 한다. 그리하여 <코 아마르>("이처럼 아무개가 말했다")가 나오는 구절들을 찾아보면, 창세기 32장 5절, 45장 9절, 출애굽기 5장 10절, 민수기 20장 14절, 22장 16절, 사사기 11장 14~15절 등의 여러 곳에서, "이처럼 아무개가 말했다"라는 것은 심부름꾼이 심부름 보낸 사람의 말을 전할 때 앞세우는, 굳어진 말투임을 알 수 있다. 이리하여 일찌기 서양학자들은 이를 Botenformel, messenger formular(심부름꾼의 말투, 使者傳言樣式素)라고 이름붙이고, 이를 포함하여 심부름꾼이 전한 말을 통틀어 Botenspruch, messenger's speech(심부름꾼의 말, 使者傳言)이라 불렀다. 그러니까 심부름꾼의 말은 하나의 양식이고 심부름꾼의 말투는 그 양식소 가운데 하나라 할 수 있다.

---

[172] 히브리 말로는 각각 <코 아마르 아도나이 야훼>(כה אָמַר אֲדֹנָי יהוה), <느움 아도나이 야훼>(נְאֻם אֲדֹנָי יהוה), <쉬므우 드바르 야훼>(שִׁמְעוּ דְבַר־יהוה), <워 야드우 키 아니 야훼>(וְיָדְעוּ כִּי־אֲנִי יהוה)이다.

이 심부름꾼의 말투는 본디 우리 사람들의 일상생활에서 흔히 볼 수 있는 말투이었는데 이스라엘의 예언에서 이 말투에서 아무 개 대신 야훼를 넣어 하나의 굳어진 예언의 양식요소로 쓴 것으로 볼 수 있다. 더 나아가서, 에스겔서에서는 그냥 야훼라고만 하지 않고 독특하게 주 야훼라고 쓰는 것을 발견할 수 있다.

## 8.4. 구약주석의 새 방법들[173]

### 8.4.1. 역사비평학 방법론을 이용한 이념적 방법론

역사비평학적인 주석방법론은 성경 본문의 역사적 형성 과정에 촛점을 맞추어 그 단계 단계에서 깨달을 수 있는 신학적인 의미를 각 단계의 역사적인 배경에 비추어 밝혀나가는데, 특별한 관점에서 이 방법론을 적용하는 경우가 더러 있다. 그 가운데 대표적인 것이 상황신학적인(contextual-theological)[174] 성경해석법과 여성신학적인 성경해석법이다.

(1) 상황신학적인 성경해석법

대표적인 것이 사회학적인 성경해석법인데, 이는 이제까지 성경을 주로 종교적인 관점에서 읽던 데서 한 걸음 더 나아가서 각 나라 각 시대의 사회 경제 상황에 비추어 본문의 뜻을 밝혀 보려

---

[173] 여기서는 부분적으로 성서 주석방법론의 차원을 넘어서서 성서 해석학의 문제로 볼 수 있는 경우가 있다. 이 항목에 대한 최근의 서술은 헤이네스/매켄지,『성서비평방법론과 그 적용』([문헌]8.2.9의 책), 159~295를 보라.

[174] '상황신학적인(contextual-theological) 성경해석법'이라는 표현은 여기서 처음 써 보는 표현이다. '상황신학'(contextual theology)은 본디 선교 신학에 쓰는 개념 가운데 하나이다. 이에 대해서는 H. Wandelfels, "Kontextuelle Theologie", in: K.Müller/Th. Sundermeier(ed.), *Lexikon missionstheologischer Grundbegriffe*(Berlin: Dietrich Reimer AG, 1987), 224~230을 참고하라.

고 하는 방법이다.[175] 이에는 다시 유물론적인 성경해석법[176], 남미나 우리 나라의 특수한 사회 상황을 중요시하는 해방신학적이나 민중신학적인 성경해석법이 있다. 최근에는 아시아 아프리카 사회나 문화의 상황을 고려한 성경해석도 시도되고 있다.[177] 지금까지 서양 중심의 사고 방식과 신학에서 벗어나서 성경을 새롭게 풀이하고자 하는 이른바 탈식민주의적 비평(Postcolonial Criticism)[178]도 같은 흐름에서 이해할 수 있다.

(2) 여성신학적 성경해석법[179]

이는 지금까지 성경을 지나치게 남성 중심으로 읽고 풀이하던 데서 벗어나서 여성의 관점에서 새롭게 보려는 방법이다. 여기서는 특히 여성을 비하시키는 근거로 쓰이던 성경 본문들은 역사적인 제한성을 지니고 있다는 점을 역사비평학적인 방법을 통해서 밝히려고 애쓴다. 아울러 여성이 중요한 역할을 한 내용이 담긴 본문을 새롭게 풀이한다.

---

[175] 문희석 편저, 『사회학적 구약성서해석』([문헌]8.6.3의 책)과 안병무 편, 사회학적 성서해석([문헌]8.6.6의 책)을 보라.

[176] 끌레브노, 『새로운 성서읽기』([문헌]8.6.14의 책)를 보라.

[177] *Biblical Interpretation*([문헌] 0.9.14의 잡지) 제4권(1996) 제4호에는 라틴 아메리카의 해방 신학적 성서 해석법과 중국의 성서 해석법을 다루고 있다. 또 G.West, "Difference and Dialogue: Reading the Joseph Story With Poor and Marginalized Communities in South Africa", 같은 잡지 2(1994)152~170; Daniel L.Smith-Christopher, "Gandhi on Daniel 6: Some Thoughts on a 'Cultural Exegesis' of the Bible", 같은 잡지 1(1993), 321~338도 참고하라.

[178] R. S. Sugirtharajah, "Plotting Postcolonial Biblical Criticism", R. S. 수기타라야 씀, 김재성 옮김, "탈식민주의적 성서 비평의 구도", 「신학사상」 24권 4호(통권 95호)(1996 겨울), 64~77.

[179] 피오렌자, 『돌이 아니라 빵을』([문헌]8.6.15의 책)과 Schottroff/ Schroer/ Wacker, *Feministische Exegese*([문헌]8.6.32의 책)를 보라.

### 8.4.2. 역사비평학의 문제점을 극복하려는 방법론

역사비평학적 주석방법론이 본문을 지나치게 분석하여 본문 전체의 뜻을 놓치게 하고, 또 지난날 본문이 무엇을 뜻했느냐에만 촛점을 두기에 실제 오늘을 위한 교훈을 찾는 기독교회와 기독교인들의 요구를 만족시키지 못한다는 점에 불만을 느낀 학자들은, 주로 최종 본문이 지니는 뜻을 중시하는 주석방법론을 주창하게 되었다.

(1) 정경비평(Canonical Criticism)

구약은 기독교 정경의 한 부분이므로 기독교 정경의 맥락에서 구약 각 본문이 새롭게 지니게 된 뜻을 밝혀내려는 것이 정경비평의 입장이다. 그렇지만 이들이 역사비평학적 주석의 결과를 전적으로 무시하지는 않고 상당한 정도로 존중하기 때문에, 정경비평은 다른 비평 방법과 결합되어 쓰이기도 한다. 그 대표적인 보기로 편집 비평과 정경비평을 함께 적용하는 최근의 시편 주석방법을 들 수 있다.[180]

(2) 수사비평(Rhetorical Criticism)

양식비평에는 실제로 순수한 양식을 보여 주는 본문은 찾기 힘든데도 본문을 정형화하여 오히려 본문의 역사성을 약화시킬 위험이 있다는 점을 지적하면서 포괄형식(inclusio)[181] 같은 수사적인 표현 방식에 비추어 본문의 범위를 확정하고 그 표현 형식과 내용

---

[180] 이에 대해서는 *Biblical Interpretation* 4(1996), 311~345에 실린 여러 글을 보라. 또 정경비평과 여성 신학적 성서 해석법을 함께 쓰는 시도로 Richard Bauckham, "The Book of Ruth and the Possibility of a Feminist Canonical Hermeneutic", 같은 잡지 5(1997), 29~45를 참고하라.

[181] 같은 낱말이나 표현 형식이 한 본문의 첫머리와 끝부분에 나타나서 그 본문의 바깥 틀을 이루면서 한 본문 단위의 경계를 알려 주는 경우를 말한다. 더러는 수미쌍관법(首尾雙關法)이라 옮기기도 한다.

의 상관 관계를 파악하여 본문의 특수성을 밝히도록 해야 한다는 제임스 뮐렌버그의 주장에서 비롯된 이 방법이 지금은 성경의 최종 본문의 형태에 나타난 여러 가지 수사적인 기법을 통해 얻을 수 있는 본문의 다양한 뜻을 살피면서 본문의 설득력을 규명하고자 하는 방향으로 발전해 있다.[182] 정경비평과 마찬가지로 수사비평도 여성신학적 성경해석에 쓰인다.[183]

(3) 구조주의(Stuructualism), 탈구조주의(Poststructualism)비평

구조주의는 본디 인간의 문화 체계의 구조를 통해 의미가 파악되는 방식에 대한 철학적인 이론의 한 가지로서, 이를 언어학이나 성경해석에 적용할 경우 낱말에는 본질적인 의미가 있는 것이 아니라 관계상의 의미가 있다고 보고, 본문을 해석할 때 저자의 의도를 찾는 것은 포기하고 본문 이해의 다양한 가능성을 인정하게 된다. 구체적으로 본문의 구조 분석을 통해서 본문이 속하는 더 큰 체계를 구성하는 요소들의 배열을 살피고 그에 따라 본문의 독특성을 밝힌다.[184] 이런 초기 구조주의 비평은 말하는 것이 글쓰기보다 우월한다는 언어중심주의(logocentrism)에 회의를 표명하면서 본문의 뜻을 그 언어를 통해서 확정할 수 없을 뿐만 아니라 본문의 배경이 되는 사회나 기구들조차도 확정할 수 없다고 주장하는 쟈끄 데리다 같은 사람들을 통해 탈구조주의(Poststructuctualism)또는 해체주의(Deconstruction)비평으로 나아간다.[185]

---

[182] Dozeman, "OT Rhetorical Criticism"([문헌]8.6.28의 글). 또 Phyllis Trible, *Rhetorical Criticism. Context, Method, and Book of Jonah*(Minneapolis: Fortress Press, 1994)를 참고하라.

[183] 이를테면 앞서 나온 Phyllis Trible의 창2~3장 해석과 렘31:15~22 해석 등.

[184] Barton, *Structualism*([문헌]8.6.26의 글)과 Davis, "Poststructural analysis"([문헌] 8.6.27의 글)참고. 그런데 탈구조주의가 성경해석, 특히 여성신학적인 성경해석에 쓸모가 있다고 보는 학자도 있다(이를테면 D. Rutledge, "Faithful Reading: Poststructuralism and the Sacred", *Biblical Interpretation* 3[1996], 270~287).

[185] 그 자세한 내용은 앞의 글과 헤이네스/매켄지, 『성서비평방법론과 그 적

(4) 독자 반응 이론(Reader Response Theory)

독자가 본문의 구조 형성에 영향을 주고 본문 이해에 주도적인 역할을 한다는 이론으로서 본문과 독자의 역동적인 관계를 강조하는 여러 종류의 문학 이론을 망라하여 독자 반응 이론이라 한다. 본디 성경 본문은 독자의 반응을 전제하고 독자를 설득하려는 성격을 띠기 때문에 이 이론은 성경해석에 적용하기 좋은데, 우선은 본문의 대상이 누구인가 하는 문제를 중심으로 여러 형태의 '청중 비평'(audience criticism)이 대두되었고, 그 뒤로는 본문을 더 잘 이해하기 위해서 본문의 실제 수신인과 그 상황에 대해 믿을 만한 자료들을 얻는 것을 겨냥하게 되었다.[186]

(5) 서사(또는 설화)비평(Narrative Criticism)

서사 비평은 최종 형태의 본문을 본문이 상정하는 독자('내재된 독자'[implied reader])로서 읽는 방법이다. 이 점에서 '실제 독자'(real reader)의 능동적인 역할을 기대하는 독자 반응 이론과 다르다.[187]

### 8.4.3. 그 밖의 새로운 경향들

(1) 심리학적인 해석법

삼손 이야기를 성 심리학적으로 풀이하거나 예레미야 애가를 탄식의 과정에 비추어 심리학적으로 풀이하려는 시도가 심리학적인 해석의 보기이다.[188]

---

용』([문헌]8.2.9의 책), 345~369를 보라.

[186] Lategan, "Reader Response Theory"([문헌]8.6.32의 글)참고. 더 자세한 내용은 차봉희 편저, 『독자반응비평』([문헌]8.6.13의 책)을 참고하라.

[187] 포웰, 『서사비평이란 무엇인가?』([문헌]8.6.22의 책), 48~49.

[188] Paul Joyce, "Lamentations and the Geief Process: A Psychological", *Biblical Interpretation* 1(1993), 304~320.

(2) 공동체적 성경해석법

성경주석은 전문 신학자가 책상에서 하는 작업이 아니라 교회 공동체가 하나님 앞에 모여서 함께 하는 작업이라는 생각에서, 전문 신학자나 교역자가 일반 교인들과 함께 둘러 앉아 일정한 본문에 대한 각자의 생각을 이야기하면서 오늘 교회 공동체를 위한 메시지를 찾는 방법이다.[189]

(3) 신 역사주의(New Historiciam)적 방법

탈구조주의 이론, 탈식민주의 이론 등 여러 가지 최신 이론을 넘어서서, 지금까지 역사비평학이 해 오던 것보다는 훨씬 더 폭 넓고 다양하게 본문의 이념적 배경까지 밝히려는 새로운 시도이어서 '이념 비평'(ideological criticism)이라고도 할 수 있다.[190]

(4) 통전적 주석(Wholistic Interpretation)

이는 성경주석의 그 어느 한 방법도 그것만으로써는 완전하지 못해서 성경 본문의 뜻을 다 드러내지 못하고, 제마다 장점이 있으므로, 온갖 방법을 다 동원에서 성경 본문을 통전적으로 풀이해야 한다는 입장이다.

---

[189] 국내의 경우 이는 일찍이 국내 일부 농어촌 교회나 도시 민중교회에서 시도하고 있던 방법이었는데 크리스챤 아카데미 부설 공동체 성서연구원(1996년 3월부터 '햇순'이라는 잡지를 달마다 내고 있다)에서는 이 방법을 자신들이 개발한 고유한 방법이라고 주장한다. 이와 관련해서는 졸저, 『예언과 목회 [VI]』 [문헌]9.14의 책), 334~350에 실린 글, "함께 가는 영성의 길", "성경의 사람들"을 참고하라.

[190] *Biblical Interpretation* 5권(1997)4호, 289~481이 이 문제를 다루고 있다. 특히 289~299에 실린 첫 글, Stephen D. Moore, "History after Theory? Biblical Studies and the New Historicism"을 보라.

이 밖에도 통계학적인 성경 연구[191], 컴퓨터를 이용한 성경 연구[192], 본문상호관련성(intertextuality)을 고려한 성경해석 방법[193] 도 있다. 또, 수년 전부터는 인류가 직면한 세계적인 위기 상황을 생각하며 세계교회협의회를 비롯한 국제 에큐메니칼 기관에서 신학 교육의 세계화를 위한 구체적인 연구를 하면서, 그 기본 방향 가운데 하나로 현장 중심의 실제적인 성경해석법을 개발할 것을 권장하고 있다. 이는 앞서 말한 상황신학적인 성경해석법과 비슷하지만, 각 지역에서 개발한 방법을 세계 교회가 공유하고자 한다는 점에서 또 다른 성격을 띠게 될 것이다.

## 8.5. 주석을 실제로 어떻게 할 것인가?

앞에서 말한 모든 것을 가지고서 혼자 구약본문을 주석하기란 여간 어렵지가 않다. 따라서 오늘 우리로서는 그런 여러 방법에 대한 기본 지식을 익히는 것과 아울러, 실제로 본문을 우리 나름대로 본문을 풀이할 수 있는 길을 찾지 않을 수 없다. 아래의 여러 단계는 그동안의 경험에 비추어 그저 잠정적으로 정리해 본 것이고, 그것도 반드시 순서대로 할 수 있는 것이 아니지만, 편의상 그렇게 나누어 본 것일 따름이다. 또한 본문 주석 작업은 그저 본문의 뜻만 밝히는 데서 그치지 않고 실천의 단계까지 나아갈 수 있도록 총체적인 작업이 되어야 하리라는 점을 생각하여, 아래에 간추려 둔 전 과정은 아주 넓은 의미의 주석 작업이라 할 수 있다.

---

[191] A. Dean Forbes, "Statistical Research on the Bible", *ABD* VI(1992), 185~206.
[192] Van Dyke Parunak, "Computers..."([문헌]8.6.37의 글)참고.
[193] 이를테면 E.van Wolde, "Texts in Dialogue with Texts: Intertextuality in the Ruth and the Tamar Narratives", *Biblical Interpretation* 5(1997), 1~28.

(1) 우선 본문을 한글 성경으로라도 많이 읽는다. 읽다가 머리에 떠오르는 것, 잘 알 수 없는 것, 이상한 것 따위를 간단히 적어 둔다.

(2) 여러 번역본으로써 본문을 서로 견주어 본다.

(3) 히브리어 본문을 사전이나 다른 자료들을 참고해서 대강 우리 말로 옮긴다. 그리고 자주 소리내어서 읽는다.

(4) 본문에 무엇이 어떻게 적혀 있는지 자세히 살펴 본다. 이 단계에서는 본문의 짜임새과 흐름을 파악하는 것이 중요하다.

(5) 본문의 통일성과 문학형식을 알아 본다. 여기서는 양식사 관계 책이나 구약개론책을 참고할 수도 있다. 이 때 본문과 비슷한 내용이나 형식의 글이 구약 어디에 있는지 찾아서 그것들과 본문을 비교해 본다. 이를 위해서는 평소에 성경을 많이 읽어 둘 필요가 있다. 또 성구 사전도 도움이 된다.

(6) 본문의 중심되는 개념이나 낱말의 뜻을 조사해 본다. 여기서는 성구 사전이나 신학 용어 사전을 이용할 수 있다.

(7) 구약개론책에서 본문이 들어 있는 책에 관한 부분을 읽어서, 그에 관한 전체적이고 일반적인 지식을 얻는다. 아울러 본문이 그 책에서 차지하는 자리를 알아본다.

(8) 본문의 역사적 배경이나 상황에 대한 내용을 이스라엘 역사책에서 찾아 읽는다.

(9) 본문에 지명이 나오면 성경지리책, 성경지도책, 성경고고학책을 본다.

(10) 구약주변세계나 동양의 옛 문헌 가운데 본문과 관계되는 것을 찾아본다.

(11) 본문이 본문과 같은 시대에 생겨난 다른 구약본문과 어떤 관계에 있는지 알아본다.

(12) 본문에 들어 있는 중요 주제가 구약성경 전체에 어떤 식으로 발전되어 나타나있는지를 알아보면서 본문이 그 흐름 가운데 차지하는 자리를 알아본다. 이 단계에서는 구약신학 책들을 참고할 수 있다.

(13) 외경을 비롯하여 여러 가지 중간 시대 문헌과 신약성경에서 본문과 관계되는 부분을 찾아 그 관련성을 따져 본다.

(14) 전체적인 풀이를 나름대로 해 본다.

(15) 이 전체 과정에서 끊임없이 본문 초역을 검토하면서 고쳐 나간다.

(16) 본문이 기독교 교리나 기독 교회의 역사에서 어떤 역할을 했는지 알아 본다.

(17) 본문이 오늘의 상황에 어떤 의미가 있는지를 생각해 본다.

(18) 주석 과정에서 필요할 때마다 주석책들을 읽어보고 자신의 풀이와 견주어 보아서 더 타당한 쪽으로 나의 풀이를 고친다.

(19) 본문으로써 설교를 한다면 어떻게 할 것인지 간단히 틀을 잡아 본다.

(20) 본문의 가르침을 따라 구체적인 결단을 하고 실천을 한다면 어떻게 할 것인지를 생각해 본다. 또 그 실천 과정에서 본문의 가르침을 현실에 적용할 때 어떤 문제가 생기는지 알아 보고, 그것을 어떻게 극복할 것인지를 연구해 본다.

# 9. 구약신학

## 9.1. 구약신학이란 무엇인가?

### 9.1.1. 낱말의 뜻

'구약신학'은 구약에 들어 있는 신학, 구약에서 말하는 신학, 구약을 밑바탕으로 하는 신학, 구약에서 찾아낼 수 있는 신학, 구약에서 알려 주는 신학, 구약에서 배우는 신학이란 뜻인가? 우리말 큰사전에서 풀이하듯이 '학문'이 '배워 익힘, 배워 닦은 학식, 체계가 선 지식'를 뜻한다면, '신학'은 하나님에 대해 배워 익히는 것(을 체계잡아 놓은 것), 하나님이 가르쳐 주시는 바를 체계 있게 한데 모아둔 것이고, 구약신학은 구약성경을 중심으로 하나님에 대해 배워 익히는 것(을 체계잡아 놓은 것), 구약성경을 통해서 하나님이 가르쳐 주시는 바를 체계 있게 한데 모아둔 것이라 하겠는가?

## 9.1.2. 학자들의 정의

클라우스 베스터만(Claus Westermann)은 구약신학을 가리켜 '구약성경이 전체로서, 또 그 각 부분에서 하나님에 대해 말하는 바를 간추리고 한꺼번에 보는 것'이라 하고[194], 에드몽 쟈꼽(Edmon Jacob)은 '구약 전체를 통해 발견되고 그것이 구약 전체 사상의 밑바닥에서부터 통일성을 이루고 있는 특별한 종교적 사상들에 관해 조직적인 설명을 하려는 노력[195]'이 구약신학이라고 한다. 베르너 렘케(Werner Lemke)에 따르면 구약신학은 '사람 및 세상과 관련하여 구약성경이 하나님에 대해 이해하는 바를 일관성 있고 포괄적인 방식으로 묘사하려고 하는 주석적이면서 신학적인 학문 분과'(an exgetical and theological discipline which seeks to describe in a coherent and comprehensive manner the Old Testament understanding of God in relationship to humanity and the world)[196]이다.

## 9.2. 구약신학의 역사[197]

### 9.2.1. 성서학이 독립하기 이전

넓은 의미의 구약신학(좁은 의미의 구약신학과 구별하려면 구약학이라 부르는 것이 더 낫다), 더 나아가서 그 상위 분야인 성서신학이 기독교 신학의 역사에서 처음부터 독립해 있었던 것은 아니다. 기독 교회에서는 오랜 기간 동안 교리를 뒷받침하기 위해서 필요한 만큼 신구약성경에서 이 구절 저 구절을 이끌어썼을 뿐이지 성경이 하나님에 대해 말하는 바 그 자체를 제대로 알아보려고 하지 않았다.

---

[194] Westermann, *Theologie*([문헌]9.69의 책), 5.
[195] 김중은 외, 『신학을 어떻게 할 것인가?』([문헌] 0.3.1의 책), 19에서 재인용.
[196] Lemke, "Theology(OT)"([문헌]9.62의 글), 472.
[197] 앞의 글 449~468과 견주어 보라.

### 9.2.2. 조직신학에서 독립하는 성서신학

17세기에 들어서면서부터 이러한 흐름에서 벗어나려는 움직임이 일어났고, 마침내 1787년 요한 필립 가블러(Johann Philipp Gabler)는 자신의 교수 취임 강연에서 조직 신학은 교육적인 성격을, 성서신학은 역사적인 성격을 띠고, 성서신학은 성서 기자들이 하나님의 일에 대해 생각한 바가 무엇인지를 드러내지만, 조직 신학은 신학자가 자기 능력과 특수 상황과 나이와 장소와 종교적이고 지적인 전통 따위를 따라 하나님의 일에 대해 생각한 바를 가르친다는 견해를 표명했다. 그리하여 성서신학은 먼저 성서의 각 기자들이 각각의 맥락에서 하나님의 일에 대해서 생각하고 확언한 바를 밝혀내고, 그 다음에 이것들을 일반적이고 영속적인 가치에 비추어 걸러 내고 몇 가지 일반적인 개념으로 만드는 과제를 수행해서 조직신학의 기초를 마련해 준다고 했다. 이리하여 성서신학이 조직신학에서 떨어져 나오게 된다.

### 9.2.3. 신약신학과 구약신학의 구분

십팔구세기 합리주의가 강해지면서 철학 사조에 따라 성경을 종교 발전의 문서로 보기 시작하면서, 구약을 신약보다 덜 중요하게 보는 경향이 생겼다. 이에 대해 보수 계열 학자들의 반격이 있었으나, 아무튼 구약에는 내용상으로 신약과 다른 점이 많다는 사실이 인정되면서 성서신학이 신약신학과 구약신학의 둘로 나누어지게 된다. 최초의 구약신학책은 1797년에 게오르그 로렌즈 바우어(Georg Lorenz Bauer)가 내놓았다.

### 9.2.4. 종교사 연구 때문에 밀려나는 구약신학

19세기말부터 20세기초에 이르기까지 구약성경을 철저하게 역사적으로 연구하여 구약주변세계의 종교와 구약 종교를 비교하면서 이스라엘 종교가 어떻게 생겨나서 어떻게 발전했는가를 밝히려는 흐름이 구약학 연구를 주도했다. 이리하여 이스라엘 종교사 연구가 구약신학의 자리를 빼앗게 된다.

### 9.2.5. 구약신학의 중흥 시대

1930년대 발터 아이히로트(Walther Eichrodt)가 언약 개념을 중심으로, 하나님과 백성, 하나님과 세상, 하나님과 사람의 틀에 맞추어 구약신학을 서술했고, 그 이후 한 이십년 동안 구약 전체를 꿰뚫고 흐르는 구약 신앙의 기본 구조를 중심으로 구약신학을 서술하려는 경향이 이어지면서 구약신학은 부흥기를 맞이한다. 1950년대 말에 게르하르트 폰 라트(Gerhard von Rad)는 하나의 개념을 중심으로 구약신학을 서술하지 않고 구약 안의 여러 전통 안에 표현된 여러 가지 고백적인 내용이 어떻게 발전되어 왔는지 서술한다. 이른바 전승사적 구약신학 연구가 그것이다.

### 9.2.6. 최근의 움직임

우선 구약신학을 신약신학과 연관시켜 하나의 성서신학을 바라보는 식으로 이해하려는 움직임이 일어나고 있다. 미국의 구약학자 브레바드 챠일즈(Brevard S.Childs)와 독일의 구약학자 하르트무트 게제(Hartmut Gese)가 그 대표적인 학자이다. 챠일즈는 1992년에 낸 신구약성서신학 책[198]에서 신약신학 뿐만 아니라 성서해석사와 조직신학의 요소까지 생각하면서 구약신학을 서술한다.

다음으로는 유대교의 성경연구 전통을 구약신학 연구에 어떻게 연관시킬 수 있을런지에 대한 관심이 날로 높아지고 있다는 점을 들 수 있다.

---

[198] Childs, *Biblical Theology*([문헌]9.53의 책)을 보라.

그뿐만 아니라, 1992년에 라이너 알버츠(Rainer Albertz)가 한편으로는 다양한 전통을 지닌 여러 교회의 일치 연합 운동을 생각하고, 다른 한편으로는 유대교를 비롯하여 다른 종교 전통과의 대화 문제를 고려하면서, 그전과는 다른 입장에서 이스라엘 종교사로 구약신학을 대치하려는 뜻에서 쓴 '구약 시대 이스라엘의 종교사'라는 책을 중심으로 격렬한 논쟁이 벌어지고 있다.[199]

## 9.3. 구약신학 연구방법론[200]

### 9.3.1. 역사적 서술적 방법과 조직적(개념적)규범적 방법의 균형 잡힌 적용

구약의 내용을 그냥 역사적으로 밝혀 죽 늘어 놓기만 할 것인가, 아니면 그것이 오늘 기독교 신앙에 지니는 뜻까지 생각해서 적을 것인가? 구약신학의 역사를 돌이켜 볼 때 초기 개신교 정통주의에는 조직적이며 개념적인 규범성이 너무 강해서 구약성경의 본 뜻을 흐리게 하는 수가 많았다. 이를테면 구약의 죄론, 구원론, 성령론 등으로 구약신학책을 썼다.[201]

그 이후 역사 서술적 방법에 치우쳤고, 그 이후 한 동안은 역사적 서술적인 방법에 얽매여서 구약의 내용이 현실에 지니는 의미를 거의 도외시하여 구약을 단순히 옛 문서로 이해하는 잘못에 빠지게 되었다.

---

[199] Albertz, *Religiousgeschichte*([문헌]9.51의 책)과 Janowski/ Lohfink(hgl), *Religiousgechichte* ([문헌]9.60의 책)과 위 3.4.2.(3)을 보라.

[200] 이에 대해서는 장일선, 『구약신학의 주제』([문헌]9.22의 책), 399~444에 비교적 간략히 잘 적혀져 있다. 또 최근에 나온 서양학자들의 구약신학책에 대해서는 구덕관, 『구약신학』([문헌]9.3의 책), 3~10을 참고할 수 있다. 또 김정준, 『폰라드의 구약신학』([문헌]9.10의 책), 9~29도 읽어 볼 만하다.

[201] 이를테면 바압, 『구약성서신학』([문헌]9.29의 책)은 아직도 그런 방식을 취하고 있다.

그러다가 적어도 20세기 중반부터는 양 쪽 사이에서 균형을 잡는 것이 일반적인 경향이 되었다. 그리하여 본디 구약성경에서 하나님에 대해서 말하는 바를 바로 알기 위해서는 구약주석방법론을 따라 정확히 구약본문을 이해하는 것이 필요하다. 여기에는 구약주변세계의 종교 문헌과 구약성경의 차이를 똑똑히 밝히는 일이 전제된다. 다음으로 그것이 기독교 신앙에서 어떤 뜻을 지니는지를 알기 위해서 신약과의 관계를 따져보고, 교회 역사와 현대 사회에서 구약의 기능도 생각해 보지 않을 수 없다.

### 9.3.2. 구약신학의 중심 개념

(1) 구약신학이 해야 할 일은 구약성경이 하나님에 대해 말하는 것을 한데 묶는 일이다. 전통적인 기독교 신학에서는 구약성경을 오실 메시야에 대한 예언이라는 정도로 이해해 왔다. 정경을 신약과 구약으로 나누어 보는 입장에서 이는 타당한 견해이나, 달리는 구약의 역사적인 독자성을 충분히 고려하지 않는다는 점에서 아쉬움을 남긴다. 그러니까, 구약성경이 오실 메시야에 대한 예언이라는 성격을 띠지만 구약성경 그 자체로 메시야 오시기 이전 하나님이 내리신 계시라는 점을 제대로 말해 주지 못하는 것이다. 곧 구약성경은 그 나름대로 하나님이 메시야 예수님을 이 땅에 보내시기 전에 이 땅을 대상으로 말씀하시고 활동하신 하나님에 대해 여러 가지로 말하고 있는 것이다. 따라서 한편으로는 구약의 내용을 반드시 늘 신약과 관련시켜 보아야 하지만, 다른 한편으로는 구약성경이 구체적인 역사 상황에 따라 하나님에 대해서 여러 가지로 증언하는 바 자체를 그대로 잘 알아보아야 한다. 앞의 것은 그 동안 우리 교회에서 많이 해 온 반면, 뒤의 것은 우리가 상당히 소홀히 해 왔기 때문에, 우리는 우선 뒤의 것에서부터 시작하는 것이 좋다.

(2) 이제 문제는 구약성경이 하나님에 대해 여러가지로 말하고 있는 것을 어떻게 한데 묶을 수 있느냐 하는데 있다. 그러니까, 여러가지를 한데 묶는다는 것은 여러가지를 그냥 늘어 놓는다는 것은 아니기 때문에 그 여럿을 묶을 수 있는 어떤 끈 같은 것이 있어야 한다. 이를 더러는 체계, 곧 틀이라고 하고 더러는 알맹이, 곧 중심이라고도 한다.

과연 구약성경이 하나님에 대해 말하는 여러가지 내용을 하나의 틀 안에 집어 넣을 수 있는가? 있다면 그것은 무엇인가? 아니면 하나의 틀로써 그리한다는 것은 아예 할 수 없는 일인가? 구약의 중심, 구약의 근본 사상은 있는가? 있다면 무엇인가? 하는 문제를 두고 학자들은 지금까지 서로 다른 의견을 내어 놓고 있다.

이를테면 구원, 구속, 야훼를 아는 것(에발트), 하나님의 거룩하심(딜말, 해넬), 하나님의 다스리심(제바스), 하나님의 주권(헬러), 살아계시고 행동하시는 하나님(야꼽), 하나님이 명령하시는 주라는 사실(퀼러), 선택하시고 책임지우시는 하나님이신 야훼(프로이스), 약속(W.C.카이저), 언약(아이히로트), "야훼는 이스라엘의 하나님, 이스라엘은 야훼의 백성"이라는 언약 문구(스멘트), 시내산 언약과 다윗 언약(프루스너), 하나님 사귐과 하나님 나라(포러), 선택사상(빌트베르거), 거룩하신 하나님과 인간의 사귐(프리젠), 하나님과 인간들의 완전한 종교적 윤리적 사귐(자이어스타드), 하나님과 백성(포티어스), 하나님의 현존과 은폐(테리엔), 하나님의 계획과 의도(마르텐스), 야훼의 한결같으심 – '나는 야훼라'(짐멀리), 십계명의 제1계명(베르너 슈미트), 신명기(헤르만), <토라>(오토 카이저)같은 것이다.[202]

(3) 폰 라트는 구약성경의 중심을 찾는 것을 반대했다. 구약에는 여러 종류의 서로 다른 계시 행위가 들어 있다고 보고, 마르뗑

---

[202] Preuß, *Theologie*([문헌]9.65의 책), 25, 27; Graf Reventlow, *Hauptprobleme der Biblischen Theologie*([문헌]9.57의 책), 138~147과 견주어 보라.

아샤르는 구약성경의 신학적인 자료를 한데 묶는 세 가지 축 또는 지침으로서 송영의 지침, 논쟁의 지침, 구원론의 지침을 든다.[203]

(4) 현재로서는 이스라엘의 한 분 하나님을 구약신학의 중심으로 보는 경향이 커지는데, 천주교 학자로서는 가장 최근[1995]에 구약신학책을 쓴 요셉 슈라이너의 경우에도 야훼 자체를 구약신학의 중심을 삼고, 이스라엘의 하나님 야훼, 구원을 이루시는 하나님 야훼, 요구하시는 하나님 야훼, 창조주 야훼, 야훼와 개인, 야훼와 사회, 유일신 야훼, 죄와 허물 앞의 야훼, 절기와 축제 가운데의 야훼, 야훼와 미래의 열 장으로 구약신학을 간추리고 있다.[204]

독일어권 개신교 학자로서 가장 최근에 3권으로 구약신학서를 써낸 오토 카이저 는 구약신학을 구약에서 말하는 하나님의 본질과 활동을 서술하는 것으로 이해하면서 먼저 구약신학의 근본 주제를 다룬 뒤에 이스라엘의 하나님 야훼는 곧 세계와 사람의 창조주이시라는 점과 야훼의 의(義)를 집중적으로 다룬다.[205] 영어권에서 브루거만이 현대의 어지럽고 불안정한 세계와 구약학계의 상황을 염두에 두고 무엇보다도 증언(testimony)의 관점에서 구약신학을 서술한다.[206]

### 9.3.3. 우리는 어떻게 할 것인가?

이미 발터 아이히로트나 프리젠(Th.C.Vriezen)이 시도해 본 바가 있지만 신학을 관계성의 문제로 다루어 보는 것이 무난해 보인다. 그리하여, 하나님과 사람의 관계, 사람끼리의 관계, 하나님과 자연과 사람의 관계, 교회와 세상의 관계라는 여러가지 측면에서 구약성경에서 하나님에 대해서 알려주는 바를 정리해보면 괜찮을 것이다.

---

[203] 같은 책, 141, 143.
[204] Schreiner, *Theologie*([문헌]9.67의 책)을 보라.
[205] O.Kaiser, *Gott*([문헌] 9.61의 책)을 보라
[206] Brueggemann, *Theology*([문헌] 9.52의 책)을 보라.

이 모든 관계의 밑바탕은 하나님이다. 그리하여 한편으로는 하나님과 사람의 관계에 대한 가르침에서 사람과 사람의 관계에 대한 가르침이 나온다. 하나님을 바로 아는 것은 사람을 바로 아는 것과 이어진다. 깔뱅도 기독교강요 첫머리에서 이에 대해 말하고 있다. 다른 한편으로는, 하나님과 자연의 관계에 대한 가르침에서 사람과 자연의 관계에 대한 가르침이 나온다. 이는 요즈음 크게 문제되고 있는 창조 질서의 보전이나 환경 보호의 문제로 이어진다.

실제로는, 정경의 최종 본문에 익숙한 우리 교회의 상황을 고려하여, 창조주 하나님, 선조들의 하나님, 이스라엘의 하나님, 이방 세계도 돌보시는 하나님, 탄원과 감사와 찬송을 받으시는 하나님, 지혜의 하나님의 순서로 하면서, 구약의 다양한 가르침을 각 항목에 맞추어 배열하면 될 것이다.

# 10. 구약윤리

## 10.1. 오늘의 윤리적 상황과 구약성경

인류의 문명이 가장 크게 발달했다는 시대, 1997년 12월부터 본격적으로 문제가 생기기는 했지만 그래도 여전히 반만년 역사상 가장 물질적으로 풍요한 시대가 우리가 살고 있는 시대인데도, 오늘처럼 윤리 문제가 심각하게 대두되는 때도 없다. 당장 코 앞에 닥친 상황에 비추어 요즈음은 성경에서 말하는 경제 윤리가 무엇인가에 대한 관심이 크다. 구약성경에서 가르치는 경제 윤리는 과연 어떠한 것일까? 그런가 하면, 남한 교회의 성장이 멈추었다는 소문과 함께 목회 윤리의 문제가 새롭게 관심의 대상으로 떠오르고 있기도 하다.[207] 또한 이른바 환경 윤리에 대한 가르침을 구약성

---

[207] 기독교 윤리학의 입장에서 이에 대해 가장 최근에 쓴 글로는 임성빈, "목회지도력의 조건으로서의 목회 윤리",「교회와 신학」33(1998 여름호), 183~200을 들 수 있다.

경에서 찾아보고자 하는 경향도 날로 커지고 있다. 그뿐만 아니라 전세계적으로 날로 파괴의 속도가 더해 가는 가정과 사람의 목숨을 비롯하여 온갖 생명을 지키기 위해 가정 윤리, 생명 윤리, 의료 윤리도 중요한 문제가 되었다. 현대 사회의 이런 여러 가지 윤리적인 문제에 대해서 구약학은 어떻게 응답할 것인가? 수천년 전에 생긴 낡은 종교의 경전으로서 구약성경은 더 이상 오늘의 윤리적인 문제의 해결에 아무런 쓸모가 없는 것인가? 이러한 실제적인 상황에 직면하여, 구약학자들 사이에서 독자적인 구약윤리 연구를 주창하는 흐름이 생겨나게 되었다.

## 10.2. 구약윤리란 무엇인가?

### 10.2.1. 윤리의 사전적인 뜻

우리말 큰사전에서는 '윤리'(倫理)를 '사람이 마땅히 지켜야 할 도리'라고 풀이하고 있다. 웹스터 영영사전에서는 '일단(一團)의 도덕적 원칙들이나 가치들'(a group of moral principles or set of values.)을 윤리(ethic)라 하고, '무엇이 좋고 좋지 않은지 또는 옳고 그른지 또는 도덕적인 책임과 의무를 다루는 학문 분야'(the discipline dealing with what is good and bad or right and wrong or with moral duty and obligation.)가 윤리학(ethics)이라고 풀이한다.

### 10.2.2. 구약윤리

그렇다면, '구약윤리'란 '구약에서 사람이 마땅히 지켜야 할 도리로 가르치는 바', 또는 '구약에 들어 있는 일단의 도덕적 원칙들이나 가치들'을 뜻하고, 구약윤리의 연구는 구약에서 무엇이 좋고 좋지 않은지 또는 옳고 그른지 또는 도덕적인 책임과 의무가 어떠한지에 대해 말하는 바를 알아보는 것이라 할 수 있다.

여기서 신앙과 종교와 도덕의 관계가 어떠한가 하는 것은 조직신학과 철학에서 본격적으로 다룰 문제라고 할 수 있다. 구약성경은 하나님의 계시에 근거한 신앙의 책이어서 단순한 종교 서적이거나 도덕 교과서가 아니라고 할 때, 구약윤리는 구약에서 가르치는 하나님 신앙을 떠나서는 생각할 수 없다.[208] 다만 무엇을 믿느냐 하는 것보다 그렇게 믿는 사람은 어떻게 행동하는가, 어떻게 사는가 하는 문제에 관심을 더 둔다는 점에서 구약윤리 연구의 특수성을 찾아볼 수 있을 것이다.

결국 구약윤리 연구는 사람의 올바른 행동에 대한 구약의 가르침을 찾는 것이요, 조금 더 구체적으로는 하나님에 대한 관계에서, 이웃에 대한 관계에서, 피조 세계에 대한 관계에서 사람이 마땅히 행해야 할 바를 알아보는 것이라 할 수 있다. 그렇지만 실제로는 하나님에 대해 취할 올바른 행동에 대한 가르침은 구약신학의 본질적인 부분에 속하고 구약윤리에서는 주로 나머지 두 관계에 대한 것을 다루게 된다.

## 10.3. 구약윤리 연구의 역사[209]

기독교 윤리학이 본디는 조직 신학의 한 분야였던 것처럼 구약윤리 연구도 오랫동안 구약신학의 한 부분으로 다루어져 왔고 이러한 경향이 지금도 대체적으로 유지되고 있다고 할 수 있다.[210] 물론 그동안에도 구약윤리를 따로 떼내어 다룬 책[211]들이 더러 나

---

[208] 아래 10.6.1 참고.
[209] Eckart, *Theologische Ethik*([문헌]10.2.16의 책), 12~17와 견주어 보라.
[210] 최근의 보기로는 Childs, *Biblical Theology*([문헌]9.53의 책), 673~685('The Ethics of the Old Testament')을 들 수 있다.
[211] 보기를 들자면, W. S. Bruce, *The Ethics of the Old Testament*, ²1909; H. G. Mitchell, *The Ethics of the Old Testament*, 1912; J.M/P. Smith, *The Moral Life of the Hebrews*, 1923; J. Hempel, *Das Alten Testament*, 1938; W. C. Kaiser, Jr. *Theology*([문

왔지만, 개별적인 주제에 대한 윤리적인 연구[212]와 아울러 포괄적이고 전체적인 구약윤리의 연구[213] 가 새롭게 활발해지게 된 것은 1980년대 이후이다.

### 10.4. 구약윤리 연구방법론

구약성경에서 윤리적 가르침을 찾아내려고 할 때, 보통은 구약 안에 숱하게 들어 있는 율법 규정이나 잠언 같은 지혜문학적인 성격의 본문을 생각하게 될 것이다.

그런데, 이러한 것들에 표현되어 있는, 사람의 올바른 행동에 대한 가르침은 시대와 장소와 사회적인 상황에 따라 여러 가지이어서[214] 역사적인 연구의 성격을 띠게 된다. 그렇지만, 윤리의 문제는 규범성을 띠기 때문에, 구약성경의 윤리적인 가르침이 오늘의 기독교인들에게 무엇을 뜻하느냐를 생각하지 않을 수 없다. 이리하여 구약윤리 연구에서도 구약신학의 경우와 마찬가지로 역사적인 규명 작업과 규범적인 적용 작업의 균형을 잡는 것이 바람직할 것이다. 그 한 가지 보기로서 정경비평의 입장에서 구약윤리의 문제를 공시적으로 서술하려는 최근의 시도[215]를 들 수 있는데, 이에 따

---

헌]9.34의 책); H.van Oyen, *Ethik des Alten Testament*, 1967 같은 책들이다.

[212] 이를테면 슈텍, 『세계와 환경』([문헌]10.2.5의책)과 Gerstenberger/Schrage, *Frau*([문헌]10.2.11의 책).

[213] 이를테면, 뷔르트봐인/ 메르크, 『책임』([문헌]10.2.7의 책); Clements, *Loving* ([문헌]10.2.10의 책); Janzen, *OT Ethics*([문헌]10.2.13의 책); Knight(ed.), *Ethics*([문헌]10.2.14의 책)과 앞의 주2에서 인용한 Eckart의 책. 또 W. C. Kaiser, Jr. *Toward Old Testament Ethics*, 1983; C. J. H. Wright, *Living as the People of God*, 1983; C. J. H. Wright, *God's People in God's Land*, 1990; B. C. Birch, *Let Justice Roll Down. The Old Testament, Ethics, and the Christian Life*(Louisville, Kentucky: Westerminster/ John Knox Press, 1991).

[214] Smend, "Ethik(AT)"([문헌]10.2.17의 글), 423.

[215] B. C. Birch, *Let Justice Roll Down. The Old Testament, Ethics, and the Christian*

르면 구약의 최종 본문에서 어떤 사람의 행동을 올바른 행동으로 제시할 때, 이에서 너무 손쉽게 윤리의 어떤 추상적인 원리를 찾으려 할 것이 아니라, 그 본문이 정경 가운데서 차지하고 있는 여러 가지 흐름에 비추어 구체적으로 어떤 틀에 따라 그 행동을 옳다고 하는지를 밝혀야 한다는 것이다.[216] 아울러 구약윤리가 신약 윤리와 어떻게 관련되며 이 둘이 어떻게 기독교 정경의 윤리로 한데 어우러질 수 있는지를 알아보아야 한다는 점은 두말할 나위가 없다.

## 10.5. 구약윤리의 특수성과 보편성

(1) 구약성경에서 요구하는 삶의 내용이 일반적으로는 주로 옛 이스라엘에게 해당된다는 점에서 구약윤리는 특수성을 띤다. 이를테면 십계명을 비롯하여 오경에 들어 있는 여러 가지 율법이나, 예언자들이 선포한 말씀의 대부분은 원칙적으로 이스라엘 백성을 대상으로 한다. 이런 것들은 근본적으로 이스라엘을 자기 백성으로 삼으시고 이끌어 오신 야훼 하나님의 은혜와 사랑에 응답한다는 성격을 지니게 된다.

(2) 그렇지만 구약성경에는 이 세상 모든 사람, 그리하여 이방 사람들에게도 적용되는 윤리적인 삶을 다루는 부분도 있다. 이를테면 아모스서 1~2장에 들어 있는 이방 민족들에 대한 말씀을 보면, 남을 괴롭힌 죄에 대해 순전히 인도주의적인 기준에 따라 하나님은 심판을 선포하게 하신다.[217] 소돔과 고모라에 대한 심판도 구약 윤리의 보편성에 대한 보기로 볼 수 있다.[218]

---

*Life*와 Janzen, *OT Ethics*([문헌]10.2.13의 책).
   [216] 앞의 책, 20.
   [217] 졸저, 『구약성경개관. 개정증보판』([문헌]0.8.8-1의 책]), 146~147 참고.
   [218] Malfico, "Ethics(OT)"([문헌]10.2.15의 글), 647.

더 나아가서, 이스라엘의 하나님이 '세상을 심판하시는 이'(창 18:25)시요 온누리의 주권자이시라는 사실[219]에 비추어 볼 때 야훼께서 이스라엘에게 요구하시는 삶은 온 인류에 표본적인 성격을 띠는 것으로 이해할 수 있다.

## 10.6. 구약윤리의 전제

### 10.6.1. 야훼 중심 윤리

구약윤리는 철저하게 야훼 신앙에서 비롯된다. 구약에서 요구하는 윤리적인 삶은 야훼 하나님의 뜻에 복종하는 삶이고, 이런 삶을 궁극적으로 지켜주시는 이가 야훼 하나님이시다.[220] 이처럼 구약성경에서 가르치는 윤리적인 삶은 하나님을 기쁘시게 하는 삶이요, 거룩하신 하나님에 어울리는 거룩한 삶이요(레 19:2), 여호와를 경외하는 데서 비롯되는 슬기로운 삶이다.[221] 따라서 어떤 경우에는 현대인의 상식으로 보면 옳지 않은 행동도 구약성경에서는 옳다고 하고[222], 때로는 사람으로서 이해할 수 없는 상황, 이를테면 악인의 번영과 의인의 고난 같은 상황이 벌어지더라도 이러한 하나님을 믿는 사람은 그 하나님의 세계 통치를 믿으면서 그에게 굴복할 수밖에 없다(욥 42:5~6).[223]

---

[219] 앞의 글, 646~647.
[220] Smend, "Ethik(AT)"([문헌]10.2.17의 글), 428~429.
[221] Janzen, *OT Ethics*([문헌]10.2.13의 책), 1~2 참고.
[222] 이를테면 민수기 25장 6~13절에 나오는 비느하스의 살인(?)행위는 하나님(의 성소)의 거룩함을 보존하기 위한 것이어서 오히려 하나님으로부터 약속의 말씀을 듣는 계기가 된다(같은 책, 12~14 참고.).
[223] Malfico, "Ethics(OT)"([문헌]10.2.15의 글), 648.

### 10.6.2. 종교와 윤리의 통합성

이리하여 구약성경에서는 종교와 윤리가 분리되지 않고 한데 어우러진다. 예언자들이 흔히 윤리적인 삶이 뒤따르지 않는 종교 행위를 공격한 것도 이 때문이다. 이처럼 구약윤리는 삶에 대한 통전적인 이해에 밑바탕을 두고 있다.

### 10.6.3. 공동체와 개인의 통합성

구약성경에서는 개인은 자기 행동의 결과에 대해 책임을 져야 할 뿐만 아니라, 한 개인의 행동이 그가 속한 공동체의 운명을 좌우할 수 있고, 그러한 영향이 심지어는 대를 넘어 후손에까지 미칠 수 있다는 점을 보여 준다. 그렇지만 포로기 이후로는 각각 자기 죄에 대해 책임을 지게 된다는 내용이 분명해지기도 한다.[224] 그래도 기본적으로 옛 이스라엘에서 개인은 곧 이스라엘이요 이스라엘은 곧 그 구성원 한 사람 한 사람이라는 식으로, 개인과 공동체가 아주 긴밀히 연결되어 있었다. 이 점에서 이른바 개인 윤리와 사회 윤리를 구별한다는 것이 구약윤리 연구에서는 쉽지 않다.[225]

### 10.6.4. 독특한 히브리 개념

구약윤리에 관련되는 구약 히브리의 여러 낱말이나 개념도 독특한 뜻을 지닌다.

(1) 우선 '좋다'(<톱>, טוֹב), '나쁘다'(<라으>, רַע)는 처음부터 윤리적인 뜻을 지닌 것은 아니었다. 이 두 낱말은 본디 인간의 삶을 좋게 하느냐 아니면 나쁘게 하느냐, 기름지게 하느냐 아니면 메마르게 하느냐, 넉넉하게 하느냐 아니면 옹색하게 하느냐 하는 관점에서 쓰이던 말이었다.[226] 이리하여 구약윤리는 삶을 중심으로 하고

---

[224] Smend, "Ethik(AT)"([문헌]10.2.17의 글), 429~430.
[225] Janzen, *OT Ethics*([문헌]10.2.13의 책), 40~42와 견주어 보라.
[226] H.J.Stoebe, "טוֹב", *THAT*([문헌] 0.7.3.3의 사전) I, 652~664 가운데 654 참고.

있다고 할 수 있다. 곧 하나님이 바라시는 삶에 긍정적으로 작용하는 것이 '좋은 것'이고, 부정적으로 작용하는 것이 '나쁜 것'이다.

(2) 또한 '공의'(<츠다카>, צְדָקָה)나 '인애'(<헤셋>, חֶסֶד)같은 낱말들도 한 객체의 속성을 나타낸다기보다는 두 쪽 사이의 관계에서 벌어지는 구체적인 행동에 대해 평가를 내릴 때 쓰는 말들이다.

## 10.7. 구약윤리의 중요 주제

### 10.7.1. 공동체 윤리

(1) 구약윤리는 기본적으로 공동체 윤리라 할 수 있다. 먼저 이스라엘은 하나님과 언약을 맺은 백성으로서 구성원 사이에 그 어느 면에서나 삶의 어떤 영역에서나 어그러짐이나 이지러짐이 없는 온전한 공동체, 곧 하나님의 사랑과 공의가 반영되는 <샬롬>(שָׁלוֹם)의 공동체를 가꾸고 지켜 나갈 책임을 지게 되었다.

(2) 여기서 무엇보다도 구약성경 곳곳에서 강조하게 된 것이 사회적 약자에 대한 특별한 배려이다. 이리하여 옛 이스라엘 사회의 정의는 이른바 배분적 정의가 아니라, 고아, 과부, 나그네, 종, 가난한 자들의 권리를 철저하게 지켜주고 찾아주는 정의였다. 여기서 나그네는 보통 천재지변 등의 불가피한 사정으로 고향을 떠나 이스라엘에 와서 빌붙어 살던 이방인을 가리키는데, 이들을 이스라엘 사회가 잘 돌보아야 한다는 것을 구약 율법에서는 지난 날 이스라엘이 애굽에서 바로 그런 나그네였다는 사실과 연관시킨다.[227]

(3) 이러한 흐름에서 임금이나 법관 같은 사회 지도층 인사들도 제 맘대로 백성을 부릴 수는 없고 이스라엘의 참 임금이신 야훼 하나님의 뜻을 따라 백성을 형제처럼 잘 돌볼 책임을 지게 되었다.[228]

---

[227] Malfico, "Ethics(OT)"([문헌]10.2.15의 글), 650과 견주어 보라.
[228] 졸저, 『구약성경개관. 개정증보판』([문헌]0.8.8-1의 책), 64 참고.

(4) 룻기에서 보듯이 옛 이스라엘에서는 가족이나 친족 구성원에 대한 윤리의 내용으로 후손 없이 죽은 남자의 대를 이어주는 일, 가난하여 판 땅을 되사주는 일 같은 것을 중요하게 여겼다.[229]

### 10.7.2. 창조 질서 관련 윤리[230]

(1) 창세기 1~2장에서 사람은 피조 세계를 잘 돌보고 가꿀 책임을 진 존재로(1:26~28; 2:15), 또 동물과 더불어 식물을 나누어 먹을 존재(1:30. 레 25:7 참고)로 창조되어 있다.

(2) 땅과 물은 하나님의 창조 사역의 동역자(창 1:11, 20, 24)[231]이므로 존중해야 한다. 안식년은 본디 땅을 쉬게 하는 해였다(레 25:2). 이는 하나님의 창조 질서 가운데 사람이 땅을 함부로 부릴 수 없다는 점을 암시한다.

(3) 하나님이 사람에게 맨 처음 맡기신 일은 땅을 가는 일이었다(창 2:5, 15). 그런 만큼 농삿일과 농사꾼을 존중하고 귀히 여겨야 한다.[232]

(4) 남자와 여자는 처음부터 서로의 모자람을 메꾸며 도와서 서로를 완전하게 하는 관계로 창조되었다. 이 창조의 질서는 구약 다른 곳에 때때로 나타나는 남성우위적인 윤리보다 우선한다.

## 10.8. 오늘도 타당한 구약윤리의 내용

구약성경에 나오는 윤리 관련 내용 가운데 시대적인 한계성을

---

[229] 졸저, 『구약성경개관. 개정증보판』([문헌0.8.8-1의 책]), 205 참고.

[230] 이에 대해서는 또한 강사문, "구약의 생태신학적 이해", 「장신 논단」 13(1997), 8~26을 참고하라.

[231] 졸저, 『예언과 목회 [I]』 ([문헌]9.14의 책), 324~331 참고.

[232] 같은 책, 332~338과 『예언과 목회 [III]』([문헌]9.14의 책), 165~186('신학이 농민에게 할 말 있는가?')을 참고하라.

띠는 것들도 더러 있다. 이를테면 일부다처제나, 이스라엘이 전쟁을 할 때 적국의 주민과 재산을 진멸(<헤렘>, חֵרֶם)하는 것이나, 친족 가운데 억울하게 목숨을 잃은 사람이 있을 때 복수하는, 이른바 '피의 복수'같은 것은 당시 중동 세계의 문화 관습을 배경으로 하는 것이므로, 그런 것들을 오늘 우리에게 바로 적용할 수는 없다. 그렇지만 엄청난 시간적 공간적인 차이에 상관 없이 오늘 현대인들에게도 삶의 지침이 될만한 윤리적인 가르침이 구약성경에 많이 들어 있다.

### 10.8.1. 경제 윤리[233]

이 땅의 모든 재화는 이 땅의 주인이신 창조주 하나님께 속한 것이므로 그 어느 누구도 제 홀로 쓸 수 없고 이웃과 나누어 써야 한다는 가르침을 안식년 규정이나 희년 규정(레 25장)[234] 같은데서 이끌어낼 수 있다. 또한 풍요와 번영이 하나님이 될 수 없다는 것이 경제 윤리의 기본 내용이 된다(신 8:11~20).[235]

### 10.8.2. 정치 윤리

정치가는 무한한 권력으로 국민들을 맘대로 부리는 사람이 아니라 하나님의 뜻을 따라 국민을 잘 보살펴야 한다는 가르침을 구약의 왕권 사상에서 이끌어낼 수 있다. 이는 구약의 목자 사상에서도 잘 드러나므로 그런 본문에 나타난 내용은 또한 목회 윤리에도 적용할 수도 있다.

---

[233] 이에 대해서는 졸고, "구약의 경제 윤리"([문헌]10.2.2의 글)과 강사문, "재산에 대한 성서적 이해", 「장신논단」 9(1993), 211~246을 참고하라.

[234] 졸저, 『예언과 목회 [IV]』([문헌]9.14의 책), 323~381('네 형제가 가난해져서[레25장 다시 읽기]')을 참고하라.

[235] 졸고, "삼가 하나님을 잊지 말라- 신명기 8장 11~20절", 「교회와 신학」 33(1998 여름), 108~119를 참고하라.

### 10.8.3. 사회 윤리

약자 존중의 윤리는 구약윤리의 기본 내용 가운데 하나이다. 오늘 우리 남한 사회의 경우에는 특히 외국인 노동자와 실직한 이웃들과 집을 떠나 거리에서 헤매는 이웃들과 아무도 돌보지 않고 거의 내팽개쳐진 상태에 있는 장애인들에 대한 책임을 생각해 보아야 한다.

기독교인의 사회적 책임에 대한 본문은 예언서 곳곳에서 찾아 볼 수 있는데, 그 대표적인 경우로는 에스겔 22장 23~31절을 들 수 있다.[236] 또한 교회의 사회 봉사에 대한 가르침도 구약의 사회 윤리에서 이끌어 낼 수 있다.[237]

### 10.8.4. 환경 윤리

- 위 10.7.2를 보라.

### 10.8.5. 통일 및 화해의 윤리

창세기 33장[238], 45장, 50장, 사무엘하 14장[239]에 나오는 화해 사건에 대한 본문이나 이스라엘 남북 왕국 사이의 관계에 대한 본문의 가르침[240]에 비추어 남북이나 동서간의 통일 및 화해에 대한 가르침을 이끌어낼 수 있다.[241]

---

[236] 이에 대해서는 『예언과 목회 [III]』([문헌]9.14의 책), 153~184를 참고하라.

[237] 『예언과 목회 [I]』([문헌]9.14의 책), 210~227('구약성서에서 본 사회봉사')을 참고하라.

[238] 『예언과 목회 [III]』([문헌]9.14의 책), 134~161('다시 만나는 사람들')을 참고하라.

[239] 앞의 책, 208~213을 참고하라.

[240] 이에 대해서는 김경호, "고대 이스라엘 남북 왕조의 갈등", 한국기독교 교회협의회 통일위원회 편, 『남북교회의 만남과 평화 통일 신학』(서울: 민중사, 1990), 77~89; 정중호, "고대 이스라엘의 남북관계에 대한 역사적 연구", 「기독교 사상」406(1992.10), 44~65를 참고하라.

[241] 또한 『예언과 목회 [III]』([문헌]9.14의 책), 404~439('통일희년맞이와 기독

### 10.8.6. 교육 윤리

구약의 지혜 문헌에서 야훼 경외의 정신을 밑바탕으로 한 교육에 대한 가르침을 이끌어낼 수 있다.[242]

### 10.8.7. 가정 윤리

가정과 친족 내의 성 관계에 대한 율법 규정, 오경의 산문 부분과 룻기에 나오는 가족 관계의 이야기, 잠언 같은 책에서 오늘 가정 윤리에 대한 가르침을 찾아볼 수 있다.

---

청년의 역할')도 참고하라.
[242] 『예언과 목회 [IV]』([문헌]9.14의 책), 391~412('슬기롭게 하는 교육')을 참고하라.

## 둘째 마당

# 구약본문 풀이 연습

0. 사 50:4~9
1. 창 12:1~3
2. 창 26:26~31
3. 창 50:15~21
4. 출 15:19~21
5. 출 15:22~26
6. 레 25:1~7
7. 레 25:23~28
8. 신 26:1~11
9. 삿 11:1~11
10. 삼상 12:19~25
11. 왕하 22:8~13
12. 사 1:10~17
13. 사 7:1~9
14. 사 40:27~31
15. 렘 12:7~12
16. 렘 17:5~8
17. 렘 31:15~20
18. 겔 22:23~31
19. 겔 34:1~6
20. 호 6:1~6
21. 암 5:21~24
22. 암 7:10~17
23. 미 6:6~8
24. 시 1편
25. 시 13편
26. 시 122편
27. 단 1:8~20
28. 대하 20:5~13
29. 대하 28:8~15

# 0. 이사야 50장 4~9절[243]

## 0.1. 본문 범위 설정에 무리가 없는가?

50장 1~3절에서는 '나'로 등장하신 하나님이 4절부터는 삼인칭으로 불리는 점에서 1~3절과 4절이하는 구별된다. 하나님의 '나'는 11절에 다시 나오므로 순전히 형식적으로만 보면 4~10절을 한 본문으로 볼 수 있다. 그렇지만 10절의 '너희'는 11절의 '너희'로 이어지므로, 10절은 4~9절과 한데 묶어 보기보다는 11절과 관련시켜 보는 것이 더 낫다.

4~9절은 한결같이 어떤 사람이 자신과 하나님의 관계에 대해 말하고 있어서 한 본문으로 보는 데에 어려움이 없다.

---

[243] 졸저, 『예언과 목회 [IV]』([문헌] 9.14의 책), 194~203과 견주어 보라.

## 0.2. 본문 한글 번역의 문제

개역개정판에서는 4절에 두 번 나오는 '학자들'에 올려쓴 숫자 1을 붙이고, 이에 대해 난외에 '제자들, 가르침을 받은 자들'을 적어 둠으로써, 본문에서 '학자들'로 옮긴 히브리 낱말은 '제자들'이나 '가르침을 받은 자들'로 옮길 수도 있다는 사실을 밝히고 있다. 영어 성경에서는 보통 이 낱말이 처음 나오는 경우와 두번 째 나오는 경우를 구별하여 각각 one who has been instructed와 one under instruction(*REB*), 또는 teacher(footnote: those who are taught)와 those who are taught(*NRSV*), 또는 instructed와 one being taught(*NIV*), 또는 skilled와 disciples(*NJPST*), 또는 spokesman과 disciples(*NEB*)으로 옮기고 있고, *LB*에서는 한결같이 '제자'의 복수형(Jünger)으로, *ZB*와 불어 예루살렘 성경에서는 '제자'의 단수형(Jünger/disciple)으로 옮기고 있다.[244]

## 0.3. 본문의 짜임새와 흐름

### 0.3.1. 표현 형식에 따른 짜임새와 흐름

개역개정판은 본문을 4절, 5~6절, 7절, 8절, 9절의 다섯 부분으로 끊어서 옮기고 있다. 그런데, 이 다섯 부분은 한결같이 하나님을 주어로 하는 문장으로 시작한다. 곧 4, 5, 7, 9절은 '주 여호와께서'로, 8절은 '나를 의롭다 하시는 이가'로 시작한다. 이런 주어에 대한 술어부의 내용을 살펴 보면, 4절에서는 '학자들의 혀를 내게 주신다',

---

[244] 여기 쓰인 여러가지 약자가 무엇을 가리키는지에 대해서는 [문헌] 0.6.3~5를 보라.

'나로 알게 하신다', '나의 귀를 깨우치신다', '학자 같이 알아듣게 하신다', 5절에서는 '나의 귀를 열으셨다', 7절과 9절에서는 '나를 도우신다', 8절에서는 '가까이 계신다'가 술어부를 이루고 있다. 하나님을 주어로 하는 이런 술어부 다음에는 '나'(5, 7절)또는 나의 대적(8, 9절)이 주어인 문장이 나온다. 6절을 이루는 여러 문장의 주어는 5절 후반절과 마찬가지로 '나'이다. 이리하여 4절의 경우에만 '나'가 주어인 문장이 없다.

### 0.3.2. 내용에 따른 짜임새와 흐름

5절 전반절의 내용은 4절 후반절과 같다. 그리하여 '주 여호와께서'라는 주어가 5절 첫머리에 나오지만, 4절과 5절 전반절은 한데 묶어 여호와께서 '나'를 제자 삼으셨음을 고백하는 말로 볼 수 있다. 이와는 달리, 5절 후반절과 6절이 형식적으로는 '나'가 주어가 되는 문장이 연결되어 하나로 이어지지만, 내용으로 보면 5절 후반절은 '나'의 순종에 대해 말하고, 6절은 내가 박해를 감수함에 대해 말하므로 이 둘을 구분할 수 있다. 나머지 석절은 '나'의 확신을 표현하는데, 7절은 여호와의 도우심을 근거한, 자신의 당당한 태도와 자신의 장래에 대한 확신을, 8절은 여호와의 인정하심에서 비롯된, 자신의 대적을 이길 수 있다는 확신을, 9절에서는 여호와의 도우심에 근거한, 자신의 무죄함과 대적들의 멸망에 대한 확신을 드러낸다. 4절의 독특한 점은 하나님이 나에게 무엇을 해 주신 목적이 언급되어 있다는 데 있다. 곧 '나로 곤고한 자를 말로 어떻게 도와 줄 줄을 알게 하시고'가 그 부분이다.

이리하여 본문의 짜임새는 다음과 같이 간추려 볼 수 있다.

## 0.3.3. 도표로 그려 본 본문의 짜임새와 흐름과 내부 상응 관계

| | | |
|---|---|---|
| ⁴ 주 여호와께서 학자들의 혀를 내게 주사<br>　　나로 곤고한 자를 말로 어떻게<br>　　도와 줄 줄을 알게 하시고<br>　　아침마다 깨우치시되<br>　　나의 귀를 깨우치사<br>　　학자들 같이 알아듣게 하시도다 | 4~5<br>전 | 나를 제자 삼으신 주 여호와 |
| ⁵ 주 여호와께서 나의 귀를 여셨으므로<br>　　내가 거역하지도 아니하며<br>　　뒤로 물러가지도 아니하며 | 5후 | 나의 순종 |
| ⁶ 나를 때리는 자들에게 내 등을 맡기며<br>　나의 수염을 뽑는 자들에게 나의 뺨을 맡기며<br>　　모욕과 침 뱉음을 당하여도<br>　　내 얼굴을 가리지 아니하였느니라 | 6 | 박해를 감수하는 나 |
| ⁷ 주 여호와께서 나를 도우시므로<br>　　내가 부끄러워하지 아니하고<br>　　내 얼굴을 부싯돌 같이 굳게 하였으므로<br>　　내가 수치를 당하지 아니할줄 아노라 | 7~9:<br>나의<br>확신 | 7:여호와의 도우심에 근거한, 나의 당당한 태도와 미래에 대한 확신 |
| ⁸ 나를 의롭다 하시는 이가 가까이 계시니<br>　나와 다툴 자가 누구냐 나와 함께 설지어다<br>　나의 대적이 누구냐 내게 가까이 나아올지어다 | | 8:여호와의 인정하심에 근거한, 대적을 이길 수 있다는 확신 |
| ⁹ 보라 주 여호와께서 나를 도우시리니<br>　　나를 정죄할 자 누구냐<br>　　보라 그들은 다 옷과 같이 해어지며<br>　　좀이 그들을 먹으리라 | | 9:여호와의 도우심에 근거한 나의 무죄함과 대적의 망함에 대한 확신 |

본문에는 주 여호와와 나와 곤고한 자와 나의 대적들의 관계가 여러모로 얽혀 있는데, 이를 도표로 그려보면 다음 쪽의 표와

같다.

### 0.3.4. 도표로 그려 본, 등장 인물의 다양한 관계

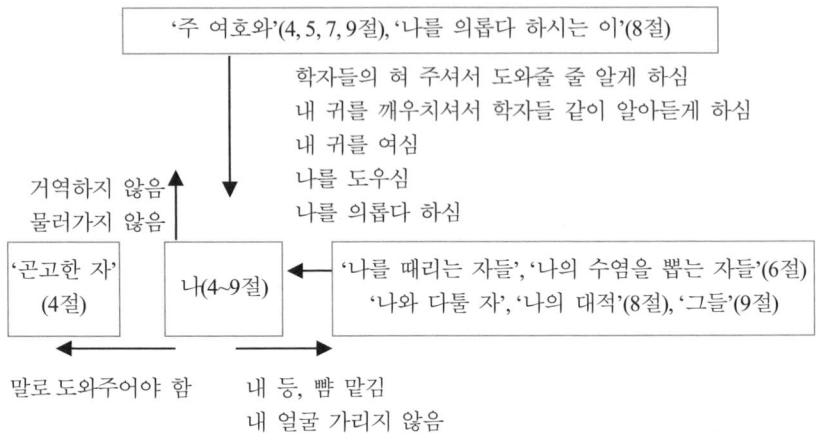

### 0.4. 본문 이해를 위해 생각해 볼 점

본문의 '나'는 어떤 신분의 사람이며 지금 어떤 상황에 있는가? 본문의 '곤고한 자'는 누구를 가리키는가?

(1) 본문의 '나'는 하나님께 늘 배워서 말로 일하는 사람이므로 예언자라 할 수 있다. 이 '나'의 의로움을 그의 대적들은 문제삼고 있다.

(2) 이사야 40장 27~31절에 보면 '피곤하다', '곤비하다'라는 낱말이 여러 번 나오는데, 이에 비추어 보면, 본문의 '곤고한 자'는 개인이 아니라 하나님 백성을 가리키는 것으로 보인다. 특히 이사야 40장 이후의 내용으로 볼 때, 오랫동안 바벨론에서 포로살이를 하지만 하나님이 도우시지 않은 것 같아 낙심하고 좌절하고 있는 사람들을 가리킨다고 하겠다.

## 0.5. 본문의 교훈

(1) '나'의 활동과 삶과 존재는 전적으로 주 여호와께 달려 있다.

(2) 주 여호와는 '나'의 스승으로서 나를 늘 깨우치신다.

(3) 그 목적은 고난 가운데 좌절하고 있는 하나님 백성을 '나'를 통해 말씀으로 도우시려는 데 있다.

(4) 주 여호와께서 시키시는 대로 '내'가 하면 무서운 박해가 '나'에게 닥친다.

(5) 그래도 '나'는 굽히지 않고 내 책임을 다하려고 한다. 하나님이 나를 도우시고 나를 의롭다 하시며, 대적들은 마침내 망할 것이기 때문이다.

## 0.6. 설교할 때 고려할 본문의 교훈

### 0.6.1. 본문의 특수한 역사적 상황을 확대 해석하여 본문에서 일반적인 가르침을 찾아내 본다면 다음 몇 가지를 들 수 있다.

(1) 말씀의 일꾼은 하나님의 제자이다.

(2) 제자된 말씀의 일꾼은 스승 하나님에게서 늘 새롭게 깨우침을 받아야 한다. 한 번 깨우침을 받았다고 해서, 그것으로 평생 일할 수 있는 것이 아니다.

(3) 하나님이 깨우쳐 주심은 어려움에 빠진 하나님 백성을 그 말씀의 일꾼을 통해서 도우시려는 데 있다.

(4) 그 도움은 우선 혀로, 곧 말로 베푸는 도움이다.

(5) 말씀의 일꾼은 환영받기보다 박해받기가 쉽다.

(6) 하나님은 말씀의 일꾼을 끝까지 도우시므로, 박해 가운데서도 말씀의 일꾼은 흔들리지 않고 본분을 다할 수 있다.

### 0.6.2. 본문을 좀 더 넓은 맥락에서 읽을 필요가 있다.

(1) 구약개론서나 이사야서 주석 서문에 보면, 본문은 이사야 42장 1~4절, 49장 1~6절, 52장 13절~53장 12절과 더불어 '여호와의 종의 노래'라고 불린다는 점을 알 수 있다. 이 네 노래의 특성이 무엇인지, 서로 어떻게 관련되는지를 알아보면 좋다.[245]

(2) 신약과 어떻게 관련시킬 수 있을까?
먼저 본문에 나타난 '나'의 모습이 신약 복음서에서 묘사하는 예수 그리스도의 모습과 어떤 점에서 비슷하고 다른지를 생각해 볼 필요가 있다.

다음으로 신약에는 '제자'란 낱말이 자주 나오지만 구약에는 그러하지 않고, 특히 본문처럼 하나님과 예언자의 관계를 사제 관계에 비추어 말하는 것은 매우 독특하다는 점을 생각하면서, 복음서에서 예수님과 예수님의 제자들의 관계에 대해 말하고 있는 바와 본문의 내용을 한 번 견주어볼 만 하다.

더 나아가서, 사도행전 6장 1~4절에서 사도들이 자신들은 '기도하는 일과 말씀 사역에 힘쓰겠다'고 한 사실과 본문을 연결시켜 볼 수 있다.

### 0.6.3. 본문의 적용 대상은 관점에 따라 여러 가지로 달라질 수 있다.

(1) 본문의 '나'가 예언자라고 할 때, 그것도 낙심과 좌절에 빠진 하나님 백성, 남의 나라에 사로잡혀와 수십년 동안 살고 있는 사람들을 하나님이 깨우쳐주시는 말씀으로 위로하고 격려할 책임이 있는 예언자라고 할 때, 오늘 이에 가장 가까운 사람으로는 설

---

[245] 졸저, 『예언과 목회 [IV]』([문헌] 9.14의 책), 169~216을 참고하라.

교자들을 생각해 볼 수 있다. 그렇다면, 본문은 교역자들을 대상으로 설교하기에 좋은 본문이라 할 것이다. 그럴 경우, 교역자가 서 있는 자리, 곧 아래 위로는 하나님과 하나님 백성 사이에, 옆으로는 '곤비한' 하나님 백성과 박해자들 사이에 있는 자리를 잘 알고, 그에 알맞게 살 것을 강조할 수 있다. 설교 제목은 '교역의 길' 정도로 할 수 있다.

(2) 그뿐만 아니라, 신학을 배우고 있는 사람들도 본문에서 신학하는 원리를 깨우칠 수 있다. 이를 테면 신학은 하나님으로부터 배우는 데서 비롯되는 학문이고, 따라서 신학도는 사람 스승에게서도 배우지만, 무엇보다도 하나님의 음성에 귀 기울이는 버릇을 잘 들여다 한다는 식으로 말할 수 있다. 설교 제목으로는 '신학의 길' 정도가 알맞을 것이다.

(3) 그렇지만, 기독교인이라면 누구나 다 말씀의 일꾼, 곧 하나님이 주시는 말씀을 전할 책임이 있는 사람이라는 점을 생각한다면, 본문은 또한 평신도들에게도 적용할 수 있다. 평신도 가운데서도 특히 교회학교 교사처럼 교회 내에서 가르치는 책임을 맡은 사람들에게 알맞다. 그리하여 교회학교 교사 헌신예배 때 설교 본문으로 삼을 만하다. 설교 제목으로는 '제자의 길'을 생각해 볼 수 있다.

# 1. 창세기 12장 1~3절

## 1.1. 본문 범위 설정에 무리가 없는가?

본문은 12장 1~9절의 앞부분이다. 1~3절은 하나님의 말씀을, 4~9절은 그에 대한 아브람의 순종을 다룬다.

## 1.2. 본문 한글 번역의 문제

2절 뒷부분 번역이 번역본에 따라 조금씩 다르다. 이를테면 *NRSV*의 ... I will bless you, and make your name great, so that you will be a blessing를 한글 번역본들과 견주어 보라. 어떤 차이가 있는가? 개역한글의 '너는 복의 근원이 될찌라', 개역개정판의 '너는 복이 될지라'를 어떻게 이해해야 할 것인가?

## 1.3. 본문의 짜임새

```
(1)1전상: 들어가는 말                    *절 구분 표시법
(2)1전하~3: 여호와의 말씀                 1, 3절의경우:
   ㄱ.1전하~후: 명령(1)                    전반절(전상,전하반절),
      1전하: 떠나...가라!                  후반절
      너의 고향과 친척과 아버지의 집을    2절의 경우:
      1후: 내가 네게 보여 줄 땅으로       전반절(전상, 전중,
   ㄴ.2전: 약속(1)                         전하반절), 후반절
      2전상: 내가 너로 큰 민족을 이루리라
      2전중: (내가) 네게 복을 주리라
      2전하: (내가) 네 이름을 창대하게 하리라
   ㄷ.2후: 명령(2) - 너는 복이 될지라
   ㄹ.3: 약속(2)
      3전상: 너를 축복하는 자에게는 내가 복을 내리리라
      3전하: 너를 저주하는 자에게는 내가 저주하리라
      3후: 땅의 모든 족속이 너로 말미암아 복을 얻을 것이라
```

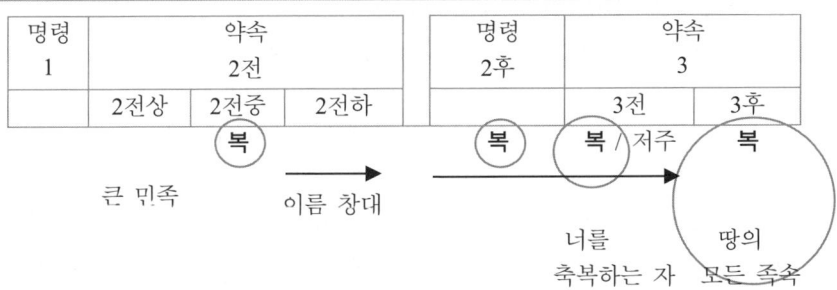

## 1.4. 본문의 의도와 목표

　　글의 흐름과 짜임새에서 드러나는 것은, 땅의 모든 족속이 아브람을 통해 복받게 하려는 데 하나님이 아브람을 부르신 궁극적

인 목적이 있다는 사실이다.

## 1.5. 본문의 중요 낱말이나 개념

(1) 복, 축복하다, 복을 내리다, 복을 얻다–저주하다
*창세기의 흐름을 따라 본 복의 뜻을 『한글 성구사전』[246]이나 『성서백과대사전』[247]을 이용하여 조사해 본다.
ㄱ. 자손이 많아지는 것(창 1:22, 28[=5:2]; 9:1; 22:17)
ㄴ. 재산이 느는 것(창 26:12~14; 30:27, 30; 39:5.26:3도 참고)
ㄷ. 하나님이 함께하시는 것이 본질적임(창 26:3, 28~29; 39:2~6. 28:15; 39:21~23도 참고)
(2) "여호와께서 아브람에게 이르시되"
ㄱ. 하나님이 말씀하심으로써 새로운 구원의 역사가 시작된다.
ㄴ. 하나님의 부르심은 인간의 공적에 상관없이 일어나는 주권적이고도 은혜로운 사건이다.

## 1.6. 본문 앞뒤와 이어지는 점들과
    본문이 창세기에서 차지하는 자리

(1) 2절 전하의 '이름을 창대하게'는 11장 4절의 '우리 이름을 내고'와 대조가 된다.
(2) 타락과 처벌과 용서가 세 번 되풀이 되고(아담과 하와, 가인, 홍수)네 번째 타락과 처벌이 바벨 탑 사건을 중심으로 있은 다음에 하나님의 새로운 구원의 조치로 아브람을 부르셨다.
(3) 뒤이어 아브람/아브라함과 사래/사라, 이삭과 리브가, 야곱과 레아/라헬, 요셉의 삶에서 12장 1~3절의 약속이 어떻게 실현되

---

[246] [문헌] 0.7.1
[247] [문헌] 0.2.2.3

는가? 자손이 번성했는가? 잘 살게 되었는가? 명성이 높아졌는가? 이들을 통해서 다른 사람들이 복과 저주를 받았는가? 땅의 모든 족속이 복을 받았는가? 무슨 복을 받았는가?

### 1.7. 본문이 구약전체, 더 나아가서 성경전체에서 차지하는 자리

    (1) 아브람에게 주신 약속이 구약성경에서 무슨 역할을 하는가?

    (2) 본문의 내용이나 아브람/아브라함에 대한 것이 신약성경에서는 어떻게 인용되고 있는가?

        ㄱ. 롬 4:16 - "...아브라함은 우리 모든 사람의 조상이라"

        ㄴ. 히 11:8 - "...부르심을 받았을 때에...갈 바를 알지 못하고 나아갔으며"

    (3) 창세기 12장 1~3절을 선교신학의 기초 본문 가운데 하나로 볼 수 있을까?

### 1.8. 설교할 때 고려할 본문의 교훈

    (1) 나를, 우리를 부르신, 부르시는 하나님. 부르심은 전적으로 하나님의 은혜이다. 나의 무엇 때문에 부르신 것이 아니다.

    (2) 부르심의 목적은 땅의 모든 족속이 복을 얻는 데 있다. 우리가 잘 되는 것이 목적이 아니다. 그것은 중간 과정에서 있을 수 있을 따름이다.

    (3) 우리는 하나님이 온 누리에 내리시려는 복의 통로이므로, 우리를 통해서 우리가 만나는 사람들과 온 누리가 잘 되도록 해야 할 것이다.

## 2. 창세기 26장 26~31절

### 2.1. 본문의 범위 설정에 무리가 없는가?

25절은 이삭과 그의 종들이 주어로 등장하여 우물 파는 문제를 마무리하는 구절인데, 26절은 아비멜렉 일행이 등장하여 새로운 사건이 벌어지는 것을 알려 주므로 새 단락의 시작으로 볼 수 있다. 31절의 끝 문장, "그들이 평안히 갔더라"는 아비멜렉 일행이 바라던 바를 이루고 물러갔음을 말해 주므로, 여기서 이 단락은 끝이 난다고 하겠다. 그 다음 32절은 '그 날에'로 시작함으로써 앞의 사건과 이어지면서, 이삭의 종들이 등장함으로써 다른 사건으로 넘어간다.

그렇지만, 조금 더 큰 틀로 보면 23~33절을 하나로 볼 수 있다. 브엘세바라는 지명이 23절과 33절에 나오고 25절과 32절이 상응하면서, 23~25절과 32~33절 사이에 26~31절이 자리잡고 있기 때문이다.

## 2.2. 본문 한글 번역의 문제

28절 "우리의 사이 곧 우리와 너 사이에 맹세하여, 너와 계약을 맺으리라"를 새번역에서는 "우리는, 우리와 당신 사이에 평화조약을 맺어야 하겠다고 생각합니다. 이제 우리와 당신 사이에 언약을 맺읍시다"로 옮겼다. 계약, 언약, 평화조약 – 이 가운데 어떤 낱말이 본문에 알맞을까?

## 2.3. 본문의 짜임새와 흐름와 내부 상응 관계

| | |
|---|---|
| 26 아비멜렉이 그 친구 아훗삿과 군대장관 비골로 더불어<br>그랄에서부터 이삭에게로 온지라 | 아비멜렉 일행이 이삭을 찾아옴 |
| 27 이삭이 그들에게 이르되<br>너희가 나를 미워하여 나로 너희를 떠나게 하였거늘<br>어찌하여 내게 왔느냐 | 이삭의 물음<br>너희가 내게 한 일<br>나를 찾아온 의도는? |
| 28 그들이 이르되<br>여호와께서 너와 함께 계심을 우리가 분명히 보았으므로<br>우리의 사이 곧 우리와 너 사이에 맹세하여<br>너와 계약을 맺으리라 말하였노라<br>29 너는 우리를 해하지 말라<br>이는 우리가 너를 범하지 아니하고 선한 일만 네게 행하여<br>네가 평안히 가게 하였음이니라<br>이제 너는 여호와께 복을 받은 자니라 | 아비멜렉 일행의 대답<br>여호와께서 함께 하시는 너<br>계약을 맺으리라<br><br>계약의 내용<br>: 네가 우리에게 할 일<br>우리가 네게 한 일<br>여호와께 복받은 자인 너 |
| 30 이삭이 그들을 위하여 잔치를 베풀매<br>그들이 먹고 마시고<br>31 아침에 일찌기 일어나<br>서로 맹세한 후에<br>이삭이 그들을 보내매<br>그들이 평안히 갔더라 | 이삭의 반응 – 잔치 베풂<br>공동 행동 – 식탁 교제<br><br>맹세<br>이삭의 전송<br>아비멜렉 일행이 떠남 |

(1) 본문에서는 아비멜렉 일행이 이삭을 찾아옴을 시작으로 하고, '평안히' 돌아가는 것을 끝으로 하면서, 그 양쪽 안에는 우선 이삭의 물음과 반응이 자리잡고, 한 가운데에 아비멜렉 일행이 이삭에게 하는 대답이 들어 있다. 이리하여 아비멜렉 일행을 주역으로 내세우면서도, 실제 사건은 이삭이 주도해 나가는 것으로 본문이 구성되어 있다. 이러한 점은 아비멜렉 일행의 말의 처음과 끝이 여호와와 이삭의 관계에 대해 그들이 깨달은 바를 표현하고 있다는 점에서도 잘 드러난다. 그런 전제 아래서 이들이 이삭에게서 얻고자 한 바는 이삭이 그들을 해하지 않기로 약속하는 것이다.

　　(2) 본문에서 이삭과 계약을 맺은 사람은 아비멜렉 및 그와 함께 온 아훗삿과 비골이어서, 본문의 계약이 형식적으로는 한 사람과 여러 사람 사이의 계약이다. 그리하여 대명사 '나', '너'는 이삭을 가리키고, '너희', '우리', '그들'은 아비멜렉 일행을 가리킨다. 그렇지만, 실제로는 아브라함에서 시작된 약속의 가문과 블레셋 사람들 사이에 맺은 계약이다.

　　(3) 두 집단의 관계에 대한 이해가 서로 다르다. 이삭은 '너희'가 나를 내쫓았다고 하는데(27절), 아비멜렉 일행은 '우리'가 '너'를 환대하여 '평안히' 가게 했다고 한다(29절). 그런데, 실제로 '평안히' 간 사람들은 아비멜렉 일행이다(31절).

## 2.4. 본문이 26장 1~33절에서 차지하는 자리

### 2.4.1. 26장 1~33절의 짜임새와 줄거리

　　본문은 이삭에 관한 내용을 한데 모아둔 26장 1~33절의 마무리 부분의 중심을 이룬다. 26장 1~33절은 1~11절, 12~22절, 23~33절의 세 부분으로 크게 나눌 수 있다.

첫 단락 1~11절에서는 흉년을 만난 이삭이 블레셋 땅 그랄에 이르렀는데 하나님의 지시를 따라 거기 머무르게 되었으나 괜히 겁이 나서 예쁜 아내 리브가를 누이라고 했다가 들통이 났지만 블레셋 임금의 보호를 받게 된다.

12~22절에서는 농사와 목축이 다 잘 되어 그랄에서 큰 부자가 된 이삭을 시기한 블레셋 사람들이 아브라함의 종들이 파 놓은 우물을 메우며 이삭을 쫓아 내고, 쫓겨난 이삭이 옮겨가 종들을 시켜 다른 우물을 팠지만 그랄 사람들과 다툼이 생겨 다시 옮겨 갔는데 마침내 세 번째로 우물을 판 다음에 다툼이 그쳤다.

23~33절까지는 브엘세바에서 일어난 일들을 알려 주는데, 먼저 23~25절에서는 브엘세바로 올라간 이삭에게 하나님이 다시 나타나셔서 약속의 말씀을 들려 주시자, 이삭은 거기서 단을 쌓고 우물을 팠다. 뒤이어 26절~31절에서는 블레셋 임금 아비멜렉이 친구와 장군을 한 사람씩 거느리고 이삭에게 찾아와서 이삭은 그들과 상호 불가침 조약을 맺고 헤어진다. 32~33절에서는 그곳이 브엘세바로 불리게 된 까닭을 알려준다.

### 2.4.2. 26장 1~33절의 중심 낱말 및 개념과 흐름

(1) 등장 인물을 중심으로 26장 1~33절의 흐름을 살펴 보면, 고유명사 가운데 '이삭'이 히브리어 본문에서는 10번(1, 6, 9, 17, 19, 20전, 25, 27, 31, 32절), 개역개정판에서는 19번(앞에서 든 구절들 말고도 2, 8전, 8후, 12, 18, 20후, 22, 23, 30절)과 블레셋 왕 '아비멜렉'이 7번(1, 8, 9, 10, 11, 16, 26절), 하나님의 이름 '여호와'는 5번(2, 22, 24, 25, 28절)만 나온다. 이처럼 26장은 이삭과 아비멜렉 사이에 벌어진 일을 주로 다루고, 여호와는 사건의 배경 인물로 설정하고 있지만 실제 사건을 주도해 나가시는 분이시라는 점을 은근히 밝히고 있

다. 이는 2절과 24절에서 여호와께서 이삭에게 나타나신 다음에 이삭에게 모든 일이 잘 된다는 흐름에서도 똑똑히 알 수 있다.

(2) 또한 이삭의 아버지 '아브라함의 이름이 6번(2, 3, 5, 15, 18, 24절)나오고, 그에 대조되는 개념으로 이삭의 '자손'이 5번(3, 4, 4, 4, 24절)등장함으로써, 아브라함과 이삭과 이삭의 자손의 연속성이 분명해진다. 이는 하나님의 약속과 관련되는데, 그 약속의 내용은 땅을 주신다는 것과 자손을 번성케 하신다는 두 가지이다. 리브가가 이삭의 누이인가 아내인가 하는 문제를 두고 생긴 혼란을 묘사하는 7~11절은 약속의 자손이 보장될 것인가 하는 문제와 긴밀히 이어진다.

(3) 지명을 중심으로 본문의 흐름을 살펴 보면, 1~16절에서는 블레셋 땅 그랄에서 여호와께서 이삭에게 나타나신 것과 이삭이 블레셋 사람들에게 겪는 일을 묘사하고 있고, 23~33절에서는 브엘세바에서 여호와께서 이삭에게 나타나신 것과 블레셋 사람이 이삭에게 겪는 일을 말하고 있다. 그 사이 17~22절에서는 이삭이 그랄에서 브엘세바로 옮겨가는 과정을 알려준다.

(4) 13절이 우리 개역개정판에는 그냥 '그 사람이 창대하고 왕성하여 마침내 거부가 되어'로 되어 있지만, 히브리어 본문에서 직역하면 '그 사람이 크게 되었고 계속 그렇게 되어서 매우 크게 되기까지 크게 되었다'는 식이어서 '크게 되다'는 히브리어 동사 <가달>(גָּדַל)이 세 번이나 나오고 있다. 글의 흐름으로 보면 이 구절이 이삭과 아비멜렉의 관계가 달라지는 데에 분수령을 이룬다고 할 수 있다. 그러니까 지금까지 아비멜렉의 보호를 받던 이삭이 이제는 아비멜렉에게 위협적인 존재가 되어서 아비멜렉에게 쫓겨나고 블레셋 사람들에게 어려움을 겪지만, 나중에는 블레셋 사람들이 이

삭을 찾아와 조약맺기를 요청하는 상황에 이르게 된다.

(5) 이삭이 블레셋 사람들에게 겪는 어려움은 무엇보다도 우물을 둘러싼 것이었다. '우물'(<브엘>, בְּאֵר)이라는 낱말이 히브리어 본문에서는 여덟 번이나 나온다는 점이 이를 잘 말해 준다(15, 18, 19, 20, 21, 22, 25, 32절). 23절과 33절의 고유명사 브엘세바에 들어 있는 <브엘>까지 합하여 모두 열 번이나 된다. 이와 관련되는 동사로 '파다'(15, 18, 19, 21, 22, 32절)와 '메우다'(15, 18절)와 '다투다'(20, 21, 22절)가 여러 번 나온다.

(6) 26장 전체를 한 줄기로 엮어주는 중요한 개념은 '복'이다. 26장에는 '복을 주다'는 동사가 3번(3, 12, 24절), '복을 받다'는 동사가 1번(4절), '복을 받은 자'라는 분사형이 1번(29절)나온다. 3, 12, 24, 29절에 '복'은 이삭에게 적용되고, 4절에서 '복'은 이삭의 자손을 '인하여 천하 만민'에게 미치는 복을 가리킨다.

하나님은 그랄 땅에 머물라는 명령을 내리시면서 이미 이삭이 복을 받아 땅과 많은 자손을 얻고(3절), 천하 만민이 이삭의 자손을 통해 복을 받으리라(4절)는 말씀을 하셨는데, 그 말씀대로 이삭은 그랄 땅에서 복을 받아(12절)부자가 되었고, 그렇게 번영한 곳 그랄에서 쫓겨나 다시 모든 것을 새롭게 시작하게 되어 겨우 브엘세바에게 숨돌리게 된 이삭에게 다시 한번 하나님은 복을 주시겠다고 말씀하셨으며(24절), 마침내 이삭을 괴롭히던 블레셋 사람들까지 이삭이 '여호와께 복을 받은 자'(29절)인 것을 인정하게 되었다.

(7) 그런데, 이렇게 하나님이 이삭에게 복을 주신다고 말씀하시는 바로 앞에 "내가 너와 함께 있다"(3, 24절)는 표현이 나오고, 블레셋 사람들이 이삭에게 '여호와께 복을 받은 자'라 하기에 앞서서 "여호와께서 너와 함께 계심을 우리가 분명히 보았"다(28절)고 한다. 그리하여, 그랄 땅에서 블레셋 사람들을 두려워하던 이삭(7, 9절)이 브엘세바에 이르렀을 때 하나님은 그에게 '두려워 말라'(24절)고 하신다.

26장 1~33절의 흐름을 여러 가지 요소를 참고하여 그림으로 그려 보면 다음 도표와 같다.

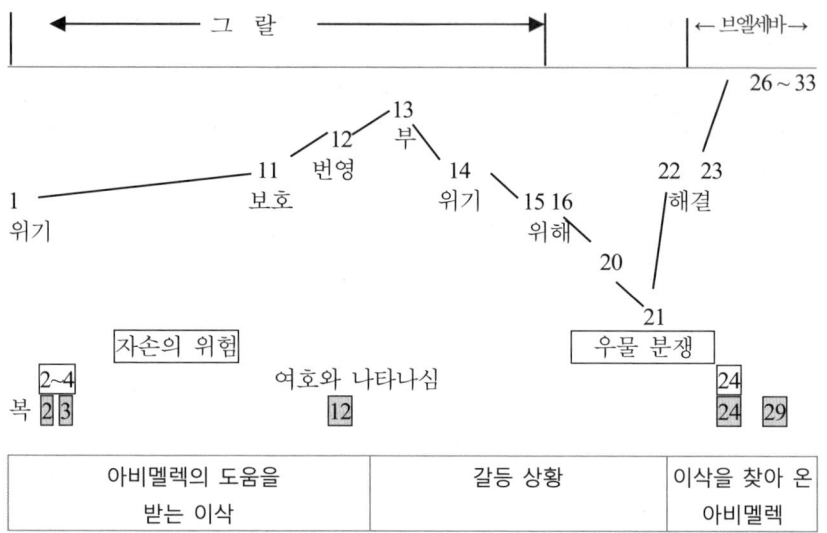

이처럼 창세기 26장에서 가뭄을 만나 남의 땅에 들어간 이삭은 블레셋 사람들을 겁내어 아내를 누이라고 둘러대고, 실제로 블레셋 사람들에게 쫓겨나기도 하고 우물을 여러 번 빼앗기기도 했지만, 마침내는 그 블레셋 사람들로부터 자기들보다 힘 센 존재라는 점을 인정받고 살게 된 인물로 나타난다.

## 2.5. 창세기에서 본문과 이삭이 차지하는 자리[248]

창세기 12~36장에는 아브람 또는 아브라함과 이삭과 야곱의 이야기가 나오는데, 이삭은 아버지 아브라함이나 아들 야곱에 비해

---

[248] 졸저, 『구약성경개관. 개정증보판』([문헌0.8.8-1의 책]), 26. 참고.

다소 비중이 떨어지는 인물로 등장한다. 우선 아브라함에 대한 내용은 12장에서 25장까지 적어도 14장에 걸쳐 나오고 또 야곱에 대해서는 27장부터 거의 50장까지 길게 나오는 반면, 이삭에 대한 내용은 26장 한 장에 집중되어 있다는 사실만 보더라도 이를 알 수 있다. 물론 아브라함이나 야곱에 관한 본문에 이삭이 더러 나오지만, 이는 어디까지나 부수적일 따름이다. 이렇게 보면 아브라함과 이삭과 야곱을 이스라엘의 조상이라 하지만, 실제로 이삭은 아버지와 아들의 그늘에 가려 있다고 할 수 있다.

그렇지만, 이삭은 하나님이 아브라함에게 하신 약속을 물려 받아 야곱에게 잘 넘겨준 중요한 역할을 한 인물로 나타난다. 이는 특히 본문 28절과 29절에서 아비멜렉 일행이 이삭에게 한 말, '여호와께서 너와 함께 계신다'와 '너는 여호와께 복을 받은 자'가 아브라함과 야곱과 요셉에 관한 본문에서도 나타난다는 점에서 잘 드러난다(아래 참고).

## 2.6. 본문의 중심 개념[249]

(1) 이삭이 받은 '복'은 일단 물질적인 번영이다. 이 점은 아브라함(13:2), 야곱(30:27, 30)과 요셉(39:5)의 경우에도 마찬가지이다.

(2) 그렇지만, 이보다 더 본질적인 것은 하나님의 함께 하심이다. '하나님이 함께 하신다'는 표현은 창세기 28장 15절과 31장 3절에서는 야곱에게, 39장 2, 21, 23절에서는 요셉에게도 적용된다.

(3) 이삭이 받은 '복'은 결국 이웃 블레셋 사람들에게까지 미쳤다. 이는 앞서 롯이 아브람의 덕을 본 것(13장), 라반의 재산이 야곱 때문에 늘게 된 것(30:27, 30), 요셉 때문에 보디발의 집 재산이 늘어났을(39:5) 뿐만 아니라, 야곱 일가(45:5, 7)와 애굽을 비롯하여 당

---

[249] 위 2.4.2.6~7 참고.

시 흉년을 만난 여러 나라가 살아나게 된 것과 통한다(50:20). 이는 곧 12장 3절에서 땅의 모든 족속이 아브람을 인하여 복을 얻을 것이라 하신 약속이 이루어져 가는 것을 말한다(26:4; 28:14 참고).

### 2.7. 본문의 교훈

(1) 약속의 자손 이삭은 부당하게 어려움을 겪을지라도 마침내는 주변 사람들의 인정을 받게 되고, 이제껏 자기를 괴롭히던 사람들을 도울 수 있게 된다.

(2) 이는 하나님이 내리신 복의 결과로 이삭이 물질적으로 번영했기 때문이다.

(3) 그러나 이삭이 물질적인 번영하고 주변 사람들에게 인정을 받는 되는 근본 원인은 하나님이 이삭과 함께 하신 데에 있다.

(4) 이렇게 하나님이 이삭과 함께 하시는 것은 하나님이 아브라함에게 약속하신 바가 있기 때문이다.

결국 본문은 약속하신 바를 신실하게 지키시는 하나님 덕분에 이삭이 물질적으로 번영하고 주변 사람들에게 인정받으며 이웃들에게까지 혜택이 미친 것을 보여준다.

### 2.8. 설교할 때 고려할 본문의 교훈

이처럼 본문을 바르게 이해하여 설교하려면, 본문 창세기 26장 및 전체의 내용과 흐름을 전제할 뿐만 아니라, 본문 바깥에 있는 관련 본문들도 가끔 인용할 필요가 있다.

(1) 29절에 나오는 표현 '여호와께 복을 받은 자'를 그대로 설교 제목으로 삼을 수 있다. 특히 이 표현이 이삭 스스로 한 말이 아니라 블레셋 사람들의 입에서 나온 말이라는 점을 언급함으로써, 이삭이 객관적으로 인정받는 상황에 이르게 되었다는 사실을 처음

에 밝히면, 청중의 관심을 불러일으킬 수 있다.

(2) 그런 다음 이삭이 어떠했길래 그를 '여호와께 복을 받은 자'라고 했는지 그 답을 찾아보자는 식으로 설교 본론을 시작할 수 있다. 이에 대한 답은 본문을 뛰어 넘어서 이삭이 아브라함의 아들로서 약속의 상속자라는 데서 찾을 수 있는데, 이 점을 이야기하자면 본문의 범위를 넘어서서 본문 바로 앞의 24절과 2~4절, 이에서 더 나아가서는 12장 1~3절, 13장 14~15절 등을 언급하지 않을 수 없다.

다음으로 이를 오늘의 청중에게 적용하려면, 지금의 기독교인들이 예수 그리스도를 통해서 모두 아브라함의 자손이 되었다는 사실을, 로마서 4장 16절 같은 신약성경의 말씀을 들어 주장할 수 있다.

(3) 이삭이 하나님께 받은 복의 내용이 물질적인 번영이었다는 점도 본문에서는 분명히 나타나지 않으므로, 본문 앞의 12절 같은 곳의 내용을 언급하면서 풀이해야 한다. 아울러 복의 본질은 하나님이 함께 하시는 데에 있다는 점을 분명히 밝혀야 한다. 따라서 경우에 따라서는 물질적인 번영이나 사회적인 성공이 전혀 따르지 않더라도 하나님 섬기는 것을 귀하게 여기고 기뻐할 줄 알아야 한다는 것을 하박국 3장 17~19절이나 빌립보서 4장 12~13절 같은 말씀을 인용하여 말해 둘 필요가 있다.

(4) 마지막으로 본문에서 블레셋 사람들이 이삭과 일종의 불가침 조약을 맺고 서로 사이좋게 이웃하며 살게 된 것은, 결국 하나님께 복 받는 사람은 그 받은 복을 이웃과 나누며 삶으로서 온누리를 살리시려는 하나님의 뜻을 이루어 나간다는 사실을 말할 수 있다.

# 3. 창세기 50장 15~21절

## 3.1. 본문의 범위 설정에 무리가 없는가?

본문 첫 절 15절의 주어는 요셉의 형제들이고 그 앞 절 14절의 주어는 요셉이다. 또 14절은 요셉과 그의 형제들이 아버지 야곱의 장례식을 마친 것을 말하지만, 15절은 장례식 이후의 사건을 다룬다. 이리하여 15절에서 새 단락이 시작되는 것은 쉽게 알 수 있다. 마지막 21절은 19절에서 시작된 요셉의 말을 마무리하면서 형들에 대한 요셉의 태도를 밝히는 것과 달리, 그 다음 22절부터서는 요셉의 말년에 관해 말하고 있어서 21절까지와 22절 이후는 구분된다. 15절~21절이 하나의 이어지는 과정을 다루고 있다는 사실은 아래 본문의 짜임새와 흐름을 살펴 볼 때 분명해질 것이다.

## 3.2. 본문 한글 번역의 문제

20절의 '많은 백성'이, 표준새번역에는 '수 많은 사람'으로 되어 있다. 또 21절에서 요셉이 "당신(형)들과 당신들의 자녀를 기르리이다"라고 표현한 것은 우리 말투에 잘 어울리지 않는다. 표준새번역은 이 동사를 형들에 대해서는 "모시다"로, 조카들에 대해서는 "돌보다"로 구별하여 옮겼다.

## 3.3. 본문의 짜임새와 흐름

| | |
|---|---|
| ¹⁵ 요셉의 형제들이<br>그들의 아버지가 죽었음을 보고 말하되<br>요셉이 혹시 우리를 미워하여<br>우리가 그에게 행한 모든 악을<br>다 갚지나 아니할까 하고 | 상황 설정<br>요셉의 형제들끼리 나눈 말 |
| ¹⁶ 요셉에게 말을 전하여 이르되<br>당신의 아버지가 돌아가시기 전에<br>명령하여 이르시기를 | 요셉에게 전하게 한 말<br>야곱의 말 인용 |
| ¹⁷ 너희는 이같이 요셉에게 이르라<br>네 형들이 네게 악을 행하였을지라도<br>이제 바라건대<br>그들의 허물과 죄를 용서하라 하셨나니<br>당신 아버지의 하나님의 종들인 우리 죄를<br>이제 용서하소서 하매<br>요셉이 그들이 그에게 하는 말을 들을 때에 울었더라 | 요셉의 용서를 구함<br><br><br><br><br><br>요셉의 반응(1) |
| ¹⁸ 그 형들이 또 친히 와서 요셉의 앞에 엎드려 이르되<br>우리는 당신의 종들이니이다<br>¹⁹ 요셉이 그들에게 이르되<br>두려워하지 마소서 내가 하나님을 대신하리이까<br>²⁰ 당신들은 나를 해하려 하였으나<br>하나님은 그것을 선으로 바꾸사 오늘과 같이<br>많은 백성의 생명을 구원하게 하시려 하셨나니<br>²¹ 당신들은 두려워하지 마소서<br>내가 당신과 당신들의 자녀를 기르리이다 하고<br>그들을 간곡한 말로 위로하였더라 | 요셉을 찾아 온<br>　　　　형들의 태도<br>형들이 요셉에게 한 말<br>요셉의 반응(2)<br><br>요셉이 한 말<br><br><br><br><br>요셉의 태도 |

본문은 크게 15~17절과 18~21절의 두 부분으로 나눌 수 있고,

각 부분은 다시 요셉의 형제들이 행하고 말한 바와 그에 대한 요셉의 반응을 묘사하는 부분으로 이루어져 있다. 앞 부분의 대부분은 요셉의 형들이 서로 나눈 말(15절)과 요셉에게 사람을 통해 전한 말(16~17절)이고 요셉의 반응은 17절 끝에 짤막하게 묘사되어 있는 반면, 뒷 부분에서는 형들의 행동과 말을 간단히 묘사한(18절) 다음, 요셉이 형들에게 한 말과 보인 태도를 길게(19~21절) 소개하고 있다. 이런 식으로 사건 묘사의 중심이 요셉의 형들에게서 요셉에게로 옮아가고 있다.

본문의 흐름을 요셉의 형제들을 중심으로 살펴 보면, 이들은 두 단계로 요셉에게 접근한 셈이다. 먼저 사람을 시켜 간접적으로 자기들에 대한 요셉의 태도를 살핀 다음에, 직접 요셉 앞에 나아와서 자기들을 용서해 줄 것을 청한 것이다. 요셉을 중심으로 보면, 먼저 울음으로 형들에 대한 자신의 너그러운 태도를 보인 뒤, 형들이 직접 나타났을 때는 분명하게 자신의 뜻을 밝힌다.

### 3.4. 본문의 중심 낱말 및 개념

(1) 요셉이라는 이름을 제쳐 놓으면, 본문에서 가장 많이 나오는 낱말은 '말하다' 또는 '이르다'이다(15, 16, 17, 18, 19절). 이는 곧 본문이 사람들 사이에 주고 받는 대화로 이루어져 있다는 점을 암시한다. 실제로 본문에는 요셉의 형제끼리 하는 말(15절), 요셉의 형들이 사람을 시켜 요셉에게 전하게 한 말(16~17절), 그들이 요셉에게 직접 한 말(18절), 요셉이 형들에게 한 말(19~21절)이 나오고, 둘째 경우에는 야곱이 요셉에게 전하라고 형들에게 한 말(17절 전반절)이 들어 있다. 이런 식으로 형제간의 갈등을 풀기 위해 여러 가지로 진행된 대화가 본문에 한데 얽혀 있다.

(2) 앞부분 15~17절에는 '아버지'가 3번, '형(제)들'과 '죽다'(또

는 '돌아가시다')와 '악'과 '용서하다'라는 낱말이 각각 2번씩 나온다. 이 네 낱말은 한데 어우러져서, 본문의 사건이 일어난 때를 '아버지'가 돌아가신 뒤로 정하고, 요셉의 '형들'이 지난날 자신들이 저지른 '악'에 대해 요셉이 보복할 것을 두려워하여 돌아가신 '아버지'가 남기신 말씀의 권위를 빌어 '용서'를 요셉에게 비는 상황을 묘사하고 있다. 여기서 '그들의 아버지'(15절)가 '우리 아버지'로 불리지 않고, '당신의 아버지'(16, 17절)로 불리는 점이 흥미롭다. 형들은 자신들과 요셉의 관계를 직접 표현하지 않고 아버지의 입에서 나온 '네 형들'이란 말로 간접적으로 확인시키려 한다. 다른 한편으로는 자신들을 가리켜 '당신 아버지의 하나님의 종들'이라 함으로써 자신들을 하나님과 관련시킨다.

(3) 뒷부분 18~21절에는 '하나님', '두려워하지 마소서'가 각각 두 번씩 나온다. 앞에서 형들이 돌아가신 '아버지'의 말씀을 들먹여 용서의 길을 찾았다면, 여기서 요셉은 '하나님'의 관점에서 지난날의 사건을 이해하고 설명하고 있다. 곧, 형들과 자신의 관계는 두 편 사이의 용서의 문제를 넘어서는 하나님의 계획이라 하면서, '두려워하지 마소서'라는 말로 이미 용서가 이루어진 것을 밝힌다. 그리하여 형들과 형들의 가족의 문제는 이제 '많은 백성의 생명을 구원'하시려 한, 하나님의 큰 섭리 안에 있다는 점을 깨우쳐 준다.

(4) 앞부분과 뒷부분을 서로 이어주는 요소로는 먼저 15절과 17절의 '악'과 20절의 '해하려 하다', 17절과 18절의 '종', 17절과 19절과 20절의 '하나님'을 들 수 있다. 형들에 대한 야곱의 진실한 태도는 17절 끝의 '울었더라'와 21절 끝의 '간곡한 말로 위로하였더라'에 잘 요약되어 있다.

### 3.5. 요셉 본문(창 37~50장) 및 창세기의 흐름에서 본 본문의 의미

(1) 창세기 50장은 요셉 본문의 마무리 부분이자 창세기의 끝 장으로서 한편으로는 요셉과 형들 사이에 벌어진 갈등 상황이 완전히 해결되는 장면을 보여 주고, 다른 한편으로는 이스라엘의 선조들의 역사가 민족 공동체 이스라엘의 역사로 넘어가는 다리 노릇을 한다.

(2) 요셉이 형들을 용서했다는 것은 이미 45장에 나와 있지만, 형들은 요셉의 진심을 이해하지 못했다는 것이 본문 첫머리 15절에서 잘 드러난다. 곧, 완전한 화해는 본문에서 이루어진 것인데, 그 동안 흐른 시간이 17년이다. 47장 9절과 28절에 따르면 야곱은 나이 130살에 애굽 땅으로 이주해 와서 147살까지 살았기 때문이다. 그렇다면, 요셉 쪽에서는 형들을 용서했지만 무려 17년이 지날 때까지 형들은 불안한 가운데 지냈던 것이다.

(3) 하나님이 요셉을 애굽에 보내신 뜻이 그를 통해서 '많은 백성의 생명을 구원하게' 하시는 데 있었다 할 때, 이는 하나님이 창세기 12장 3절에서 "땅의 모든 족속이 너로 말미암아 복을 얻을 것이라"고 아브람에게 하신 말씀과 26장 4절에서 "네 자손으로 말미암아 천한 만민이 복을 받으리라"고 이삭에게 하신 말씀과 28장 14절에서 "땅의 모든 족속이 너와 네 자손으로 말미암아 복을 얻으리라"고 야곱에게 하신 말씀이 요셉 때에 이르러 상당한 정도로 실현되는 과정에 있음을 암시한다. 이리하여 본문은 단순히 요셉과 그의 형제들 사이의 화해라는 가족적인 차원을 넘어서서 하나님의 세계 구원 계획이라는 차원으로까지 나아간다.

(4) '많은 백성의 생명을 구원하게' 하시려는 하나님은 이에 앞서서 기근에 시달리던 요셉의 형들의 '생명을 구원하시려'(45:5)고

하신다. 이런 식으로 요셉 본문에서 요셉은 '생명 보존자'(45:7)로 등장한다. 이 점은 요셉이 세워 시행한 흉년 대비 정책의 덕을 본 애굽 사람들이 요셉이 자기들을 '살렸다'고 말한 데서도 잘 드러난다(47:25).

(5) 요셉이 하나님이 자신을 애굽에 보내신 뜻을 생각하면서 형들을 용서하고 형들에게 화해의 뜻을 다시 확인해 준 것은 하나님이 요셉과 그와 함께 하셨다는 표현이 39장 2절과 21절과 23절에 나온다는 사실과 연관시켜 볼 수 있다. 하나님이 함께 하시는 사람은 자신과 다른 사람 사이에 일어나는 좋지 않은 일들도 하나님의 관점에서 이해할 수 있다. '내가 너와 함께 있겠다'는 말씀을 하나님이 26장 5절에서는 이삭에게, 28장 15절과 31장 3절에서는 야곱에게 하셨다. 심지어 26장 28절에서는 이방 사람들이 이삭에게 '여호와께서 너와 함께 계심을 우리가 분명히 보았다'고 한다.

## 3.6. 설교할 때 고려할 본문의 교훈

앞서 살펴 본 본문의 짜임새와 흐름, 또 본문이 요셉 본문 및 창세기 전체의 흐름에서 차지하는 자리를 염두에 두면서, 한편으로는 형제들 사이의 해묵은 갈등을 해결할 수 있는 길이 무엇인지, 다른 한편으로는 하나님이 아브라함과 이삭과 야곱과 요셉으로 이어져 내려오는 약속의 가문에 속한 사람을 통해서 세계 구원 계획을 어떻게 이루어 나가시는지를 분명히 알려 줄 수 있다. 구체적으로는 다음 몇 가지로 본문의 교훈을 나누어 말할 수 있을 것이다.

(1) 화해는 갈등 관계에 있었던 상대방에 대한 양쪽 당사자의 신뢰가 회복되어야 제대로 이루어진다. 심지어 피해자가 가해자를 용서하고 받아들였다 하더라도, 가해자가 아직도 피해자의 그런 진심을 이해하지 못하는 상태라면, 완전한 화해가 아직 이루어지지 않은 것이다.

(2) 따라서 온전한 화해가 이루어질 때까지 한결같은 이해와 사랑으로 기다리는 것이 중요하다.

(3) 하나님의 사람은 피해를 입었다 하더라도, 자신의 고난 상황에 집착하기 보다는, 그런 과정을 통해서 하나님이 생명을 살리시려는 뜻을 이해하고 하나님의 섭리라는 더 큰 틀에서 사건을 이해할 수 있다.

# 4. 출애굽기 15장 19~21절

## 4.1. 본문 범위 설정에 무리가 없는가?

15장 18절로써 모세와 이스라엘의 노래가 끝나고, 15장 22절에서 이스라엘의 광야 행진에 대한 내용이 시작하므로 15장 19~21절은 일단 하나의 독립된 본문으로 볼 수 있다.

## 4.2. 본문 한글 번역의 문제

개역개정판에서 '그들에게 화답하여 이르되'로 옮긴 부분(21절)을 표준새번역과 공동번역은 '메겼다'로 옮긴다. 이것이 무슨 말인가? 우리말 큰사전250에 보면 '메기다'를 '두 편이 노래를 주고 받고 할 때 한 편이 먼저 부르다'로 풀이하고, 이 말이 쓰이는 보기로 '앞소리를 메기다'를 소개하고 있다. *NJPST*에서는 chanted for

---

250 한글학회 엮음, 『우리말 큰사전』(서울: 어문각, 1992), 1378.

them로, *REB*에서는 sang them this refrain으로, *NIV*와 *NRSV*에서는 sang to them으로, *NET*에서는 sang in response to them으로, Buber[251]는 stimmte ihnen zu('그들에게 소리를 맞추었다')로 *LB*와 *ZB*에서는 sang ihnen vor('그들 앞서 노래불렀다')로 옮기고 있다.

### 4.3. 본문의 문학 형식과 짜임새와 흐름

(1) 본문의 짜임새

```
19: 홍해를 건넌 이스라엘
      ㄱ. 애굽 군대의 추격 - 바다 속으로
      ㄴ. 여호와의 조치 - 바닷물을 그들 위에 흐르게 하심
      ㄷ. 이스라엘 자손의 상황 - 바다 가운데서 육지로 행함
      * ㄴ과 ㄷ은 역접 관계('… 하셨으나'), ㄱ과 ㄴ은 대립 관계
20~21: 미리암을 비롯한 여인들의 반응
      ㄱ. 20전: 미리암이 나섬 - 아론의 누이 선지자
                              손에 소고를 잡으매
      ㄴ. 20후: 모든 여인도 따라 나섬 - 소고를 잡고 춤춤
      ㄷ. 21전: 미리암이 그들에게 화답함
      ㄹ. 21후: 화답한 노랫말
       (ㄱ) 명령: 너희를 여호와를 찬송하라
       (ㄴ) 까닭 또는 내용: 그는 높고 영화로우심이요
                          말과 그 탄 자를 바다에 던지셨음이라
```

  *삼상 18:6~7과 본문 20~21절을 견주어 보라.
   21 전반절의 '그들'은 누구인가?
   21 후반절의 '너희'는 누구인가?
      (히브리어 본문에서 '그들'과 '너희'는 두 경우 다
       남성복수형이다.)

(2) 21절 뒷부분은 노래이므로 개역개정판도 들여 쓰기를 해서 그것이 시문인 점을 시각적으로 알려주고 있다. 나머지 부분은 산문이다. 본문은 산문 부분과 시문 부분의 둘로 이루어져 있다.

---

[251] [문헌]0.6.4.5

(3) 주어가 어떻게 달라지는지를 살펴 보면 본문의 흐름을 쉽게 알 수 있다.

  19절: 바로의 말과 병거와 마병이...여호와께서...
    이스라엘 자손은...
  20절: 미리암이... 모든 여인도...
  21절: 미리암이... 너희는... 그는...

## 4.4. 본문의 진술 의도

이스라엘이 홍해의 구원을 경험한 다음 미리암을 비롯하여 여인들이 야훼 하나님을 찬송하였다는 점을 알리려 함.

## 4.5. 본문이 앞 뒤와 이어지는 점들과 출애굽기에서 차지하는 자리

(1) 15장 1~18절과 어떤 관계인가?

본문 앞에는 14장에서 이스라엘이 홍해 구원 사건을 경험한 뒤에 모세와 이스라엘 자손이 부르는 찬송이 길게 나온다. 그 첫머리 노랫말이 21절의 노랫말과 거의 같고, 명령형 대신에 서술형이 나온다는 점에서만 차이가 있다.

21절의 노랫말은 1~18절의 노랫말을 줄인 것일까? 일부만 다시 쓴 것일까? 아니면 1~18절의 노랫말이 21절의 노랫말을 늘인 것일까? 2~18절의 내용은 무엇인가?

(2) 15장 22~26절에는 광야길에 들어선 이스라엘이 마실 물을 얻지 못하자 원망하는 이야기가 나온다. 한편으로 15장 21절로써 이스라엘은 완전히 애굽의 영향권에서 벗어난 셈이고, 다른 한편으로는 홍해의 구원이라는 놀라운 경험을 하고 찬송까지 드리고서도 얼마 되지 않아 원망하는 이스라엘의 약한 모습이 드러난다. 아울러, 이런 이스라엘에게 다시 은혜를 베푸시는 하나님의 모습도 드러난다.

(3) 15장은 출애굽기에서 시문이 들어 있는 유일한 장이다. 이스라엘이 애굽의 굴레에서 마침내 벗어나는 사건인 홍해 구원이 찬송으로 마무리된다는 것은 깊은 뜻이 있다. 하나님의 베푸신 구원을 경험한 하나님 백성은 찬송으로 그 은혜에 응답한다. 이는 시편의 중요한 정신이기도 하고, 이사야 12장, 25장 같은 데서도 볼 수 있다.

### 4.6. 설교할 때 고려할 본문의 교훈

주의! 본문에서 찬송에 대한 모든 가르침을 뽑아낼 수는 없다.

(1) 찬송에는 구원의 경험이 전제된다.

(2) 이 구원은 개인의 구원이 아니라 공동체의 구원이다. 공동체 구원에 근거한 찬송이 우리에게 얼마나 있는가?

(3) 미리암과 여인들이 손에 소고를 잡고 춤을 추며 찬송한 것처럼, 찬송은 입 뿐만 아니라 우리 가진 모든 것으로 드릴 수 있다.

* 전통 악기를 쓰는데 어떤 문제가 있는가? 예배 시간에 춤을 춘다면?

(4) 공동체 구원에 근거한 찬송은 서로 주고 받는 식, '메기고 받는 식'으로 할 수 있다(시 136편 참고).

# 5. 출애굽기 15장 22~26절

## 5.1. 본문 범위 설정에 무리가 없는가?

이스라엘이 하나님의 도우심으로 무사히 홍해를 건넌 뒤 모세와 미리암이 찬송한 내용이 나오는 1~21절과 이스라엘이 엘림의 오아시스에 이르른 것을 알려 주는 27절 사이에 자리 잡은 본문이 그 앞뒤와 구별된다는 것은 형식적으로나 내용상으로나 쉽게 드러난다.

## 5.2. 한글 번역의 문제

(1) 23절의 "그 곳 물이 써서 마시지 못하겠으므로 그 이름을 마라라 하였더라"에서 개역개정판은 '쓴 것'이라는 난외주를 '마라'에 붙여 놓았다. 이를 ZB에서는 "그들이 물의 씀 때문에 물을 마실 수 없었는데, 그것이 매우 썼기 때문이다. 그리하여 그곳을 마라

[곧 쓴 샘]이라고 불렀다"(aber sie konnten Wasser wegen seiner Bitterkeit nicht trinken, denn es war sehr bitter. Daher hiess man den Ort Mara [d.h. Bitterquelle].)로 옮겼다. 히브리어 본문으로 보면, <마라> (מָרָה)가 한 번은 고유 명사로, 다른 한 번은 일반 추상 명사로 나오고, 그 형용사형 <마르>(מַר)도 한 번 나와서, 같은 뿌리에서 나온 낱말이 세 번 쓰이고 있다.

(2) 26절 끝부분, "나는 너희를 치료하는 여호와임이라"가 몇 가지 다른 번역본에는 조금씩 다르게 되어 있다 – "나는 야훼, 너희를 치료하는 의사이다"(공동번역), "나는 야훼, 너의 의사이다"(Ich bin der HERR, dein Arzt, *LB*), "나 야훼는 너의 의사이다"(Ich, der Herr, bin dein Arzt, *ZB*), "나 야훼는 너의 치료자이다"(I the LORD am your healer, *NJPST*와 *REB*). 히브리어 본문에서 이스라엘은 단수 '너'로 불리고 있다.

## 5.3. 본문의 짜임새와 흐름

(1) 본문은 마라에서 물 때문에 백성과 모세와 여호와 사이에 일어난 사건에 대해 알려 주는 22~25절 전반절과 여호와께서 백성에게 하신 말씀이 중심을 이루는 25절 후반절~26절의 두 부분으로 크게 나누어 볼 수 있다.

(2) 앞 부분에서는 모세가 처음과 마지막에 주어로 등장하고 그 사이에 마실 물이 마땅하지 않아서 원망하는 백성의 모습이 묘사되어 있다. 여호와는 모세가 부르짖은 다음에서야 응답하신다. 여기서 문제가 된 것은 백성이 '마실'(24절) '물'(22, 23, 25, 25절)이다. '쓴'(23절) 물 때문에 백성은 모세에게 원망한다. 마실 물은 인간 생활의 기초 조건에 속한다. 나중에 민수기 20장에서 다시 한 번 이 물이 문제된다.

(3) 뒷부분의 중심 주제는 하나님에 대한 백성의 순종이다. 이

는 26절의 '순종하다'와 '귀를 기울이다', '행하다'와 '지키다'가 짝을 이루는 낱말에서 잘 드러난다. 순종의 기준은 여호와의 '법도와 율례'(25절), '여호와의 말', '계명', '모든 규례'(26절)이다.

    (4) 26절이 '질병'과 '치료'에 대해 말함으로써, 앞부분에서 묘사한 '물' 사건을 '질병'의 하나로 이해하게 한다.[252]

| | | |
|---|---|---|
| ²² 모세가 홍해에서 이스라엘을 인도하매<br>  그들이 나와서 수르 광야로 들어가서<br>  거기서 사흘길을 걸었으나 물을 얻지 못하고<br>²³ 마라에 이르렀더니<br>  그 곳 물이 써서 마시지 못하겠으므로<br>  그 이름을 마라라 하였더라<br>²⁴ 백성이 모세에게 원망하여 이르되<br>  우리가 무엇을 마실까 하매<br>²⁵ 모세가 여호와께 부르짖었더니<br>  여호와께서 그에게 한 나무를 가리키시니<br>  그가 물에 던지니 물이 달게 되었더라. | 마<br>라<br>의<br><br>물<br><br>사<br>건 | 모세의 인도로 홍해 출발<br>수르 광야의 이스라엘<br>사흘동안 물 얻지 못한 상황<br><br>마라의 쓴 물<br><br>모세에 대한 백성의 원망<br>원망하는 말 인용<br><br>여호와께 부르짖은 모세<br>여호와의 응답<br>모세의 조치와 결과 |
| 거기서 여호와께서 그들을 위하여<br>  법도와 율례를 정하시고<br>  그들을 시험하실새<br>²⁶ 이르시되<br>  너희가 너희 하나님<br>    나 여호와의 말을 들어 순종하고<br>  내가 보기에 의를 행하며<br>  내 계명에 귀를 기울이며 내 모든 규례를 지키면<br>  내가 애굽 사람에게 내린 모든 질병 중의 하나도<br>    너희에게 내리지 아니하리니<br>  나는 너희를 치료하는 여호와임이니라 | 여<br>호<br>와<br>의<br><br>조<br>치 | 법도와 율례를 정하심<br><br>백성을 시험하심<br><br>하신 말씀<br><br>조건: 순종<br><br>약속: 애굽의 질병<br>    내리지 않으리<br>    나는 너희 치료자 |

---

[252] 아래 5.4.2 참고.

## 5.4. 본문 이해에 중요한 점

(1) 본문에서 이스라엘은 홍해의 구원을 경험하고 찬송을 드린 바로 다음 광야길에 들어선 첫 순간에 마실 물이 없는 어려움이 부딪치자 '원망한다'(16:2, 7~9, 12; 17:3 참고). 이는 하나님 백성이 광야길을 가면서 보인 전형적인 태도인데도 하나님은 우선 필요한 물을 주신 다음[253], 백성의 순종을 촉구하시는 말씀을 하신다.

(2) 출애굽한 이스라엘이 하나님께 율법을 본격적으로 받는 것은 시내산에 이르러서인데(출 19장~민 10장), 본문은 광야길의 첫 순간에 이미 하나님이 법도와 율례를 정하셨다고 한다. 이는 광야길을 무사히 가는 데는 하나님께 순종하는 것이 중요하다는 점을 분명히 하기 위한 것으로 보인다.

(3) 본문 끝에 나오는 '치료하다'는 매우 넓은 뜻을 띠는 것으로 보인다. 이는 이스라엘의 하나님 여호와가 '애굽 사람에게 내린 모든 질병', 곧 출애굽기 7~11장에 나오는 이른 바 열 가지 재앙의 성격에서도 알 수 있다. 물이 피로 바뀐 재앙, 개구리 재앙, 이 재앙, 파리 재앙, 가축의 죽음, 악성종기, 우박, 메뚜기 재앙, 흑암, 처음 난 것들이 죽는 재앙은 사람이나 짐승의 몸에 생긴 병을 포함하여 피조 세계 전체의 질서가 어그러지는 상황을 말한다. 이 점에서 본문 앞부분의 '물' 사건도 '질병'의 하나로 이해할 수 있다. 신명기 7장 15절과 28장 59~60절에서도 '질병'과 '재앙'이 같은 뜻으로 쓰인다. 이리하여 "나는 너희를 치료하는 여호와임이니라"는 말씀은 이스라엘이 하나님의 뜻을 좇아 살면 행복할 수 있도록 온누리의 질서를 잡으시는 분이 여호와이심을 선언하는 것으로 이해할 수 있다.[254]

---

253 졸저, 『구약성경개관. 개정증보판』([문헌0.8.8-1의 책]), 50 참고.
254 졸저, 『예언과 목회 [III]』([문헌] 9.14의 책), 128~130을 참고하라.

## 5.5. 설교할 때 고려할 본문의 교훈

(1) 홍해 구원의 놀라운 경험을 하고 감사 찬송을 드린 하나님 백성도 마실 물을 사흘 동안 얻지 못하자 원망하게 되었다.

(2) 하나님 백성의 삶은 그저 은혜로써 필요한 바를 주시고 하나님 섬기는 법도 알려주시는 하나님께 전적으로 달려 있다.

(3) 따라서 하나님 백성은 어떤 어려움을 만나더라도 하나님의 법도에 순종하기만 하면 된다.

(4) 그리하면, 하나님은 온누리의 건강을 지키시고, 병든 바를 고치셔서 그 백성을 행복하게 하신다.

# 6. 레위기 25장 1~7절[255]

## 6.1. 본문 범위 설정에 문제가 없는가?

 (1) 1절 첫머리 "여호와께서 시내 산에서 모세에게 말씀하여 이르시되"는 그 앞 절인 24장 23절 끝부분 "이스라엘 자손이 여호와께서 모세에게 명령하신 대로 행하였더라"와 분명히 구별되면서, 24장 1절이나 27장 1절 등처럼 새 단락의 시작을 알려 준다. 다른 한편으로 본문 8절의 '너'는 3~5절의 '너'와 마찬가지로 이스라엘을 가리키지만, 내용상으로 8절에는 희년을 정하는 방법을 말하기 때문에, 안식년에 관한 본문인 1~7절과 구별된다.
 (2) 희년 장(章)이라고 불리는 레위기 25장의 첫머리 단락으로서 1~7절은 뒤이어 나오는 희년에 관한 내용이 본디 안식년의 정

---

[255] 졸고, "그 땅이 안식하도록 하라!(레25:1~7)", 『예언과 목회 [IV]』([문헌] 9.14의 책), 287~297을 참고하라.

신을 밑바탕으로 하고 있다는 점을 암시한다. 이는 안식년을 기준으로 희년을 계산하는 법을 밝히는 8절에서 벌써 분명해진다.

## 6.2. 본문 한글 번역의 문제

(1) 개역개정판에서는 2절과 6절 첫머리를 빼고는, 이스라엘을 '너'로 부르고 있는데, 표준새번역에서는 2~6절 첫 머리에 이를 한결같이 '너희'로 옮겼고, 공동번역에서는 아예 본문 전체에서 '너희'만 쓴다.

(2) 2절의 "그 땅으로 여호와 앞에 안식하게 하라"와 4절의 "일곱째 해에는 그 땅이 쉬어 안식하게 할지니 여호와께 대한 안식이라"를 표준새번역에서는 각각 "나 주가 쉴 때에, 땅도 쉬게 하여야 한다"와 "일곱째 해에는 나 주가 쉬므로, 땅도 반드시 쉬게 하여야 한다"로 옮겼다. 공동번역은 "야훼의 안식년이 되거든 그 땅을 묵혀라"와 "칠 년째 되는 해는 야훼의 안식년이므로 그 땅을 아주 묵혀"로 옮긴다.

(3) 6절의 "안식년의 소출은 너희가 먹을 것이니"를 새번역에서는 "땅을 이렇게 쉬게 해야만, 땅도 너희에게 먹거리를 내어 줄 것이다"로 풀어 옮겼다.

## 6.3. 본문의 짜임새와 흐름

시내 산 위에서 하나님이 모세에게 하신 명령의 형식으로 시작하는 25장에서 그 첫 내용은 이스라엘이 가나안 땅에 들어간 뒤에 "그 땅으로 여호와 앞에 안식하게 하는 것"이다. 그것이 무엇을 뜻하는지 3~4절에서 자세히 설명한다. 5~6절에서는 안식년의 소출을 어떻게 쓸 것인지를 다룬다.

| | |
|---|---|
| ¹ **여호와**께서 시내 산에서 모세에게 말씀하여 이르시되<br>² 이스라엘 자손에게 말하여 이르라 | 모세에게 내리신 명령<br>명령의 내용: 이스라엘에게<br>이르라 |
| 너희는 내가 너희에게 주는 땅에 들어간 후에<br>그 땅으로 **여호와** 앞에 안식하게 하라 | 원칙   시기<br>         땅의 안식 |
| ³ 너는 육 년 동안 그 밭에 파종하며<br>육 년 동안 그 포도원을 가꾸어 그 소출을 거둘 것이나<br>⁴ 일곱째 해에는 그 땅이 쉬어 안식하게 할지니<br>**여호와**께 대한 안식이라<br>너는 그 밭에 파종하거나 포도원을 가꾸지 말며<br>⁵ 네가 거둔 후에 자라난 것을 *거두지 말고*<br>*가꾸지 아니한 포도나무가 맺은 열매를 거두지 말라*<br>이는 땅의 안식년임이니라 | 설명<br>–육년동안의 농삿일<br>제 칠년의 안식<br><br>안식의 구체적인뜻 |
| ⁶ 안식년의 소출은 너희가 먹을 것이니<br>너와 네 남종과 네 여종과 네 품꾼과<br>너와 함께 거류하는 자들과<br>⁷ 네 가축과 네 땅에 있는 들짐승들이 다<br>그 소출로 먹을 것을 삼을지니라 | 안식년 소출의 쓰임새 |

### 6.4. 본문의 중심 낱말 및 개념

(1) '땅'이 다섯 번(2, 2, 4, 5, 7절), '밭'이 두 번(3, 4절), '포도원'이 한 번(3절) 나온다. 결국 땅과 관련된 낱말이 모두 여덟 번 나옴으로써, 본문의 관심이 땅 자체에 있다는 점을 분명히 한다.

(2) '안식하다', '안식', '안식년'이 다섯 번(2, 4, 4, 5, 6절), '쉬다'가 한 번(4절) 나온다. 그런데, 이 안식은 한편으로 '땅'의 안식이고, 다른 한편으로는 여호와(2, 4절)와 관련되어 있다.

### 6.5. 본문과 출애굽기 23장 10~11절의 비교

| | | |
|---|---|---|
| ¹⁰너는 여섯 해 동안은<br>  너의 땅에 파종하여 그 소산을 거두고<br>¹¹ 일곱째 해에는 갈지 말고 묵혀두어서<br>  네 백성의 가난한 자들이 먹게 하라<br>  그 남은 것은 들짐승이 먹으리라 | 땅 | 육년 동안의 농삿일<br>일곱째해의 묵힘<br><br>목적 |
| 네 포도원과 감람원도 그리할지니라 | 과수원 | |

(1) 본문 3절, 4~5절, 6~7절과 상응하는 부분으로 각각 출애굽기 23장 10절, 11절 전반절, 12절 후반절을 들 수 있지만, 본문이 출애굽기 23장 10~11절보다 훨씬 더 체계적으로 되어 있다.

(2) 출애굽기 23장에는 나오지 않는 '안식년'이란 표현이 본문에는 나온다.

(3) 안식년에 갈지 않는 땅에서 난 소산의 쓰임새에 관심을 두고 있는 출애굽기와는 달리, 본문의 관심은 우선 땅 자체의 안식에 있고 그 다음 안식년 소출을 사용하는 데에 있다.

(4) 본문에서는, 먼저 땅에 대해 말한 다음, 같은 것이 포도원과 감람원에도 해당된다고 하는 출애굽기 본문과는 달리, 처음부터 땅과 포도원을 같은 비중으로 다루고 있다.

## 6.6. 설교할 때 고려할 본문의 교훈

상공업 및 서비스 산업에 눌려 농업의 중요성이 제대로 인정받지 못하는 현대 사회에서 안식년에 관한 말씀으로 설교한다는 것이 쉽지 않지만, 다음 몇 가지는 매우 중요하다.

(1) 땅에게도 안식이 필요하다. 땅을 무작정 부려먹을 수 만은 없다.

(2) 그 근거는 이스라엘에게 가나안 땅을 주신 하나님의 뜻에 있다.

(3) 사람이 땅을 갈아 먹을 것을 내지만, 근본적으로 먹을 것은 하나님께로부터 비롯된다. 이는 안식년에 사람이 땅을 갈지 않아도 땅에서 먹을 것이 난다는 데서 똑똑히 드러난다.

(4) 땅의 소산은 갈 땅을 소유하지 못한 다른 사람들과, 또 심지어 짐승들과도 나누어 먹어야지 그 누가 홀로 독점해서는 안 된다.

# 7. 레위기 25장 23~28절

## 7.1. 본문 범위 설정에 문제가 없는가?

20~22절은 안식년에 관한 내용인 반면, 23~28절은 토지를 팔고 무르는 문제를 희년과 관련시켜 다루므로 본문이 그 앞 부분과는 분명히 구분된다. 29~33절에는 가옥을 팔고 무르는 문제를, 34절에는 레위인 성읍에 붙은 땅에 관한 내용이 들어 있다. 34절이 땅에 관한 것이므로 본문과 연결되지만, 글의 흐름으로 보면 34절은 32~33절에 더 깊게 연결되어 있다[256]. 다만 무엇을 팔고 무르는 문제라는 점에서는 23~34절을 크게 하나로 볼 수 있다.

---

[256] 아래 7.6 참고.

## 7.2. 본문 한글 번역의 문제

(1) 23절의 개역한글에서 '나그네요 우거하는 자'로 옮겼던 것을, 개역개정판에서는 '거류민('또는 소작인'이라는 난외주가 있음)이요, 동거하는 자'로, 공동번역에서는 '(나에게) 몸붙여 사는 식객'으로 옮겼고, NIV와 NRSV와 REB에는 aliens and tenants로, NJPST에서는 strangers resident (with Me)로, NET에는 foreiners and tenants로, ESV에는 strangers and sojourners (with me)로 되어 있다. "거류민이요 동거하는 자로서 나와 함께 있느니라"가 표준새번역에는 "나에게 와서 사는 임시 거주자일 뿐이다"로 되어 있다.

(2) 24절 이하에 여러 번 나오는 '무르다'와 그 명사형 '무르기'가 영어 성경에는 보통 각각 redeem과 redemption으로 되어 있다.

(3) 24절의 '기업의 온 땅'이 표준새번역에는 '유산으로 받은 땅 어디에서나'로, 공동번역에는 '소유하는 땅 어디에서나'로 되어 있다.

(4) 25절의 '그에게 가까운 기업 무를 자'를 개역한글에서는 '근족', 표준새번역에서는 '가까운 친척'으로, 공동번역에서는 '그와 가장 가까운 친척'으로 옮겼다.

(5) 27절 "그 판 해를 계수하여 그 남은 값을 산 자에게 주고 자기의 소유지로 돌릴 것이니라"를, 공동번역에서는 "판 다음에 지나간 햇수에 해당하는 값을 빼고, 나머지를 그 땅을 산 사람에게 물어 주어야 한다. 그리고 나서 자기 소유지로 돌아 갈 수 있다"고 풀어 옮겼는데, 표준새번역의 27절은 이보다 더 길다 – "판 땅을 되돌려 살 때에는, 그 땅을 산 사람이 그 땅을 이용한 햇수를 계산하여 거기에 해당하는 값을 빼고, 그 나머지를 산 사람에게 치르면 된다. 그렇게 하고 나면, 땅을 판 그 사람이 자기가 유산으로 받은 그 땅을 다시 차지한다."

## 7.3. 본문의 짜임새와 흐름

본문은 땅과 하나님과 이스라엘의 관계에 대한 원칙을 밝히는 23~24절과 희년을 기준하여 그 원칙을 적용할 방법을 알려 주는 25~28절의 두 부분으로 크게 나눌 수 있다. 먼저 토지가 하나님의 것이어서 사람이 영영 팔아치울 수 없다는 23절의 원칙에서, 혹시 가난해서 땅을 판 일이 있더라도 이는 언제라도 되살 수 있다는 24절의 원칙이 비롯된다. 토지 무르는 방법으로는, 가난하여 땅을 판 사람의 가까운 친척이 그 판 땅을 되사는 법(25절)과 스스로 형편이 나아졌을 때 되사는 법(26~27절)의 두 가지가 있는데, 땅을 되살 때 치를 값을 희년을 기준하여 정한다(28절). 희년에 이르기까지 땅을 되사줄 친척도 없고 스스로 되살 힘이 없는 경우에는, 희년에 그 땅을 되찾게 된다(28절).

| | | |
|---|---|---|
| <sup>23</sup> 토지를 영구히 팔지 말 것은<br>토지는 다 내 것임이니라<br>너희는 거류민이요 동거하는 자로서<br>나와 함께 있느니라 | 원<br>칙 | 전제:영영 팔 수 없는 땅 |
| <sup>24</sup> 너희 기업의 온 땅에서<br>그 토지 무르기를 허락할지니 | | 기업의 온 땅은 무를수 있음 |
| <sup>25</sup> 만일 네 형제가 가난하여<br>그의 기업 중에서 얼마를 팔았으면<br>그에게 가까운 기업 무를 자가 와서<br>그의 형제가 판 것을 무를 것이요<br><sup>26</sup> 만일 그것을 무를 사람이 없고<br>자기가 부유하게 되어 무를 힘이 있으면<br><sup>27</sup> 그 판 해를 계수하여 그 남은 값을 산 자에게 주고<br>자기의 소유지로 돌릴 것이니라 | 실<br>제 | 땅 파는 상황의 발생<br><br>무르기<br>(1) 가까운 기업무를 자가<br>(2) 스스로<br><br>무르는 값 계산 방법 |
| <sup>28</sup> 그러나 자기가 무를 힘이 없으면<br>그 판 것이 희년에 이르기까지 산 자의 손에 있다가<br>희년에 이르러 돌아올지니<br>그것이 곧 그의 기업으로 돌아갈 것이니라 | | 무를 수 없을 때 처리하는 방법<br>희년에 되찾음 |

## 7.4. 본문의 중심 낱말 및 개념

(1) 본문에서 우선 눈에 띄게 거듭되는 낱말은 다음과 같다.

'무르다'란 동사 또는 이에서 비롯된 여러 명사('무르기', '무를 사람')가 다섯 번(24, 25, 26, 26, 28절), '팔다' 또는 '판 것'이란 낱말이 네 번(25, 25, 27.28절), '사다'가 두 번(27, 28절. 히브리어 본문으로 보면 27절에는 '팔다'란 낱말이 쓰이고 있음)나온다. 이처럼 사고 팔고 무르는 것과 관계되는 낱말이 무려 열한 번 쓰이고 있다.

또 '기업(基業, <아훗자>[אֲחֻזָּה])'이 네 번(24, 25, 27, 28절), '토지'(<에레츠>, אֶרֶץ)가 세 번(23, 23, 24절), '땅'이 한 번(24절. 히브리어로는 앞의 '토지'와 같은 낱말임) 나오는데, '기업'도 실제로는 이스라엘 사람들이 지파별로 집안별로 나누어받는 가나안 '땅'을 뜻하므로, '땅'과 관련된 낱말도 여덟 번이나 쓰이고 있는 셈이다.

이리하여 본문의 관심은 기업인 땅을 무르는 데 있다는 점을 똑똑히 알 수 있다.

(2) '희년'이 28절에 두 번, '돌아가다'가 27, 28절에 각각 한 번씩 모두 두 번 나온다. 이는 '희년'이 그동안 어그러진 토지 소유 관계를 원상 회복시킨다는 점을 뜻한다. 곧 가난해서 판 땅을 희년에 이르는 동안 무르지 못했더라도 희년에는 아무런 값을 치르지 않고 되돌려 받을 수 있다는 것이다. 이런 식으로, 이스라엘 사람들은 아무리 가난해도 본디 하나님으로부터 받았던 땅은 길어도 50년[257] 뒤에는 되찾게 된다.

---

[257] 아래 7.5.1 참고.

## 7.5. 25장의 다른 부분과 관련시켜서 이해할, 본문의 몇 가지 내용

(1) 28절에 나오는 '희년'의 근본 성격은 8~13절에서 알 수 있는데, 본문이 구체적으로 다루고 있는 것은 특히 10절에서 희년에 '각각 그 기업으로 돌아간다' 는 것이다.

(2) 가난하여 땅을 판 사람의 가까운 친척이 그 팔린 땅을 무를 수 있다고 한 25절은 가난하여 이방인에게 몸을 판 사람의 가까운 친척이 값을 치르고 그 팔려간 사람에게 자유를 되찾아줄 수 있다고 하는 49절과 통한다. 이는, 뒷 경우에 우리 개역개정판이 '속량하다'로 옮긴 히브리 낱말이 본문에서 '무르다'로 옮긴 히브리 낱말(<가알>, גאל)과 같다는 점에서 더욱 더 분명해진다.

(3) 가난하여 판 땅을 희년이 이르기 전에 되살 때 치르는 값을 계산하는 법을 말하는 27절은 15~16절에 비추어 이해해야 한다. 곧 땅을 사고 파는 기준은 땅에서 나는 열매의 양이지, 땅 자체의 값이 아니다. 그리하여 희년에 가까울수록 치러야 할 값이 적어진다. 이러한 계산법은 50~52절에서 종으로 팔린 사람을 풀어주기 위해 치러야 할 값을 계산하는 방법에도 비슷하게 적용된다.

이처럼 본문에서는 가난해서 판 땅을 희년 전에 되사거나 희년에 돌려받는 것을, 우선 가난한 사람을 보호하고 돕는 관점에서 규정하고 있다. 물론 그렇다고 해서 땅을 산 사람이 손해를 보는 것은 아니다. 땅을 산 사람은 계속 그 땅의 열매를 쓸 수 있기 때문이다.

## 7.6. 본문이 레위기 25장 및 레위기에서 차지하는 자리

(1) 흔히 희년 본문이라고 부르는 레위기 25장은 땅의 안식년에 대한 단락인 1~7절로 시작하여 희년을 해방과 회복의 원칙에서 규정하는 8~12절에 이어 곧바로 13~17절에서는 땅을 사고 파는 문제를 다룬다. 18~22절은 다시 법도 순종을 요구하는 일반적인 규정이고, 23~28절에서는 가난해서 판 땅을 되사는 문제를, 29~31절에서는 판 집을 되사는 문제를 다루고, 32~34절은 레위인들의 집과 밭에 대한 예외적인 규정이다. 35~38절에서는 이자를 받지 말고 가난한 형제를 돌보라고 하며, 39~46절에서는 가난하여 몸을 판 형제를 어떻게 대할 것인지를 말하고, 마지막 47~55절에서는 판 몸을 되사는 문제를 다룬다.[258] 특히 25장에서는 '너희(또는 네) 형제(또는 동족)가 가난하여(또는 가난하게 되어, 또는 가난하게 되므로)'라는 표현이 25, 35, 39, 47절에 거듭 쓰이면서 희년 규정에서는 가난한 형제를 돌보고 살리는 일을 매우 중요하게 본다는 점을 분명히 하는데, 가난해져서 맨 먼저 팔아넘기는 것이 땅이며, 그렇게 판 땅을 되찾아주는 것을 다루는 단락이 23~28절이다. 그렇다면, 본문은 가난해진 사람이 처하는 첫 단계의 어려운 상태에 관한 것이라 볼 수 있다.

(2) 레위기 25장은 흔히 성결법전이라 부르는 17~26장에 실린 율법 규정을 실질적으로 마무리하는 장이라 할 수 있다. 26장에서는 순종과 불순종에 따른 축복과 저주의 문제를 다루기 때문이다. 이처럼 여러 율법 모음이, 가난 때문에 어그러진 경제 질서를 바로 잡는, 해방과 회복의 희년 규정으로 끝난다는 것은 그런 대로 의미가 있다.

---

[258] 이에 대한 자세한 내용은 졸고, "네 형제가 가난해져서-레위기 25장 다시 읽기", 같은 책, 322~381 가운데 343~346을 참고하라.

## 7.7. 설교할 때 고려할 본문의 교훈

(1) 본문 적용의 한계성

본문은 이스라엘 각 사람에게 하나님이 공평하게 나누어주신 땅이 있다는 사실을 전제하고 있다. 여기서 이스라엘 아닌 다른 민족에게 이러한 전제를 어떻게 적용할 수 있는가 하는 문제가 생긴다. 우리 나라의 경우만 해도 역사상 백성 한 사람 한 사람이 공정하게 땅을 나누어 받은 적이 거의 없다. 또 50년마다 모든 채권 채무 관계를 아무런 조건 없이 없이한다는 것을, 오늘의 경제 체제에서는 생각하기 힘들다. 그러나, 다음 몇 가지는 오늘 우리의 기독교 경제 생활에도 중요한 가르침이 된다.

(2) 본문의 교훈

첫째, 이 세상 모든 땅의 주인은 창조주 하나님이시므로 사람이 그 땅을 영원히 소유할 수 없고, 사람은 이 땅에 사는 동안 하나님의 땅을 빌어서 살고 있는 거류민(<게르>, גֵּר)일 따름이다.

둘째, 땅은 돈벌이의 수단이 아니라 삶의 터전이므로 – 여기서 토지 공개념이 문제된다 –, 땅을 사고 판다는 것은 땅의 이용권을 넘겨 주고 넘겨 받음을 뜻할 따름이다.

셋째, 가난의 문제는 개인의 문제가 아니라 한 개인이 속한 공동체 전체가 함께 힘을 모아 풀어야 한다.

넷째, 경제 제도는 기본적으로 가난한 사람에게 유리한 방향으로 운용해야 한다.

# 8. 신명기 26장 1~11절

## 8.1. 본문 범위 설정에 무리가 없는가?

본문은 하나님이 이스라엘에게 아말렉에 관해 하신 말씀인 25장 17~19절과 십일조 문제를 다루는 26장 12~15절 사이에서 토지 소산 만물에 대해 다루는 말씀이어서 그 앞 뒤 단락과 똑똑히 구별된다.

## 8.2. 본문 한글 번역의 문제

(1) 본문의 '너'를 공동번역과 표준새번역에서는 한결같이 '너희'로 옮겼다. 그리하면서 3절과 10절의 '나'는 '우리'로 바꾸지 않고 일인칭 그대로 두었다.

(2) 5절의 '내 조상은 방랑하는 아람 사람으로서'가 *NRSV*와 *NET*에서는 A wandering Aramean was my ancestor로 옮기면서, 히브리어 본문을 따라 술어를 앞세워 강조한다.

(3) 5절의 '내 조상'을 *NIV*와 *NJPST*와 *REB*와 *ESV*에서는 my father로 옮긴다.

## 8.3. 본문의 표현 형식과 짜임새와 내부 상응 관계

| | |
|---|---|
| ¹네 **하나님 여호와**께서 네게 기업으로 주어<br>차지하게 하실 땅에<br>네가 들어가서 거기에 거주할 때에<br>²네 하나님 여호와께서 네게 주신 땅에서<br>그 토지 모든 소산의 맏물을 거둔 후에 | 전제된 상황<br>(1)가나안 정착 진입 및 정착<br><br>(2)맏물 거둔 뒤 |
| 그것을 가져다가 광주리에 담고<br>네 하나님 여호와께서<br>그의 이름을 두시려고 택하신 곳으로<br>그것을 가지고 가서<br>³그 때의 제사장에게 나아가 그에게 이르기를<br>    내가 오늘 당신의 하나님 여호와께 아뢰나이다<br>    내가 여호와께서 우리에게 주시겠다고<br>    우리 조상들에게 맹세하신 땅에<br>    이르렀나이다<br>할 것이요 | 네가 할 일(1)광주리에 담아<br>  (2)정한 곳으로 가져가서<br><br><br>  (3)제사장에게 말할 것<br>    할 말: 하나님께<br>      약속의 땅에 이르렀음을 |
| ⁴*제사장*은 네 손에서 그 광주리를 받아서<br>네 하나님 여호와의 제단 앞에 놓을 것이며 | 제사장이 할 일 |
| ⁵*너*는 또 네 하나님 여호와 앞에 아뢰기를<br>내 조상은 방랑하는 아람 사람으로서<br>애굽에 내려가<br>거기에서 소수로 거류하였더니<br>거기에서 크고 강하고 번성한 민족이 되었는데<br>⁶애굽 사람이 우리를 학대하며<br>   우리를 괴롭히며<br>   우리에게 중노동을 시키므로<br>⁷우리가 우리 조상의 하나님 여호와께 부르짖었더니<br>**여호와**께서 우리 음성을 들으시고<br>우리의 고통과 신고와 압제를 보시고<br>⁸여호와께서 강한 손과 편 팔과 큰 위엄과 이적과<br>기사로 우리를 애굽에서 인도하여 내시고<br>⁹이곳으로 인도하사<br>이 땅 곧 젖과 꿀이 흐르는 땅을 주셨나이다<br>¹⁰여호와여 이제 내가 주께서 내게 주신<br>토지 소산의 맏물을 가져왔나이다 하고<br>*너*는 그것을 네 하나님 여호와 앞에 두고<br>네 하나님 여호와 앞에 경배할 것이며<br>¹¹**네 하나님 여호와**께서<br>너와 네 집에 주신 모든 복으로 말미암아<br>너는 레위인과 너희 가운데에 거류하는 객과 함께<br>즐거워할지니라 | 네가 할 일(4)여호와께 아뢸 것<br>  아뢸 내용: 조상의 출신,<br>        애굽 행,<br>        번성<br><br>      애굽 사람의 학대<br><br><br>      우리의 부르짖음<br>여호와께서 하신 일<br>    듣고 보심<br>    인도해 내심<br><br>    인도하심<br>    그 땅을 주심<br>    내가 맏물 가져옴을 보고함<br><br>네가 할 일(5)여호와 앞에 두고<br>  (6)경배할 것<br>  (7)함께 즐거워할 것 |

(1) 신명기가 본디 그러하듯이, 본문은 모세가 가나안 땅에 들어가기 직전에 있는 이스라엘에게, 그들이 가나안 땅에 들어간 뒤에 할 일을 가르치는 형식의 글이다.

(2) 본문은 본문의 가르침이 적용될 상황을 밝히는 1절~2절 전반절과 그런 상황이 벌어졌을 때 '너'가 할 일을 말하는 2절 후반절~11절의 두 부분으로 크게 나눌 수 있다. 둘째 부분은 다시 '너'가 제사장에게 맏물을 가져가서 할 말이 가운데 자리잡은 2절 후반절~4절과 여호와께 아뢸 말이 중심을 이루는 5~11절의 둘로 나누어진다. 이처럼 본문에서는 '너'가 두 차례에 걸쳐 할 말이 중요한데, 처음에는 '내'가 가나안 땅에 이른 것을 여호와께 고하고(3절), 다음으로는 '내 조상'(5절)과 애굽 사람(6절)과 '우리'(7절 전반절)와 여호와(7절 후반절~9절)와 '나'(10절)에 관한 내용을 한데 길게 이어 여호와께 아뢰라고 한다. 분량상으로 보면, 여호와께서 '우리'에게 하신 일을 가장 자세하게 아뢰게 되어 있다. 그 다음에 자기가 맏물 가져온 것을 아뢰게 함으로써, 맏물을 바치는 행위가 여호와께서 조상적부터 '오늘'에 이르기까지 '우리'에게 베푸신 여러 가지 은혜에 대한 응답이라는 점을 분명히 한다.

## 8.4. 본문의 중심 낱말 및 개념

(1) 본문에서 가장 자주 나오는 낱말은 '여호와'(14번)이고, 그 가운데서도 '네 하나님 여호와'가 8번(1, 2, 2, 4, 5, 10, 10, 11절)이나 들어 있다. 그 밖에 '당신의 하나님 여호와'(3절)과 '우리 조상의 하나님 여호와'(7절)도 볼 수 있다. 이런 식으로 본문은 이스라엘의 여호와 하나님 중심 신앙을 분명히 한다.

(2) 또한 본문은 이스라엘의 가나안 진입에 대해 1, 3, 9절에서, 토지 소산 맏물 수확에 대해서 2, 10절에서 말함으로써, 여호와 중심 신앙이 적용될 경우가, 이스라엘이 가나안 땅에 들어가서 첫 토지 소산을 얻었을 때라는 점을 알려 준다.

## 8.5. 본문과 신명기 및 율법서의 다른 부분의 관계

(1) 2절의 '여호와께서 그의 이름을 두시려고 택하신 곳'이라는 표현은 신명기 12장을 비롯하여 여러 곳에서 자주 쓰인다.259 11절의 "레위인과 너희 가운데에 거류하는 객과 함께 즐거워하라"와 같거나 비슷한 표현은 12장 12, 18절, 14장 26절, 16장 11, 14절에도 나온다.

(2) 5절에 나오는 '내 조상'의 이야기는 창세기의 야곱 관련 본문과 출애굽기 1장을 생각나게 한다. 야곱의 외가는 아람 족속이었다(창 28: 2, 5; 31:47). 본문 6~8절은 출애굽기 앞 부분을 간추린 것이고, 본문 9절은 여호수아서의 내용까지 암시한다.

## 8.6. 설교할 때 고려할 본문의 교훈

본문은 추수 감사 일반을 다루는 본문이 아니고, 이스라엘이 가나안 땅에 들어가서 처음 맞이하는 추수 감사의 방식에 대해 가르친다. 그런 만큼, 본문을 오늘 우리에게 적용하는 데에는 역사적인 한계가 있지만, 다음 몇 가지 점에서 여전히 중요한 교훈이 된다.

(1) 땅의 소산에 대해 감사하기에 앞서서, 하나님이 그런 땅을 우리에게 주셨다는 사실에 대해 먼저 감사해야 한다.

(2) 토지 소산 맏물을 먼저 하나님께 드린다는 것은 이 땅의 모든 생산이 근본적으로 하나님의 것임을 인정한다는 것을 뜻한다.

(3) 하나님의 백성은 토지 소산 맏물을 하나님께 바치면서, 하나님이 지난 날 선조 때부터 오늘에 이르기까지 베푸신 구원과 인도의 은혜를 기억한다.

(4) 하나님이 내리신 복을 누리는 기쁨은 어려운 이웃과 나누어야 한다.

---

259 졸저, 『구약성경개관. 개정증보판』([문헌0.8.8-1의 책]), 63참고.

# 9. 사사기 11장 1~11절[260]

## 9.1. 본문 범위 설정에 무리가 없는가?

(1) 길르앗 지방의 이야기가 이미 10장 17절부터 나오지만, 17~18절은 암몬 자손이 쳐들어왔을 때 길르앗 사람들의 상황을 묘사하고, 11장 1~3절에서는 입다라는 인물을 소개하고 있으므로, 10장 17~18절과 11장 1절 이하는 구별할 수 있다.

(2) 이렇게 시작한 입다의 이야기는 12장 7절까지 이어진다. 그 가운데 11장 4~11절에서는 입다와 길르앗 장로들 사이에 벌어진 일을 알려 주고, 12~27절에서는 입다가 이스라엘을 대표하여 암몬 자손의 왕에게 사자를 보내어 전한 말을 소개한다.

---

[260] 졸고, "성경 속의 지역감정과 극복", 같은 책, 382~390 = 「빛과 소금」 96(1993. 3), 42~45 참고.

(3) 본문은 사사 입다가 길르앗의 지도자가 되는 과정을 알려주는데, 아직 앞에서 언급하지 않는 그 앞 뒤 단락 내용을 살펴 보면, 10장 6~16절에서는 입다 시대 이스라엘이 하나님을 배반하다가 암몬 자손에게 시달리게 되고 이에 하나님께 부르짖은 사실을 길게 다루고, 11장 28~40절에서는 여호와의 영이 입다에게 임하여 입다가 암몬 자손을 쳐부순 사건과 그가 싸움터에 나가기 전에 여호와께 한 서원 때문에 나중에 그의 딸이 죽게 된 사건을 한데 묶어 다룬다. 12장 1~6절은 불평하는 에브라임 사람들을 입다가 쳐부수는 이야기이고, 7절에서는 입다의 죽음과 장사됨에 대해 말한다.

## 9.2. 본문 한글 번역의 문제

(1) 1절의 '큰 용사'(<깁보르 하일>, גִּבּוֹר חַיִל)가 공동번역에는 '굉장한 장사', NET에는 a brave warrior, NJPST에는 an able warrior, NIV와 NRSV와 ESV에는 a mighty warrior로 되어 있다.

(2) 2절의 '기업을 잇'다가 표준새번역에는 '유산을 이어받'다로, 공동번역에는 '상속을 받'다로 되어 있다.

(3) 3절의 '잡류'(<아나쉼 레킴>, אֲנָשִׁים רֵיקִים)를 표준새번역에서는 '건달패들'로 옮겼다. REB에서는 good-for-nothing fellows, ESV에서는 worthless fellows, NJPST에서는 men of low character, NIV에서는 adventurer, NET에서는 lawless men, NRSV에서는 outlaws로 옮겼다.

(4) 3절 끝의 '그와 함께 출입하였더라'가 표준새번역에는 '그를 따라다녔다'(NIV: ... followed him, REB: ...became his followers), NRSV에는 ...went raiding with him으로 되어 있다. 공동번역에서는 이에서 더 나아가, 3절 후반절을 아예 입다를 주어로 하는 문장으로 바꾸어 "건달패들을 모아 비적떼의 두목이 되어 있었다"라고 풀어

옮겼다.

(5) 6, 11절의 '장관'(<카친>, קָצִין)이 표준새번역에는 '지휘관', 공동번역에는 '장군'(6절)과 '사령관'(11절), NJPST에는 chief, NIV와 REB와 NRSV에는 commander, ZB에는 Führer('지도자')로 되어 있다. 또 8, 9, 11절의 '머리'(<로쉬>, רֹאשׁ) (NIV/REB/NRSV: head)가 표준새번역에서는 '통치자', 공동번역에는 '수령', NJPST에는 commander로 되어 있다.

## 9.3. 본문의 짜임새와 흐름

본문은 길르앗 사람 입다가 사회 관념상 비천한 출신으로 이복형제들에게 쫓겨난, 서론적인 상황을 말하는 1~3절과 암몬 자손의 침입으로 다급해진 길르앗 장로들이 입다를 찾아와 그를 지도자로 추대한 사건을 알려 주는 4~11절의 두 부분으로 크게 나눌 수 있다. 앞부분의 중심에는 입다의 이복 형제들이 입다를 쫓아내면서 한 말이 나오고(2절 후반절), 뒷부분에서는 장로들과 입다가 두세 차례에 걸쳐 주고 받는 말(6~10절)을 중심으로 그 앞에는 암몬 자손의 출현(4절~5절 전반절)으로 장로들이 입다를 데리러 왔다는 내용(5절 후반절)이 있고, 뒤에는 입다가 길르앗 사람들의 지도자가 되었다는 내용(11절)이 있다. 이리하여, 처음에는 푸대접받던 입다가 한 지방의 지도자가 되는 과정을 본문에서 알 수 있다. 곧 '기생'의 '아들', '잡류'와 같이 다니던 입다가 외적의 침입을 계기로 길르앗 사람들의 '장관'과 '머리'가 된 것인데, 이는 입다가 본디 '큰 용사'였기 때문이라는 점을 본문 첫머리에서 알 수 있다.

| | | |
|---|---|---|
| ¹ 길르앗 사람 입다는 큰 용사였으니 | 푸대접받는입다 | 입다의 비천한 출신 |
|   기생이 길르앗에게 낳은 아들이었고 | | |
| ² 길르앗의 아내도 그의 **아들들**을 낳았더라 | | |
|   그 아내의 **아들들**이 자라매 입다를 쫓아내며 | | 이복형제들에게 쫓겨난 입다 |
|   그에게 이르되 | | |
|   너는 다른 여인의 자식이니 | | |
|   우리 아버지의 집에서 기업을 잇지 못하리라 한지라 | | 달아남 |
| ³ 이에 입다가 그 형제들을 피하여 돕 땅에 거주하매 | | |
|   잡류가 그에게로 모여 와서 그와 함께 출입하였더라 | | 잡류의 우두머리 입다 |
| ⁴ 얼마 후에 암몬 자손이 이스라엘을 치려 하니라 | | 암몬 자손의 출현 |
| ⁵ 암몬 자손이 이스라엘을 치려할 때에 | | 입다를 찾아온 |
|   **길르앗 장로들**이 입다를 데려오려고 돕 땅에 가서 | |   길르앗 장로들 |
| ⁶ 입다에게 이르되 | | 추대의 말 |
|   우리가 암몬 자손과 **싸우려** 하니 | | |
|   당신은 와서 우리의 장관이 되라 하니 | | |
| ⁷ 입다가 **길르앗 장로들**에게 이르되 | | 입다의 대답 |
|   너희가 전에 나를 미워하여 | |   지난 일을 상기시킴 |
|   내 아버지 집에서 쫓아내지 아니하였느냐 | | |
|   이제 너희가 환난을 당하였다고 | | |
|   어찌하여 내게 왔느냐 하니라 | | |
| ⁸ 그러므로 **길르앗 장로들**이 입다에게 이르되 | 높아진입다 | 장로들의 대답 |
|   이제 우리가 당신을 찾아온 것은 | |   우두머리삼겠다는약속 |
|   우리와 함께 가서 암몬 자손과 **싸우게** 하려 함이니 | | |
|   그리하면 당신이 | | |
|   우리 길르앗 모든 주민의 **머리**가 되리라 하매 | | |
| ⁹ 입다가 **길르앗 장로들**에게 이르되 | | 입다가 확약을 요구함 |
|   너희가 나를 데리고 고향으로 돌아가서 | | |
|   암몬 자손과 **싸우게** 할 때에 | | |
|   만일 여호와께서 그들을 내게 넘겨 주시면 | | |
|   내가 과연 너희의 **머리**가 되겠느냐 하니 | | |
| ¹⁰ **길르앗 장로들**이 입다에게 이르되 | | 장로들의 확약 |
|   **여호와**는 우리 사이의 증인이시니 | | |
|   당신의 말대로 우리가 그렇게 행하리이다 하니라 | | |
| ¹¹ 이에 입다가 **길르앗 장로들**과 함께 가니 | | 입다가 추대에 응함 |
|   백성이 그를 자기들의 **머리**와 장관을 삼은지라 | | 백성의 우두머리 입다 |
|   입다가 미스바에서 자기의 말을 다 **여호와** 앞에 아뢰니라 | | 여호와 앞의 입다 |

## 9.4. 본문의 중심 낱말 및 개념

(1) 본문 앞부분에는 '아들' 또는 '자식'(<벤>, בֵּן)이란 낱말이 네 번 나온다(1, 2, 2, 2절). 입다가 '기생'의 '아들'이라면, 그의 이복 형제들은 길르앗의 '아내'의 '아들'이어서, 이들은 입다를 '다른 여인의 아들'이라 부르면서 내쫓았고, 입다는 그 형제들을 피해 달아났다.

(2) 본문 뒷부분에는 길르앗 '장로들'이란 표현이 다섯 번(5, 7, 8, 9, 10, 11절)이나 쓰인다. 이들은 길르앗 지방의 어른들로서 외적의 침입에 직면하여 입다가 지도자로 나서도록 끈질기게 설득한다.

(3) 입다에게 해당되는 지위를 가리키는 말로 본문에는 '머리'(8, 9, 11절)와 '장관'(6, 11절)이 나온다. '머리'는 10장 18절에 이미 쓰이고 있다. 이 두 낱말은 일단 입다가 길르앗 사람들의 지도자로 추대받아 그렇게 활약한 사실을 표현한다. 그렇지만, 입다 등장의 역사적 배경을 말하는 10장 6~16절과 입다 본문의 마지막 절인 12장 7절을 보면 입다는 길르앗 지역을 넘어서서 온 이스라엘의 사사로 활동했다. 히브리어 본문으로는 12장 7절에서 '사사노릇하다', '다스리다'는 뜻을 띠는 동사 <샤팟>(שָׁפַט)가 쓰이고 있는데, 이는 옷니엘(3:10), 드보라(4:4), 돌라(10:2), 야일(10:3), 입산(12:8, 9), 엘론(12:11, 11), 압돈(12:13, 14), 삼손(15:20; 16:31)의 경우에도 마찬가지이다. 명사 <쇼펫>(שֹׁפֵט)는 사사 시대에 대한 총론적인 서술 가운데 (2:16~19)에 나올 따름이다. 삼갈과 기드온의 경우에는 <샤팟>의 동사형도 명사형도 쓰이지 않는다(그렇지만, 개역한글은 3장 31절에 '사사로 있어'를 보충하여 옮겼다).

(4) '싸우다'(<닐함>, נִלְחַם)가 세 번(6, 7, 8절)나오는데, 이는 모두 이스라엘을 쳐들어 온 암몬 자손(4, 5, 6절)과 싸우는 것을 가리키고, 4, 5절에서는 암몬 자손이 이스라엘을 '치려' 한다는 것을 히브리

말로는 같은 동사로 표현한다. 이 낱말은 이미 10장 9절과 18절에 나온 바 있다. 이는 모두 입다가 당시 이스라엘을 위협하던 암몬 사람들을 물리치는 데 앞장서는 인물이 될 것을 말한다.

## 9.5. 본문 이해를 위해 조사해 볼 내용

(1) 길르앗: 본문에서 길르앗은 한편으로는 입다의 아버지를 가리키는 사람 이름으로, 다른 한편으로는 입다의 출신 지역을 가리키는 지역 이름으로 쓰이고 있다. 민수기 26장 28~29절과 여호수아 17장 1~2절에 따르면, 길르앗은 요셉의 아들 므낫세의 손자이다. 창세기 31장 21~25절에 따르면, 라반이 자기에게서 달아난 야곱을 뒤쫓아가서 마침내 야곱을 따라잡은 산의 이름이 길르앗이지만, 보통은 열왕기하 10장 33절 같은 곳에서 알 수 있듯이 야르묵에 이르는 얍복 북쪽 지역을 길르앗이라 하고[261], 때로는 여호수아 22장 9절 같은데서는 야르묵과 아르논 사이의 요단 동쪽 지역 전체를 가리켜 길르앗이라 일컫기도 한다.

(2) 암몬 자손: 창세기 19장 36~38절에 따르면, 암몬 자손의 조상은 소돔과 고모라가 멸망한 다음에 아브라함의 조카 롯이 작은 딸과 관계하여 낳은 아들이다. 민수기 21장 24절 같은 곳을 보면, 암몬 자손은 얍복 상류 지역에 살았던 것으로 보이는데, 이들이 서쪽으로 진출하려고 할 때 이스라엘의 길르앗 지방 사람들과 부딪히지 않을 수 없었다. 입다 시대 이후로는 암몬 왕 나하스가 길르앗 야베스를 쳐들어왔을 때 사울이 이를 물리친 사건이, 사울이 임금 자리에 오르는 결정적인 계기가 되기도 했다(삼상 11장). 다윗은 요압을 내세워 나하스의 아들 하눈이 다스리는 암몬 자손을 굴복시킨다(삼하 10~12장).

---

[261] 28쪽의 지도를 보라.

(3) 미스바: 구약성경에 미스바라는 이름의 장소가 여럿 있는데, 여기서는 길르앗 지방에 있는 미스바를 가리킨다(삿 10:17). 본문 11절의 내용으로 보건대, 이 미스바가 길르앗 사람들의 성소였던 것으로 보인다. 29절의 '길르앗 미스베'(직역하면 '길르앗의 미스바')가 바로 이 미스바일 것이다.

길르앗 지방의 미스바보다 더 이름난 것은 베냐민 자파에 속한 땅으로, 이스라엘 역사 초기 군사들의 집결지 또는 사무엘이 이스라엘을 다스리던 곳이었던, 예루살렘 북쪽의 미스바이다(삿 20~21장; 삼상 7장).

## 9.6. 입다 본문이 사사기에서 차지하는 자리

(1) 사사기에서 삼손(13~16장)과 기드온(6~8장) 다음으로 그 활동을 자세히 다루고 있는 사사는 입다(10:6~12:7)이다.[262]

(2) 입다 본문과 기드온 본문은 우선 두 가지 점에서 서로 관련된다.

첫째, 사사기 6장 12절에서 기드온을 가리켜 쓴 말인 '큰 용사'를, 11장 1절에는 입다에게 붙이고 있다. 둘째, 기드온의 경우에는 미디안 사람들을, 입다의 경우에는 암몬 자손을 물리친 다음, 에브라임 사람들이 불평했을 때, 기드온은 스스로를 숙여서 갈등을 해결했지만(8:1~3), 입다는 자신의 출신 지파를 깔보는 에브라임 사람들과 싸웠고, 특히 요단 나루에서 독특한 히브리어 발음을 근거로 에브라임 사람을 식별해 내어 상당한 수의 동포를 죽였다(12:1~6).

(3) 옷니엘(3:9)과 에훗(3:15)과 기드온(6:14)과 삼손(13:3~5)의 경우에는, 이스라엘을 위해 여호와 하나님이 직접 이들을 지도자로 세우신 것으로 되어 있는데, 입다 관련 본문에서는 길르앗 장로들이 자신들을 이끌 지도자를 찾아가 성실하게 교섭한 끝에 입다를

---

[262] 졸저, 『구약성경개관. 개정증보판』([문헌0.8.8-1의 책]), 78 참고.

지도자로 삼은 과정을 자세히 소개한다.

## 9.7. 설교할 때 고려할 본문의 교훈

(1) 설교 시간에 가장 자주 등장하는 사사인 기드온과는 달리, 입다는 실제로 설교자들의 관심을 그리 끌지 못하던 인물이다. 그렇지만, 사사기는 사사들의 훌륭함을 드러내기 위한 책이라기 보다는 하나님이 사사들을 통해서 이스라엘을 어떻게 도우시고 다스리셨는가를 알려 주는 책이다. 이 점은 11장 1~11절을 본문으로 설교할 때도 잊지 말아야 할 점이다.

(2) 이런 전제 아래, 본문에서 먼저 다음 몇 가지 사실을 확실히 할 필요가 있다.

첫째, 입다는 어머니의 신분 때문에 길르앗 사회의 가장 자리로 밀려난 사람이었다.

둘째, 길르앗 사람들은 외적의 침입을 받자 늦게나마 입다의 능력을 인정하고 입다를 자신들의 우두머리로 삼고자 했다.

셋째, 입다는 길르앗 사람들의 추대를 무조건 받아들이지 않고, 지난날 그들이 자신에게 저지른 잘못을 지적했다.

넷째, 길르앗 사람들이 입다를 우두머리로 삼고자 한 것은 일시적인 조치가 아니라 지속적인 것이었다. 이로써 입다는 길르앗 사회에 제대로 돌아올 수 있게 되었다.

다섯째, 길르앗 사람들과 입다는 이러한 변화를 '여호와 앞에서' 행했다.

(3) 이런 여러 가지 사실에서 오늘의 인간 사회, 특히 하나님 백성의 공동체인 교회에 적용할 수 있는 교훈을 찾아볼 수 있다.

첫째, 한 개인의 출신 배경을 문제 삼아 차별 대우하고 사회의 가장자리로 몰아내는 일은 인간 사회에서 쉽게 볼 수 있는 현상이다.

　둘째, 사회 전체가 어려움을 겪을 때는, 출신 때문에 내쫓았던 유능한 사람을 다시 모셔올 수 있는 용기가 지도층에 있어야 한다.

　셋째, 유능한 인재를 추대하는 것은 눈 앞에 닥친 위기만 넘기려는 일시적인 조치가 되어서는 안 되고, 앞으로도 계속 그가 사회 발전에 이바지할 수 있도록 그 능력에 맞는 지위와 직책을 아낌없이 내주어야 한다.

　넷째, 이 모든 과정을 인간 사회를 정의와 사랑으로 다스리시는 하나님의 뜻에 맞게 하고, 하나님 앞에서 엄숙하고 진지하게 행해야 한다.

# 10. 사무엘상 12장 19~25절

## 10.1. 본문 범위 설정에 무리가 없는가?
### (1) 사무엘상 12장의 시대 배경과 성격

종살이하던 애굽 땅을 떠나 사십년의 광야 길을 거쳐 온 이스라엘 백성은 마침내 가나안 땅에 정착하여 살게 됨으로써(여호수아, 사사기)이른바 사사 시대가 시작되었으나, 이웃 나라들과는 달리 이스라엘에는 아직 임금이 없었다. 세월이 흐르면서 이스라엘 백성 사이에서는 우리에게도 임금이 있었으면 좋겠다고 바라는 마음이 강해진다. 이들은 자기들을 외적의 침입에서 지켜줄 강력한 중앙 통치 체제 아래 살기를 바랐던 것이다. 마침내 이들은 삼상 8장에서 사사 사무엘을 찾아와서 임금을 세워달라고 조른다. 이러한 백성의 요청을 사무엘은 이스라엘의 참 임금이신 여호와를 본격적으로 저버리는 것이라 생각하고 아주 못마땅하게 여겼지만 하나님의 명령을 받들어 사울을 이스라엘의 첫 임금으로 세운다(삼상 9~11장). 특히 11장에서 사울이 이스라엘에 쳐들어온 암몬 사람들을 용감히 물리친 뒤에 왕위에 오른다.

    뒤이어 12장에서 사무엘은 이스라엘 백성과 또 이제 이스라엘의 첫 임금이 된 사울 앞에서 일종의 고별 연설 또는 고별 설교를 한다. 어찌 보면 새 임금이 들어섰으니 자신은 물러서겠다는 뜻을 밝히는 셈이어서 은퇴사라고도 할 수 있다. 물론 그 뒤로 사무엘이 공적인 활동을 아예 그만둔 것은 아니지만, 하나님 백성을 잘 돌볼 책임을 일단은 사울에게 넘겨준 것으로 볼 수 있다.

### (2) 사무엘상 12장의 짜임새와 줄거리

    사무엘이 백성에게 한 마지막 설교의 내용은 분명하다. 먼저 자신이 백성의 요구 대로 임금을 세워주었다는 사실을 상기시키고(1절), 지금까지 자신이 백성을 괴롭힌 적이 없다는 점을 백성들 스스로 확인하게 한다(2~5절). 그런 다음 출애굽에서 시작하여 왕을 세우기까지 하나님과 이스라엘의 관계에 대해 말하면서, 이스라엘이 임금을 구한 죄에 대한 벌이 있으리라 했고, 뒤이어 하나님이 보내신 우뢰와 비가 내리자 백성이 크게 두려워한다(6~18절). 백성은 임금을 구한 자신들의 잘못을 고백하면서 자기들을 위해 기도드려 죽지 않게 해 달라고 사무엘에게 부탁한다(19절). 그러자 사무엘은 백성에게 그들이 하나님께 잘못을 저질렀지만 하나님은 그들을 버리시지 않으리라고 위로하면서도 망하지 않으려면 하나님을 잘 섬겨야 한다고 권고한다(20~22, 24~25절). 그러면서 자기는 계속 백성을 위해 기도드리고 백성을 바르게 가르칠 것이라고 약속한다(23절).

### (3) 본문이 사무엘상 12장에서 차지하는 자리

    많은 번역본들이 18절부터 12장의 마지막 부분이 시작하는 것으로 단락을 구분하고 있다. 19절에서 백성이 사무엘에게 간청하게 된 계기가 18절에서 묘사하는 사건이므로 그렇게 보는 것이 더 낫다. 그런데 18절 첫머리의 '이에'는 다시 18절 이하가 그 앞과 이어진다는 점을 암시한다. 여기서 본문의 범위를 19~25절로 잡은 것은 백성과 사무엘의 대화에 촛점을 맞추기 위한 것일 따름이다.

## 10.2. 본문 한글 번역의 문제

21절에서 개역개정판이 '헛된 것'이라고 옮긴 말이 표준새번역에서는 '쓸데없는 우상', 공동번역에서는 '허수아비들'이라고 번역되어 있다. NIV, NRSV, NEB, NJPST, NET(=ESV)에서는 각각 useless idols, useless things, sham gods, worthless things, empty things로 옮기고 있다.

## 10.3. 본문의 짜임새와 흐름과 내부 상응 관계

| 19절:<br>백성이<br>사무엘에게<br>부탁한 말 | 모든 백성이 사무엘에게 이르되<br>  당신의 종들을 위하여<br>    당신의 하나님 여호와께 기도하여<br>  우리로 죽지 않게 하소서<br>  *우리가 우리의 모든 죄에<br>    왕을 구하는 악을 더하였나이다* | 기도 부탁<br>목적<br>범죄 고백 |
|---|---|---|
| 20~25절:<br>사무엘이<br>백성에게<br>대답한 말 | ²⁰사무엘이 백성에게 이르되<br>  두려워 하지 말라<br>  너희가 과연 이 모든 악을 행하였으나<br>  여호와를 따르는 데에서 돌아서지 말고<br>  오직 너희의 마음을 다하여 여호와를 섬기라<br>²¹ 돌아서서<br>  유익하게도 못하며 구원하지도 못하는<br>  **헛된 것**을 따르지 말라<br>  그들은 **헛되니라**<br>²²여호와께서 너희를 자기 백성으로 삼으신 것을<br>        기뻐하셨으므로<br>  여호와께서는 그의 크신 이름을 위해서라도<br>  자기 백성을 버리지 아니하실 것이요<br>²³나는 너희를 위하여 기도하기를 쉬는 죄를<br>  여호와 앞에 결단코 범하지 아니하고<br>  선하고 의로운 길을 너희에게 가르칠 것인즉<br>²⁴너희는 여호와께서 너희를 위하여 행하신<br>  그 큰 일을 생각하여<br>  오직 그를 경외하며<br>  너희의 마음을 다하여 진실히 섬기라 | 안심시킴<br>상황 확인<br>금지 명령(1)<br>명령(1)<br><br><br>금지 명령(2)<br><br>까닭<br><br>근거 1<br>근거 2<br>하나님의사랑확언<br>사무엘자신의할일<br><br><br>명령(2)<br>1<br>2<br>3 |

| ²⁵ 만일 너희가 여전히 악을 행하면<br>너희와 너희 **왕**이 다 멸망하리라 | 경고 |
|---|---|

## 10.4. 설교할 때 고려할 본문의 교훈

사무엘을 오늘 교역자의 자리에 놓고 본문을 중심해서 교역자의 삶에 대한 설교를 하려고 한다면, 다음 몇 가지 점을 생각해 볼 수 있다.

(1) 교역자의 삶은 하나님 백성이 하나님을 잘 섬기게 하는 삶이다(20, 24절). 곧 하나님만을 임금으로 모시고 살게 하는 삶이다.

(2) 하나님을 잘 섬기게 한다는 것은 백성이 하나님이 베푸신 구원을 기억하면서 하나님을 경외하게 하는 것이다(24절).

(3) 하나님을 잘 섬기게 한다는 것은 또한 헛된 것을 좇지 않게 하는 것이다(21절). '헛된 것'이란 생산을 보장하는 가나안 신들(9~10절)을 가리키므로, 오늘의 생산 제일 주의가 이에 해당한다고 볼 수 있다.

(4) 이렇게 사람들에게 하나님을 잘 섬기게 하려면 교역자는 하나님 백성을 위해 끊임없이 기도드리며 사람들을 바르게 가르치는 삶을 살아야 한다(23절).

# 11. 열왕기하 22장 8~13절

## 11.1. 본문 범위 설정에 무리가 없는가?

유다 왕 요시야에 대한 열왕기의 기록인 열왕기하 22장 1절~23장 30절은 요시야 왕에 대한 개괄적인 내용을 담고 있는 22장 1~2절로 시작한다. 뒤이어 3~6절에서 요시야 왕은 서기관 사반을 시켜서 대제사장 힐기야에게 성전 수리 경비를 운영하는 방식을 알리게 한다. 7절에는 이와 관련된 다른 내용이 덧붙어 있는데, 주 문장의 주어는 3절과 마찬가지로 요시야 왕인 듯하다. 8절에서는 주어가 힐기야로 바뀌면서 장면도 성전으로 달라진다. 9절부터 무대는 다시 왕궁이 되면서, 8절에서 다루기 시작한 새 사건에 잇달아 일어난 일을 알려 준다. 10~13절은 사반의 보고를 듣고 또 다른 명령을 내리는 요시야의 모습을 보여 준다. 14절에서는 왕명을 수행하는 신하들의 움직임이 나타나면서 장면이 바뀐다. 이리하여 8~13절은 그 나름대로 앞뒤 단락과 구별해 볼 수 있다.

## 11.2. 본문 한글 번역의 문제

(1) 11절의 "그의 옷을 찢으니라"를, 표준새번역은 '애통해 하며 자기의 옷을 찢었다'고 설명을 덧붙여 번역한다. 또 13절에서는 '책'이라 하지 않고 '두루마리'라고 한다.

(2) 공동번역은 8절에서 '힐키야'가 성전에서 '법전'을 찾았다고 하지만, 11절에서는 '율법책', 10절과 13절에서는 '책'이라고 하고, 8절과 12절에서는 '서기관'을 '공보대신'으로 옮겼다. NJPST와 NRSV/ESV에서는 각각 한결같이 (the) scroll (of the Teaching), (the) book (of the law)이라 하는데, REB에서는 the scroll (of the law)(8, 10절)과 (the) book (of the law)(11, 13절)이라고 두 가지로 옮기고 있다.

## 11.3. 본문의 짜임새와 흐름

등장 인물들 사이의 관계를 기준으로 본문은 쉽게 아래와 같이 나눌 수 있다.

```
8: 힐기야와 사반
   힐기야가 사반에게 한 말과 행동
     - "내가 여호와의 성전에서 율법책을 발견하였노라"
     - 그 책을 사반에게 줌
   사반의 반응 - 읽어봄
9~13: 사반과 왕
   9~10: 사반의 보고와 행동(9~10) - 성전 수리 경비 처리에 대해서
                                 - "힐기야가 내게 책을 주더이다"
                                 - 그 책을 왕 앞에서 읽음
   11: 왕의 반응(1) - 율법책의 말을 듣고 곧 옷을 찢음
   12~13: 왕의 반응(2) - 중요 인사들에게 명령을 내림
     12: 왕의 명령을 받은 사람들 - 힐기야, 아히감, 악볼, 사반, 아사야
     13전: 명령의 내용 - "이 책의 말씀에 대하여 여호와께 물으라"
     13후: 명령 내리는 까닭
       - "우리 조상들이 이 책의 말씀을 듣지 아니하며... 아니하였으므로"
       - "여호와께서 우리에게 내리신 진노가 크도다"
```

### 11.4. 본문에 거듭 나오는 낱말이나 이름

'왕'(9, 9, 10, 11, 12, 12), '사반'(8, 8, 8, 9, 12, 12), '율법책'(8, 11) 또는 '책'(8, 10, 13, 13), '힐기야'(8, 10, 12), '여호와의 전'(8, 9), '주다'(8, 10), '읽다'(8, 10), '듣다'(11, 13), '발견하다'(8, 13), '서기관'(8, 12)

### 11.5. 본문 이해를 위해 알아보거나 생각해 볼 문제들

(1) 요시야의 시대는 역사적으로 어떤 시대이며 요시야는 어떤 왕인가?

요시야가 왕노릇 할 때에는 지난 백여년 동안 세계를 주름잡던 앗수르 제국이 약해지고 바벨론 제국은 아직 팔레스티나에까지 쳐내려오지 못하고 있었다. 그리하여 애굽이 북진하여 한동안 유다 왕국을 맘대로 했으나(왕하 23:29, 33~35), 요시야 다음 다음의 왕으로 여호야김을 세운지 몇 해 되지 않아 갈그미스 전쟁에서 바로 느고가 바벨론의 느부갓네살에게 참패함으로써(렘 46:2)유다에 대한 영향력을 잃게 된다.

열왕기상 22~23장, 역대하 34~35장, 예레미야 22장 15~16절에 따르면 요시야는 성전에서 발견된 율법책의 가르침을 따라 야훼 하나님을 잘 섬기고 백성을 잘 보살폈으며, 앗수르에게 망했던 북왕국 지역에 이르기까지(왕하 23:19~20)개혁의 손길을 뻗친 좋은 임금이었다. 이 요시야 13년에 예레미야가 예언자로 부르심을 받았다(렘 1:2).

(2) 본문에 등장하는 다른 사람들은 어떤 인물들인가?

서기관 사반과 그의 집안은 유다 왕국의 마지막 시기에 중요한 역할을 했다. 사반 자신이 요시야의 신임받는 서기관이었을 뿐만 아니라 그의 아들 아히감도 이미 그러했는데, 예레미야 26장 24절에서 아히감은 여호야김에게 쫓기는 예레미야를 보호했고, 그의 아들 그달리야(=그다랴)는 나중에 유다가 망한 다음 유다 총독이 된다(왕하 25:22; 렘 40:7 등). 사반의 또 다른 손자 미가야는 예레미야의 예언이 적힌 두루마리를 바룩이 읽을 때 이를 듣고 왕궁 서기관의 방에 있던 방백들에게 보고했고(렘 36:11), 그렇게 보고 받은 사람들 가운데 미가야의 아버지, 사반의 아들 그마랴와 악볼의 아들 엘라단도 있는데(렘 36:12), 악볼은 열왕기하 22장 12절에 나온다. 엘라단과 그마랴는 나중에 여호야김이 이 두루마리를 잘라 불에 태울 때 다른 신하들은 조금도 '두려워하거나 그 옷을 찢지 아니하'는데도(렘 36:24)왕을 만류한다. 바벨론에 사로잡혀 가 있는 유다 사람들에게 예레미야의 편지를 전한 사람들 가운데에는 사반의 또 다른 아들 엘라사가 나온다(렘 29:3).

(3) 대제사장을 비롯하여 당시 아무도 모르고 있었던, 이 율법책은 무슨 책일까?(23:2, 21의 '언약책', 23:4~24의 개혁 조치, 출 24:7의 '언약서', 신 17:18~20 참고).

(4) 옷을 찢었다는 것은 무엇을 뜻하는가?(왕하 22:19; 렘 36:24; 창 37:29; 민 14:6; 욜 2:13 등 참고)

(5) 요시야가 명령을 내린 참 뜻은 무엇일까?(22:14~17 참고)

## 11.6. 설교할 때 고려할 본문의 교훈

(*본문 앞뒤를 참고해야 함)

(1) 성전에(감추어져? 아니면 내팽개쳐져)있었던 하나님의 율법책을 대제사장이 다시 발견했다! 오늘 우리의 '성전'에서도 우리의 '율법책'을 새로 발견해야 한다.

(2) 정직한 대제사장, 정직한 서기관, 정직한 임금, 이들을 뒷받침하는 관리들이 한데 어우러져서 하나님의 말씀을 중심으로 하나님 백성을 새롭게 하는 일을 벌였다! 우리의 개혁도 하나님 말씀을 두려워할 줄 아는 지도자들과 더불어 할 수 있을 것이다.

# 12. 이사야 1장 10~17절

## 12.1. 본문 범위 설정에 문제가 없는가?

소돔과 고모라와 '우리'가 9절과 10절에 이어서 나타나는 점에서는 두 절이 이어지나, 10절의 '여호와의 말씀을 들을지어다'와 '우리 하나님의 법에 귀를 기울일지어다'는 2절 전반절처럼 새 단락의 시작을 알려 준다. 11절 첫머리의 '여호와께서 말씀하시되'와 17절 끝의 '하셨느니라'를 보면, 그 사이에 여호와의 말씀이 들어 있음을 알 수 있다. 18절 첫머리의 '여호와께서 말씀하시되'와 20절 끝의 '여호와의 입의 말씀이라'는 18~20절을 10~17절과 구별되는 단락으로 보게 한다.

## 12.2. 본문 한글 번역의 문제

(1) 10절의 '관원들'을 표준새번역에서는 '통치자들'(난외주: '사사들', NRSV/ REB/NIV/ESV: rulers), 공동번역에서는 '고관들', NJPST에서는 cheiftains('우두머리들, 두목들'), NET에서는 leaders('지도자들')로 옮겼다. 또, '법'(히브리 낱말 <토라>, תורה)을 개역개정판과 표준새번역의 난외주에서는 '교훈' 또는 '가르침'(NRSV/REB/ESV: teaching, NJPST: instruction, NET: rebuke)으로 풀이하고 있다.

(2) 11절의 "너희의 무수한 제물이 내게 무엇이 유익하뇨"를 표준새번역에서는 "무엇하러 나에게 이 많은 제물을 바치느냐?"로, NRSV/ESV에서는 히브리어 본문의 분위기를 살려서 What to me is the multitude of your sacrifices?로 옮겼다.

(3) 17절의 '선행을 배우며'를 표준새번역에서는 '옳은 일을 하는 것을 배워라'로, 공동번역에서는 '착한 길을 익히고'로 옮겼다. 또, '고아를 위하여 신원(伸寃: 원통한 일을 풀어버림)하며'(NRSV: defend the orphan)가 표준새번역에는 '고아의 송사를 변호하여 주고'(NIV: defend the cause of the fatherless)로, 공동번역에는 '고아의 인권을 찾아 주며'(uphold the rights of the orphan)로 되어 있다.

## 12.3. 본문의 짜임새와 흐름

(1) 본문은 예언자가 청중인 '소돔의 관원들'과 '고모라의 백성'에게 '여호와의 말씀' 또는 '우리 하나님의 법'에 귀 기울일 것을 요청하는 도입부(10절)와 청중이 들어야 할 말씀의 내용(11~17절)의 둘로 크게 나눌 수 있다. 예언자가 청중에게 전하는 하나님의 말씀은 다시 청중의 잘못된 종교 생활을 나무라는 부분인 11~15절과 일상 생활의 변화를 촉구하는 부분인 16~17절로 나누어진다. 11~15절은 다시 주제상으로 제물 관련 부분(11절, 13절 전반절)과

절기 행사 관련 부분(12절, 13절 후반절)과 기도 관련 부분(15절)의 세 가지로 이루어져 있다. 16~17절에서는 종교의식적인 용어('씻음', '깨끗이 함')와 윤리적인 용어('악한 행실', '행악', '선행')를 써서 삶의 변화를 촉구한 다음, 실제적으로는 공의롭게 살 것을 가르친다.

(2) 제물과 절기 행사와 기도를 하나님이 인정하시지 않는 까닭은 청중이 '악을 행하'고(13절), 그 '손에 피가 가득'하기 때문이다(15절). 따라서 이제 이들은 '스스로 씻'고, '악한 행실'과 '행악' 대신에(16절), '선행'을 배워야 한다(17절). 이는 곧 공의를 구하는 것이요, 구체적으로는 사회적 약자를 잘 돌보고 지키는 것이다.

| | | |
|---|---|---|
| ¹⁰너희 소돔의 관원들아<br>　여호와의 말씀을 들을지어다<br>너희 고모라의 백성아<br>　우리 하나님의 법에 귀를 기울일지어다 | 도입 | 들을 것을 요청함 |
| ¹¹여호와께서 말씀하시되 | | |
| 너희의 무수한 제물이 내게 무엇이 유익하뇨<br>나는 숫양의 번제와 살진 짐승의 기름에 배불렀고<br>나는 수송아지나 어린 양이나 숫염소의 피를 기뻐하지 아니하노라<br>¹²너희가 내 앞에 보이러 오니<br>이것을 누가 너희에게 요구하였느냐<br>내 마당만 밟을 뿐이니라<br>¹³헛된 제물을 다시 가져오지 말라<br>분향은 내가 가증히 여기는 바요<br>월삭과 안식일과 대회로 모이는 것도 그러하니<br>성회와 아울러 **악을 행하는 것**을 내가 견디지 못하겠노라<br>¹⁴내 마음이 너희의 월삭과 정한 절기를 싫어하나니<br>그것이 내게 무거운 짐이라 내가 지기에 곤비하였느니라<br>¹⁵너희가 손을 펼 때에 내가 내 눈을 너희에게서 가리고<br>너희가 많이 기도할지라도 내가 듣지 아니하리니<br>이는 너희의 손에 피가 가득함이라 | 들은<br>내용 | 잘못된 종교 생활<br>*무익한 너희의 제물*<br>나 기뻐하지 않노라<br><br>*쓸데없는 너희의 순례*<br><br><br>*헛된 제물*<br>*가증한 분향*<br>*가증한 절기 행사*<br>나 견딜 수 없노라<br>나 싫어하노라<br>나 지쳤노라<br><br>*응답 못할 너희의 기도*<br>나 듣지 않겠노라 |
| ¹⁶너희는 스스로 씻으며 스스로 깨끗하게 하여<br>내 목전에서 너희 악한 행실을 버리며<br>**행악을 그치고** ¹⁷**선행을 배우며**<br>정의를 구하며 학대받는 자를 도와주며<br>고아를 위하여 신원하며 과부를 위하여 변호하라 | | 삶의 변화 촉구: 씻으라<br><br>악행에서 선행으로<br><br>공의로운 삶-약자 보호 |

## 12.4. 본문의 중심 낱말 및 개념

(1) 본문에서 우선 가장 자주 나오는 것은 제사 관련 용어들이다. 곧 '제물'(11, 13절), '숫양', '번제', '살진 짐승의 기름', '수송아지', '어린 양', '숫염소의 피'(11절), '분향'(13절)이 그러하다. 다음으로는 절기 관련 용어가 여럿 나온다. 곧, '월삭', '안식일', '대회', '성회', '정한 절기'가 13~14절에 들어 있다. 이는 하나님 백성이 종교 의식에 매우 힘쓰고 있다는 점을 일러 준다.

(2) 이런 것들에 대한 하나님의 심정을 표현하는 술어로는 '기뻐하지 않다'(11절), '가증히 여기다'(13절), '견디지 못하다'(13절), '싫어하다'(14절), '곤비하다'(14절), '눈을 가리다'(15절)와 '듣지 않다'(15절)가 나오는데, 이 모두 부정적인 뜻을 지닌다.

(3) '악을 행하는 것'(13절), '악한 행실'(16절), '행악'(16절), 손에 가득한 '피'(15절)는 청중의 잘못된 삶을 지적하는 표현이고, 이에 대한 대안으로 '선행을 배우'는 것(17절)이 제시된다. 여기서 하나님이 문제삼으신 것은 종교 의식 자체가 아니라, 일상의 바른 삶이 따르지 않는, 속 빈 종교 의식이라는 점이 드러난다.

## 12.5. 설교할 때 고려할 본문의 교훈

첫째, 하나님 백성이라 할지라도 하나님의 뜻을 거스르면 소돔과 고모라 백성처럼 여겨진다(10절). 둘째, 유다의 부패는 지도층만의 문제가 아니라 온 백성의 문제이다(10절). 셋째, 제물을 많이 드린다고 해서, 절기를 잘 지킨다고 해서, 기도를 많이 드린다고 해서 하나님이 무조건 기뻐하시는 것은 아니고, 평소의 삶 가운데서 악을 행하지 말아야 한다. 넷째, 이에서 더 나아가서, 하나님 백성은 선행을 배워야 하는데, 이는 공의로운 삶, 곧 사회적 약자들

('학대받는 자'와 '고아'와 '과부')의 권리를 잘 지켜주는 삶을 사는 것을 뜻한다.

# 13. 이사야 7장 1~9절

## 13.1. 본문 범위 설정에 무리가 없는가?

본문 앞 6장은 예언자 스스로 자신의 소명에 대해 말하는 형식의 글이어서 예언자가 삼인칭으로 등장하는(3절)본문과 구별된다. 본문 다음 절인 10절부터서는 야훼께서 아하스에게 하신 다른 말씀이 나온다. 이리하여 7장 1~9절을 하나의 독립된 본문으로 정해 볼 수 있다.

## 13.2. 본문 한글 번역의 문제

(1) 개역한글판에서는 8절 전반절, 9절 전반절, 8절 후반절, 9절 후반절의 순서로 8~9절을 뒤섞어 번역해 놓았다.

(2) 9절 후반절의 번역에 대해서는 첫째 마당의 1.3.2.(5)를 참고하라.

## 13.3. 본문의 짜임새와 흐름

| 1~2절<br>사건 배경 | 1절 르신과 베가의 예루살렘 침공<br>2절 아람과 에브라임의 동맹 소식과 유다 왕과 백성의 반응 – '흔들렸더라' | |
|---|---|---|
| 3~9절<br>이사야에게<br>여호와께서<br>하신 명령 | 3절 아하스를 만나라, 아들 스알야숩과 함께<br>윗못 수도 끝 세탁자의 밭 큰 길에서 | 명령 |
| | 4~9절 아하스에게 전할 말씀<br>4절 "너는 삼가며 조용하라"<br>르신과 르말리야의 아들의 실체<br>– 연기 나는 두 부지깽이 그루터기<br>"두려워하지 말며 낙심하지 말라" | 명령<br>설명<br><br>명령 |
| | 5~6절 적들의 음모와 말<br>5절 '악한 꾀로 너를 대적'<br>6절 "올라가 유다를 쳐서 그것을 쓰러뜨리고<br>우리를 위하여 그것을 무너뜨리고<br>다브엘의 아들을 그 중에 세워 왕으로 삼자"<br>7절 여호와의 말씀– '이 일은 서지 못하며 이루어지지 못하리라'<br>8~9절 "나라를 이루지 못하리라" – 까닭 | 설명 |
| | '만일 너희가 굳게 믿지 아니하면<br>너희는 굳게 서지 못하리라" | 권고 |

## 13.4. 본문 이해를 위해 조사할 일

(1) 1~2절은 어떤 역사 사건을 가리키는가? 아람은 어떤 나라인가? 베가는 어떤 임금인가? 아하스는 어떤 임금인가?

일찍이 다윗은 아람을 굴복시켜 조공을 받았지만(삼하 8:6; 10:6~19), 이미 솔로몬 만년에 르손이 아람 왕이 되면서 이스라엘에 반기를 들었고(왕상 11:23~25), 그 이후로 는 세력이 커지면서 특히 북왕국 이스라엘에 위협적인 존재가 되었다. 한 때 아람 왕 벤하닷은 북왕국 이스라엘 왕 바아사와 조약을 맺었지만, 이를 깨뜨리고 남왕국 유다 왕 아사와 조약을 맺어 바아사를 공격하기도 했고(왕상 15:18~20), 아합 때는 몇 차례 북왕국을 침공했으나 엘리야 때문에 패배한다(20장). 그러나 아합은 남왕국 유다 왕 여호사밧과 동맹하여 아람과 싸우다가 전사한다(22장). 아람 장군 나아만이 엘리사에게 고침을 받기도 하지만(왕하 5장)여호아하스 왕 때 아람 왕 하사엘이 이스라엘을 괴롭힌다(13:3).

베가는 정변을 일으켜 브가히야에 뒤이어 왕위에 올랐다가(15:23~25)북왕국의 마지막 임금이 된 호세아에게 마찬가지로 피살된 사람이다(15:30). 베가가 이스라엘을 다스릴 때 앗수르 왕 디글랏 빌레셀에게 많은 영토를 빼앗겼다(15:29). 이리하여 베가는 아람왕 르신과 함께 반 앗수르 동맹을 결성하고 유다 왕 아하스를 거기에 가담시키려고 쳐들어온다(16:5).

열왕기서에서 요시야와 더불어 훌륭한 임금으로 묘사하는 히스기야의 아버지인 아하스는 아람 이스라엘 동맹군의 위협에서 벗어나고자 앗수르에 손을 뻗치고, 스스로 앗수르 종교를 예루살렘 성전에 도입한다(16:7~16). 앗수르는 아람 왕국과 북왕국 이스라엘을 멸망시킨다(16:9; 17:1~6).

(2) 이사야의 아들 이름 '스알야숩'(שְׁאָר יָשׁוּב)의 뜻 – '남은 자가 돌아오리라', 히브리어 문장에서 주어가 앞에 나와 강조된 꼴이다. 따라서 '(다른 사람들은 몰라도)남은 자 만큼은', '오로지 남은 자만'이란 뜻이 된다. 또 '돌아오다'로 옮긴 히브리어 동사 <슙>(שׁוּב)는 '하나님께 돌아오다' 곧 '회개하다'는 뜻도 지닌다. 이사야가 '스알야숩'이란 이름을 지닌 아들과 나타난 것을 본 아하스와 유다 백성은 무슨 생각을 하겠는가? 하나님은 이 독특한 이름을 지닌 아이의 존재를 통해 그들에게 무슨 뜻을 전하시려 하는가?

(3) '윗못 수도 끝 세탁자의 밭 큰 길'의 뜻(왕하 18:17; 사 36:2 참고).

적의 침공이 코 앞에 닥친 때에 수로를 정비한다는 것은 중요하다. 히스기야가 이미 그러했다(왕하 20:20; 대하 32:30). 아하스는 그 나름대로 방어 시설을 점검하고 있었는지 모른다. 사람이 만든 방어 시설보다 하나님의 약속 말씀을 의지하는 것이 더 중요하다는 점을 일깨워주시려고 그랬을까?

(4) 8절에서 '아람(또는 에브라임)의 머리는 다메섹(또는 사마리아)이요 다메섹(또는 사마리아)의 머리는 르신(또는 르말리야의 아들)이요'가 뜻하는 바는 무엇인가? 이 형식을 따라 '유다의 머리는 예루살렘이요 예루살렘의 머리는 여호와니라'라고 할 수 있을까?

## 13.5. 본문이 이사야서에서 차지하는 자리

(1) 본문은 뒤이어 7장 10~18절에 나오는 임마누엘 예언과 아울러 1~12장의 실질적인 중심 부분을 이룬다. 6장과 8장에는 예언자가 일인칭으로 나타난다. 6장은 예언자의 소명에 대해, 8장은 유다에 닥칠 재난에 대해 말한다. 이 두 장 사이에서 본문은, 믿음으로 위기를 극복할 것을 아하스에게 촉구하는 야훼의 말씀을 전할 예언자를 삼인칭으로 등장시킨다. 7장 18~25절은 아하스가 결국 이 권고의 말씀에 믿음으로 응답하지 않아 심판이 닥칠 것을 알려 준다.

(2) 이러한 아하스의 모습은 36~37장에 나오는 히스기야의 모습과 대조를 이룬다. 히스기야는 앗수르의 침공을 받았을 때 철저하게 여호와를 의지하여 예언자 이사야로부터 구원 예언을 듣고 위기에서 벗어난다.

(3) 본문 9절 하반절은 유다가 의지할 것은 애굽이 아니라 야훼라는 점을 분명히 하는 30장 1~5절과 31장 1~3절의 내용과도 관련된다.

## 13.6. 설교할 때 고려할 본문의 교훈

하나님의 백성은 복잡한 국제 정세 가운데서도 오로지 야훼 하나님을 의지할 때만 살아남을 수 있다. 오늘 우리 겨레가 사는 길도 마찬가지가 아니겠는가?

# 14. 이사야 40장 27~31절

## 14.1. 본문 범위 설정에 무리가 없는가?

(1) 27절 첫머리는 '야곱아 네가…'로 시작하고, 31절에 이르기까지 하나님이 '여호와'라는 삼인칭으로 나타나기 때문에 27~31절은 예언자가 '너' 야곱에게 여호와에 대해 알려 주는 형식의 글이라 할 수 있다.

그런데, 25절은 '거룩하신 이가 이르시되'로 시작하고 있어, 하나님이 '너희'에게 직접 하시는 말씀을 예언자가 전해주는 것으로 보인다. 이리하여 형식상으로 25절 뿐만 아니라 26절도 일단 27~31절과 구별된다.

(2) 내용상으로나 용어상으로는 본문과 그 앞 뒤 단락이 이어진다. 하나님은 그 어떤 존재와도 비길 수 없이 우월하신 분이시고

창조주시라는 것이 25절과 26절의 내용이고, 하나님이 역사를 움직여가신다는 것이 41장 1~7절의 내용인데, 그 가운데 자리 잡은 40장 27~31절에도 그런 내용이 전제되어 있다. 또 '창조하다'(26, 28절), '능력'(26, 29절), '땅(의) 끝(들)'(40:28; 41:5), '새 힘을 얻다'(40:31) = '힘을 새롭게 하다'(41:1)같은 몇 가지 표현이 본문과 그 앞 뒤 단락에 같이 나온다.

## 14.2. 본문 한글 번역의 문제

(1) 27절 후반절의 번역은 다양하다 – "야훼께서는 나의 고생길 같은 것은 관심도 하지 않으신다. 하느님께서는 내 권리 따위, 알은 체도 않으신다"(공동번역), "주님께서는 나의 사정을 모르시고, 하나님께서는 나의 정당한 권리를 지켜 주시지 않는다"(새번역), "내 사정은 여호와께 숨겨졌으며 원통한 것은 내 하나님에게서 수리하심을 받지 못한다"(개역한글). 이는 무엇보다도 개역개정판 "내 길은 여호와께 숨겨졌으며 내 송사는 내 하나님에게서 벗어난다"에서 각각 '길'과 '송사'로 옮긴 히브리 낱말 <데렉>(דֶּרֶךְ)와 <미쉬팟>(מִשְׁפָּט)은 문맥에 따라 여러 가지로 옮길 수 있기 때문이다.

(2) 28절의 '영원하신 하나님 여호와'가 공동번역에는 '야훼는 영원하신 하느님', *NJPST*에는 The LORD is God from of old로 되어 있다. *NET, ESV, NRSV*에서도 이를 문장으로 번역해 놓았다.

(3) 31절의 '앙망하다'를 공동번역에서는 '믿고 바라다', 표준새번역에서는 '소망으로 삼다'(*NIV*: hope in), *NRSV*와 *NET*와 *ESV*에서는 wait for, *NJPST*에서는 trust in, *REB*에서는 look to로 옮겼다. 이는 히브리 동사 <카와>(קָוָה)가 '바라다', '간절히 기다리다'는 뜻을 지니고 있기 때문이다.

## 14.3. 본문의 짜임새와 흐름과 표현 형식

| | | |
|---|---|---|
| ²⁷ 야곱아 어찌하여 네가 말하며<br>　이스라엘아 네가 이르기를<br>　　내 길은 **여호와**께 숨겨졌으며<br>　　내 송사는 내 하나님에게서 벗어난다<br>　하느냐 | '너'에게<br>던지는<br>첫<br>질문 | 어찌하여 그런 말 하는가?<br><br>야곱의 말 인용<br>내 사정 모르시는 여호와 |
| ²⁸ 너는 알지 못하였느냐 듣지 못하였느냐<br>　영원하신 하나님 **여호와**,<br>　땅 끝까지 창조하신 이는<br>　　피곤하지 않으시며 곤비하지 않으시며<br>　　명철이 한이 없으시며<br>²⁹ 피곤한 자에게는 능력을 주시며<br>　무능한 자에게는 힘을 더하시나니 | '너'에게<br>던지는<br>둘째<br>질문 | 알지, 듣지 못했는가?<br>하나님/ 영원, 창조<br><br>피곤/곤비하지 아니하심<br>명철<br>능력/힘 주심/더하심 |
| ³⁰ 소년이라도 피곤하며 곤비하며<br>　장정이라도 넘어지며 쓰러지되<br>³¹ 오직 **여호와**를 앙망하는 자는<br>　새 힘을 얻으리니<br>　독수리가 날개치며 올라감 같을 것이요<br>　달음박질하여도 곤비하지 아니하겠고<br>　걸어가도 피곤하지 아니하리로다 | 예언자<br>의 주장 | 소년의 피곤/곤비<br>장정의 넘어짐/쓰러짐<br>여호와를 앙망하는자/<br>　　　　　새 힘 얻음<br><br>곤비하지 않으리<br>피곤하지 않으리 |

(1) 본문은 예언자가 '너'에게 두 번에 걸쳐 던지는 질문인 27절과 28~29절, 또 예언자가 주장하는 내용인 30~31절의 세 부분으로 크게 나누어 볼 수 있다.

첫째 물음 27절에서 예언자는 '너'의 말을 간추려 인용하는 수사의문문('어찌하여?...')으로써, '너'의 말이 옳지 않다는 점을 넌지시 일깨운다. 인용된 '너'의 말에서 하나님이 삼인칭으로 나오기 때문에, 이 말은 하나님께 아뢴 말이라기보다는 혼잣말의 성격을 띤다.

둘째 물음은 28~29절이다. 28절의 '영원하신 하나님'부터 29절 끝까지는 28절 첫머리에 나란히 쓰인 두 동사, '알다'와 '듣다'의 목적절을 이루는 것으로 볼 수 있다. 개역개정판에서는 29절 끝을 30절과 이어서 번역하고 있지만, 28~29절의 목적절에서 하나님이 주어였다면, 30~31절의 주어는 '소년', '장정', '여호와를 앙망하는 자'이므로, 28~29절과 30~31절은 일단 끊어볼 수 있다. 이리하여 실제적으로는 "영원하신 하나님 여호와께서... 무능한 자에게는 힘을 더하신다는 것을 너는 알지 못하였느냐 듣지 못하였느냐"는 식으로 28~29절을 이해할 수 있다. 이 또한 일종의 수사의문문인데, 창조주 하나님이 어떠한 분이신지 '너'가 이미 알고 있는 것을 스스로 다시 기억하게 한다. 그리함으로써, 이제 '너'는 '영원하신 하나님 여호와...는... 무능한 자에게 힘을 더하시'는 것을 부인하지 못하게 하려는 것이다.

이를 근거로 30~31절에서는 예언자의 주장을 분명히 표현한다.

(2) 이처럼 본문은, 상대방의 말을 인용하여 그것이 잘못인 것을 상대방이 스스로 인정하게 한 다음 자신의 주장을 펼치는 논쟁 형식으로 되어 있다(사 49:14~21 참고).

(3) 본문에서는 같은 내용을 서로 비슷한 뜻을 지닌 낱말들을 상응시켜 거듭 표현하고 있다(이른바 '동의평행법'). 17절 전반절에서는 '말하다'와 '이르다', '야곱'과 '이스라엘'이 그러하고, 후반절에서는 '길'과 '송사', '여호와'와 '하나님', '숨겨지다'와 '(하나님)에게서 벗어나다'가 그렇다. 28절 첫머리에서는 '알다'와 '듣다'가, 후반절에서는 '피곤하다'와 '곤비하다'가 상응한다. 29절에서는 '피곤한 자'와 '무능한 자'가, '능력'과 '힘', '주다'와 '더하다', 30절에서는 '소년'과 '장정'이 그러하다. 31절 후반절의 '달음박질하다'와 '걷다', '곤비하다'와 '피곤하다'도 마찬가지다.

이와는 조금 달리, 30절의 '피곤하고 곤비하다'와 '넘어지며 쓰러지되'는 뒤로 갈수록 상승의 효과를 나타낸다. 또 31절의 '여호와를 앙망하는 자'는 30절의 '소년'과 '장정'과 대조를 이룬다.

## 14.4. 본문의 중심 낱말 및 개념

본문에 가장 많이 나오는 낱말은 '피곤하다'(28, 29, 30절)(<야압>, יָעֵף)와 '곤비하다'(28, 30, 31절)(<야가으>, יָגַע)이다. 그런데, '피곤하다'나 '곤비하다'는 어떤 상황이나 일이 어려워서 힘이 빠져버린 상태를 가리키므로, 이 두 동사는 '능력'(29절 전반절), '힘'(29절 후반절, 31절), '무능하다'(29절), '넘어지며 쓰러지다'(30절)와도 개념상으로는 관련된다. 이로 보건대, 결국 본문에서는 '힘'이 문제가 된다고 할 수 있다.

이런 낱말들을 중심으로 본문 전체를 한데 엮어 보면, 영원하신 하나님 여호와 창조주는 피곤하지 아니하시며 곤비하지 아니하신 하나님이셔서(28절)피곤한 자에게 능력을 주시고 무능한 자에게 힘을 더하시는 줄 아는 사람은 곧 그 여호와 하나님을 앙망하는 자로서(31절 전반절), 소년이라도 피곤하고 곤비하며 장정이라도 넘어지며 쓰러지되 새 힘을 얻어서 곤비하지 아니하고 피곤하지 아니하리라(31절 후반절)는 것이다.

그렇다면 본문에서 '피곤하다'는 것이 실제로 뜻하는 것은 무엇인가? 여기서 우선 생각할 것은 본문이 '너' '야곱' 곧 '이스라엘'에게 선포되는 말씀이라는 점이다. 그러니까 여기서 말하는 피곤함은 어떤 개인의 피곤함이 아니라, 하나님 백성의 피곤함을 뜻한다. 따라서 이는 그저 일을 많이 해서 느끼게 된 피곤함을 가리키는 것이 아니다. 다음으로, 글의 흐름으로 볼 때, 28절에서 말하는 피곤함과 곤비함은 27절에 인용된 이스라엘 백성의 말이 뜻하는 바와 이어진다는 점을 생각할 수 있다. 곧 여호와께 숨겨진 이스라엘의 사정, 하나님께 수리하심을 받지 못하는 원통한 것 – 이런 것이 이스라엘 백성의 피곤함과 지침의 내용이라 하겠다. 이는 곧 민족적인 고난이 지속되고 있는데도 하나님으로부터 아무런 도움도 받지 못하고 있다고 느끼는 상황을 암시한다.

그러면 본문에서 이스라엘 백성이 겪고 있는 고난은 무엇일까? 이를 알기 위해서는 본문의 시대적 배경을 알아볼 필요가 있다.

## 14.5. 본문의 역사적 배경

(1) 이사야서 40장 이하의 분위기가 1~39장의 분위기와 아주 다르다는 것은 누구나 쉽게 알아차릴 수 있다. 무엇보다도 1~39장에 심판의 말씀이 주로 나오던 것이, 40장 이하에서는 희망을 주고 위로가 되는 말씀이 중심을 이루고 있기 때문이다. 그뿐만 아니라 40장 이하에는 유다 백성이 바벨론에서 포로살이를 하고 있다는 사실이 전제되어 있고, 바벨론을 멸망시킨 바사왕 고레스의 이름까지 나온다(44:28; 45:1). 이리하여 40장 이하는 이사야 예언자의 예언 전통을 이어가면서도 이사야가 살았던 주전 8세기보다 150여년 뒤 지난 때의 상황에 알맞게 생겨난 부분이라는 견해가 지난 수백년 동안 구약학계에서 일반적으로 통하는 견해가 되었다. 그리하여 바벨론 포로기에 바벨론에서 이사야 전통에 선 어떤 예언자가 하나님의 구원을 선포한 내용이 40장 이하에 기록된 것으로 보아, 그를 가리켜 '제2 이사야'라 부르기도 한다. 더 나아가서, 제2 이사야는 40~55장에 해당되고 56~66장은 또 다른 예언자나 예언자들의 저작이라고 보는 견해도 있다.

이와는 달리, 이사야서 전체를 주전 8세기 예언자 이사야의 저작으로 보는 전통적인 견해에 따를 경우에는, 40장 이하는 유다 백성의 포로살이가 있기 오래 전에 이미 예언자 이사야가 앞날을 내다보고 예언한 내용을 적은 것으로 풀이할 수 있다. 하나님은 전능하시므로, 수백년 뒤의 일을 예언하게 하실 수 있는 것은 두말할 나위가 없지만, 한 예언서 안에는 한 시대 한 예언자가 선포한 말씀 뿐만 아니라, 그 말씀이 전해내려 오면서 새로운 상황에 알맞게 풀이된 내용까지 들어있다고 생각한다면, 40장 이하를 무리하게 이사야 예언자의 글로 보지 않아도 괜찮을 것이다.

(2) 이사야 40장 이하를 이렇게 주전 6세기 중반에 선포된 말씀으로 볼 때, 본문에서 말하는 '피곤함' 또는 '지침'은 하나님의 백성이 남의 나라에 사로잡혀 와서 살면서 겪는 어려움, 특히 고대하던 하나님의 구원이 이루어지지 않고 있는 데서 겪는 좌절을 뜻하는 것으로 이해할 수 있다.

## 14.6. 설교할 때 고려할 본문의 교훈

(1) 본문의 '너' 또는 '나'는 한 개인이 아니라 바벨론에서 포로살이하는 유대 백성을 하나의 집단 인격체로 다룬 것으로, 본문은 근본적으로 신앙의 공동체에 대한 말씀이다. 따라서 기독교 신앙을 그저 개인의 문제로만 생각하는 것은 옳지 않다는 점을 먼저 분명히 할 필요가 있다. 여기서 무엇보다도 오늘 기독교회 전체의 형편을 돌이켜 볼 필요가 있다. 구약성경에서 바벨론은 많은 경우에 하나님을 거스르는 세력을 상징한다. 하나님의 백성이 바벨론에 사로잡혀가 살았듯이, 지금 새 언약의 하나님 백성인 교회는 세속 문화에 사로잡혀 있지 않은가? 일찍이 루터가 교회의 바벨론 포로에 대해 말한 바 있다.

(2) 그렇지만, 본문은 하나님 백성의 공동체에 속한 한 사람 한 사람에게도 다음 여러 가지 면에서 교훈이 될 수 있다.

첫째, 하나님의 백성에게도 하나님이 도무지 나를, 우리를 돌보아주시지 않는다는 생각이 들 정도로 좌절하고 낙심할 상황이 벌어질 수 있다.

둘째, 따지고 보면 그 원인은 자신이 하나님을 거스른 데에 있다. 유다 백성이 바벨론에 사로잡혀 온 것은 끊임없이 예언자들을 시켜 경고하신 하나님의 음성을 그들이 듣지 않았기 때문이다.

셋째, 절망과 좌절의 순간에도 하나님은 여전히 창조주요, 역사의 주이셔서 지칠 줄 모르시며, 피곤하고 지쳐 무능해진 하나님 백성에게 바로 그 하나님이 능력과 힘을 주시는 분이시다.

넷째, 따라서 하나님 백성은 그 하나님을 앙망하여 늘 새 힘을 얻을 수 있다. 정보의 힘, 건강의 힘, 과학의 힘, 경제의 힘, 무기의 힘 등 여러 가지 세속적인 힘이 개인과 사회와 피조 세계를 움직여 나가는 상황에서, 삶을 이어가게 하고 활기차게 하는 참다운 힘은 모든 힘의 근원이신 하나님께로부터 비롯된다.

(3) 수사 의문문을 먼저 쓴 다음 자신의 주장을 내세우는 예언자의 표현 형식에서도 몇 가지 교훈을 얻을 수 있다.

첫째, 참된 말씀의 일꾼은 하나님 백성의 울부짖는 소리를 귀담아 듣는다. 때때로 얼토당토 않은 생각을 하고 말을 할지라도, 그것을 우습게 보거나 꾸짖지 않고, 그 현상을 그대로 인정하고 받아들인다. 하나님을 믿는 사람들이 때로는 하나님에 대해 불평하고 불만을 토하는 식으로 말할 수도 있고, 그것이 오히려 어려움을 극복해 나가는 계기가 될 수 있다는 것은 시편에서 잘 알 수 있다.

둘째, 참된 말씀의 일꾼은 낙심한 하나님 백성이 스스로 자신의 모습을 돌이켜보고 예로부터 전해내려온 믿음의 전통을 기억하게 이끌어 간다. 이런 과정을 통해서 삶과 신앙의 위기에 처했던 하나님 백성 스스로 문제의 해결책을 찾아 한 걸음씩 나아갈 수 있다.

# 15. 예레미야 12장 7~12절

## 15.1. 본문의 범위 설정에 무리가 없는가?

예레미야 12장 5~6절에서는 하나님이 한 개인 '너'에게 말씀하시지만, 7~11절에서는 그 '너'가 나타나지 않는다. 12~13절에서 하나님이 7~11절에서와는 달리 삼인칭으로 불리므로[263], 서로 구별해 볼 만하다. 그렇지만, 내용상으로 12절은 10~11절과 이어진다.[264]

## 15.2. 본문 한글 번역의 문제

(1) 7, 8, 9절의 '내 소유'(<나할라>, נַחֲלָה)를, 개역한글은 '내 산업'으로, 표준새번역에서는 '소유로 택한 내 백성'로, 공동번역에서

---

[263] 아래 15.2.4 참고.
[264] 아래 15.3.3 참고.

는 '내 것으로 삼았던 내 백성'으로, *NET*에서는 the people I call my own으로, *ESV*에서는 my heritage로 옮겼다. *NJPST*에서는 7절의 경우와 8, 9절의 경우를 구별하여 이를 각각 My possession과 My own People로 옮기면서, 8절의 경우에 이는 14절에서 분명히 드러나듯이 땅 및 백성을 뜻한다는 난외주를 붙여 놓았다. *REB*에서는 7, 8절과 9절의 경우를 각각 my own people과 this land of mine으로 구별하여 옮겼다.[265]

(2) 9절은 번역이 다양하다. "내 소유로 택한 내 백성은 / 사나운 매들에게 둘러싸인 새와 같다. / 모든 들짐승아, 어서 모여라. / 몰려와서, 이 새를 뜯어먹어라."(표준새번역), Is this land of mine a hyena's lair, / with birds of prey hovering all around it?// Come, all you wild beasts; / come, flock to the feast(*REB*).

(3) 10절의 '많은 목자'를 표준새번역에서는 '이방 통치자들'로 옮겼다.

(4) 표준새번역은 12~13절의 '여호와'를 각각 '내' 또는 '나'로 바꾸었다.

(5) 12절의 '벗은 산' (*NRSV*/*NJPST*: the bare heights)을 개역한글에서는 '자산'으로, *NIV*에서는 the baren heights로, *REB*에서는 the open regions으로 옮겼다.

## 15.3. 본문의 표현 형식과 짜임새와 흐름과 내부 상응관계

(1) 본문은 하나님이 자신의 아픔을 내뱉으시는 혼잣말 탄식의 형식으로 된 글이다.

(2) 본문은 하나님이 '내 것'을 저버리고 벌하실 수 밖에 없는 상황에서 겪는 아픔을 표현하는 7~9절과 적들에게 괴롭힘을 겪는

---

[265] 아래 15.4.1 참고.

'내 것'의 상황 때문에 하나님이 겪으시는 아픔을 묘사하는 10~12절의 두 부분으로 크게 나누어볼 수 있다.

(3) 그렇지만, 이 두 부분은 여러 면에서 서로 이어진다.

우선 12절의 적들을 불러들이신 장본인은 하나님 자신이라는 사실이 9절 후반절과 12절에서 드러난다. 이리하여, 9절의 '매들'과 12절의 '들짐승들'은 10절의 '많은 목자' 및 12절의 '파괴하는 자들'과 이어진다. 여기서 '목자'란 야전 군대 지휘관, 실제로는 이방 임금들을 가리킨다고 볼 수 있다. 또 7~9절의 '내 집', '내 소유', '내 마음으로 사랑하는 것'이 바로 10절의 '내 포도원' 및 '내 몫'이다. 더 나아가서, 8~9절에서 '나를' 향하여 소리를 지르며 '내게 대하여' 매가 되었던 존재가 11절에서는 '나를 향하여' 슬퍼하게 되는 식으로, 나에 대한 태도가 달라진다.

| | |
|---|---|
| ⁷ 내가 내 집을 버리며 내 소유를 내던져<br>　내 마음으로 사랑하는 것을<br>　　　그 원수의 손에 넘겼나니 | 내 것을 버리고 적에게 넘겨 준 나 |
| ⁸ 내 소유가 숲속의 사자 같이 되어서<br>　나를 향하여 그 소리를 내므로<br>　내가 그를 미워하였음이로라 | 그 까닭: 사자 같이 된 내 산업<br><br>내가 그를 미워함 |
| ⁹ 내 소유가 내게 대하여는 무늬 있는 매가 아니냐<br>　매들이 그것을 에워싸지 아니하느냐<br>　너희는 가서 들짐승들을 모아다가<br>　　　그것을 삼키게 하라 | 매 같이 된 내 산업<br><br>너희에 대한 명령 |
| ¹⁰ 많은 목자가 내 포도원을 헐며 내 몫을 짓밟아서<br>　내가 기뻐하는 땅을 황무지로 만들었도다<br>¹¹ 그들이 이를 황폐하게 하였으므로<br>　그 황무지가 나를 향하여 슬퍼하는도다<br>　온 땅이 황폐함은 이를 마음에 두는 자가 없음이로다<br>¹² 파괴하는 자들이 광야의 모든 벗은 산 위에 이르렀고<br>　여호와의 칼이 땅 이 끝에서 저 끝까지 삼키니<br>　모든 육체가 평안하지 못하도다 | 많은 목자들의 행동:<br>　내 것을 부수고 짓밟음<br>　황무지로 만듦<br>결과: 나를 향하여 슬퍼하는 황무지<br>까닭: 내버려진 상태<br>　적들의 침입<br>궁극적인 까닭: 여호와의 칼 |

## 15.4. 본문의 중심 낱말 및 개념

(1) 본문에서 가장 두드러지는 것은 '나' 및 '내'이다. 그 쓰임새를 자세히 알아 보면, 7절과 8절 후반절에서는 '내'가 '내 것'에게 불리한 일을 하거나 좋지 않은 태도를 보였고, 8절 전반절과 9절에서는 '내 것'이 '내'게 그리했으며, 10절에서는 적들이 '내 것'을 황무지로 만들었고, 11절에서는 '내 것'이 '나'를 향해 울부짖는다. 이리하여 본문에서는 하나님과 하나님의 것과 적들의 관계를 집중적으로 다룬다.[266]

(2) 7~9절에는 '소유'라는 낱말이 중심 낱말로 세 번 쓰인다. 이는 위 6.2.1에서 보듯이, 흔히 하나님 백성을 가리키는 것으로 이해하지만, 본디 '소유'는 가나안 땅에 들어와 살게 된 이스라엘이 지파별로 집안별로 하나님으로부터 나누어 받은 땅을 뜻하던 말이었다. 본문에는 하나님 백성과 하나님 백성이 사는 땅의 두 가지 뜻이 한데 얽히어 있는 것으로 보인다. 이 점은 10~12절에서도 알 수 있다. 이처럼 본문에서는 하나님 백성과 그 백성이 살도록 하나님이 주신 땅의 밀접한 관계가 똑똑히 드러난다.

(3) 10~12절에서는 '황무지로 만들다', '황폐하게 하다', '황무지'는 낱말이 자주 쓰이는데, 이와 관련되는 대상은 '내 포도원', '내 몫', '내가 기뻐하는 땅', '땅'으로 일컬어지는 이스라엘 땅이다. 이는 다름 아니라, 하나님 백성이 사는 땅이 황폐해진다는 것이요, 11절의 "그 황무지가 나를 향하여 슬퍼하는도다"에서 암시하듯이, 하나님 백성의 멸망을 뜻한다.

---

[266] 아래 15.5.1 참고.

**15.5. 설교할 때 고려할 본문의 교훈**

본문에는 예레미야 시대, 곧 유다 멸망 직전, 멸망의 길로 치닫고 있는 자기 백성을 사랑하시는 하나님의 안타까운 마음이 여러 가지로 표현되어 있다.

(1) 우선 자기 백성의 배반을 하나님은 안타까와하신다. 어찌하여 하나님 백성이 하나님께 사자처럼, 매처럼 자기 하나님을 거스르고 자기 하나님께 대드는가?

(2) 다음으로 그러한 배반 때문에 자기 백성을 벌하시게 된 것을 하나님은 안타까와하신다. 어찌하여 '내'가 '내 것'을 적의 손에 붙일 수 밖에 없게 되었는가?

(3) 더 나아가서, 자기 백성을 벌하시는 도구로 삼으신 이방 사람들에게 자기 백성이 괴롭힘을 겪는 것을 하나님은 안타까와하신다. 내가 불러들인 적들은 어찌하여 내 백성을, 내 백성의 땅을, 내 땅을 사정없이 짓밟는가?

오늘 우리 한국 교회는 어떠한가? 혹시라도 이미 멸망의 길에 들어서 있지는 않은가? 우리 한국 교회를 향한 하나님의 마음이 어떠하겠는가?

# 16. 예레미야 17장 5~8절

## 16.1. 본문 범위 설정에 문제가 없는가?

　5절 첫머리의 '여호와께서 이와 같이 말씀하시니라'는 한 단락의 시작을 알려 준다. 3, 4절의 '나'가 하나님의 '나'이어서 1~4절과 5절 이하에 나오는 여호와의 말씀이 이어지는 것처럼 보인다. 그렇지만 1~4절에서 하나님이 유다의 죄를 지적하고 유다를 심판하실 뜻을 밝히시는 것과 달리 5~8절에서는 사람과 하나님 가운데 누구를 신뢰해야 하는가 하는 일반적인 문제를 다루고 있어서 내용상으로 이 둘은 서로 구분해 볼 수 있다.
　또 5~8절에서 여호와는 삼인칭으로 나온다[267]. 이 점에서 5~8절은 또한 9~10절과 구별된다. 9절의 연속으로 볼 수 있는 10절에서 여호와는 일인칭으로 나오기 때문이다.

---

[267] 아래 16.2.1 참고.

## 16.2. 본문 한글 번역의 문제

(1) 5절 원문에는 하나님을 가리키는 '나'가 없다. *ESV, NRSV, NIV, NJPST, REB, LB, ZB*도 그렇게 번역했다. 개역한글과 표준새번역에는 5~8절을 한편으로는 1~4절과, 다른 한편으로는 9~10절과 이어주려고, 히브리어 본문에도 없는 일인칭단수대명사를 넣어 번역한 것으로 보인다. 그렇지만 공동번역에서는 5절 첫머리에서만 '나'를 안 썼지, 5절 나머지 부분과 7절에서는 '여호와'를 한결같이 '나'로 바꾸어 옮겼다. 개역개정판에는 '나'가 빠져있다.

(2) 5절의 '육신'(*NRSV/NIV/NJPST/ESV*: flesh)이 개역한글에는 '혈육'으로, *REB*에는 human kind으로, *NET*에는 mere human beings로, *NRSV*에는 mere mortals로 되어 있다.

(3) 7절의 '여호와를 의뢰하는 그 사람'을, *NRSV*에서는 those... whose trust is the LORD, *NIV*에서는 the man... whose confidence is in him, *NJPST*에서는 he..., Whose trust is the LORD alone으로 옮겼다.

## 16.3. 본문의 짜임새와 흐름

(1) 순전히 형식적으로만 보면, 본문은 우선 5절 첫머리의 도입 어구("여호와께서 이와 같이 말씀하시니라")와 그 나머지 부분, 곧 여호와께서 이르신 말씀 내용의 둘로 크게 나눌 수 있어 보인다. 그런데, 5절과 7절에 여호와가 삼인칭으로 등장하고, 6절과 8절은 각각 5절과 7절에 이어지므로, 5~8절은 어떤 사람이 여호와에 대해 말하는 듯한 느낌을 준다.

(2) 도입 어구를 제외한 5절 나머지 부분부터 8절까지는 다시 두 부분으로 되어 있다. "저주를 받을 것이라"로 끝나는 6절 끝까지가 그 첫 부분이고, "복을 받을 것이라"로 끝나는 7~8절이 둘째 부분인데, 이 둘이 대조를 이루는 것은 두말할 나위가 없다.

형식적인 면에서 이 두 부분은 서로 잘 드러맞는다. 곧 각 부분의 앞에서는 어떤 사람이 저주 또는 복을 받는지를 밝히고(5절과 7절)뒤이어 그렇게 저주 또는 복을 받는 사람의 운명에 대해서 서술함으로써 그 저주와 복의 내용을 밝힌다(6절과 8절).

여기 쓰인 낱말 가운데서는 '사람'과 '의뢰하다'라는 뜻의 동사가 5절과 7절에[268], 사람을 나무에 비기는 내용이 6절과 8절에 나온다. 그렇지만 어떤 종류의 나무인지, 무엇을 의뢰하는지, 무엇이 닥치는지에 대해서는 두 부분이 서로 정반대로 말한다.

| | |
|---|---|
| ⁵ **여호와**가 이와 같이 말씀하시니라 | 도입부 |
| <u>무릇 사람을 믿으며</u> <br> <u>육신으로 그의 힘을 삼고</u> <br> 마음이 **여호와**에게서 떠난 그 사람은 저주를 받을 것이라 | 저주 선포 / 저주받을 사람 |
| ⁶ 그는 │사막의 떨기나무│ 같아서 <br> 좋은 일이 오는 것을 보지 못하고 <br> 광야 간조한 곳, 건건한 땅, <br> 사람이 살지 않는 땅에 살리라 | 당할 일/ 저주의 내용 |
| ⁷ <u>그러나 무릇 **여호와**를 의지하며</u> <br> **여호와**를 의뢰하는 그 사람은 복을 받을 것이라 | 복 선포 / 복받을 사람 |
| ⁸ 그는 │물 가에 심어진 나무│가 <br> 그 뿌리를 강변에 뻗치고 <br> 더위가 올지라도 두려워하지 아니하며 <br> 그 잎이 청청하며 가무는 해에도 걱정이 없고 <br> 결실이 그치지 아니함 같으리라 | 당할 일/ 복의 내용 |

## 16.4. 본문의 중심 낱말 및 개념

(1) '믿다'(5절), '의지하다'(7절), '의뢰하다'(7절)는 실제로 같은 뜻을 지닌다. 히브리 말로는 뿌리가 같다(<바타흐>, בטח). 이리하여 본문의 주제는 사람과 여호와 하나님, 둘 가운데 누구를 신뢰할 것인가 하는 문제임을 알 수 있다.

---

[268] 아래 16.4.(1) 참고.

(2) '저주'와 '복'을 어떻게 이해할 것인가?

한글 학회에서 1992년에 엮어 낸 우리말 큰사전에 따르면 저주란 '몹시 증오하는 상대가 불행이나 재앙을 당하도록 빌고 바람'이라고 한다. 그런데, 본문의 경우에는 저주의 원인이 그저 사람의 증오에 있는 것이 아니라 마음으로 하나님을 떠난 데 있다. 본문 6절에서 말하는 저주의 내용은 좋은 결과를 보지 못하면서 힘들게 살아가는 것이다.

'복'을, 위에서 인용한 사전에서는 '삶에서 누리는 좋고 만족한 현상과 거기서 얻는 기쁨과 즐거움'이라고 풀이한다. 본문 8절의 내용으로 보면, 복은 삶의 근원이 확보되어 있기 때문에 어떤 어려움이 닥쳐도 문제될 바가 없고 늘 생산할 수 있다는 것이다.

## 16.5. 설교할 때 고려할 본문의 교훈

(1) 본문은 그 자체로 뜻이 분명하기 때문에, 사람보다는 하나님을 신뢰하는 것이 훨씬 복되다는 것을, 사막의 떨기나무와 물가에 심은 나무라는 대조적인 비유를 곁들어 쉽게 설교할 수 있을 것이다. 특히 물가에 심은 나무라는 비유는 시편 1편을 얼른 생각나게 한다. 그렇지만, 복받는 길이 시편 1편에서는 '여호와의 율법을 주야로 묵상하고 기쁨을 삼는 것'이라면, 본문에서는 여호와를 의지하는 것이 복받는 길이 된다.

(2) 그렇지만, 본문을 한편으로는 앞 단락과 관련시키고 다른 한편으로는 예레미야서 전체의 흐름에서 보면서, 하나님 백성이 하나님 아닌 다른 신들이나 강대국의 무력을 하나님보다 더 의지하는 것이 저주에 이르는 길이라는 점을 말할 수 있다. 특히 사람을 신뢰한다는 것이 오늘 우리 시대에는 사람들이 제 힘으로 이루어 놓은 것으로 잘못 알고 있는 경제력, 생산력을 신뢰하는 식으로 나타날 수 있다는 점을 지적하면 좋다.

# 17. 예레미야 31장 15~20절[269]

## 17.1. 본문의 범위 설정에 무리가 없는가?

본문 앞 14절은 "여호와의 말씀이니라"라는 맺음말로 끝났고, 15절은 "여호와께서 이와 같이 말씀하시니라"는 말로써 새 단락이 시작되었다는 점을 알려 준다. 16절 첫머리에 "여호와께서 이와 같이 말씀하시니라"가 나오고 마지막에 "여호와의 말씀이니라"라 있지만, 17절 마지막에 "여호와의 말씀이니라"가 나오면서, 15절~17절이 죽 이어진다. 18절에서 라헬 대신에 에브라임이 등장하지만, 하나님이 계속 일인칭으로 말씀하신다는 점에서는 달라진 바 없으므로, 17절과 18절을 굳이 끊어볼 필요는 없다. 18절에서 시작된 에브

---

[269] 졸저, 『예언과 목회 [II]』([문헌] 9.14의 책), 60~100과 『주께서 나를 이기셨으니. 설교를 위한 예레미야서 연구』(서울: 한국성서학연구소, 2000), 246~271을 참고하라.

라임에 대한 내용은 20절까지 이어지고 20절 마지막에 "여호와의 말씀이니라"라는 말로 마무리된다. 그 다음 21절 첫 머리에서는 '처녀 이스라엘'이 말의 상대자가 되는데, 그에 이어지는 22절에서 여호와가 삼인칭으로 등장함으로써, 21~22절에서 말하는 주체는 20절과는 달리 사람인 것을 알 수 있다. 이리하여 15~21절은 한 본문으로 볼 수 있다.

## 17.2. 본문 한글 번역의 문제

개역개정판을 표준새번역과 견주어 보면 상당한 차이가 난다. 우선 17절의 "여호와의 말씀이니라"가 17절 끝에 "나 주의 말이다"로 되었고, 20절의 의문문이 서술문으로 된 것이 눈에 띈다. 또 19절에서 "내가 교훈을 받은 후에 내 볼기를 쳤사오니"를 "잘못을 깨달은 다음에 가슴을 치며 뉘우쳤습니다"로 고쳤다.

NRSV, NIV를 보면 20절 앞 부분은 의문문이고, 17절의 "여호와의 말씀이니라(declares the LORD)"는 절의 한가운데에 있다. NJPST에서는 20절 앞 부분을 감탄문쪼로 옮기면서, 15절의 '라마에서'는 '언덕 위에서'(on a height)로 옮길 수 있다는 점과, 19절의 '볼기 치는 것'은 스스로를 비난하는 몸짓이라는 점을 각주에서 풀이하고 있다.

## 17.3. 본문의 짜임새와 흐름과 표현 형식

본문은 라헬에 관한 부분인 15~17절과 에브라임에 관한 부분인 18~20절의 둘로 크게 나누어 볼 수 있고, 각 부분은 라헬의 상황 묘사(15절)나 에브라임의 말 인용을 포함한 상황 묘사(18~19절)과 그에 대해 야훼께서 직접 라헬에게 하시는 말씀(16~17절)이나 에브라임에 관해 하시는 말씀(20절)의 두 부분으로 이루어진다.

| 15~17 라헬의 하나님 | ¹⁵ **여호와**께서 이와 같이 말씀하시니라<br>라마에서 슬퍼하며 통곡하는 소리가 들리니<br>라헬이 그 자식을 때문에 애곡하는 것이라<br>그가 자식이 없어져서 위로 받기를<br>　　거절하는도다 | 라헬의 상황: 도입부<br>　라마에서 들리는 통곡 소리<br>　라헬의 애곡 모습 묘사<br>　라헬의 애곡 원인, 정도 |
|---|---|---|
| | ¹⁶ **여호와**께서 이와 같이 말씀하시니라<br>네 울음 소리와 네 눈물을 멈추라<br>네 일에 삯을 받을 것인즉<br>그들이 그 대적의 땅에서 돌아오리라<br>**여호와**의 말씀이니라<br>¹⁷ 너의 장래에 소망이 있을 것이라<br>너의 자녀가 자기들의 지경으로 돌아오리라<br>**여호와**의 말씀이니라 | 라헬에게 하시는 여호와의 말씀:<br>　　　　　　　　새도입부<br>명령:　　그만 울어라!<br>근거(1):　수고한 보람 있다<br>　　　　자식이 돌아오리라<br>근거(2):　소망 있으리<br>　　　　자녀가 돌아오리라<br>마감부 |
| 18~20 에브라임의 하나님 | ¹⁸ **에브라임**이 스스로 탄식함을<br>내가 분명히 들었노니<br>　주께서 나를 징벌하시매<br>　멍에에 익숙하지 못한 송아지 같은<br>　내가 징벌을 받았나이다<br>　주는 나의 하나님 여호와이시니<br>　나를 이끌어 돌이키소서<br>　그리하시면 내가 돌아오겠나이다<br>¹⁹ 내가 돌이킨 후에 뉘우쳤고<br>　내가 교훈을 받은 후에<br>　내 볼기를 쳤사오니<br>　이는 어렸을 때의 치욕을 지므로<br>　부끄럽고 욕됨이니이다<br>하도다 | 에브라임의 상황: 도입부<br>　내가 탄식 소리를 들었다<br>탄원의 내용<br>　　　　처벌 감수<br>　　　　신앙고백<br>　　　　기도 내용<br>　　　　기도 목적<br>　　　　회개 보고<br><br>　　　　까닭<br><br>인용 끝 표시 |
| | ²⁰ **에브라임**은 나의 사랑하는 아들<br>기뻐하는 자식이 아니냐<br>내가 그를 책망하여 말할 때마다<br>깊이 생각하노라<br>그러므로 그를 위하여 내 창자가 들끓으니<br>내가 반드시 그를 불쌍히 여기리라<br>**여호와**의 말씀이니라 | 에브라임에 대한 여호와의 혼잣말<br>수사의문문: 나와 에브라임의 관계<br><br><br><br>그에 대한 나의 마음가짐<br>나의 조치<br>맺음말 |

　　에브라임이 직접 야훼께 아뢰는 것과는 달리, 라헬은 그저(반드시 야훼가 들을 것을 생각해서가 아니라) 통곡하고 있을 따름이다. 그런데도 야훼는 라헬의 소리를 들으시고 그에게 직접 말씀하시는가 하면, 에브라임에게는 야훼께서 직접 대답하시는 대신 에브라임에 대한 생각을 혼잣말로 말씀하신다. 아무튼 중요한 것은 자기 백성의 고통에 민감하게 반응하시는 하나님의 모습은 본문에

두드러지게 드러난다.

## 17.4. 본문을 바로 이해하기 위해 조사해 볼 것

(1) 라헬과 에브라임 – 에브라임 지파는 북왕국의 중심 지파이므로 구약성경에서 흔히 에브라임이라는 이름으로써 북왕국을 가리킨다. 라헬은 에브라임의 할머니이므로 여기서는 마찬가지로 북왕국의 운명을 상징한다.

(2) 라마 – 창세기 35장 19절에서는 라헬이 '에브랏 곧 베들레헴 길에서 장사되었'다고 하지만, 본문의 라마는 사무엘상 10장 2절에 말하는 '베냐민 경계의 셀사'에 있는 라헬의 묘지를 가리키는 듯하다(사 10:29; 왕상 15:17~22 등 참고).

(3) 거듭 나오는 말 – "여호와께서 이와 같이 말씀하시니라"(15, 16절), "여호와의 말씀이니라"(16,17,20절), '들리다'(15절)/ '듣다'(18절), '통곡'/ '애곡'(15절)/ '울다'/ '눈물'(16절), '탄식하다'(18절), '징벌하다'/ '징벌받다'(19절), '돌아오다'/'돌이키다' (16, 17, 19절), '치욕'/ '부끄럽다'/ '욕되다'(19절), '자식'(15, 20절)/ '자녀'(17절)/ '아들'(20절)

(4) 중요 표현–20절의 '창자가 들끓는다'='애간장이 끓어진다'

## 17.5. 설교할 때 고려할 본문의 교훈

첫째, 하나님은 끊임없는 우상 숭배와 잦은 정변으로 유다보다 일찍 망한 북왕국 백성에 대해서도 변함없는 사랑을 품고서 그들이 고난 가운데서 울부짖을 때 들으시고 구원을 약속하신다.

둘째, 에브라임은 귀향을 간구했지만 하나님은 에브라임과 자신의 근본 관계를 기억하시면서 에브라임에 대한 뜨거운 사랑의 마음을 확인하신다.

이처럼 본문에서 만나는 하나님은 '라헬의 하나님, 에브라임의 하나님'이신데, 오늘 우리의 라헬과 에브라임은 누구인가?

# 18. 에스겔 22장 23~31절[270]

## 18.1. 본문 범위 설정에 무리가 없는가?

단락의 시작을 알려주는 형식 가운데 하나인 "여호와의 말씀이 내게 임하여 이르시되"가 22장 23절과 23장 1절에 들어 있고, 단락의 끝에 자주 나오는 "주 여호와의 말씀이니라"가 22장 31절에 나옴으로써, 22장 23~31절은 한 독립된 본문으로 분명히 드러난다.

## 18.2. 본문 번역에 문제가 없는가?

(1) 24절의 '인자'를 NRSV와 NJPST에서는 mortal로 옮긴다.

---

[270] 졸저, 『예언과 목회 [II]』([문헌] 9.14의 책), 153~183을 참고하라.

(2) 25절 첫머리 '그 가운데서 선지자들의 반역함이'가 공동번역에는 '네 안에서 수령이라는 자들은'으로 되어 있다. NJPST에서는 Her gang of prophets 라고 옮긴 다음, 각주에서 Septuagint reads Whose chieftains라고 밝힌다. NIV에서는 There is a conspiracy of her princes within her로 옮긴 다음, princes에 대한 각주에서 이는 칠십인역을 따른 것이고, 히브리어 본문에서는 prophets라고 밝힌다. NRSV와 REB에서는 각각 Its princs within it와 The princes within her로 옮기고 있다. 예언자들에 대한 내용은 28절에 본격적으로 나오므로 공동번역과 NRSV와 REB를 따라 읽는 것이 글의 흐름에는 더 어울리는 것으로 보인다.

(3) 29절 첫머리 '이 땅 백성'을 공동번역에서는 '지주라는 것들'이라고 옮겼다. 또 '우거하는 자'가 표준새번역에는 '나그네'로, 공동번역에는 '떠돌아 다니는 머슴들'로 되어 있다.

(4) 31절의 동사를 공동번역과 NIV에서는 미래형으로 옮기고 있다.

## 18.3. 본문의 짜임새와 흐름

본문은 "여호와의 말씀이 내게 임했다"고 밝히는 23절과 그렇게 임한 말씀의 내용을 소개하는 24~31절의 둘로 크게 나누어지는데, 둘째 부분에서 하나님이 24절의 '너'를 벌하시지 않을 수 없는 까닭을 두 단계로 밝힌다. 첫째는 각 계층(수령들, 제사장들, 방백들, 선지자들, 이 땅 백성)이 본분을 지키지 않고 타락했기 때문이고(25~29절), 둘째는 하나님이 찾으시던 사람이 없기 때문이라고(30절) 한다. 본문의 흐름으로 보면, 둘째 까닭이 결정적인 것처럼 보인다.

| | | | | |
|---|---|---|---|---|
| '내'게 임한 말씀의 내용 | 말씀이 임했다는 '나'의 보고 | | | 23 여호와의 말씀이 내게 임하여 이르시되 |
| | '내'가 여호와의 명령을 받들어 전해야 할 말씀의 내용 | 여호와의 명령 | | 24 인자야 너는 그에게 이르기를... 하라 |
| | | 너(=그)의 상태 | | 너는 정결함을 얻지 못한 땅이요 진노의 날에 비를 얻지 못한 땅이로다 |
| | | 전 계층의 타락 상황 | 수령들 | 25...우는 사자가 음식물을 움킴 같았도다 그들이 사람의 영혼을 삼켰으며 재산과 보물을 탈취하며 과부를 그 가운데 많게 하였으며 |
| | | | 제사장들 | 26...내 율법을 범하였으며 나의 성물을 더럽혔으며 거룩함과 속된 것을 구별하지 아니하였으며 부정함과 정한 것을 사람이 구별하게하지 아니하였으며 그의 눈을 가리어 나의 안식일을 보지 아니하였으므로 내가 그들 가운데에서 더럽힘을 받았느니라 |
| | | | 방백들 | 27... 음식물을 삼키는 이리 같아서 불의한 이익을 얻으려고 피를 흘려 영혼을 멸하거늘 |
| | | | 선지자들 | 28...그들을 위하여 회를 칠하고 스스로 허탄한 이상을 보며 거짓 복술을 행하며 여호와가 말하지 아니하였어도 주 여호와께서 이같이 말씀하셨느니라 하였으며 |
| | | | 이 땅 백성 | 29...포악하고 강탈을 일삼고 가난하고 궁핍한 자를 압제하고 나그네를 부당하게 학대하였으므로 |
| | | 하나님이 찾다가 못 찾으신 사람 | | 30 이 땅을 위하여 성을 쌓으며 성 무너진 데를 막아 서서 나로 하여금 멸하지 못하게 할 사람을 내가 그 가운데에서 찾다가 찾지 못하였으므로 |
| | | 심판의 말씀 | | 31 내가 내 분노를 그들 위에 쏟으며 내 진노의 불로 멸하여 그들 행위대로 그들 머리에 보응하였느니라 주 여호와의 말씀이니라 |

## 18.4. 본문을 바로 이해하기 위해 생각해 볼 점들

(1) 본문의 '너'는 누구인가? 24절의 '땅', 30절의 '이 땅'은 어느 땅인가?

(2) 30절에서 '성을 쌓으며 성 무너진 데를 막아 서서' 하나님으로 '멸하지 못하게' 한다는 것은 무엇을 뜻하는가(겔 13:1~16; 시 106:23; 출 32:7~14, 30~35; 삼상 7:8~9; 암 7:1~6 등 참고)? 하나님 말씀에 비추어 하나님 백성의 상황을 바르게 진단하여 잘못을 고치고, 그 어그러진 바가 너무 커서 멸망을 피하기 힘들면 하나님께 무조건 살려달라고 매달리는 것을 뜻하는데, 이는 본디 예언자의 임무였다.

## 18.5. 본문의 교훈

(1) 하나님 백성이 사는 땅이라도 거기 사는 사람들이 부패하고 타락하면 하나님이 심판하여 망하게 하실 수 있다.

(2) 각 계층의 사람들이 각기 맡은 본분을 성실히 하지 않으면, 이는 공동체에 대한 하나님의 심판을 초래한다. 정치인들(25, 27절)은 사람의 생명을 잘 지키고, 불의한 이득을 취해서는 안 된다. 종교인들(26, 28절)은 스스로 하나님의 법과 하나님께 속한 것을 잘 지키고, 성·속(聖俗)과 정·부정의 구별을 잘 가르치며, 정치인들의 불의한 일에는 함께 하지 말고, 오로지 하나님이 시키신 말씀만 전해야 한다. 일반 민간 지도자들(29절)은 특히 약자들을 잘 돌보아야 한다.

(3) 사회 전 계층이 부패했을 때는 그 사회 구성원 누구나 예언자 노릇할 책임과 자격이 있다. 위기 상황에서는 예언자 직책이 일반화, 대중화, 민주화된다.

### 18.6. 설교할 때 고려할 본문의 교훈

30절에 나오는 표현인 '이 땅을 위하여' 또는 '성 무너진 데를 막아 서서'를 그대로 제목으로 삼아 다음 몇 가지 관점에서 본문을 중심으로 죄의 사회성 또는 기독교인의 사회적 책임에 대한 설교를 할 수 있다.

첫째, 자기 맡은 본분을 성실히 수행하지 않는 것은 공동체를 무너뜨리는 무서운 죄가 된다. 특히 종교 지도자들의 할 일은 스스로 하나님을 잘 섬기고, 백성들이 하나님 섬기는 법을 잘 알도록 바로 가르치며, 제 욕심을 채우려고 불의한 정치인들과 결탁하여 하나님 이름을 팔아먹지 말고 하나님이 명령하신 말씀만 전하는 것이다.

둘째, 하나님의 가르침에 따라 내가 속한 단체 상황을 바르게 진단할 수 있어야 한다.

셋째, 바르게 진단했으면 잘못된 부분을 고치는데 앞장서야 한다.

넷째, 타락의 정도가 극심해서 멸망을 피할 수 없는 극한 상황에서라도 그저 하나님께 자기가 속한 공동체를 살려 달라고 필사적으로 매달려야 한다.

# 19. 에스겔 34장 1~6절[271]

## 19.1. 본문 범위 설정에 무리가 없는가?

첫 절인 "여호와의 말씀이 내게 임하여 이르시되"는 새로운 계시가 있었다는 사실을 알려 주는데, 뒤이어 목자와 양에 대한 내용이 34장 마지막까지 이어지고, 35장 첫머리에서 다시 34장 1절과 같은 형식의 말이 나온다. 34장은 다시 여러 부분으로 나눌 수 있는데, 7절("그러므로 목자들아 여호와의 말씀을 들을지어다")은 거기서부터 새 단락이 시작된다는 점을 알려 준다.

---

[271] 에스겔 34장에 대한 자세한 것은 졸저, 『예언과 목회 [I]』([문헌] 9.14의 책), 50~82을 보라.

## 19.2. 본문 한글 번역의 문제

(1) 2절의 '인자'에 대해서는 위 18.2.1을 보라.

(2) 2절에 처음 나오는 '목자들'을 REB에서는 rulers로 옮겼다.

(3) 2절의 '화 있을진저'(<호이>, הוֹי)를 공동번역에서는 '망하리라'로, NJPST와 ESV에서는 Ah로 번역했다. 글의 흐름으로 보아서는 안타까움을 표현하는 '아!'로 옮길 만하다.

(4) 2절의 '자기만 먹는'이 개역한글판에는 '자기만 먹이는'으로, 표준새번역에는 '자기 자신만을 돌보는'으로, NET/NRSV/ESV에는 who have been feeding themselves로 되어 있다.

(5) 2절 마지막의 "목자들이 양 떼를 먹이는 것이 마땅하지 아니하냐"가 NJPST에는 Is it not the flock that the shepherds ought to tend? 로 되어 있는데, 이는 '양 떼'라는 목적어를 문장 맨 앞에 두어서 강조하는, 히브리어 본문의 어순을 고려한 번역인 것으로 보인다.

## 19.3. 본문의 짜임새와 흐름

(1) 본문은 에스겔이 자신에게 여호와의 말씀이 임했다고 보고하는 1절과 그렇게 임한 말씀의 첫 내용인 2~6절의 두 부분으로 이루어져 있다.

(2) 에스겔에게 임한 말씀의 내용은 이스라엘의 목자들에게 예언하라는 명령이고, 예언할 내용은 양 떼를 먹이지 않고 자기만 먹인 목자들에 화가 있다는 것인데(2~3절), 양 떼를 먹이지 않았다는 것이 실제 무엇인지를 4절에서 여러 가지 구체적인 보기를 들어서 알려 준다. 5~6절은 그 결과 양 떼가 겪는 어려운 상황에 대해 말한다.

| | | |
|---|---|---|
| ¹여호와의 말씀이 내게 임하여 이르시되 | 도입부 | |
| ²인자야 너는 이스라엘 **목자**들에게 예언하라<br>그들 곧 **목자**들에게 예언하여 이르기를 | 예언<br>명령 | 대상:이스라엘 목자들 |
| 주 여호와께서 이같이 말씀하시되<br>자기만 <u>먹</u>는 이스라엘 **목자**들은 화 있을진저<br>**목자**들이 <u>양 떼</u>를 <u>먹이</u>는 것이 마땅하지 아니하냐 | | 화 있을진저<br>원칙확인의 수사의문문 |
| ³너희가 살진 양을 잡아<br>그 기름을 먹으며 그 털을 입되<br><u>양 떼</u>는 먹이지 아니하는도다<br>⁴너희가 그 연약한 자를 강하게 아니하며<br>병든 자를 고치지 아니하며<br>상한 자를 싸매 주지 아니하며<br>쫓기는 자를 돌아오게 하지 아니하며<br>잃어버린 자를 찾지 아니하고<br>다만 포악으로 그것들을 다스렸도다 | 예언<br>할<br>내용 | 너희가 한 일.<br><br>하지 않은 일.<br>양 떼를 먹이지<br>않은 여러가지<br>구체적인보기 | '내'게<br>임한<br>말씀<br>의<br>내용 |
| ⁵**목자**가 없으므로<br>그것들이 흩어지고 흩어져서<br>모든 들짐승의 밥이 되었도다<br>⁶내 <u>양 떼</u>가 모든 산과 높은 멧부리에마다 유리되었고<br>내 <u>양 떼</u>가 온 지면에 흩어졌으되<br>찾고 찾는 자가 없었도다 | 양떼가<br>겪는<br>어려움 | 흩어짐<br>들짐승들의 밥<br>유리됨<br>흩어짐<br>찾는 자 없음 |

## 19.4. 본문의 중심 낱말 및 개념

(1) 본문에서 가장 자주 나오는 낱말은 목자(<로에>, רֹעֶה)이다 (2, 2, 2, 2, 5절). 또 양 떼(<촌>, צֹאן)도 여러 번 나온다(2, 3, 6, 6절). 또한 2절에 '먹다', 2절과 3절에 한 번씩 '먹이다'로 번역된 낱말이 히브리어로는 '목자'와 뿌리가 같다(<라아>, רָעָה). 이리하여 목자가 양을 먹이는 문제가 본문에서 중요하다는 것을 알 수 있다. 이스라엘 목자들이 그 양 떼를 제대로 먹이지 않아 그 양 떼가 흩어지고 어려움에 빠지게 되었는데, 이런 양 떼를 6절에서는 '내 양 떼'라고 한다. 여기에는 이스라엘 목자들이 목자 노릇을 제대로 하지 않아서 어려움을 겪는 양 떼를 하나님이 친히 책임지시겠다는 뜻이 암시되어 있다(15~16절 참고). 본문에서 목자들과 양 떼는 34장 뒷부분(특히 23절)과 또 구약성경 전체의 내용에 비추어 볼 때, 이스라

엘 왕들과 백성을 가리키는 것으로 보인다.272

(2) '흩어지다'라는 말이 5절과 6절에 세 번 나오는데, 이는 유다가 망하고 유다 백성이 다른 나라로 사로잡혀 가는 등의 사태를 상징하는 것으로 보인다. 또 '찾다'가 세 번 나온다(4, 6, 6절).

## 19.5. 설교할 때 고려할 본문의 교훈

(1) 구약의 하나님 백성인 이스라엘에 상응하는 것은 신약의 하나님 백성인 교회이므로, 이스라엘의 왕들과 백성의 관계에 대한 말씀은 일차적으로 오늘의 교역자들과 평신도들의 관계에 대해 다음과 같이 몇 가지 면에서 적용해 볼 수 있다.

- 교역자는 하나님의 양 무리를 먹일 책임을 맡은 사람이다. 따라서 목자가 양을 위해 존재하지 양이 목자를 위해 있는 것이 아니듯이, 교역자가 평신도 때문에 있지 평신도가 교역자 위해 있는 것이 아니라고까지 생각해볼 수 있다.

- 교역자가 양 무리를 먹이지 않고 자기만 먹이면 그 양 무리의 본 주인이신 하나님께로부터 책임을 추궁받는다(10절 참고).

- 양 무리를 제대로 먹인다는 것은 4절에서 목자들이 하지 않는다고 지적받는 일을 한다는 뜻이다. 곧 양 한 마리 한 마리의 사정에 알맞게 개별적으로 보살펴야 한다.

(2) 그렇지만, 예수 그리스도를 통해서 이방 민족들도 하나님 백성이 될 수 있는 길이 열렸다면, 이스라엘에 대한 말씀의 밑바닥에 깔려 있는 원리는 그 어느 민족에게나 적용해 볼 수 있으므로, 본문 말씀에서 일반 정치지도자와 백성의 관계에 대한 가르침을 찾아낼 수도 있다. 이를테면, 위정자는 백성을 잘 돌보고 보살필 사람이므로, 백성을 이용해서 자신을 살찌우려고 해서는 안 된다는 등이다.273

---

272 위 19.2.2 참고.
273 졸저, 『우산교회 이야기 1』(서울: 도서출판 한들, 1992), 230~239를 참고.

# 20. 호세아 6장 1~6절

## 20.1. 본문 범위 확정의 문제

(1) 시작: 개역개정판, 표준새번역과 공동번역과 *NIV*과 *REB*에서는 5장 15절과 6장 1절 둘 사이를 일단 끊어 옮기지만, 개역한글에서는 5장 15절을 "…저희가 고난을 받을 때에 나를 간절히 구하여 이르기를"이라 하여, 5장 15절과 6장 1절과 둘을 이어서 번역하였다(*NRSV*와 *LB*도) (참고: 칠십인역에는 15절 마지막 문장이 이미 6장 1절로 되어 있다!). 이럴 경우에 본문은 5장 8절에서 시작한다고 볼 수 있다. 하나님이 5장 4~7절에서 3인칭으로 나오다가 10, 12, 14~15절에는 1인칭으로 나오고, 8~15절은 내용상으로 이어지기 때문이다. 12절 첫머리의 '그러므로'가 8~11절과 12~15절을 이어준다. 용어상으로도 6장 1~6절은 5장 8~15절과 여러모로 이어진다.[274]

---

[274] 아래 20.3 참고.

(2) 끝: 1~3절은 '우리'의 말이고 4~6절은 하나님 '나'의 말씀인데, 이 하나님의 일인칭은 6절을 넘어서서 7장 7절까지 나온다. 7장 10절에 가서야 하나님의 3인칭을 볼 수 있지만 내용상으로 그 단락은 8절부터 작한다고 볼 수 있다. 이리하여 순전히 형식상으로 보면 오히려 6장 1~3절을 6장 4절~7장 7절과 구별할 수 있을 것 같다. 그렇지만 내용으로 볼 때 6장 4~6절은 1~3절과 짝을 이루고, 또 7절 이하와 구별해 볼 수 있다. 다만 4절의 '너희'가 5~6절에는 나오지 않고, 5절의 '그들'이 7절 이하에도 계속되므로, 본문의 끝을 엄격하게 6절로 잡기는 힘들다.

## 20.2. 본문 한글 번역의 문제

(1) 4절의 '너희의 인애(仁愛)(『우리말 큰사전』: '어진 사랑')'를 표준새번역에서는 '나를 사랑하는 너희의 마음'으로, 6절의 '인애'를 '변함없는 사랑'으로 옮겼다. 공동번역에서는 두 경우 모두 '인애'를 '사랑'으로 옮겼다. *NIV*는 각 경우에 love와 mercy로, *NRSV*에서는 love와 steadfast love로, REV에서는 둘 다 loyalty로 옮겼다.

(2) 표준새번역과 공동번역과 *NIV*에서는 5절의 '그들'을 '너희'로 고쳐서 4절과 맞추었다. 그렇지만 5장 8~15절에서도 '그들'과 '너희'가 뒤섞여 나오는 것으로 보면 반드시 그렇게 고칠 필요가 없다.[275]

(3) 5절의 '내 심판은 빛처럼 나오느니라'를 *NJPST*에서는 히브리어 본문을 따라 And the day that dawned [brought on] your punishment (<미쉬파테카>, מִשְׁפָּטֶיךָ)로 옮겼다.

---

[275] 아래 20.3 참고.

## 20.3. 본문의 짜임새와 흐름, 앞 뒤 단락과 이어지는 점들

| 5:8~15 | | 5:9, 11, 12전, 13전, 14전 – 에브라임<br>5:10, 12하, 13전, 14전   – 유다 | |
|---|---|---|---|
| 5:8~13전 | 에브라임과<br>유다에 대한<br>하나님의말씀 | 5:13 ...에브라임은 앗수르로 가서<br>          야렙 왕에게 사람을 보내었으나 | |
| 5:13후 | 에브라임<br>/유다에게<br>하시는말씀 | 그가 능히 너희를 고치지 못하겠고<br>너희 상처를 낫게 하지 못하리라 | |
| 5:14~15 | 에브라임과<br>유다에 대한<br>하나님의말씀 | 14 내가... 젊은 사자 같으니<br>바로 내가 움켜갈지라(<타랍>, טָרַף)<br>15 그들이 그 죄를 뉘우치고<br>내 얼굴을 구하기까지<br>내가 내 곳으로 돌아가리라<br>그들이 고난을 받을 때에 나를 간절히 구하리라 | |
| 6:1~3<br>에브라임과<br>유다가자기들끼리<br>나누는 말 | 결의(1) | 1 오라 우리가 여호와께로 돌아가자 | |
| | 근거(1-1) | 여호와께서<br>우리를 찢으셨으나(<타랍>, טָרַף)<br>          도로 낫게 하실 것이요 | |
| | 근거(1-2) | 우리를 치셨으나   싸매어 주실 것임이라<br>2 여호와께서 이틀 후에  우리를 살리시며<br>          셋째 날에  우리를 일으키시리니<br>우리가 그의 앞에서 살리라 | |
| | 결의(2) | 3 그러므로 우리가 여호와를 알자<br>          힘써 여호와를 알자 | |
| | 근거(2) | 그의 나타나심은 새벽 빛 같이 어김없나니<br>비와 같이, 땅을 적시는 늦은 비와 같이<br>          우리에게 임하시리라 | |
| | 인용 끝표시 | 하니라 | |
| 6:4~6<br>여호와의<br>말씀 | 에브라임과<br>유다에게<br>하시는 말씀 | 4 에브라임아 내가 네게 어떻게 하랴<br>유다야 내가 네게 어떻게 하랴<br>너희의 인애가 아침 구름이나 쉬 없어지는 이슬 같도다 | |
| | 에브라임과<br>유다에게<br>내리신 조치 | 5 그러므로 내가 선지자들로 그들을 치고<br>내 입의 말로 그들을 죽였노니<br>내 심판은 빛처럼 나오느니라 | |
| | 여호와께서<br>바라시는 것 | 6 나는 인애를 원하고 제사를 원하지 아니하며<br>번제보다 하나님을 아는 것을 원하노라 | |
| 6:7이하 | 에브라임(과<br>유다)에 대한 | 10...거기서 에브라임은 행음하였도...<br>11...유다여 내가 내 백성의 사로잡힘을... | |

## 20.4. 본문의 중요한 낱말, 개념

(1) '여호와를 알자'(3절)과 '하나님을 아는 것'(<다앗 엘로힘>, דַּעַת אֱלֹהִים, 6절).

(2) '인애'(<헤셋>, חֶסֶד 4, 6절) - '너희의 인애', '내'가 '원하'는 '인애'.

## 20.5. 본문의 중심 내용

(1) 1~3절에서는 고난(5:8을 보면 전쟁으로 인한 고난인 듯)을 겪는 남북 왕국의 백성이 여호와께로부터 이 고난이 온 것으로 알고 자기들에게 고난을 주신 여호와께서 자기들을 살려주실 것을 믿고 바라면서 여호와께 돌아가자, 여호와를 알자고 서로 말하는 모습을 보여 준다. 그런데 여기에는 5장 15절에서 여호와께서 기대하신 '죄를 뉘우치'는 것이 빠져 있다(14:2~3; 시 51편; 렘 3:21~24와 견주어 보라!). 짐짓 훌륭해 보이는 참회의 말도 어려울 때 하나님을 찾기만 하면 하나님이 가나안의 신들처럼 자연의 순환에 따라 자동적으로 도와주시리라고 생각하는, 얕은 수준의 신앙을 가리지는 못한다.

(2) 1~3절에서 묘사하는 백성의 태도를 여호와께서는 피상적이어서 불충분한 참회로 여기시고(4절)바로 그 때문에 벌을 내리셨다는 사실을 밝히시면서(5절), 그런 참회는 실속 없는 '제사'와 '번제'과 같을 따름이므로, 그보다는 제대로 죄를 고백하고 하나님께 돌아오며 하나님과 깊이 교제하면서 사는 삶을 기대하신다고 한다(6절).

## 20.6. 설교할 때 고려할 본문의 교훈

설교자는 먼저 문맥을 무시하고 1~3절을 그저 훌륭한 참회의 기도로 보고 은혜를 받는(!), 종래의 일상적인 본문 읽기에서 벗어나야 한다. 참된 참회는 닥친 고난에서 벗어나기 위한 목적에서만 하나님을 찾지 않고, 오히려 고난은 감수하고(렘 31:18 참고) 자신들이 하나님의 뜻을 거스른 것을 가슴 아프게 생각하여 이를 깊이 뉘우치는 데서 출발해야 한다. 하나님은 사람들의 얄팍한 회개에 속아넘어 가시지 않는다(갈 6:7 참고).

# 21. 아모스 5장 21~24절

## 21.1. 본문 범위 설정에 무리가 없는가?

야훼를 삼인칭으로 부르면서 예언자가 야훼의 날에 대해 말하는 18~20절과는 달리, 21~24절에서는 야훼께서 직접 이스라엘 백성에게 말씀하신다. 25~27절도 '나' 야훼께서 이스라엘 족속에게 하시는 말씀이고, 그 내용도 25절을 보면 제사와 관계되어, 보기에 따라서는 21~27절을 한 본문으로 볼 수도 있다. 그렇지만, 25~27절은 일단 심판 예언의 성격을 띠므로, 권고로 볼 수 있는 21~24절과 구별하는 것이 더 낫다.

## 21.2. 본문 한글 번역의 문제

(1) 21절의 '절기들'(<학>, חַג의 복수형, NIV/NJPST: festivals)이, 표준새번역에는 '절기 행사들'로, 공동번역에는 '순례절'(REB: pilgrim-feasts)로, NIV에는 religious feasts로, NRSV와 NJPST와 NET에는 festivals로, ESV에는 feasts로 되어 있다.

(2) 22절의 '살진 희생의 화목제'의 번역이 다양하다 – '화목제로 바치는 살진 짐승'(표준새번역), '친교제물로 바치는 살진 제물'(공동번역), shared-offerings of stall-fed beasts(REB), the offerings of well-being of... fatted animals(NRSV), choice fellow offerings(NIV), gifts of fatlings(NJPST).

(3) 24절은 여러가지로 번역되어 있다 – "오직 정의를 물 같이, 공의를 마르지 않는 강 같이 흐르게 할지어다"(개역개정판), "너희는, 다만 공의가 물처럼 흐르게 하고, 정의가 마르지 않는 강처럼 흐르게 하여라"(표준새번역), "다만 정의를 강물처럼 흐르게 하여라. 서로 위하는 마음 개울같이 넘쳐 흐르게 하여라"(공동번역), But let justice roll on like a river, righteousness like a never-failing stream!(NIV). 히브리어 문장에서 이 절의 주어는 정의(<미쉬팟>, מִשְׁפָּט)과 공의(<츠다카>, צְדָקָה)이다.

## 21.3. 본문의 짜임새와 흐름

(1) 본문은 우선 하나님의 '나'가 나오는 21~23절과 그렇지 않은 24절의 둘로 크게 나누어진다. 21~23절은 다시 '너희'에 대한 말씀인 21~22절과 '너'에 대한 말씀인 23절로 나눌 수 있다.

(2) 21~23절 첫머리에는 부정적인 뜻을 띠는 두 동사 '미워하다'와 '멸시하다'가 나오고, 뒤이어 '너희' 또는 '너'의 여러 행동에 대해 '아니하다'(<로>, לֹא)는 부정어를 네 번 씀으로써, 하나님이 그런

것을 강력하게 거부하신다는 점을 분명히 하고 있다. 24절에는 그와 대조적으로 긍정적인 권고가 나온다.

이런 식으로 본문에서 문제삼고 있는 것은, '절기', '성회', '번제', '소제', '화목제', '노랫소리', '비파 소리'라는 여러 낱말이 말하는 종교 의식 및 행사가 아니라 '정의'와 '공의'라는 두 낱말이 가리키는 일상 생활이다. 이리하여 본문의 진술 의도는 24절에서 잘 드러난다.

| | | | |
|---|---|---|---|
| ²¹ 내가 너희 절기들을 미워하여 멸시하며<br>　　너희 성회들을 기뻐하지 아니하나니<br>²² 너희가 내게 번제나 소제를 드릴지라도<br>　　내가 받지 아니할 것이요<br>　　너희의 살진 희생의 화목제도<br>　　내가 돌아보지 아니하리라 | 하나님의<br>부정 | 절기<br>성회<br>번제, 소제<br><br>희생 화목제 | '너희' |
| ²³ 네 노랫소리를 내 앞에서 그칠지어다<br>　　네 비파 소리도 내가 듣지 아니하리라 | 금지명령<br>부정 | 노래 소리<br>비파 소리 | '네' |
| ²⁴ 오직 정의를 물 같이,<br>공의를 마르지 않는 강 같이 흐르게할지어다 | 권고 | 정의<br>공의 | |

## 21.4. 본문의 중요 낱말 및 개념

(1) 정의(<미쉬팟>, מִשְׁפָּט)와 공의는 하나님 백성의 어그러진 모습을 지적하는 아모스 5장 7절과 6장 12절에서도 나란히 나온다. 5장 15절에서는 "성문에서 정의(<미쉬팟>)를 세울지어다"라고 한다.

아모스 전체의 흐름으로 볼 때, 여기서 말하는 '정의'와 '공의'는 사회적 약자들을 부당하게 대하지 않을 뿐만 아니라 잘 돌보는 것을 가리킨다고 할 수 있다.

(2) 21절의 '절기'와 23절의 '노래'가 8장 10절에 나란히 나온다. 곧 하나님이 "너희 절기를 애통으로, 너희 모든 노래를 애곡으로" 변하게 하리라 하신다.

## 21.5. 아모스 시대 북왕국의 상황

아모스 시대에 북왕국 이스라엘을 다스리던 여로보암 2세는, 열왕기하 14장 23~29절에 따르면, 무려 41년 동안이나 왕노릇하면서 한편으로는 나라 땅을 크게 넓힌 임금이지만, 다른 한편으로는 여로보암 1세가 저지른 죄에서 떠나지 아니하였다고 한다. 이 당시 북왕국 사회는 빈부의 격차가 심하고 약한 자를 착취하고 억누르면서도 벧엘과 길갈과 브엘세바 같은 곳으로 순례하며 종교 의식을 성대하게 치르는 모순된 모습을 보이고 있었다는 사실이 아모스 2장 6~8절, 4장 4~5절, 5장 5, 7절 같은 데서 드러난다. 또 7장 10~17절에 비추어 보면, 당시 종교 지도자들은 이스라엘의 하나님 여호와의 말씀보다는 왕실의 안정과 자신들의 기득권을 지키는 데 더 마음을 쏟았던 것으로 보인다.

## 21.6. 본문이 아모스에서 차지하는 자리[276]
## 21.7. 설교할 때 고려할 본문의 교훈

(1) 흔히들 본문 24절을 너무 중요하게 여긴 나머지, 본문에서 제사 자체를 비판하거나 무시한다는 식으로 오해한다. 그렇지만, 위 8.3에서 살펴본 바처럼, 본문에서 문제삼는 것은 일상의 공의로운 공동체 생활로써 뒷받침되는 않은 종교 의식이다. 이러한 점은 이사야 1장 10~17절과 예레미야 7장 1~15절 같은 본문에서도 확인할 수 있다.

(2) 공법과 정의가 넘치는 사회가 구체적으로 어떤 사회를 뜻하는가 하는 것을 아모스서 다른 부분을 참고하여 구체적으로 제시할 필요가 있다.

---

276 졸저, 『구약성경개관. 개정증보판』([문헌0.8.8-1의 책]), 149~150 참고.

# 22. 아모스 7장 10~17절

## 22.1. 본문 범위 설정에 무리가 없는가?

아모스 7장 1~3절과 4~6절과 7~9절은 각각 "(주 여호와께서)내게 보이신 것이 이러하니라"는 말로 시작하면서, 아모스가 본, 처음 세 환상에 대해 알려주고, 8장 1~3절은 넷째 환상에 대한 것이다. 그 사이에 들어 있는 7장 10~17절은 아마샤가 아모스에 대해 한 일과 둘 사이에 벌어진 일에 관한 것으로서 독립된 본문이 된다. 개역개정판은 본문 첫머리에 '때에'라는 말을 써서, 본문이 마치 셋째 환상을 본 시기와 관련있는 것처럼 보이게 한다.

## 22.2. 본문 한글 번역의 문제

(1) 13절의 '나라의 궁궐'을, 개역한글은 '왕의 궁'(*NJPST*: a royal

palace)으로, 표준새번역과 공동번역에서는 '왕실'로, NIV과 NRSV/ESV과 REB에서는 각각 the temple of the kingdom, a temple of the kingdom, a royal schrine로 옮겼다. 그 히브리어 표현인 <벳 마믈라카>(בֵּית מַמְלָכָה)을 직역하면 '왕국의 집'이다.

(2) 14절의 '선지자의 아들도 아니다'(히브리어 문장의 직역)이 표준새번역에는 '예언자의 제자도 아니다'(NJPST: not a prophet's disciple)로, 공동번역에는 '예언자의 무리에 어울린 적도 없는 사람이다'로 되어 있다. 이 경우 히브리 낱말 <벤>(בֶּן, '아들')은 어느 무리에 속해 있다는 사실을 표현한다. 여기서 '선지자의 아들'로 옮긴 히브리 표현의 복수(複數)형(직역하면 '선지자들의 아들들')을 열왕기상 20장 35절에서는 '선지자의 무리'로, 열왕기하 2장 3, 5, 7절, 4장 1절에서는 '선지자의 생도'로 번역했다.

(3) 14절의 '나는 목자요 뽕나무를 재배하는 자'가 표준새번역에는 '나는 집 짐승을 먹이며, 돌무화과를 가꾸는 사람'으로 되어있다.

(4) 16절의 '경고하다'는, 개역한글에는 '경계하다'로, 표준새번역에는 '설교를 하다'(NET/ESV/NIV/NRSV/NJPST: preach), REB에는 speak out로 되어 있다.

## 22.3. 본문의 짜임새와 흐름과 내부 상응 관계

(1) 본문은 아마샤가 아모스를 여로보암에게 고발하는 내용이 담긴 10~11절과 아마샤와 아모스 사이에 벌어진 대화를 소개하는 12~17절의 두 부분으로 크게 나누어 볼 수 있다. 앞 부분에서 아마샤는 아모스가 여로보암과 이스라엘에게 선포한 심판의 말씀을 간추려 인용한다(11절). 뒷 부분은 아마샤가 아모스에게 하는 말이 담긴 12~13절과 이에 대해 아모스가 대답하는 말이 담긴 14~17절의 둘로 다시 나누어지는데, 아모스가 대답한 내용은 먼저 자신의 출신과 소명에 대한 말(14~15절)과 아마샤와 이스라엘에 대한 심판의 말씀(16~17절)으로 이루어져 있다.

| | | 고발자신분 | 벧엘의 제사장 |
|---|---|---|---|
| ¹⁰때에 벧엘의 제사장 아마샤가<br>**이스라엘** 왕 여로보암에게 보내어 이르되<br>**이스라엘** 족속 중에<br>아모스가 왕을 모반하나니<br>그 모든 말을 이 땅이 견딜 수 없나이다<br>¹¹아모스가 말하기를<br>여로보암은 칼에 죽겠고<br>**이스라엘**은 반드시 사로잡혀<br>그 땅에서 떠나겠다 하나이다 | 아마샤가<br>아모스를<br>여로보암<br>에게<br>고발함 | 고발접수자 | 여로보암 왕 |
| | | 고발 내용 | 왕에 대한 모반<br>이스라엘의 상황<br>아모스의 예언<br>임금이 죽으리라<br>이스라엘이<br>사로잡혀가리라 |
| ¹²아마샤가 또 아모스에게 이르되<br>〔선견자〕야 너는 유다 땅으로 도망하여 가서<br>거기에서나 떡을 먹으며<br>거기에서나 〔예언하고〕<br>¹³ 다시는 〔벧엘〕에서 〔예언하지〕 말라<br>이는 왕의 성소요 나라의 궁궐임이라 | 아마샤가<br>아모스에게 | | 호칭: 선견자<br><br>유다로 가서 예언하라<br>벧엘에서는 예언말라<br>그 까닭 |
| ¹⁴아모스가 아마샤에게 대답하여 가로되<br>나는 〔선지자〕가 아니며<br>　　〔선지자〕의 아들도 아니라<br>나는 목자요 뽕나무를 재배하는 자로서<br>¹⁵양떼를 따를 때에<br>여호와께서 나를 데려다가<br>여호와께서 내게 이르시기를<br>　가서 내 백성 이스라엘에게 〔예언하라〕<br>하셨나니 | 아마샤와<br>아모스의<br>대화 | | 나의 신분:<br>선지자아닌 목자/농부<br><br>나의 소명:<br>여호와가 내게 하신 일,<br>하신 말씀: 예언하라 |
| ¹⁶ 이제 너는 **여호와**의 말씀을 들을지니라<br>네가 이르기를<br>　이스라엘에 대하여 〔예언하지〕 말며<br>　이삭의 집을 향하여 경고하지 말라<br>하므로<br>¹⁷ **여호와**께서 이와 같이 말씀하시기를<br>네 아내는 성읍 가운데서 창기가될 것이요<br>네 자녀들은 칼에 엎드러지며<br>네 땅은 측량하여 나누어질 것이며<br>너는 더러운 땅에서 죽을 것이요<br>**이스라엘**은 반드시 사로잡혀<br>그의 땅에서 떠나리라<br>하셨느니라 | | 아모스가<br>아마샤에게 | 여호와의 말씀 전달<br>아마샤의 죄<br>아마샤의 말 인용:<br>　　　예언말라<br><br>아마샤에게 미칠 재앙<br>아마샤의 아내<br>아마샤의 자녀들<br>아마샤의 땅<br>아마샤 자신의 죽음<br>이스라엘에게 미칠<br>　　　　　　재앙 |

　(2) 아마샤가 아모스에게 요구한 바는 예언 활동을 아예 그만 두라는 것이 아니고, 예언 활동의 장소를 벧엘에서 유다로 바꾸라는 것이다. 이에 대해서 아모스는, 자신이 그리할 수 없는 것은 자신을 예언자로 부르신 하나님이 자신을 북왕국 이스라엘로 보내셨

기 때문이라고 답한다. 이와 아울러, 북왕국에게 불리한 예언을 하지 말라고 아마샤가 말한 것은 하나님의 뜻을 거스르는 것으로 아마샤 일가의 파멸을 불러 오게 된다는 점을 똑똑히 밝히고 있다.

(3) 아마샤가 아모스에게 벧엘에서 예언하지 말라(13절)한 것이 나중에 아마샤에게 선포되는 심판의 말씀에서 아마샤의 잘못을 지적할 때 인용된다(16절).

(4) 이스라엘에 대한 심판 예언이 본문에 두 번 나온다(11절과 17절 후반절).

## 22.4. 본문의 중심 낱말 및 개념

'말하다'라는 동사 다음으로 본문에서 가장 많이 쓰이고 있는 낱말은 '이스라엘'이라는 고유 명사이다(6번: 10, 10, 11, 15, 16, 17절). 이는 북왕국을 가리키는데, 이를 16절에는 '이삭의 집'이라 부르며, 이 북왕국의 종교 중심지가 10절과 13절에서 말하는 벧엘이다. 그 다음으로는 예언 활동과 관련되는 낱말들이 자주 쓰인다. 12절, 13절, 15절, 16절에 나오는 '예언하다', 14절에 두 번 쓰이는 '선지자', 12절의 '선견자'가 그런 낱말이다. 여기서, 북왕국 이스라엘에 대한 아모스의 예언 활동이 본문에서 문제되고 있다는 점을 잘 알 수 있다. 흥미롭게도, 아마샤는 아모스를 '선견자'(<호제>, חֹזֶה)라고 불렀고, 아모스도 자신이 '선지자'(<나비>, נָבִיא)가 아니라고 한다.

## 22.5. 설교할 때 고려할 본문의 교훈

첫째, 예언 활동을 밥벌이의 수단 정도로 이해하고, 자신의 기득권(아마샤의 경우에는 왕실 성소의 제사장 직책)을 잃지 않으려고 하나님이 보내신 사람의 예언 활동을 막을 수는 없다.

둘째, 말씀의 일꾼은 사람의 위협에 굽히지 않고, 하나님이 예언의 장소로 정해 주신 곳에서 하나님이 전하라 하신 대로 말씀을 선포한다.

셋째, 말씀의 일꾼되는 것은 하나님의 부르심에서 비롯될 따름이다.

# 23. 미가 6장 6~8절

## 23.1. 본문의 범위 설정에 무리가 없는가?

3~5절의 '나'는 하나님의 '나'인 것과는 달리, 6~7절의 '나'는 사람의 나이므로, 6~7절은 그 앞과 구별된다. 8절은 6~7절의 물음에 대해 예언자가 대답하는 형식의 글[277]이므로 6~7절의 연속으로 볼 수 있다. 9절은 예언자가 '너희'에게 하는 말이어서 예언자가 '너'에게 답하는 8절과 구별된다.

## 23.2. 본문 한글 번역의 문제

(1) 7절의 '내 영혼의 죄'가 표준새번역에는 '내가 지은 죄'로, NJPST에는 my sins로 되어 있어, '내 영혼'을 '나'와 같은 뜻으로 이해하게 한다.

---

[277] 아래 7.3 참고.

(2) 8절의 '주께서...보이셨다'(REB: the LORD has told you)가 표준새번역에는 "주께서 이미 말씀하셨다'로, 공동번역에는 "들어서 알지 않느냐?"로, NIV에는 He has showed you로, NRSV/NJPST에는 he has told you로 되어 있다. 히브리어 본문으로 보면, 주어가 그저 남성 단수삼인칭으로 되어 있어서 누구를 가리키는지 확실하지 않다.

(3) 8절의 '여호와께서 네게 구하시는 것이'가 표준새번역에는 '주께서 너에게 요구하시는 것이 무엇인지도 이미 말씀하셨다'로, 공동번역에는 '(야훼께서)무엇을 원하시는지', NIV에는 what does the LORD require of you로 되어 있다. 히브리어 본문으로 보면 이 부분도 의문 대명사 '무엇'으로 시작한다.

(4) 8절의 '인자'(<헤셋>, חֶסֶד)가 NRS/ESV, NIV, REB, NJPST에는 각각 kindness, mercy, loyalty, goodness로 되어 있다.

(5) 8절의 '겸손히 네 하나님과 함께 행하는 것'이 공동번역에는 '조심스레 하느님과 함께 살아 가는 일'로, NRSV/ESV에는 to walk humbly with your God로 되어 있다.

## 23.3. 본문의 표현 형식과 짜임새와 흐름과 내부 상응 관계

(1) 본문은 '내'가 네 번에 걸쳐 스스로 던지는 물음으로 이루어진 6~7절과 그에 대한 답변으로서 의문 대명사가 든 문장을 목적절로 하는 8절의 둘로 크게 나누어진다.

(2) 6절에서 '내'가 하는 질문의 촛점은 하나님 앞에 나아갈 때 무엇을 가지고 가야 하는 데에 있다. 전반절에서 스스로 질문을 제기한 뒤에, '나'는 후반절에서 자기 나름대로 그에 대해 생각한 바를 마찬가지로 질문 형식으로 말한다. 여기서 '나'는 내가 하나님 앞에 나아갈 때 가지고 갈 것은 '번제물'이 아닌가 생각한다. 7절 전반절에서 '나'는 내가 제물을 많이 드리면 "여호와께서 기뻐하실까?"를 스스로 묻는다. 6절 후반절에서 스스로 생각해 본 바가 옳은가를 따져 보는 것이다. 그러다가 짐승 제물만으로는 모자랄 듯하

여, 7절 후반절에서 '내 맏아들'을 바칠까 말하는데, 그런 값진 제물을 드리는 것이 '내 허물' 곧 '내 영혼의 죄' 때문인 것이 여기서 드러난다. 이리하여 6~7절의 여러 물음은 '내'가 하나님 앞에 나아갈 때 가지고 가서 바칠 내용에 대한 생각을 '무엇?' – '짐승 제물?' – '사람 제물?'이란 단계로 펼쳐가고 있다. 그 밑바닥에는, 하나님 앞에 나아갈 때는 무엇인가를 가지고 가야 한다는 생각이 깔려 있다.

(3) 이에 대해 8절에서 누군가가 '사람아'라고 부름으로써, 6~7절의 '나'가 일반적인 사람을 가리킨다는 것을 알려 준다. 또 여호와가 삼인칭으로 등장함으로써, 여기서는 예언자가 '나'에게 여호와에 대해 말한다는 것을 알 수 있다. 8절 전반절에서 예언자는 '무엇이 선한지', '무엇을 여호와께서 네게 구하시는지'라는 두 물음을 앞세우고, 뒤이어 후반절에서 그 세 가지 내용을 제시함으로써, 6~7절에서 '나'가 생각하는 바와 하나님이 바라시는 바가 다르다는 것을 밝힌다. 곧, 중요한 것은 무엇을 하나님께 바칠 것이냐가 아니라 어떻게 살아야 하는가라는 것이다.

| | | |
|---|---|---|
| ⁶내가 무엇을 가지고 **여호와** 앞에 나아가며<br>　　높으신 **하나님**께 경배할까<br>내가 번제물로 일 년 된 송아지를 가지고<br>　　그 앞에 나아갈까<br>⁷**여호와**께서 천천의 숫양이나<br>　　만만의 강물 같은 기름을 기뻐하실까<br>내 허물을 위하여 내 맏아들을,<br>내 영혼의 죄로 말미암아<br>　　내 몸의 열매를 드릴까 | '나'<br>의<br><br>물<br>음 | (1)'**무엇** 가지고<br>　 하나님 앞에 나아갈까?'<br>(2)'번제물 가지고?'<br><br>(3)'야훼께서 제물을<br>　　　　　　기뻐하실까?'<br>(4)'속죄 위해 자식 드릴까?' |
| ⁸사람아 주께서<br>　　선한 것이 무엇임을<br>　　　　네게 보이셨나니<br>**여호와**께서 네게 구하시는 것이<br>오직 정의를 행하며 인자를 사랑하며<br>겸손하게 네 **하나님**과 함께 행하는 것이 아니냐 | (반<br>문<br>식)<br><br>답<br>변 | 호격<br>주께서 보이신 것<br>**무엇**이 선한지?<br>**무엇**을 네게 구하시는지?<br>그 내용<br>　이 셋이 아니냐? |

## 23.4. 본문 이해를 위해 생각해 볼 점

(1) 6~7절의 '나'는 2절과 3절에 나오는 하나님 백성인 것으로 보인다. 그렇지만, 8절에서는 이들을 '사람아'라고 부름으로써, 본문의 교훈을 일반화하는 경향을 드러낸다.

(2) 본문에서 예언자는 제물 자체를 거부하는 것이 아니고, 올바른 삶을 도외시하고 제물로만 하나님을 기쁘시게 하려는 것을 문제삼고 있다(사 1:10~17;렘 7:1~15 참고).

(3) 8절 후반절에서 말하는 '정의'가 미가 3장 1, 9절에서는 '야곱의 우두머리들과 이스라엘 족속의 통치자들'이 행해야 하는데도 미워하여 행하지 않는 것으로 언급되고, 8절에는 미가가 '여호와의 영으로 말미암아' 채움을 입은 것 가운데 하나로 나온다. 그 앞뒤의 내용을 보면, 이는 이들이 일반 백성을 착취하는 것을 뜻한다. '인자'(<헤셋>, חֶסֶד)가 미가 7장 18절과 20절에는 '인애'로 번역되어 있는데, 거기서는 하나님이 자기 백성에게 베푸시는 사랑을 뜻한다. 그렇지만, 본문에서는 사람 사이에 서로에게 할 도리를 다하는 것을 가리키는 것으로 보인다. '겸손히 네 하나님과 함께 행하는 것'은 조심스럽게 자신을 삼가며 하나님과 깊이 교제하면서 살아가는 것을 뜻하는 것으로 보인다.

## 23.5. 설교할 때 고려할 본문의 교훈

하나님께 어떤 값비싼 예물을 드리는 것보다 더 중요한 것은 나날의 삶 가운데서 하나님의 뜻을 좇아 의를 실천하고 이웃에 대한 신의를 다하며 하나님과 깊이 교제하면서 살아가는 것이다.

# 24. 시편 1편

## 24.1. 본문 범위 확정의 문제와 시편 전체에서 본문이 차지하는 자리

(1) 시편 1편과 이스라엘의 하나님과 왕에 대한 시편인 2편은 내용상으로 확연히 구별된다. 그렇지만 1편 첫머리의 '복 있는 사람은...'과 2편 마지막의 '...복이 있도다'는 1편과 2편을 한데 묶어 볼 수 있게 하기도 한다. 그렇지만, 이러한 연결은 시편의 편집 과정에서 생긴 것으로 이해해야 할 것이다.

(2) 시편 1편은 2편과 아울러 시편 전체의 서론 노릇을 한다. 그리하여 뒤이어 나오는 시편들을 <토라>(תּוֹרָה ,'율법', 본디는 '가르침')로 이해할 것을 암시한다.

## 24.2. 본문 한글 번역의 문제

(1) "복 있는 사람은"(<아쉐레 하이쉬>, אַשְׁרֵי־הָאִישׁ)이 공동번역에는 "복되어라.... 사람"(*NIV*: Blessed is the man, *NJPST*: Happy is the man)으로 되어 있다.²⁷⁸

(2) 2절의 "오직 여호와의 율법을 즐거워하여"를 영어 성경에서는 히브리어 본문을 따라 be 동사 있는 문장으로 옮겼다 – But his delight is in the law of the LORD(*NIV*), rather, the teaching of the LORD is his delight(*NJPST*)등. 히브리어 문장을 직역하면, "야훼의 가르침에 그의 즐거움이 있다" 정도로 된다.

(3) 개역개정판에서는 히브리어 본문을 따라 1절의 '악인', '죄인', '오만한 자', 또 4~6절의 '악인', '죄인', '의인'을 모두 복수형으로 옮기고 있다.

(4) 개역개정판에서는 2절의 '묵상하다'(<하가>, הָגָה)에 대해 '히(=히브리어에서), 작은 소리로 읊조리다'는 난하주를 붙이고 있다. 공동번역은 <하가>를 '되새기다'로, *NJPST*에서는 studies (footnote: Or "recites"; lit. "utters")로 옮겼다.

(5) 6절의 <키>(כִּי)가 개역개정판에서는 '무릇'으로, 표준새번역에서는 '그렇다'로 되어 있다. 영어 성경에서는 보통 for로 옮긴다.

## 24.3. 본문의 짜임새와 흐름과 내부 상응 관계

(1) 문장의 주어에 따라 살펴 보면, 본문은 '복 있는 사람'에 대한 1~3절과 '악인들'에 대한 4~5절과 '의인들의 길' 및 '악인들의 길'에 대해 말하는 6절의 세 부분으로 나누어 볼 수 있다. 이 경우 1~3절은 6절 전반절과, 4~5절은 6절 후반절과 이어진다. 이리하여 1~3절의 '복 있는 사람'은 5~6절에서 말하는 '의인들'²⁷⁹ 가운데 한

---

²⁷⁸ 아래 24.4.3 참고.
²⁷⁹ 위 24.2.3 참고.

사람이다. 반면에 1절의 '악인들', '죄인들', '오만한 자들'은 4~6절이 말하는 '악인들', '죄인들'이다.

분량으로 볼 때, '복 있는 사람'에 대한 내용이 본문의 절반 이상을 차지한다. 그에 대조되는 '악인들'[280]에 대해서는 우선 3절 첫머리에서 '그렇지 않음이여'라는 한 마디로 줄여 말한다. 이 '그렇지 않음이여'는 그 앞의 3절 뿐만 아니라 1~2절까지도 생각하면서 한 말이라고 이해할 수 있다.

(2) 1~3절은 다시 '복 있는 사람'이 살아가는 방식을 말하는 1~2절과 그의 삶에서 드러나는 모습을 알려주는 3절로 이루어져 있고, 살아가는 방식은 그가 하지 않는 행동(1절)에 대한 표현과 하는 일에 대한 묘사(2절)의 둘로 나눌 수 있다. '복 있는 사람'의 생활 방식에 대한 진술의 촛점은 2절에 있다.

(3) '시냇가에 심은 나무'(3절)와 '바람에 나는 겨'(4절)는 '복 있는 사람'과 '악인들'을 대조적으로 표현하는 비유법이다.

| | | | |
|---|---|---|---|
| ¹ 복 있는 사람은<br>　악인들의 꾀를 따르지 아니하며<br>　죄인들의 길에 서지 아니하며<br>　오만한 자들의 자리에 앉지 아니하고<br>² 오직 여호와의 율법을 즐거워하여<br>　그의 율법을 주야로 묵상하는도다<br>³ 그는 시냇가에 심은 나무가<br>　철을 따라 열매를 맺으며<br>　그 잎사귀가 마르지 아니함 같으니<br>　그가 하는 모든 일이 다 형통하리로다 | 복있는<br>사람 | 삶의<br>방식 | 하지<br>않는<br>행동 / 따르는 것<br>서는 것<br>앉는 것 |
| | | | 율법<br>중심 / 즐거움<br>주야묵상 |
| | | 삶의<br>모습<br>(운명) | 존재-물가의 나무<br>결실<br>생명력<br>번영 |
| ⁴ 악인들은 그렇지 아니함이여<br>　**오직 바람에 나는 겨와 같도다**<br>⁵ 그러므로 악인들은 심판을 견디지 못하며<br>　죄인들이 의인들의 모임에 들지 못하리로다 | 악인 | '복 있는 사람' 같지 않음 | |
| | | 삶의<br>모습<br>(운명) | 바람에 나는 겨<br>견디지 못함<br>들지 못함 |
| ⁶ 무릇 의인들의 길은 여호와께서 인정하시나<br>　악인들의 길은 망하리로다 | 의인의길<br>***악인의길*** | | |

---

[280] 위 24.2.3 참고.

## 24.4. 본문의 중심 낱말 및 개념

(1) 본문에서 가장 자주 나오는 낱말은 '악인'(1, 4, 5, 6절)이고, 이와 비슷한 뜻을 지니는 낱말로는 '죄인'(1, 5절), '오만한 자'(1절)가 있고, 반대되는 낱말로는 '의인'(5, 6절)이 나온다. '의인'의 본보기가 1~3절에서 말하는 '복 있는 사람'이라고 할 때, '악인'과 '의인'의 구별 기준은 '여호와의 율법'에 대한 태도에 있다.

(2) 시편에서 <토라>(תוֹרָה)라는 낱말은 19편 7절, 78편 1, 5, 10절, 89편 31절, 105편 45절, 119편 1, 18, 29, 34, 44, 51, 53, 55, 61, 70, 85, 97, 109, 113, 126, 136, 150, 153, 163, 165절에 나온다. 78편 5절에서 '법도', 105편 45절에서 '법'이라고 한 것 말고는 모두 '율법'이라고 옮겼고, 78편 1절을 빼고는 한결같이 '여호와의 율법'을 뜻한다.

(3) '복 있다'(<아슈레>)는 시편에서 앞서 이미 언급한 2편 12절 말고도 32편 1, 2절, 33편 12절, 34편 8절, 40편 4절, 41편 1절, 65편 4절, 84편 4, 5, 12절, 94편 12절, 106편 3절, 112편 1절, 119편 1, 2절, 127편 5절, 128편 1절, 144편 15절(2번), 146편 5절에도 나온다. 이는 행복한 상태를 인정하고 치하하면서, 그런 삶을 권고하는 성격을 띤다.

## 24.5. 설교할 때 고려할 본문의 교훈

본문의 짜임새와 흐름에서 드러나듯이, 이 시편에는 <토라>, 곧 하나님의 가르침을 중심하여 사는 의인의 행복한 삶을 노래하고 있다. 이와는 달리, 명목상으로는 하나님 백성에 속하지만, 실제로 하나님의 <토라>를 무시하고 사는 사람들이 악인들이다.

# 25. 시편 13편

## 25.1. 본문과 앞 뒤 시편의 관계

'다윗의 시, 인도자를 따라 부르는 노래'는 시편 12편, 13편, 14편의 표제에 공통된다. 12편과 14편은 악인에 대한 고발과 하나님에 대한 신뢰가 표현되어 있는 점에서 서로 통한다. 그 사이에 있는 13편은 '원수'의 박해와 조롱 가운데 하나님의 도우심을 구하는 의인의 노래로 이해할 만하다.

## 25.2. 본문의 한글 번역 문제

(1) 표제의 번역이 다양하다: '지휘자를 따라 부르는 다윗의 노

래'(표준새번역), '성가대지휘자를 따라 부르는 다윗의 노래'(공동번역), For the director of music. A psalm of David(*NIV*), To the leader. A Psalm of David (*NRSV*), For the leader: a psalm: for David(*REB*), For the leader. A psalm of David(*NJPST*).

(2) 1절 전반절과 후반절, 2절 전반절과 후반절의 '어느 때까지'가 영어 성경에서는 히브리어 본문(<앗 아나>, עַד־אָנָה)을 따라 한결같이 how long으로 옮겨 각 문장의 첫머리에 둔다.

(3) 1절의 '주의 얼굴'과 5절의 '주의 사랑' 및 '주의 구원'에서 '주의'가 히브리어 본문에서는 단수 이인칭 소유 대명사('너의', 'your')라는 점을, 영어 성경에서는 쉽게 알아차릴 수 있다.

(4) 3절과 4절의 "두렵건대...할까 하나이다"를 표준새번역에서는 "...할까 두렵습니다"로, *NRSV/NIV/NET*에서는 or...(그렇지 아니하면...)으로 옮겼는데, *ESV/NJPST/REB*의 lest...(...하지 않도록)가 히브리어 본문의 접속사(<펜>, פֶּן)의 직역이다.

(5) 5절의 <헤셋>(חֶסֶד)은 개역개정판과 공동번역에서는 '사랑', 개역한글에서는 '인자하심', 표준새번역에서는 '한결같은 사랑'(*NRSV/ESV*: steadfast love), *NIV*와 *REB*에서는 unfailing love, *NET*와 *NJPST*에는 faithfulness로 옮겼다.

(6) 6절 첫머리의 '나는 오직'이 표준새번역에는 '그러나 나는'으로 되어 있는데, 이 두 번역은 히브리어 본문에서 단수 일인칭 대명사를 강조하면서 5절 후반절에서 마찬가지로 강조된 주어 '나의 대적들'과 대조를 이루게 하는 점을 잘 나타내 보여 준다.

(7) 6절 후반절("이는 주께서 내게 은덕을 베푸심이로다")가 표준새번역에는 "주께서 나에게 은혜를 베푸셨으므로"로 되어 있다. 히브리어 본문을 직역하면, "그가 내게 갚아 주셨기 때문이다"가 된다.

## 25.3. 본문의 짜임새와 흐름

(1) 표제를 제외한 본문은 탄식(1~2절)과 기도(3절 앞부분)와 하나님이 기도에 응답하셔야 할 까닭을 밝히는 말(3절 뒷부분~4절)과 하나님에 대한 신뢰의 고백(5절)과 찬송 의도 표명(6절)으로 이루어져 있다. 이처럼 처음에는 쓰라린 탄식의 말을 내뱉는 시인이 기도를 드린 뒤에는 하나님에 대한 굳센 믿음 가운데 찬양으로 나아가는 흐름을 이 시편에서 볼 수 있다. 이러한 흐름은, 하나님이 자기를 잊으시고 외면한다고 하던 첫 탄식이 마지막에 가서는 하나님이 나에게 은덕을 베푸셨다는 고백으로 바뀌는 데서, 똑똑히 드러난다.

(2) 1절에서 시인이 '여호와여'라고 부르면서 탄식하다가, 3절에서는 '여호와 내 하나님이여'라고 하면서 기도 드리고, 마지막 6절에서는 이 '여호와'를 삼인칭으로 부르면서 찬송의 뜻을 밝힌다. 이러한 흐름은 시인이 하나님 중심으로 고난을 극복하는 모습을 보여 준다.

(3) 첫 부분 탄식은 하나님에 대한 것(1절)과 자기 자신에 대한 것(2절 전반절)과 적에 대한 것(2절 후반절)의 세 부분으로 나누어 볼 수 있다. 이와 견주어 볼 때, 3절의 기도는 전적으로 하나님의 응답을 겨냥하고 있다. 자신의 근심을 덜어 달라든지, 적을 물리쳐 달라는 기도는 직접 드리지 않는데, 그러한 내용은, 그 다음 3절 후반절~4절에서 하나님이 시인의 기도에 응답하셔야 할 까닭을 아뢸 때 나온다.

| 다윗의 시, 인도자를 따라 부르는 노래 | | 표제 | |
|---|---|---|---|
| ¹ **여호와여,** <br> 어느 때까지니이까 <br> 나를 영영히 잊으시나이까 <br> 주의 얼굴을 나에게서 <br> 어느 때까지 숨기시겠나이까 <br> ² 나의 영혼이 번민하고 종일토록 마음에 근심하기를 <br> 어느 때까지 하오며 <br> 내 원수가 나를 치며 자랑하기를 <br> 어느 때까지 하리이까 | 탄식 | 하나님을 부름 <br><br> *하나님 때문에* <br><br><br> *자신의 괴로움 때문에* <br><br><br> *적 때문에* | |
| ³ **여호와여 내 하나님이여** <br> 나를 생각하사 응답하시고 <br> 나의 눈을 밝히소서 | 기도 | 하나님을 부름 <br> *내용: 응답하소서* | |
| 두렵건대 <br> 내가 사망의 잠을 잘까 하오며 <br> ⁴ 두렵건대 <br> 나의 원수가 이르기를 <br> 내가 그를 이겼다 할까 하오며 <br> 내가 흔들릴 때에 <br> 나의 대적들이 기뻐할까 하나이다 | 응답 근거 | **나 죽지 않게** <br><br><br> *적이 승리를* <br> *기뻐하지 않게* | |
| ⁵ **나는 오직** 주의 사랑을 의지하였사오니 <br> 나의 마음은 주의 구원을 기뻐하리이다 | | 신뢰의 고백 | |
| ⁶ 내가 **여호와**를 찬송하리니 <br> 이는 주께서 내게 은덕을 베푸심이로다 | | 찬송 의도 표명 <br> 찬송 드리려는 까닭 | |

## 25.4. 본문의 중심 낱말 및 개념

'어느 때까지' 또는 '언제까지'²⁸¹ – 이는 본디 의문 부사인데, 괴로움 가운데 있는 사람 입에서 이 말이 나올 때는, 그가 겪는 고통이 상당한 기간 동안 오래 이어지고 있다는 사실을 알려 준다. 이 표현의 밑바닥에는, 하나님이 어서 개입하셔서 도와주실 것을 바라는 마음이 깔려 있다.

---

281 위 25.2.2 참고.

## 25.5. 본문 이해를 이해하려고 할 때 궁금한 점

시인의 쓰라린 탄식이 기도를 거쳐 신뢰의 고백과 찬송의 서원으로 바뀌게 된 계기는 무엇인가? 기도드리는 가운데 확신에 이르른 것인가? 아니면 어떤 확실한 응답을 받은 것인가? 본문만으로써는 이에 대해 확실한 결론을 내리기 힘들다.

## 25.6. 설교할 때 고려할 본문의 교훈

하나님을 믿는 사람은 적들이 나를 비웃고 하나님이 나를 잊으시고 버리셨다는 생각이 들 정도의 극심한 고난 가운데서 신앙의 위기를 맞을 수 있지만, 그저 하나님께 모든 것을 호소하고 하나님의 도우심만 바라는 가운데, 그 고난을 이겨내고 찬송드릴 수 있다.

# 26. 시편 122편[282]

## 26.1. 시편 122편이 시편 전체에서 차지하는 자리

(1) 이 시편은 '성전에 올라가는 노래'라는 표제가 붙은 시들의 묶음(120~134편)에 들어 있고, 그 가운데서도 124, 131, 133편과 더불어 '다윗의 시'라고 되어 있다.

(2) 이 15편의 시 가운데서 125, 126, 129, 132, 133, 134편에 시온이 언급되지만, 예루살렘 순례의 모습이 본격적으로 표현된 것은 122편 뿐이다.

(3) 성전이 있는 예루살렘이 중요한 주제로 등장하는 시로는 또한 46, 48, 76, 84편이 있다.

---

282 졸저, 『순례시에 관한 주석적 연구 – 시 122편을 중심으로』(서울: 장로회신학대학교 출판부, 1981).

## 26.2. 본문 한글 번역의 문제

(1) 표제를 표준새번역에서는 '성전에 올라가는 순례자의 노래', 공동번역에서는 '순례자의 노래'로 옮겨 놓았다.

(2) 3절의 '잘 짜여진 성읍'을 표준새번역에서는 '모든 것이 치밀하게 갖추어진 성읍'으로 풀어서 옮기고 있다.

(3) 5절의 '심판의 보좌'가 표준새번역에서는 '재판의 보좌들'로 옮겼다.

(4) 여러 번역본(표준새번역, 공동번역, *ESV, NJPST, NRSV, REB*)에서는 6절 후반절부터 7절까지를 6절 전반절에서 권고하는 기도의 내용으로 보아 따옴표 안에 넣고 있다.

## 26.3. 본문의 짜임새와 흐름

| 다윗의 시 곧 성전에 올라가는 노래 | | 표제 | |
|---|---|---|---|
| ¹ 사람이 내게 말하기를<br>**여호와의 집**에 올라가자 할 때에<br>**내**가 기뻐하였도다 | 사람들의 말<br><br>나의 반응 | 출발 전의 기쁨 | |
| ² 예루살렘아 우리 발이 네 성문 안에 섰도다 | 예루살렘에게 하는 말 | 도착순간묘사 | 도착이후의감회 |
| ³ 예루살렘아 너는 잘 짜여진 성읍과 같이 건설되었도다<br>⁴ 지파들 곧 여호와의 지파들이<br>여호와의 이름에 감사하려고<br>이스라엘의 전례대로 그리로 올라가는도다 | 예루살렘에게 하는 말<br>예루살렘의 상황묘사 | 예루살렘의모습<br>순례자들의모습 | |
| ⁵ 거기에 심판의 보좌를 두었으니<br>곧 다윗의 집의 보좌로다 | 여호와와 예루살렘 | 예루살렘의중요성 | |
| ⁶ 예루살렘을 위하여 평안을 구하라<br>예루살렘을 사랑하는 자는 형통하리로다<br>⁷ 네 성 안에는 평안이 있고<br>네 궁중에는 형통함이 있을지어다 | 동료들에대한권고<br>예루살렘에게 하는 말 | 순례자들에게<br>예루살렘사랑<br>평안을 빎 | 예루살렘을위한기원 |
| ⁸ 내가 내 형제와 친구를 위하여 이제 말하니<br>네 가운데에 평안이 있을지어다<br>⁹ **여호와** 우리 하나님의 집을 위하여<br>내가 너를 위하여 복을 구하리로다 | 나의 말<br><br>예루살렘에게 하는 말 | 나의 기원<br>평안을 빎<br>복을 구함 | |

(1) 본문은 순례 출발 전의 기쁨 표현(1절), 목적지 도착 이후의 감회 표현(2~5절), 예루살렘을 위한 기원(6~9절)의 세 부분으로 크게 나눌 수 있다. 2~5절은 다시 도착 순간을 알리는 2절과 도착하여 예루살렘의 겉모습 및 순례자들의 모습을 보면서 받는 느낌을 표현하는 3~4절과 예루살렘의 중요성에 대한 생각을 나타내는 5절로 이루어져 있고, 6~9절은 남들에게 예루살렘을 위해 기원할 것을 권고하는 6~7절과 스스로 그렇게 하는 8~9절로 이루어져 있다.

(2) 한편으로는 예루살렘 및 예루살렘의 가리키는 대명사 '너' 또는 '네'와 장소 지시어 '거기에'가 2~9절에 나오는 데서 이 시편의 주제가 예루살렘인 것을 알 수 있고, 다른 한편으로는 첫 절과 마지막 절에 '여호와의 집'이 나오는 데서 예루살렘 가운데서도 성전이 시인에게 중요한 것을 알 수 있다.

### 26.4. 본문의 주요 개념

(1) '여호와의 집에 올라가자'(1절), '그리로 올라가는도다'(4절) – 순례 표현.

(2) '평안'(6, 7, 8절), '형통하리로다'(6절), '형통'(7절). (참고: 예루살렘이란 이름도 평안, 형통과 상관이 있고, 히브리 말 <샬롬> (שָׁלוֹם)은 그 어느 면에서도 이지러짐이나 모자람이 없이 온전한 상태를 뜻한다!).

### 26.5. 본문의 중요 내용

(1) 예루살렘이 시인에게 중요한 것은 한편으로는 거기에 하나님의 성전이 있기 때문이고, 다른 한편으로는 그곳이 다윗 왕가의 통치 장소이기 때문이다.

(2) 하나님의 성전은 온 이스라엘이 지파의 차이 없이 오로지 '여호와의 지파들', 곧 하나님 백성으로서 하나님이 이스라엘에게 정해주신 대로('전례대로') '여호와의 이름'에 감사하러 모이는 곳이

다(4절).

(3) 다윗 왕가는 백성을 하나님의 뜻을 따라 잘 다스려야 한다(5절: '심판의 보좌').

(4) 이리하여 예루살렘은 하나님 백성의 눈에는 아름답게 보이고(3절), 예루살렘 방문은 기쁨의 계기가 된다(1절).

(5) 또 하나님 백성의 안녕과 평안은 이 예루살렘에 달려 있으므로 예루살렘의 평안과 형통을 너 나 할 것 없이 모두 빌지 않을 수 없다(6~9절).

## 26.6. 설교를 준비할 때 생각할 점

(1) 오늘 우리 기독교인들의 예루살렘은 어디인가? 이스라엘의 예루살렘인가? 영원한 예루살렘인 하늘인가? 개교회 예배당인가? 성도의 사귐 가운데 있는가(8절: '내 형제와 친구')?

(2) 오늘 우리 기독교인들에게 '다윗의 집의 보좌'는 어디인가?

## 26.7. 설교할 때 고려할 본문의 교훈

(1) 예루살렘이 예루살렘일 수 있었던 까닭은 하나님이 그 곳에 계셔서 자기 백성을 다스리셨기 때문이다. 따라서 오늘도 하나님이 자기 백성을 다스리는 곳이면, 이는 예루살렘이 될 수 있다. 구체적으로는 하나님의 교회가 제대로 하나님의 다스림을 받으면 어디에 있든 이는 하나의 예루살렘이라 할 수 있다.

(2) 하나님이 자기 백성을 다스리신다는 것을 어떻게 알 수 있는가? 첫째, 이는 하나님의 백성이 인간적인 차별을 넘어서서 하나님이 정하신 법도를 따라 하나님께 감사드리러 모이는 예배가 거행되는 데에서 드러난다. 둘째, 하나님 백성의 사귐이 올바르게 이루어지는 데서 하나님의 다스림이 드러난다. 셋째, 하나님 백성이 교회의 평안과 형통을 위해 기도드리는 데서 하나님의 다스림이

분명해진다.

# 27. 다니엘 1장 8~20절[283]

## 27.1. 본문 범위 확정에 무리가 없는가?

다니엘서 1장 가운데서 전체 상황을 알려 주는 1~2절과 다니엘과 세 친구가 바벨론 왕궁 관리 후보자들로 교육받게 된 과정을 말하는 3~7절은 뒤이어 벌어지는 사건의 배경을 이룬다. 그런데, 보기에 따라서는 다니엘과 그의 세 친구가 처음으로 등장하는 6절부터 새 단락이 시작한다고 볼 수도 있다.

2~4장이 느부갓네살 때의 일을 적고 있어서, 21절은 1장의 서론적인 역할을 분명히 하기 위해 6장 28절, 10장 1절과 관련하여 나중에 덧붙은 것이 아닐까 하는 생각이 든다. 그렇지만, 실제로는 6장과 9장과 11장에 나오는 다리오는 고레스 이후의 임금이다.

---

[283] 졸저, 『예언과 목회 [IV]』([문헌] 9.14의 책), 298~308을 참고하라.

## 27.2. 본문 한글 번역의 문제

(1) 8절의 "자기를 더럽히지 아니하리라"를 공동번역에서는 "부정을 타서는 안 되겠다"로 옮겼는데, 괜찮은가?

(2) 9절의 "은혜와 긍휼을 얻게 하신지라"를 표준새번역에서는 "호의와 동정을 받도록 해주셨다"로, 공동번역에서는 "사랑과 귀여움을 받게 해 주셨다"로 옮기고 있다.

## 27.3. 본문의 짜임새와 흐름과 앞뒤 관련성

| 1~2:<br>시대 배경 | 1: 느부갓네살이 예루살렘 포위<br>2전: 주께서 여호야김과 하나님의 전 그릇 얼마를 그의 손에 넘기시매<br>2후: 느부갓네살이 그것을 시날 땅 자기 신들의 신전 보물 창고에 둠 |
|---|---|
| 3~5:<br>왕이<br>환관장에게<br>시킨 조치 | 3~4전: 이스라엘 자손 중 왕족과 귀족의 몇 사람,<br>　　　　왕궁에 모실만한 소년들을<br>*4후~5전: 데려다가*<br>　　　　*갈대아 사람의 학문과 언어를 가르치고*<br>　　　　*왕의 음식과 포도주를 주어 삼 년 기르게 함*<br>5하: 그 후에 왕 앞에 서게 하려고 |
| 6~7:<br>네 유대소년 | 6: 네 사람의 이름<br>7: 환관장이 이름을 고침 |
| 8~16<br>자기를<br>더럽히지<br>않는<br>다니엘과<br>그의<br>세 동무 | *8전: 다니엘의 뜻 정하기 - 왕의 음식과 포도주로 자기를 더럽히지 않기로*<br>8후~16: 정한 뜻 이루기<br>　8후~11: 다니엘과 하나님과 환관장<br>　　8후: 다니엘이 환관장에게 부탁함<br>　　9: 하나님이 다니엘로 하여금 환관장에게 은혜와 긍휼을 얻게 하심<br>　　10~11: 환관장이 다니엘에게 말함<br>　12~16: 다니엘과 감독자<br>　　12~13: 다니엘이 감독자에게 자기들을 시험할 것을 제안함<br>　　14: 감독자가 제안에 응함<br>　　15: 시험 결과<br>　　16: 감독자의 조치 |
| 17~20<br>높아진<br>네 소년 | 17전:하나님이 네 소년에게<br>　　　학문을 주시고, 모든 서적을 깨닫게 하시고 지혜를 주심<br>17후: 다니엘의 특출함 - 모든 환상과 꿈을를 깨달아 앎(2, 4, 5장 참고)<br>18: 환관장이 네 소년을 임금에게 데리고 감<br>*19~20: 왕의 조치-이들의 뛰어난 지혜와 총명을 확인하고 왕 앞에 서게 함* |
| 21 | 다니엘의 활동 기간 - 고레스 왕 원년까지(6:28; 10:1 참고) |

(1) 본문에서 중요한 부분은 하나님이 주어로 나오는 9절과 17절 전반절이다. 9절은 다니엘이 정한 뜻대로 하려고 할 때 닥칠 위기 상황을 하나님이 미리 막아주신 것을 말하고, 17절은 뒤이어 다니엘과 그의 세 친구가 높은 자리에 오르는 근거가 하나님에게 있다는 것을 미리 밝힌다. 2절도 이와 비슷한 기능을 지닌다.
    (2) 본문에서 한 편으로는 다니엘과 그의 세 친구의 훌륭함을 말하면서도, 다른 한편으로는 네 유대 소년 가운데서 다니엘이 지도자로서(13절의 '우리') 특히 뛰어남을 알려 준다(8, 17절).
    (3) 다니엘이 정한 뜻을 이루는 것이 두 단계로 묘사되어 있다. 처음에 환관장에게 부탁했다가 허락을 받지 못하자 다시 감독자에게 실질적인 제안을 한다.

## 27.4. 본문 이해를 위해 알아볼 점

    (1) 다니엘과 그의 세 친구가 처한 상황은 어떤 상황인가?
    (2) 8절에서 말하는 '자기를 더럽힌다'는 표현의 뜻을 무엇인가? 왕의 음식과 포도주를 먹고 마시는 것이 어떻게 다니엘을 더럽히는 것이 되는가? 이것이 레위기 11장에서 부정한 음식과 먹을 수 없다고 한 것과 어떤 관계가 있는가?

## 27.5. 다니엘 1장이 다니엘서에서 차지하는 자리

    1장은 2~6장의 서론에 속한다. 특히 17절은 2, 4, 5장과 이어진다. 20절은 다니엘과 그의 세 친구 모두에게 해당하지만, 실제 2장과 4장과 5장은 다니엘의 이야기로 볼 수 있고, 3장에는 다니엘의 세 친구만 등장한다.

## 27.6. 본문의 교훈

(1) 하나님 백성이라도 잘못하면 이방 나라에 사로잡혀 살 수 있다.

(2) 하나님 백성에 속한 사람은 이방 나라에 사로잡혀 가서 살더라도 하나님 백성된 신분을 지키도록 뜻을 세워야 한다.

(3) 뜻을 세웠으면 이런 저런 어려움이 있더라도 그 뜻을 이루기 위해서 슬기롭게 대처할 수 있다.

(4) 같은 뜻을 품은 동무들이 있다.

(5) 하나님은 이방 나라에서도 자기 백성을 도우시고 지키신다 (에스더와 모르드개, 에스라와 느헤미야, 요셉의 경우 참고).

## 27.7. 설교할 때 고려할 본문의 교훈

첫째, 오늘 한국 교회와 세계 교회는 세속 문명에 사로잡혀 있는 상태가 아닌가? 일찍이 마르틴 루터는 '교회의 바벨론 포로살이'에 대해서 말한 바 있다.

둘째, 오늘 기독 청소년들은 이 세속 문화 가운데서 하나님의 백성으로서 자신을 더럽히지 않기로 뜻을 세우고 있는가? 그렇게 어른들이 잘 지도하고 있는가?

셋째, 그렇게 세운 뜻을 이루는 데는 같은 뜻을 품은 동무들의 존재가 큰 힘이 된다.

넷째, 정한 뜻을 이루자면 좌절하지 말고 대안을 제시하면서 교섭하는 등의 슬기가 필요하다.

다섯째, 결국은 하나님이 도우시므로 세속 문명 가운데서 하나님 백성의 신분을 잃지 않고서도 얼마든지 성공할 수 있다.

# 28. 역대하 20장 5~13절

## 28.1. 본문 범위 설정에 무리가 없는가?

유다 왕 여호사밧이 주변 나라들의 연합군을 기도와 찬양으로 물리친 이야기는 본디 역대하 20장 1~30절이고, 5~13절은 그 가운데 한 부분이다. 1~4절에서는 주변 나라들이 연합하여 쳐들어온다는 소식을 들은 여호사밧왕과 유다 백성의 반응을 전체적으로 묘사한다. 5~13절은 이보다 더 구체적으로 여호사밧이 온 백성과 더불어 성전 새 뜰 앞에서 하나님께 기도드린 내용을 주로 담고 있다. 14~17절에는 레위 사람 야하시엘이 하나님의 영을 받아 하는 말이 나온다.

## 28.2. 본문 한글 번역의 문제

　(1) 7절의 '주께서 사랑하시는 아브라함'이 새번역에는 '주님의 벗 아브라함'으로 되어 있다. 이를 NRSV와 REB와 NJPST와 NET 에서는 your friend Abraham, NIV와 ESV에서는 Abraham your friend 로 옮겼다.

　(2) 9절의 '난리나 견책'이 NIV에는 the sword of judgment, NJPST 에는 the punishing sword, REB에는 war or flood로 되어 있다.

　(3) 12절의 '오직 주만 바라보나이다'를 NIV와 NRSV와 NJPST 와 ESV에서는 히브리어 본문을 고려하여 our eyes are(up)on you(직역: '당신 위에 우리의 눈들이 있나이다')로 옮겼다.

## 28.3. 본문의 짜임새와 흐름

　(1) 본문은 국가적 위기 상황에서 여호사밧 왕이 하나님 앞에 나서는 장면을 묘사하는 도입부인 5절과 여호사밧이 드린 기도의 내용을 소개하는 6~12절과 이렇게 왕이 기도드리는 현장에 함께 있는 백성의 모습을 묘사하는 13절의 세 부분으로 이루어져 있다.

　(2) 여호사밧의 기도는 내용상으로 하나님의 주권과 권능에 대해 고백하는 6절과 지난 날의 역사를 회상하는 7~10절과 현재의 곤경 상황을 묘사하는 11절과 하나님의 개입을 요청하면서 하나님 백성의 무능함과 하나님에 대한 신뢰를 고백하는 12절의 네 부분 으로 나눌 수 있다. 그런데 역사 회상의 마지막 부분이 내용상으로 현재의 곤경 상황을 말하는 11절과 대조를 이루면서 긴밀히 이어 지기 때문에 7~11절은 하나로 묶어볼 수 있다. 실제로, 하나님을 부

르는 말이 6절과 7절과 12절의 맨 앞 부분에 나오면서, 6절, 7~11절, 12절의 세 부분으로 이 기도가 이루어져 있음을 암시해 준다.

| | |
|---|---|
| ⁵여호사밧이 여호와의 전 새 뜰 앞에서<br>유다와 예루살렘의 회중 가운데 서서 ⁶이르되 | 도입부 |
| **우리 조상들의 하나님 여호와여** | 하나님을 부르는 말 |
| 주는 하늘에서 하나님이 아니시니이까<br>이방 사람들의 모든 나라를 다스리지 아니하시나이까 | 하나님의 주권에 대한 수사의문문 |
| 주의 손에 권세와 능력이 있사오니<br>능히 주와 맞설 사람이 없나이다 | 하나님의 권능에 대한 확신 고백 |
| ⁷**우리 하나님이시여** | 하나님을 부르는 말 |
| 전에 이 땅 주민을<br>주의 백성 이스라엘 앞에서 쫓아내시고<br>그 땅을 주께서 사랑하시는 아브라함의 자손에게<br>영원히 주지 아니하셨나이까<br>⁸그들이 이 땅에 살면서<br>주의 이름을 위하여<br>한 성소를 주를 위해 건축하고 이르기를<br>⁹만일 재앙이나 난리나 견책이나 전염병이나 기근이<br>우리에게 임하면<br>주의 이름이 이 성전에 있으니<br>우리가 이 성전 앞과 주의 앞에 서서<br>이 환난 가운데서 주께 부르짖은즉<br>들으시고 구원하시리라 하였나이다<br>¹⁰옛적에 이스라엘이 애굽 땅에서 나올 때에<br>암몬 자손과 모압 자손과 세일 산 사람들을 침노하기를<br>주께서 용납하지 아니하시므로<br>이에 돌이켜 그들을 떠나고 멸하지 아니하였거늘 | 역사회상<br><br>(1)가나안 사람 쫓아내심<br>(2)이스라엘에게 땅 주심.<br>　　수사의문문<br>(3)이스라엘의 가나안 정착<br>(4)성소 건축<br><br>　　이스라엘의 말<br>　　재난이 임했을 때<br>　　성전에서 부르짖으면<br>　　듣고 구원하시리<br><br>(5)요단 동쪽 진입시<br>　　암몬, 모압, 세일을<br>　　정복하지 않았음 |
| ¹¹이제 그들이 우리에게 갚는 것을 보옵소서<br><u>그들이 와서 주께서 우리에게 주신 주의 기업에서<br>우리를 쫓아 내고자 하나이다</u> | 현재의 곤경상황:부당한 침략<br>하나님이 주신 땅에서<br>　　　　　　　쫓겨날 상황 |
| ¹²**우리 하나님이여** | 하나님을 부르는 말 |
| 그들을 징벌하지 아니하시나이까<br>우리를 치러 오는 이 큰 무리를 | 적 징벌을 바라는 수사의문문 |
| 우리가 대적할 능력이 없고<br>어떻게 할 줄도 알지 못하옵고 | 자신의 무능함에 대한 고백 |
| 오직 주만 바라보나이다 하고 | 하나님에 대한 신뢰 고백 |
| ¹³유다 모든 사람들이<br>그들의 아내와 자녀와 어린이와 더불어<br>여호와 앞에 섰더라 | 백성들 |

　(3) 여호사밧은 기도드리면서 한편으로는 이스라엘의 가나안 정복 및 정착 과정을 중요하게 다루고, 다른 한편으로는 위기를 당

한 하나님 백성이 성소에서 기도드릴 수 있는 근거를 역사적으로 밝힌다. 이는 한편으로 현재 주변 민족들의 침입을 받은 상황에 상응하고, 다른 한편으로는 그 때문에 왕을 비롯하여 온 백성이 성소에 모여 있는 상황에 상응한다.

## 28.4. 본문의 표현 형식과 내부 상응 관계

(1) 6절과 7절과 12절에 나오는, 하나님에 대한 진술이 '아니시니이까', '아니하시나이까', '아니하시나이까' 형식의 부정 수사 의문문으로 되어 있다. 그리하여, 여호와께서 하늘의 하나님이며, 가나안 땅을 아브라함 자손에게 영영히 주셨다는 사실을 강조하고, 이 땅에 쳐들어 온 적군들을 반드시 징벌하시리라는 굳센 믿음을 표현한다.

(2) 9절에 두 번 나오는 '이 성전'은 5절의 '여호와의 전'을 말하고, 8절에서는 '성소'라고 불린다. 본문에서는 여호사밧이 기도드리는 장소가 성전이라는 점을 중요하게 본다.

(3) 여호와 하나님이 가나안 족속들을 '쫓아 내시고' 이스라엘에게 그 땅을 주셨는데(7절), 지금은 주변 민족들이 하나님 백성을 그 땅에서 '쫓아 내고자' 한다(11절).

## 28.5. 설교할 때 고려할 본문의 교훈

하나님 백성의 존재 근거는 전적으로 하나님에게 있다. 온누리를 다스리시는 하나님이 그들에게 살 곳을 주셨기 때문이다. 또한 하나님의 성전은 위기에 처한 하나님 백성이 하나님의 구원을 바라면서 부르짖을 수 있는 곳이다. 따라서 하나님의 백성은 자기들보다 강한 외적의 침입을 받았을 때 성전에서 오직 하나님만 의지하면서 하나님의 도우심을 간구할 수 있다. 오늘의 하나님 백성 누구이며 그러한 성전은 어디인가?

# 29. 역대하 28장 8~15절[284]

## 29.1. 본문 범위 설정에 무리가 없는가?

역대하 28장은 유다 왕 아하스에 관한 기록인데, 1~4절에서는 아하스에 대해 전체적으로 말하고(왕 될 때의 나이, 다스린 햇수, 치적 평가), 5~7절에서는 아람왕과 이스라엘 왕이 유다를 쳐들어와 고급 관리를 비롯하여 많은 사람을 죽였다고 한다. 뒤이어 8~15절에는 북왕국 이스라엘 사람들이 유다 사람들을 사로잡아갔다가 예언자 오뎃을 비롯하여 지도자 몇 사람의 경고를 받아 되돌려 보낸 이야기가 들어 있고, 16~25절에서는 아하스가 앗수르 왕에게 도움을 요청하고 우상을 예루살렘에 끌어들인 사실을 말하고 있다. 마지막 26~27절은 아하스에 대한 기록을 마무리하는 부분이다. 이리

---

[284] 졸저, 『우산교회 이야기 1』(서울: 도서출판 한들, 1992), 240~249를 참고하라.

하여, 크게 보면 5~15절을 하나로 볼 수도 있지만, 8~15절은 5~7절에서 말하는 상황 가운데서 일어난 특별한 사건을 다루는 것으로 보아 따로 떼내어 놓을 수 있다. 그렇지만 표준새번역, NIV, NJPST, REB에서는 5~8절을 9~15절과 구별해서 옮긴다.

## 29.2. 본문 한글 번역의 문제

(1) 8, 11, 15절의 '그들의 형제', '너희의 형제', '그의 형제'가 여러 가지로 번역되어 있다.

|  | 8절 | 11절 | 15절 |
|---|---|---|---|
| 개역개정판 | '그들의 형제' | '너희의 형제들' | '그의 형제' |
| 개역 | '그 형제' | '형제' | '그 형제' |
| 표준새번역 | '그들의 동족' | '그대들의 형제자매' | '그들의 친척' |
| 공동번역 | '동족' | '너희 동족' | '친척들' |
| NIV | their kinsmen | your fellow countrymen | their fellow countrymen |
| NJPST | their kinsmen | Your kinsmen | their kinsmen |

(2) 10절의 "너희는 너희 하나님 여호와께 범죄함이 없느냐"는 의문문(NIV와 NRSV와 REB도 마찬가지)을 표준새번역에서는 "그대들도 주 하나님을 거역하는 죄를 지었다는 것을 알아야 하오"라는 서술문으로 바꾸어 옮겼다(NJPST: As it is, you have nothing but offences against the LORD your God).

(3) 12절의 '우두머리'를 개역한글에서는 '두목'으로, 표준새번역에서는 '지도자'로, 공동번역에서는 '어른'으로, NRSV와 REB와 ESV에서는 chief로, NJPST에서는 chief man으로, NIV에서는 leader로 옮겼다.

(4) 15절의 '이 위에 이름이 기록된 자들'이 12절에서 말한 네 사람을 가리키는 듯한데(표준새번역의 '위의 네 지도자들'과 NJPST의 the men named above도 마찬가지), REB에서는 men nominated for this duty(공동번역도 그렇게 이해한 것으로 보인다)로 옮겼다. NIV의 the men designated by name는 모호하다.

## 29.3. 본문의 짜임새와 흐름과 중요 낱말의 상응 관계

(1) 8절에서 이스라엘 사람들이 전리품과 함께 포로를 사로잡아 사마리아로 데려온다 함으로써 사건의 발단을 알려 준 다음, 이들을 막아서는 예언자 오뎃의 말을 9~11절에서 소개한다. 뒤이어 12절에서 이스라엘 지도자 네 사람이 등장하여 마찬가지로 이들을 막는 말을 13절에서 한다. 14절에서는 포로를 사로잡아 오던 군인들의 반응을 묘사하고 15절에서는 포로들을 잘 돌보아 돌려 보냈다 함으로써 이야기를 끝낸다.

| | |
|---|---|
| 사건의 발단 | ⁸이스라엘 자손이 그들의 **형제** 중에서<br>그들의 아내와 자녀를 합하여 이십만 명을 **사로잡고**<br>그들의 재물을 많이 **노략하여** 사마리아로 가져가니 |
| 예언자 오뎃<br><br>오뎃의 말 | ⁹그 곳에 여호와의 선지자가 있는데 이름은 오뎃이라<br>그가 사마리아로 **돌아오는** 군대를 영접하고 그들에게 이르되<br>너희 조상의 하나님 여호와께서 유다에게 **진노하셨으므로**<br>너희 손에 넘기셨거늘<br>너희 노기가 충천하여 살륙하고<br>¹⁰이제 너희가 또 유다와 예루살렘 백성들을 압제하여<br>노예를 삼고자 생각하는도다<br>너희는 너희의 하나님 여호와께 범죄함이 없느냐<br>¹¹그런즉 너희는 내 말을 듣고<br>너희의 **형제들** 중에서 사로잡아 온 **포로**를 놓아 **돌아가게** 하라<br>여호와의 **진노**가 너희에게 임박하였느니라 한지라 |
| 네 두목 | ¹²에브라임 자손의 우두머리 몇 사람 곧<br>요하난의 아들 아사랴와 무실레못의 아들 베레갸와<br>살룸의 아들 여히스기야와 하들래의 아들 아마사가 일어나서<br>전장에서 **돌아오는** 자들을 막으며 ¹³그들에게 이르되<br>너희는 이 **포로**를 이리로 끌어들이지 못하리라<br>너희가 행하는 일이 우리를 여호와께 허물이 있게 함이니<br>우리의 죄와 허물을 더하게 함이로다<br>우리의 허물이 이미 커서 **진노하심**이 이스라엘에게 임박하였느니라 하매 |
| 군인들의 반응<br><br>사건 처리 | ¹⁴이에 무기를 가진 사람들이 **포로**와 노략한 물건을<br>방백들과 온 회중 앞에 둔지라<br>¹⁵이 위에 이름이 기록된 자들이 일어나서 **포로**를 맞고<br>**노략하여** 온 것 중에서<br>옷을 가져다가 벗은 자들에게 입히며 신을 신기며<br>먹이고 마시게 하며 기름을 바르고<br>그 약한 자들은 모두 나귀에 태워 데리고 종려나무 성 여리고에 이르러<br>그의 **형제**에게 **돌려준** 후에 사마리아로 **돌아갔더라** |

(2) 본문에서는 첫 절과 마지막 절에 나오는 '형제'라는 낱말을 오뎃이 다시 한 번 쓰고(11절), 그 사이에 여러 번 포로라는 말이 나오는 데서(11, 13, 14, 15절), 포로를 형제로 대해야 한다는 점이 분명해진다. 그리하여 형제를 포로로 데리고 사마리아로 돌아오던 사람들은(9절), 포로를 돌려 보낸(10, 15절) 뒤에서야 돌아올 수 있었다(15절). 이러한 조치의 밑바탕에는 남북왕국 둘 다 여호와 하나님의 '진노' 아래 있다(9, 11, 12절)는 깨달음이 깔려 있다.

## 29.4. 역대하 28장과 열왕기하 16장의 관계

아하스가 임금 노릇할 때 아람과 북왕국 이스라엘이 유다를 쳐들어왔고 아람이 남부 유다 땅의 일부를 빼앗아갔다는 내용은 열왕기하 16장 5~6절에도 있지만, 북왕국 이스라엘이 유다를 쳐부수고 수십만이나 되는 사람들을 사로잡아 갔다가 되돌려 보냈다는 내용은 열왕기하 16장에서 찾아볼 수 없다. 아마도 역대기 저자(들)은 열왕기서에 적히지 않았지만 다른 길을 통해 전해 내려오던 사건을 기록하면서, 다윗 왕조의 전통을 이어받은 남왕국을 중심한 남북왕국의 일체성과 남북왕국 국민 모두에게 해당되는 동포애를 강조하려 한 것으로 보인다.

## 29.5. 설교할 때 고려할 본문의 교훈

동족 사이에 전쟁을 했다는 사실을 부끄러워하기는 커녕 그저 이긴 것을 뽐내며 동포와 동포의 재산을 빼앗아 몰고 오는 사람들에게 하나님의 예언자 오뎃과 네 지도자가 이 승리를 오히려 자신들의 위태로운 상황을 돌아보고, 동족 간의 유대와 사랑을 확인하는 기회로 삼은 것을 본받아, 우리 남한의 교회 지도자들도 (남한) 사람들이 철 없는 우월감에 도취되어 우리에게 진노하신 하나님의 뜻도 모르고 앞으로 (북한) 동포를 괴롭히는 잘못을 저지르지 않게, 지금부터 겸손한 마음을 준비시켜야 할 것이다.

부록:

# 참고문헌 목록

## 0. 신학입문과 구약학입문 일반

### 0.1. 참고문헌을 찾는데 도움이 되는 책들

1. 문희석. 『한국교회구약성서해석사 1900~1977』. 서울: 대한기독교출판사, 1979, 137~207.
1-1. 박동현. "한국교회의 예언서 관련 1918~2001년 저작물 목록", 박동현. 『예레미야서 연구』. 서울: 한국성서학연구소, 2003, 201~415.
2. 박종호 편. 『한국신학논문총색인』. 서울: 총신대학출판부, 1979년 이후 계속 나옴.
3. 한국신학도서관협의회 편. 『한국신학관계 석박사학위 논문집』. 서울: 도서출판 나눔사, 1990년 이후 수정증보판 나옴.
4. 기독교문사 편. 『기독교년감』에 1991년 이후로는 해마다 신간 기독교 도서 목록이 들어 있음.
5. 김옥환 편. 『신학학술자료총람』. 서울: 전국신학대학협의회. 해마다 나옴.
5-1. *Currents in Research: Biblical Studies*(=*CR:BS*). Sheffield: Sheffield Academic Press, 1993~2001. 2002년부터는 *Currents in Biblical Research* (=*CBR*)로 이름이 바뀜.
6. *Elenchus Bibliographicus Biblicus of Biblica*(=*EBB*, 1985년호부터는 그냥 *Elenchus of Biblica*라고만 함). Rome: Biblical Institute Press, 1923ff.
7. *Internationale Zeitschriftenschau für Bibelwissenschaft und Grenzgebiete* (=*IZBG*). Düsseldorf u. a.: Patmos, 1951ff.
8. *Old Testament Abstracts*. Washington D. C.: Catholic Biblical Association of America, 1978년부터 3개월마다.
9. *Orientalistische Literaturzeitung*(=*OLZ*). Berlin u. a., 1898ff.
10. *Theologische Literaturzeitung*(=*ThLZ*). Leipzig, 1876ff.
11. *Theologische Rundschau*(=*ThR*). Tübingen: J. C. B. Mohr(Paul Siebeck), 1897ff.
12. *Verkündigung und Forschung*(=*VuK*). München: Chr. Kaiser, 1940ff.
13. 아래 0.9('구약학 관련 잡지 및 정기 간행물')에 실린 책들의 최신 논문 및 신간 소개란.
14. 한국신학정보연구원. 『한국신학 종교 정간물 색인 초록 2001(CD).

수록 기간 1905~2001』. 서울: 한국신학정보연구원, 2001. 지금은 한국 신학 정보 연구원 인터넷 홈페이지(http://www.iktinos.org) 초기화면에서 '한국 신학 종교 색인·초록 데이터베이스'를 무료로 사용할 수 있음.

## 0.2. 사전(1): 종교학, 기독교, 신학, 성서학 일반 사전

(아래 0.7도 참고)

### 0.2.1. 기독교, 신학, 종교학 일반

1. 『그리스도교대사전』. 서울: 대한기독교서회, 1972.
2. 『기독교대사전』. 서울: 대한기독교서회, 1960.
3. 『기독교대백과사전』. 전16권. 서울: 기독교문사, 1980.
4. Harrison, E. F. *Baker's Dictionary of Theology*. Grand Rapids: Baker, 1960. > 신성종 역. 『베이커 신학사전』. 서울: 엠마오, 1986.
5. Eliade, M. *The Encyclopedia of Religion*. 16 vols. New York: Macmillan Publishing Company, 1987.
6. *The Encyclopedia of Christianity*. Grand Rapids, Michigan: Wm. B. Eerdmans / Leiden: E.J. Brill, vol. 1(A~D)/2(E~I)/3(J~O)/4(P~Sh), 1998/2001/2003/2005.
7. *Encyclopaedia Judaica*. 17 vols. Jerusalem: Keter, 1972.
8. *Evangelisches Kirchenlexikon. Internationale theologische Enzyklopädie*. 3. Auflage (=$^3$*EKL*). 6 Bde. Göttingen: Vandenhoeck & Ruprecht, 1986~1997.
9. *Die Religion in Geschichte und Gegenwart*. Tübingen: J. C. B. Mohr, 3. Aufl.(=$^3$*RGG*)7 Bände, 1957~1965; 4. Aufl.(=$^4$*RGG*), 8 Bände, 1998~2005.
10. Krause, Gerhard/Müller, Gerhard(hg.). *Theologische Realenzyklopädie (=TRE)*. 37 Bände. Berlin/New York: Walter de Gruyter, 1977~2004. 약어표 목록이 별권으로 나와 있음: *Abkürzungsverzeichnis* zusammengestellt von Siegfried Schwertner, 1976.
11. Kasper, Walter(hg.). *Lexicon Für Theologie und Kirche*. 10 Bände. Freiburg/ Basel/ Rom/ Wien: Herder, 1993~2001.

### 0.2.2. 성서백과사전, 성서사전 등

1. 김철손, 박창환, 이상훈, 구덕관, 장병일 공저. 『현대성서사전』. 서울: 대한 기독교서회, 1970.
2. 류형기 편저. 『성서사전』. 서울: 기독교 대한 감리원 총회원, 1960.

3. 성서백과대사전 편찬위원회 역편. 『성서백과대사전』1~12권. 서울: 성서 교재간행사, 1979~1981.
4. 성서사전 편찬위원회 편. 『신성서사전』. 향린사, 1964.
5. 오인명. 『성경 인명 지명 대사전』. 기문사, 1954.
6. 정인찬 편. 『성서대백과사전』.전8권. 서울: 기독지혜사, 1979.
7. Reynolds, W. D.(ed.). *The Universal Bible Dictionary*. > 장로회신학교 교사회 역술. 『성경사전』. 서울: 조선야소교 발행, 1936.
8. Achtemeier, P. A.(ed.). *Harper's Bible Dictionary*. San Francisco: Harper & Row, 1985.
9. Bromley, B. W. et al(ed.). *International Standard Bible Encycolpedia*. Grand Rapids: Eerdmans, 1979ff.
10. Freedman, David Noel(ed.). *The Anchor Bible Dictionary*(=*ABD*). 6 vols. New York 등: Double Day, 1992.
11. Galling, Kurt(hg.). *Biblisches Reallexikon*. Tübingen: J. C. B. Mohr, ²1977 (=*BRL²*).
12. *The Interpreter's Dictionary of the Bible*(=*IDB*). Nashville: Abingdon Press, vols. 1~4, 1962; suppl. vol. 1976.
13. Koch, K. /Otto, E. /Roloff, J. /Schmoldt, H. *Reclams Bibellexikon*. Stuttgart: Philipp Reclamun., ⁴1987.
14. Pirot, L. *Dictionaire de la Bible Supplément*(=*DBS*). 10 tomes. Paris: Librairie Letouzey et Ané, 1928~1985.
15. Reicke, Bo/Rost, L.(ed.). *Biblisch-historisches Handwörterbuch. Landes-kunde, Geschichte, Religion, Literatur*(=*BHH*). Göttingen: Vandenhoeck & Ruprecht, 1962~1964.
16. *Calwer Bibellexikon*. 2 vols. Stuttgart: Calwer Verlag, ²2006.

## 0.3. 신학입문

0. 박희병 편역. 『선인들의 공부법』. 서울: 창작과 비평사, 1998.
1. 김중은 외 여럿 지음. 『신학을 어떻게 할 것인가?』. 서울: 아멘 서적, 1992.
2. 이종성. 『신앙과 신학(현대신서 73)』. 서울: 대한기독교서회, 1977.
2-1. 장로회신학대학교대학부엮음. 『신학함의 첫걸음』. 서울: 예영커뮤니

케이션, 2002.
3. 호남신학교대학교 편. 『신학이란 무엇인가?』. 서울: 한국장로교출판사, 1998.
4. Barth, Karl. *Einführung in die evangelische Theologie*. Zürich: Theologischer Verlag, 1962. > 칼 바르트 지음. 이형기 옮김. 『복음주의 신학입문』(세계기독교명저1). 서울: 크리스챤 다이제스트, 1989. 영어판: Tr. Foley, Grover. *Evangelical Theology. An Introduction*, Grand Rapids: Eerdmans / Garden City, NY: Doubleday, 1963.
5. Bohren, Rudolf(hg.). *Einführung in das Studium der evangelischen Theologie*. München: Chr. Kaiser, 1964. > 루돌프 보렌 편. 한국신학연구소 역. 『신학총론』. 서울: 한국신학연구소, 1975; R. 보렌 편, J. 몰트만 외 6인 저. 김정준 외 6인역. 『신학 연구 총론』. 서울: 한국신학연구소, 1986.
6. Schleiermacher, Friedrich. *Kurze Darstellzung des Theologischen Studiums zum Behuf einleitender Vorlesungen*. Kritische Ausgabe hrsg. von Heinrich Scholz, 1910 = Darmstadt: Wissenschaftliche Buchgesellschaft, 1982. > F.슐라이어마허 지음. 김경재, 선한용, 박근원 옮김. 『신학연구 입문』. 서울: 대한기독교출판사, 1989.
7. Schröer, Henning(hg.). *Einführungen in das Studium der evangelischen Theologie*. Gütersloh: Gütersloher Verlagshaus Gerd Mohn, 1982. > 헤닝 슈뢰어 엮음. 정일웅 옮김. 『개신교 신학 연구 개론 – 독일신학 연구를 위한 안내서』. 서울: 대한기독교서회, 1995.
8. Westermann, Claus(hg.). *Theologie*. Stuttgart: Kreuz Verlag, 1967. > C. 베스터만 편저. 이정배 옮김. 『신학입문』 I/II. 서울: 대한기독교서회, 1988/1989.
9. Ebeling, Gerhard. *Studium der Theologie. Eine enzyklopädische Orientierung* (Uni-Taschenbücher[=UTB] 446). Tübingen: J.C.B.Mohr(Paul Siebeck), 1975.
10. Strecker, G.(hg.). *Theologie im 20. Jahrhundert*(UTB 1238). Tübingen: J.C.B. Mohr(Paul Siebeck), 1983.
11. Winzeler, Peter. *Evangelische Theologie. Einführung in das Theologie-Studium* (Dahlemer Heft 6). Stuttgart: Alektor Verlag, 1978.

## 0.4. 논문 작성법과 한글 문장 바로 쓰는 법

1. 한승홍. 『표준논문작성법. 개정증보판』. 서울: 장로회신학대학교 출판부, 2002.
2. 박동규. 『글쓰기를 두려워 말라. 새로운 시대의 문장 강화』. 서울: 문학사상사, 1997.
3. 이태준 저. 장영우 주해. 『아버지가 읽은 문장 강화』. 서울: 깊은 샘, 1997.
4. 이오덕. 『우리 문장 쓰기』. 서울: 한길사, 1993.
5. 최인호 엮음. 『바른말글 사전』. 서울: 한겨레 신문사, 1996.
6. 서정수. 『국어 문법』. 서울: 뿌리깊은 나무, 1994.

## 0.5. 구약학입문

(아래 0.8과 5도 참고)

1. 김중은. "구약학, 어떻게 할 것인가?", 『신학을 어떻게 할 것인가?』 (위 0.3.1의 책), 9~24. 지금은 또 『구약의 말씀과 현실』(아래 9.11의 책), 301~316.
2. 장일선. 『알기 쉬운 구약학』. 서울: 종로서적, 1987.
3. Bach, Robert 씀. 김정준 역. "구약성서신학", 『신학연구총론』(위 0.3.5의 책), 47~65.
4. Freedman, David Noel/ Smart, James D. *God has spoken*. Philadelphia: Westerminster Press. > D. N. 프리드만, J. D. 스마트 지음. 이희숙 옮김. 『구약성서 이해의 요점』. 서울: 종로서적, 1993.
5. Grelot, Pierre. *Introduction aux livres saints*. Paris, 1963. > P. 그럴로 저. 김수복 역. 『성서학 개론 I. 하느님 백성 이스라엘』. 왜관: 분도출판사, 1976.
6. Grelot, Pierre. *Introduction aux livres saints*. Paris, 1963. > 삐에르 그럴로 지음. 제석봉 옮김. 『성서학 개론 II. 유다이즘』(신학총서 16). 왜관: 분도출판사, 1978.
7. Hayes, John H. *An Introduction to Old Testament Study*. Nashville: Abingdon Press, 1986. > 존 H. 헤이즈 지음. 이영근 옮김. 『구약학입문』. 서울: 크리 스챤다이제 스트, 1994.
8. Knight, Douglas/Tucker, Gene(ed.). *The Hebrew Bible and Its Modern*

*Interpreters*. Philadelphia: Fortress Press / Chico: Scholars Press, 1985.
> 더글라스 나이트, 진 터커 편집. 박문재 옮김. 『히브리 성서와 현대의 해석자들』. 서울: 크리 스챤 다이제스트, 1996.
9. Fohrer, Georg. *Das Alte Testaments. Einführung in Bibelkunde und Literatur des Alten Testaments und in Geschichte und Religion Israels*. Gütersloh: Gütersloher Verlaghaus Mohn, 1969.
10. Noth, Martin. *Die Welt des Alten Testament. Eine Einführung in die Grenzgebiete der Alttestamentlichen Wissenschaft*. Berlin: Alfred Töpelmann, $^4$1962.
11. Rogerson, J. /Davies, P. *The Old Testment World*. Cambridge: Cambridge University Press, 1989.
12. Schmidt. Werner. H. "Altes Testament", *Theologie im 20. Jahrhundert* (위 0.3.10의 책), 1~60.
13. Schmidt, Werner. H. /Thiel, W. /Hanhart, R. *Altes Testament*(UTB 421. Grundkurs Theologie Band 1). Stuttgart/Köln/Berlin/Mainz: Kohlhammer Verlag, 1989.
14. Trebolle Barrera, Julio. *La Biblia judia y la cristiana*. Madrid, 1993
> Tr. by Watson, Wilfred G. E. *The Jewish Bible and the Chrstian Bible*. Leiden/ New York/ Köln: E. J. Brill / Grand Rapids, Michigan: Eerdmans, 1998.

## 0.6. 성경

### 0.6.1. 한글 구약성경
1. 『구역(舊譯)구약젼서』. 공인번역위원회, 1911.
2. 『신역(新譯)신구약젼서』. 1925(기일[J. S. Gale]과 이원모 역).
3. 『개역한글판 구약전서』. 1938.
4. 『성경전서 개역한글판』. 서울: 대한성서공회, 1956.
5. 『성서 공동번역(외경 포함)』. 서울: 대한성서공회, 1977.
6. 『구약전서』. 평양: 조선기독교도연맹 중앙위원회, 1984.
7. 『현대인의 성경』. 서울: 생명의 말씀사, 1985.
8. 『현대어 성경』. 서울: 성서교재간행사, 1991.
9. 『성경전서 표준새번역』. 서울: 대한성서공회, 1993.
10. 『성경전서 개역개정판』. 서울: 대한성서공회, 1998.
11. 『성서 공동번역 개정판(외경포함)』. 서울: 대한성서공회, 1999.
12. 『성경전서 표준새번역 개정판』. 서울: 대한성서공회, 2001.

13. 『대조성경 개역개정판·새번역』. 서울: 대한성서공회, 2004.
14. 『성경』. 서울: 한국천주교중앙협의회, 2005.
15. 최의원 편저. 『새즈믄 하나님의 말씀』. 서울: 예영커뮤니케이션, 2008.
16. 『바른성경』. 서울: 한국성경공회, 2008.

0.6.2. 해설이 덧붙은 한글 구약성경
1. 선종완 역. 『구약성서』. 서울: 한국천주교 중앙협의회, 아래 1권은 1959 나머지는 1975.
   1) 『창세기』
   2) 『출애굽기/레위기』
   3) 『민수기/신명기』
   4) 『요수에기/ 판관기/루트기』
   5) 『사무엘전후서』
   6) 『열왕기상하서』
   12) 『이사야 예언서』
   13) 『예레미야 예언서/애가/ 바룩 예언서 성영[=시편]』
2. 서인석 역. 『200주년 성서』. 『호세아/미가』, 『스파니아/나훔/하바쿡/오바디야/요나』, 『요엘/아모스/하깨/말라기』. 서울: 서강대학교신학연구소, 1977.
3. 『해설 관주 성경 전서 독일성서공회판 개역한글판』. 서울: 대한성서공회, 1997(아래 0.6.4.9의 편역임).
3-1. 『관주·해설 성경전서 개역개정판』. 서울: 대한성서공회, 2004.
4. 『구약성서 새번역』. 서울: 한국 천주교 중앙협의회, 1992년 이후
   1) 『시편』(임승필 역, 1992;개정판, 1995)
   2) 『잠언』(임승필 역, 1992; 개정판 1998)
   3) 『욥기』(임승필 역, 1992; 개정판 1997)
   4) 『룻기,아가,코헬렛<전도서>,애가,에스델-축제오경』(임승필 역, 1993)
   5) 『이사야』(임승필 역, 1995)
   6) 『집회서』(정태현 역, 1995).
   7) 『창세기』(임승필 역, 1995)
   8) 『예레미야, 바룩』(정태현 역, 1996)
   9) 『탈출기<출애굽기>, 레위기』(임승필 역, 1996)
   10) 『사무엘상하』(정태현 역, 1997)
   11) 『에제키엘』(임승필 역, 1997)
   12) 『열왕기상하』(정태현 역, 1997)

13) 『민수기, 신명기』(임승필, 정영한 역, 1998)
14) 『역대기상하, 에즈라, 느헤미야』(정태현, 임승필 역, 1998)
15) 『여호수아, 판관기』(정학근, 임승필 역, 1998)
16) 『열두 소예언서』(이기락 역, 1999).
5. 국제가톨릭성서공회 편찬. 『해설판 공동번역 성서. 개정판』. 광주: 일과 놀이, 1998.
6. 『굿뉴스스터디바이블. 개역개정판』. 서울: 대한성서공회, 2000.
7. 『한글 개역개정 ESV 스터디 바이블 해설』. 서울: 부흥과개혁사, 2014 (아래 0.6.13.4.의 번역서).

0.6.3. 영어 성경
(* 표한 것은 해설이 붙어 있는 경우)
1. *King James Version*(=KJV), 1611.
2. *American Standard Version*(=ASV), 1901.
3. *Jewish Publication Society Translation*(=JPS), 1917.
4. *The Holy Bible. Revised Standard Version*(=RSV), 1952.
5. \**The Jerusalem Bible*(=JB), 1966 .
6. *The New American Standard Bible*(=NASB), 1970.
7. *The New English Bible with the Apocrypha*(=NEB). Oxford University Press / Cambridge University Press, 1970.
8. *New American Bible(=NAB)*, 1970.
9. *Living Bible* : parphrased.Wheaton: Tyndale, 1971.
10. *Good News Bible with Deuterocanonicals. The Bible in Today's English Version* (=TEV). New York: American Bible Society, 1976.
11. *The Holy Bible. New International Version*(=NIV). New York: International Bible Society, 1978.
12. *New King James Version*(=NKJV), 1982.
13. *Tanakh. The Holy Scripture. New Jewish Publications Society Translation according to the Traditional Hebrew Text*(=NJPST). Philadelphia/Jerusalem: The Jewish Publication Society, 1985.
14. \**New Jerusalem Bible*, 1985.
15. *New Revised Standard Version*(=NRSV), 1989.

16. *The Revised English Bible with the Apocrypha*(=REB). Oxford University Press / Cambridge University Press, 1989.
17. *The Holy Bible. Contemporary English Version*(=CEV). New York: American Bible Society, 1995.
18. Peterson, Eugene H. *The Message: The Bible in Contemporary Language*. Colorado Springs, CO: NavPress Publishing Group, 2002.
19. *The Holy Bible. English Standard Version* (=ESV). Wheaton, Il.; Crossway, 2001.
20. *The New English Translation Bible* (=NET). Bible Studies Press, 2005. (http://www.bible.org)

0.6.4. 독일어 성경
(* 표한 것은 해설이 붙어 있는 경우)

1. *Die Heilige Schrift des Alten und Neuen Testaments*(=ZB). Zürich: Verlag der Zürcher Bibel, 1955(1907~1931 개정판).
1-1. *Die Neue Zürcher Bibel*. 2007.
2. *Die Bibel nach der Übersetzung Martin Luthers mit Apokryphen. Bibeltext in der revidierten Fassung von 1984*(=LB). Stuttgart: Deutsche Bibelgesellschaft, 1985.
3. *Die Schrift*. Verdeutscht von Martin Buber gemeinsam mit Franz Rosenzweig. Band 1/2/3/4. *Die Fünf Bücher der Weisung / Bücher der Geschichte /Bücher der Kündung /Die Schriftwerke*. Heidelberg: Verlag Lambert Schneider GmbH 1981 ($=^{10}$1954)/ 1985($=^{8}$1958)/1981($=^{8}$1958)/1980($=^{5}$1962)= Darmstadt: Wissenschaftliche Buchgesellschaft, 1984/85/85/84.
4. *Die Bibel in heutigem Deutsch. Die Gute Nachricht des Alten und Neuen Testaments mit der Spätschriften des Alten Testaments*(Deuterokanonische Schriften/ Apokryphen). Stuttgart: Deutsche Bibelgesellschaft, $^{2}$1982.
5. **Die Bibel. Die Heilige Schrift des Alten und Neuen Bundes. Deutsche Ausgabe mit den Erläuterungen der Jerusalemer Bibel*. Herausgegeben von Diego Arenhoevel/ Alfons Deissler / Anton Všgtle. Freiburg/ Basel / Wien: Herder, 1968.
6. **Lutherbibel erklärt*. Stuttgart: Deutsche Bibelgesellschaft, 1974.
7. *Einheitsübersetzung der Heiligen Schrift*. Stuttgart: Katholische Bibelanstalt, 1980.
8. **Die Neue Jerusalemer Bibel. Einheitsübersetzung mit dem Kommentar der Jerusalemer Bibel*. Freiburg/ Basel/ Wien: Herder, 1985.

9. *Stuttgarter Erklärungsbibel. Die Heilige Schrift nach der übersetzung Martin Luthers mit Einführungen und Erklärungen. Stuttgart: Deutsche Bibel-gesellschaft, ²1992.
10. Zürcher Bibel. Zürich: Theologischer Verlag, 2007.
11. Neues Testament und Psalmen. Neue Genfer Übersetzung. Romanel-sur-Lausanne: Genfer Bibelgesellschaft / Stuttgart: Deutsche Bibelgesellschaft, 2011.
12. Bibel in gerechter Sprache. Gütersloh: Gütersloher Verlagshaus, ⁴2011.
13. BasisBibel. Das Neue Testament und die Psalmen. Stuttgart: Deutsche Bibelgesellschaft, 2012. (http://www.basisbibel.de)
14. Hoffnung für alle. Die Bibel. Basel: Brunnen Verlag, ¹⁵2013.

0.6.5. 불어 성경
(* 표한 것은 해설이 붙어 있는 경우)
1. La Sainte Bible ou L'ancien et le Nouveau Testament. Alliance Biblique Universelle, 1880(이른바 Segond 성경, 1978년에 개정됨).
2. La Bible du Rabbinat Français. Paris, 1899~1906.
3. La Bible du Centenaire. Paris, 1917.
4. *La Bible de Jerusalem. La Sainte Bible traduite en Français sous la direction de l'Ecole Biblique de Jerusalem. Paris: Editions du Cerf, 1961.
5. *La Bible de Jerusalem. La Sainte Bible traduite en Français sous la direction de l'Ecole Biblique de Jérusalem. Nouvellé edition. Paris: Editions du Cerf, 1973.
6. *Traduction Oécumenique de la Bible. Paris: Cerf/ Les Berger et les Magnes, 1975.

0.6.6. 히브리어 및 아람어 성경
1. Biblia Hebraica. R. Kittel(ed.). Stuttgart: Württembergische Bibelanstalt, ³1937(=BHK)
2. Biblia Hebraica Stuttgartensia. K. Elliger/W. Rudolph(ed.). Stuttgart: Deutsche Bibelgesellschaft, 1968~1977(=BHS). 소형판 1984.
2−1. Biblia Hebraica Quinta. Stuttgart: Deutsche Bibelgesellschaft.(= BHQ)
− 5. Deuteronomy. Prepared by Carmel McCarthy, 2007.
− 7. Judges. Prepared by Natalio Fernández Marcos, 2011.
− 13. The Twelve Minor Prophets. Prepared by Anthony Gelston, 2010.

- 17. *Proverbs*. Prepared by Jan de Waard, 2008.
- 18. *General Introduction and Megilloth*. Ed.by J. de Waard/ P. B. Dirksen/ Y. A. P. Goldman/ R. Schäfer/ M. Saebo, 2004.
- 20. *Ezra and Nehemia*. Prepared by David Marcus, 2006.
3. *The Hebrew University Bible*. Jerusalem: The Magne Press, the Hebrew University (=*HUB*)
  - *The Book of Isaiah*. Moshe H. Goschen-Gottstein(ed.), 1965~1995.
  - *The Book of Jeremiah*. C. Rabin/S. Talmon / E. Tov(ed.), 1997.
  - *The Book of Ezekiel*. Moshe H. Goschen-Gottstein/S. Talmon(eds.), 2004.
4. Sperber, Alexander(ed.). *The Biblie in Aramaic*. 5 vols. Leiden/New York/Köln: E. J. Brill, 1992(=1959~1973).

0.6.7. 헬라어 구약성경

0. 강선남, 정태현 공역. 『칠십인역 창세기』. 칠곡: 분도출판사, 2006.
1. *Septuaginata*. Rahlfs, A.(ed.). 2 Bände. Stuttgart: Wörttembergische Bibelanstalt, 1935. 단권 소형판, 1979.
1-1. *Septuaginta ... Editio altera quam recognovit et emendavit Robert Hahnhart* Stuttgart: Bibelgesellschaft, 2006.
2. *Septuaginata. Vetus Testamentum Graecum auctoritate Academiae Scientiarum Gottingensis editum*. Göttingen: Vandenhoeck & Ruprecht, 1931ff.
  - I. *Genesis*, ed.John William Wevers. 1974.
  - II/1. *Exodus*, ed.John William Wevers. 1991.
  - II/2. *Leviticus*, ed.John William Wevers. 1986.
  - III/1. *Numeri*, ed.John William Wevers. 1982.
  - III/2. *Deuteronomium*, ed.John William Wevers. 1977.
  - VIII/1. *Esdrae liber I*, ed.Robert Hanhart. 1974.
  - VIII/2. *Esdrae liber II*, ed.Robert Hanhart. 1993.
  - VIII/3. *Esther*, ed.Robert Hanhart. 1966. $^2$1983.
  - VIII/4. *Iudith*, ed.Robert Hanhart. 1979.
  - VIII/5. *Tobit*, ed.Robert Hanhart. 1983.
  - IX/1. *Maccabaeorum liber I*, ed.Werner Kappler. 1936. $^2$1967.
  - IX/2. *Maccabaeorum liber II*, ed.Werner Kappler/Robert Hanhart. 1959. $^2$1976.

- IX/3. *Maccabaeorum liber III*, ed.Rober Hanhart. 1960. ²1980.
- X. *Psalmi cum Odis*, ed.Alfred Rahlfs. 1931. ³1979.
- XI. *Iob*, ed.Joseph Ziegler. 1982.
- XII/1. *Sapientia Salomonis*, ed.Joseph Ziegler. 1962. ²1980.
- XII/2. *Sapientia Iesu Filii Sirach*, ed.Joseph Ziegler. 1965. ²1980.
- XIII. *Duodecim Propetae*, ed.Joseph Ziegler. 1943. ³1984.
- XIV. *Isaias*, ed.Joseph Ziegler. 1939. ³1983.
- XV. *Ieremias, Baruch, Threni, Epistula Ieremiae*, ed.Joseph Ziegler. 1957. ²1976.
- XVI/1. *Ezechiel*, ed.Joseph Ziegler. 1952. ²1977.
- XVI/2. *Susanna, Daniel, Bel et Draco*, ed.Joseph Ziegler. 1954.
3. Piertersma, A. /Wright B.(eds.). *A New English Translation of the Septuagint and Other Greek Translations Traditionally Included under that Title.* New York/Oxford, 2007.
4. Kraus, Wolfgang/Karrer, Martin(eds.). *Septuaginta Deutsch. Das griechische Alte Testament in deutscher Übersetzung.* Stuttgart: Deutsche Bibelgesellschaft, 2009.
5. Harl, M. /Dorival, G. /Munnich, O. *La Bible d'Alexandie.* Paris, 1986ff.

0.6.8. 라틴어 구약성경
1. *Biblia Sacra iuxta Vulgatam versionem.* 2 Bände. Stuttgart: Wörttembergische Bibelanstalt, 1969. 단권 소형판, ⁴1994.

0.6.9. 히브리어와 영어/독어 대조성경
1. *JPS Hebrew-English TANAKH. The TraditionalHebrew Text and the New JPS Translation – Second Edition.* Philadelphia: The jewish Publication Societz, 1999.
2. *Das Alte Testament hebraiesch-deutsch. Biblia Hebraica mit deutscher Übersetzung.* Stuttgart: Württembergische Bibelanstalt, 1974.
3. *The Hebrew-English Old Testament. Biblia Hebraica Stuttgartensia - English Standard Version.* Wheaton, Iliinois: Crossway, 2012.

0.6.10. 헬라어와 영어 대조성경
1. Brenton, Lancelot C. L. *The Septuagint with Apocrypha: Greek and English.*

London: Samuel Bagster & Sons, Ltd., 1851. Reprint: Hendrickson Publishers, 10th printing, 2003.

### 0.6.11. 컴퓨터 성경
1. Bible Works 6. 0. 2004.
2. 대한성서공회. 『CD-ROM 성경』. 서울: 대한성서공회, 2003.

### 0.6.12. 한국어와 외국어 대조 성경
1. 『한일대조 성경전서.개역한글판 / 신공동역』. 서울: 대한성서공회, 1992.
2. 『한일대조 성경전서.개역개정판 / 신공동역』. 서울: 대한성서공회, 2002.
3. 『한영 성경전서.개역한글판/New International Version』. 서울:대한성서공회.
4. 『한영 성경전서. 개역개정판/Good News Translation』. 서울:대한성서공회, 2002.
5. 『한영 성경전서. 공동번역개정판 / Good News Translation』.서울:대한성서공회, 2002.
6. 『한독 대조성경. 성경전서새번역 / Die Bibel nach der Übersetzung Martin Luthers in der Revidierten Fassung von 1984』. 서울: 대한성서공회, 2013.
7. 『한영성경. 개역개정판 / English Standard Version』. 서울:대한성서공회, 2012.

### 0.6.13. 외국어 해설 성경
1. *The Jewish Study Bible*. New York: Oxford University Press, 2004.
2. *The Learning Bible. New International Version*. New York: American Bible Society, 2003.
3. *The Oxford Study Bible*. New York: Oxford University Press, 1992.
4. *Study Bible. English Standard Version*. Wheaton, Illinois: Crossway, 2008.
5. *La Bible Expliquee*. Villiers-le-Bel: Societe biblique francaise - Bibli'O, 2004.

## 0.7. 사전(2): 성구 사전, 구약신학 용어 사전

(위 0.2도 참고)

## 0.7.1. 한글 성구 사전
1. 김성영 편. 『완벽 성경성구대전』. 전7권. 서울: 아가페 출판사, 1982.
2. 이성호 편. 『새 성구대사전』. 서울: 성지사, 1985, ⁴1993.
3. 죠오지 V. 위그램 저. 김만풍 역. 『원어성경어구대사전(구약)』. 서울: 기독교문화협회, 1983.

## 0.7.2. 구약성경 히브리어 아람어 헬라어 성구 사전
1. Even-Shoshan, Abraham(ed.). *A New Concordance of the Bible Using the Hebrew and Aramaic Text*. Jerusalem: 'Kiryat Sefer' Publishing House Ltd., ²1982.
2. Lisowsky, Gerhard/ Rost, Leonhard(hg.). *Konkordanz zum Hebräischen Alten Testament*. Stuttgart: Württembergische Bibelanstalt, ²1958.
3. Mandelkern, S.(hg.). *Veteris Testamenti Concordantiae Hebraicae atque Chaldaicae*. Berlin, 1937(Graz, 1955; Jerusalem/Tel Aviv, 1971).
4. Hatch, E. /Redpath, H. A. *Concordance to the Septuaginta and the other Greek Versions of the Old Testament(Including the Apocryphal Books)*. Oxford: Clarendon Press, 1897; with "Introductory Essay" by Robert A. Kraft/Emanuel Tov and "Hebrew/Aramaic Index to the Septuagint" by Takamitsy Muraoka. Grands Rapids: Baker Books, ²1998.

## 0.7.3. 구약성경 신학 용어 사전
1. Botterweck, G. J. /Ringgren, H.(hg.). *Theologisches Wörterbuch zum Alten Testament*(*ThWAT*). 8 Bände. Stuttgart/Berlin/Köln/Mainz, 1973~1995.
   > *Theological Dictionary of the Old Testament*(=*TDOT*). 15 vols. Grand Rapids: Eerdmans, 1974~2006.
2. Harris, R. Laird/ Archer, Gleason L. Jr. /Waltke, Bruce K.(ed.). *Theological Wordbook of the Old Testament*. 2 vols. Chicago: The Moody Bible Institute, 1980.
   > 요단출판사 번역위원회 역. 『구약원어신학사전』. 상, 하, 색인. 서울: 요단출판사, 1986.
3. Jenni, Ernst/ Westermann, Claus(hg.). *Theologisches Handwörterbuch zum Alten Testament*. Bd. I/II. München: Chr. Kaiser Verlag/ Zürich:Theologischer Verlag. 1971/76(=*THAT*)> Tr. by Biddle, M. E. *Theological Lexicon of the Old Testament*. 3 vols. Peabody, Massachusetts: Hendrikson Publisher, 1997.

4. Van Gemeren, Willem A.(ed.). *New International Dictionary of Old Testament Theology and Exegesis*. 5 vols. Grand Rapids, Michgan: Zondervan Publishing, 1997.

## 0.8.(신)구약성경 입문

(위 0.5와 아래 5 참고)

1. 기독교대한감리회 청년회 전국연합회 편저.『청년과 성서이해』. 청년을 위한 성서연구. 서울: 대한기독교감리회 교육국 출판부, 1987.
2. 김이곤,민영진,임승필.『오경,역사서(하느님과 사람의 말씀 시리즈 1)』. 광주: 생활성서, 1999(아래 7, 8, 13 참고).
3. 김정준.『구약 성서의 이해』. 서울: 평민사, 1978.
4. 김지찬.『구약개론(현대인을 위한 신학총서 2)』. 서울: 대한예수교장로회 총회 출판부, 1998.
5. 김혜자.『성서 입문 4. 후기 예언서』. 왜관: 분도출판사, 1997(아래 11, 12 참고).
6. 민영진.『성경 바로 읽기. 민영진 박사의 성경 클리닉』. 서울: 대한기독교 서회, 1999.
7. 민영진, 임승필.『시서와 지혜서(하느님과 사람의 말씀 시리즈 2)』. 광주: 생활성서사, 1999(위 2, 아래 8, 13 참고).
8. 민영진, 임승필.『예언서 2』(하느님과 사람의 말씀 시리즈 4). 광주: 생활성 서사, 1999(위 2, 7, 아래 13 참고).
8-1. 박동현.『구약성경개관. 개정증보판』. 서울: 장로회신학대학교출판부, 2003.
9. 왕대일.『신앙공동체를 위한 구약성서이해』. 서울: 성서연구사, 1993.
10. 이종록.『새로운 엑소더스를 향하여 - 구약성경 읽기를 위해 -』. 서울: 한국장로교출판사, 1997.
11. 이홍기.『성서 입문 1. 성서 일반 및 모세 오경』. 왜관: 분도출판사, 1983 (위 5, 아래 12 참고)
12. 이홍기.『성서 입문 2. 전기 예언서』. 왜관: 분도출판사(위 5, 11 참고).
13. 임승필.『예언서 1(하느님과 사람의 말씀 시리즈 3)』. 광주: 생활성서사, 1999(위 2, 7, 8 참고).
14. 장일선.『생명 나무와 가시 덤불. 현대인을 위한 구약성서 풀이』. 서울:

대한기독교서회, ³1998.
15. 정연복.『젊은이를 위한 성서교재. 가난한 사람의 눈으로 읽는 성서 2』. 구약편, 서울: 삼민사, 1991.
16. 한국기독교장로회청년회 전국연합회 성서연구위원회 편.『해방공동체. 젊은이들을 위한 성서연구자료. 구약1, 2편』. 서울: 한울사, 1987.
17. 한국기독청년협의회 지음.『재미있는 구약이야기』. 서울: 도서출판 녹두, 1993.
18. 한국기독학생총연맹 편.『성서와 실천 1』. 서울: 민중사, 1987.
19. 한국신학연구소 성서교재위원회 엮음.『함께 읽는 구약성서』. 천안: 한국신학연구소, 1991.
20. 미우라 아야꼬 저. 이은신 역.『평신도를 위한 구약성서 입문. 참 빛과 사랑을 찾아서』. 서울: 대한기독교서회, 1990.
21. Anderson, Bernhard W. *Understanding the Old Testament*. Englewood Ciffs, N. J.: Prentice-Hall, ⁴1986. > 제석봉/이성배 옮김.『구약성서의 이해』. 1, 2/3권. 성바오로출판사, 1983/84; 버나드 W. 엔더슨 지음. 강성열/노항규 옮김.『구약성서이해』(상)(하). 서울: 크리스챤 다이제스트, 1994.
22. Benson, C. H. *Old Testament Survey: Poetry and Prophecy*. Job-Malachi, 1972. > 배제민 역.『교사의 시문서 예언서 공부』(E. T. T. A. 교회교육시리즈 3). 서울: 보이스사, 1980.
22-1. Birch, B. C. /Brueggemann, W. /Fretheim, T. E. /Peterson, D. L. *Theological Intro-duction to the Old Testament*. > W. 브루지만 외 지음, 차준희 옮김.『구약신학과의 만남. 신학으로 본 구약입문』. 한국구약학총서 1. 서울: 프리칭아카데미, 2007.
22-2. Branson, Robert D. /Edlin, Jim/ Green, Tim M. /Varughese, Alex. *Discovering the Old Testament. Story and Faith*. Kansas City: Beacon Hill, 2003. > 로버트 D. 브랜슨, 짐 에들런, 팀 M. 그린, 알렉스 바루기스 지음, 박철우 옮김.『구약성경의 탐구. 이야기와 믿음』. 서울: 도서출판 물가에 심은나무, 2006.
22-3. Ceresko, Anthony R. *Introduction to the Old Testament: A Liberation Perspective*. Maryknoo, N. Y.: Orbis Books, 1992. > 안토니 R. 세레스코 지음. 성찬성·김은규 옮김.『알기 쉬운 구약 입문. 새로운 구약으로 초대』. 서울: 바오로딸, ²2008.

23. Charpentier, Etienne. *Pour Lire L'Ancien Testament*. Paris: Les Editions du Cerf, 1980. > Tr. Bowden, John. *How to Read the Old Testament*. London: SCM, 1981. > E. 샤르팡티에 지음. 안병철 옮김. 『구약성서의 길잡이』. 서울: 바오로, 1991.
24. Drane, J. W. *The Old Testament Story*. Lion Publishing, 1983. > 이중수 역. 『구약 이야기』. 서울: 두란노 서원, 1985.
25. Dillard, Raymond B. / Longman, Tremper. *An Introduction to the Old Testament*. Grand Rapids: Zondervan, 1994. > 레이몬드 딜러드, 트렘퍼 롱맨 지음. 박철현 옮김, 『최신 구약개론』. 서울: 크리스챤다이제스트, 1997.
26. 어빙 젠센 저. 권택조 역. 『젠센 구약성경 개관』. 서울: 도서출판 명희, 1982.
27. *Journey(Guided Study Programs in the Catholic Faith)*. London, Ontarion, Canada: Divine Word Center, 1978. > 생활성서사 편역. 『성서의 길을 따른 여정』[구약편 I/II/III/IV], 광주: 생활성서사, 1987.
28. Kirchschläger, Walter. *Kleiner Grundkurs Bibel. Im Blick: Das Alte Testament* (Stuttgarter Taschenbücher[=*STB*] 8). Stuttgart: Verlag Katholisches Bibelwerk GmbH, 1991. > 발터 키르히 쉴래거 지음. 신교선 옮김. 『구약성서 첫걸음』. 서울: 성서와 함께, 1997.
29. Läpple, Alfred.*Die Bibel —Heute*. München: Verlag Martin Lutz GmbH, 1972. > 알프레드 레플레 저. 김윤주 편역. 『성경과 오늘—돌과 문서가 말한다면—』. 왜관: 분도출판사, 1976.
30. Lasor, Wilia Sandford/ Hubbard, David Allan/ Bush, Frederic William. *Old Testament Survey*. Grand Rapids: Eermans, 1982. > 라솔 외 지음. 박철현 옮김. 『구약개관』. 서울: 크리스챤다이제스트, 1994.
31. Merrill, Eugene H. *An Historical Survey of the Old Testament*. Grand Rapids: Baker Book House, 1966, ²1991. > 김인환 옮김. 『역사적 구약 개요』. 서울: 총신대학 출판부, 1994; 유진 메릴 지음. 김진영 옮김. 『구약의 역사적 개요』. 서울: 크리스챤 다이제스트, 1995.
32. 이누카이 미치코 지음. 이원두 옮김. 『성서 이야기 1~2. 구약편 상~하』. 서울: 한길사, 1997.
33. Miles, Jack. *God: A Biography*. > 잭 마일스 지음. 김문호 옮김. 『신의 전기』. 전2권. 서울: 지호, 1997.

34. Rhodes, Arnold. *The Mighty Acts of God*. Richmond, Va.: CLC Press, 1964. > 아놀드 로드스 저. 문희석/황성규 공역. 『통독을 위한 성서해설 - 하나님의 위대한 행위 -』. 서울: 대한기독교출판사, 1977.
35. Schultz, S. J. *Old Testament Survey: Law and History*, 1964, 1979. > 배제민 역. 『교사의 율법서 역사서 공부』(E. T. T. A. 교회교육시리즈 3). 서울: 보이스사, 1980.
36. Walton, Robert C.(ed.). *A Source Book of the Bible for teachers*. London: SCM/ Grand Rapids: Zondervan, 1978. > 로버트 C. 왈튼 편집, 민영진/김득중 옮김. 『성서연구자료집』. 서울: 컨콜디아사, 1987.
37. Walton, Robert C. *Chronological and Background Charts of the Old Testament*. > 존 H. 월톤 저. 김명호 편역. 『차트 구약. 구약연대표 및 배경사』. 서울: 기독 교문서선교회, 1992.
38. Westermann, Claus. *Abrißder Bibelkunde. Altes Testament. Neues Testament*. Stuttgart: Calwer Verlag, [12]1984. > Tr. & ed.Boyd, Robert H. *Handbook to the Old Testament*. London: SPCK, 1969(독일어 1962년판 구약부분만 번역한 것). 클라우스 베스터만 저. 김이곤/황성규 공역. 『성서입문』. 서울: 한국신학 연구소, 1975; 클라우스 베스터만 저. 방석종/박창건 공역. 『구약 신약 성서개설』. 서울: 종로서적, 1984.
39. Westermann, Claus. *Tausend Jahre und ein Tag: Einführung in die Bibel*. Stuttgart /Berlin: Kreuz Verlag, 1977. > 클라우스 베스터만 지음. 김윤옥, 손규태 공역. 『구약성서의 맥 - 천년과 하루』. 서울: 한국신학연구소, 1983.
40. Augustin, Matthias/ Kegler, Jürgen. *Bibelkunde des Alten Testaments. Ein Arbeitsbuch*. Gütersloher: Gütersloher Verlaghaus Mohn, 1987.
40-1. Brueggemann, Walter. *An Introduction to the Old Testament. The Canon and Christian Imagination*. Louisville/London: Westerminster John Knox Press, 2003 > 월터 브루그만 지음. 김은호, 권대영 옮김. 『구약개론』. 서울: 기독교 문서선교회, 2007.
41. Lutz, H. -M. / Timm, H. / Hirsch, E. Chr.(hg.). *Altes Testament. Einführungen, Texte, Kommentare. Mit einer Einleitung von Gerhard von Rad*(Serie Piper 347). München/Zürich: Piper, 1970, [6]1987.
42. Preuß Horst Dietrich/ Berger, Klaus. *Bibelkunde des Alten und Neuen Testament*.

*Erster Teil: Altes Testament*(*UTB* 887). Heidelberg/Wiesbaden: Quelle & Meyer, ³1985.

44-1. Rösel, Martin. *Bibelkunde des Alten Testaments. Die kanonischen und die apokryphen Schriften*. Neukirchen-Vluyn: Neukirchener Verlag, ³2003.

43. Ramsey, William M. The Westerminster Guide to the Books of the Bible. Louisville, Kentucky: Westerminster John Knox Press, 1994.

44. Riebl, Maria/ Stiglmair, Arnold. *Kleine Bibelunde zum Alten Testament*. Innsburg / Wien: Tyrolia Verlag, ⁴1980.

45. Schlunk. D. Merkstoff zur Bibelkunde. *Altes und Neues Testament*. Tübingen: J. C. B. Mohr, 1983.

46. Schmid, H. H. *Kleine Bibelkunde*. Zürich: Theologischer Verlag, 1983.

47. Steck, O. H. *Arbeitsblätter Altes Testament für Einführungskurse*. Zürich: Theologischer Verlag, 1983.

48. Weber, O. *Bibelkunde des Alten Testament*. Bielefeld: Luther Verlag, 1981.

48-1. Zenger, Erich(hg.). *Lebendige Welt der Bibel. Entdeckungsreise in das Alte Testament*. Freiburg/Basel/Wien: Herder, 1997.

## 0.9. 구약학 관련 잡지 및 정기 간행물

1. 「구약논단」. 서울: 한국구약학회, 1996년부터 반년간.
2. 「그말씀」. 서울: 두란노서원, 1992년 8월부터 월간.
3. 「설교자를 위한 성경연구」. 완주: 한국성경연구원, 1994년 11월부터 월간.
4. 「성경원문연구」. 서울: 대한성서공회, 1997년부터 반년간.
5. 「성경과 고고학」. 서울: 한국성경고고학회, 1994년 4월부터 계간.
6. 「성서마당」. 서울: 한국성서학연구소, 1992년 9월부터 격월간.
7. 「성서사랑방」. 서울: 한국신학정보연구원, 1997년 11월부터 격월간. 2001년 겨울호부터 「헤르메니아 투데이」로 이름이 바뀜
8. 「예루살렘. 성경과 이스라엘에 관한 연구」. 서울: 예루살렘 학회, 1992년부터.
9. 「예루살렘 통신」. 서울: 장로회신학대학교 성지연구원, 1991년 봄부터 계간.
10. 아래 한글 학술잡지 또는 정기간행물에 가끔씩 구약 관련 논문이 실림:

- 「가톨릭 사상」. 대구: 대구가톨릭대학, 1987년부터.
- 「계명신학」. 대구: 계명대학교 신학연구소, 1989년부터.
- 「교회와 신학」. 서울: 장로회신학대학교 출판부, 1965년부터 연간, 1997년부터는 계간
- 「기독교사상」. 서울: 대학기독교서회, 1957년 8월부터 월간.
- 「말씀과 교회」. 서울: 기장신학연구소, 1993년부터.
- 「목회와 신학」. 서울: 두란노서원, 1989년 7월부터 월간.
- 「미스바」. 부산: 고신대학교, 1983년부터.
- 「복된 말씀」. 전주: 복된 말씀사, 1954년부터 월간.
- 「복음과 신학」. 나사렛 신학대학, 1989년부터
- 「복음과 실천」. 침례신학대학 교수논문집. 대전: 침례교신학대학 출판부, 1978년부터 연간.
- 「성서한국」. 서울: 대한성서공회, 1955년 1월부터 계간.
- 「시대와 민중신학」. 서울: 시대와 민중사, 5호부터는 다산글방, 1994년부터 수시 간행.
- 「신학과 목회」. 대구: 영남신학대학교, 1989년부터 연간.
- 「신학과 문화」. 대전: 장로회대전신학교, 1992년부터 연간.
- 「신학과 사상」. 서울: 가톨릭대학교 출판부, 1989년부터 반년간.
- 「신학과 사회」. 전주: 전주한일장신대학교, 1986년부터 연간.
- 「신학과 선교」. 부천: 서울신학대학교 출판부, 1972년부터 연간.
- 「신학과 세계」. 서울: 감리교신학대학교, 1975년부터 연간.
- 「신학과 신앙」. 루터신학교 논문집. 서울: 컨콜디아사, 1986년부터 연간.
- 「신학과 현장」. 대전: 목원대학교 목원신학연구소, 1991년부터
- 「신학논단」. 서울: 연세대학교 출판부, 1953년부터 연간.
- 「신학사상」. 병천/서울: 한국신학연구소, 1973년부터 계간.
- 「신학연구」. 서울: 한신대학교 신학회, 1960년부터 연간.
- 「신학이해」. 광주: 호남신학대학교 출판국, 1983년부터 연간.
- 「신학전망」. 광주: 광주가톨릭대학교 출판부, 1968년부터 계간.
- 「신학정론」. 수원: 합동신학교 신학정론사, 1983년부터 반년간.

- 「신학지남」. 서울: 신학지남사, 1918년부터 계간.
- 「월간고신」. 부산: 고신언론사, 1981년 7월부터 월간.
- 「월간 목회」. 서울: 월간목회사, 1976년 9월부터 월간.
- 「이성과 신앙」. 수원: 수원가톨릭대학교 출판부, 1992년부터 연간.
- 「장신논단」. 서울: 장로회신학대학교 출판부, 1987년부터 연간.
- 「종교신학연구」. 서울: 서강대학교 종교신학연구소; 분도출판사, 1988년부터 연간.
- 「침신논집」. 한국 침례교 신학대학 교수 논문집. 충남:침례 신학 대학 출판부, 1978년부터 연간.
- 「한국여성신학」. 서울: 한국여성신학자협의회, 1983년부터 계간.
- 「햇순」. 서울: 공동체성서연구원, 1996년3월부터 월간.
- 「현대와 신학」. 서울: 연세대학교 연합신학대학원, 1964년부터 연간.
- *Asia Journal of Theology*. Bangalore, India: Wordmakers Publishing Pvt. Ltd., 1987ff.
- *Ewha Journal of Feminist Theology*. Seoul: Ewha Institute for Women's Theological Studies, 2(1997)
- *Korea Journal of Theology*. 서울: 기독교서회(The Christian Literature Society), 1995ff.
- *Korea Presbyterian Journal of Theology*. 서울: 장로회신학대학교, 2001.
- *Yonsei Journal of Theology*. Seoul: The United Graduate School of Theology Yon Sei Unversity, 1996ff.
11. *Biblica*. Rome, 1920ff.
12. *Biblical Archaeologist*(*BA*). New Haven, Conn.: The American School of Oriental Research, 1938ff. 계간.
13. *Biblical Archaeology Review*(=*BAR*). Washington D. C.
14. *Biblical Interpretation*. Leiden: E. J. Brill, 1993ff. 계간.
15. *Biblische Zeitschrift*(=*BZ*). Paderborn u. a. 1902~38, 1957ff. 반년간.
16. *Bulletin of the Ametican Schools of Oriental Research*(=*BASOR*). Jerusalem a. o., 1919ff. 계간.
17. *Catholic Biblical Qauterly*(=*CBQ*), Washington D. C.: The Catholic biblical association of America, 1939ff. 계간.

17-1. *Currents in Research(=CBR)* (위 0.1.5-1의 학술잡지).
18. *Eretz Israel(=ErIs)*. Jerusalem, 1951ff.
19. *Interpretation*. Richmond, Virg.: Union Theological Seminary, 1947ff. 계간.
20. *Journal for the Study of the Old Testament(=JSOT)*. Sheffield, 1975ff. 3개월간.
21. *Journal of Biblical Literature and Exegesis(=JBL)*. Atlanta: Society of Biblical Literature, 1889ff. 계간.
22. *Journal of Jewish Studies(=JJS)*. London, 1948ff.
23. *Journal of Near Eastern Studies(=JNES)*. Chicago: University of Chicago Press, 1942ff. 계간.
24. *Journal of Semitic Studies(=JSSt)*. Oxford: Oxford University Press, 1956ff. 반년간.
25. *Revue Biblique(=RB)*. Paris, 1892ff.
27. *Semeia. Experimental Journal for Biblical Criticism*. Atlanta: Scholars.
28. *Vetus Testamentum(=VT)*. Leiden: E. J. Brill, 1951ff. 계간.
29. *Zeitschrift für Althebraistik*. Berlin: Kohlhammer.
30. *Zeitschrift der Deutschen Morgenländischen Gesellschaft(=ZDMG)*. Wiesbaden u. a., 1847ff.
31. *Zeitschrift des Deutschen Palästinavereins(=ZDPV)*. Wiesbaden u. a., 1878ff.
32. *Zeitschrift für die Alttestamentliche Wissenschaft(=ZAW)*. Berlin/New York, 1881ff.
33. 그밖의 외국 신학 학술 잡지 및 정기 간행물, 이를테면
    − *Harvard Theological Review(=HThR)*. Cambridge, Mass., 1908ff.
    − *Hebrew Union College Annual(=HUCA)*. Cincinnati, Ohio, 1924ff.
    − *Revue de theologie et d philosophie(=RThPh)*. Lausanne, 1868ff.
    − *Revue des sciences philosophiques et theologiques(=RSPhTh)*. Paris, 1907ff.
    − *Scottish Journal of Theology*. Edinburgh, 1948ff.
    − *Theologische Zeitschrift(=ThZ)*. Basel, 1945ff.
    − *Zeitschrift für Theologie und Kirche(=ZThK)*. Tübingen: J. C. B. Mohr(Paul Siebeck), 1891ff.

## 0.10. 국내 구약학 전공자 인터넷 홈페이지

1. 강성열(호남신학대학교) http://iloveoti.com

2. 김이곤(한신대학교) http://eekon.org
3. 김지찬(총신대학교) http://www.tanak.net
4. 민영진 http://www.bibleclinic.net
5. 박경철(한신대학교) http://ot.re.kr
6. 박동현(장로회신학대학교) http://dhpark.net
7. 박종수(강남대학교) http://sheep.kangnam.ac.kr/~jspark45
8. 방석종 http://www.shinbiro.com/~profpang
9. 배정훈(장로회신학대학교) http://chpae25.com.ne.kr
10. 왕대일(감리교신학대학교) http://oldtestament.org (감신대성서학연구소)
11. 이종록(한일장신대학교) http://www.ebiblecafe.com
12. 정중호(계명대학교) http://bible.kmu.ac.kr
13. 차준희(한세대학교) http://jhcha.hansei.ac.kr
14. 한동구(평택대학교) http://godislove.net/~ot
15. 비블리카 아카데미아 http://biblica.net

# 1. 구약언어학

## 1.1. 히브리어와 아람어 일반

1. "구약의 언어", 『성서백과대사전』(위 0.2.2.3의 사전)제1권(1979), 750~755.
2. "아람어", 『성서백과대사전』제7권(1981), 395~404.
3. 아비 후르비츠 외 다수 지음. 박미섭 옮김. 『성서 시대와 성서 이후 시대의 히브리어 연구』. 서울: 도서출판 한들, 1999.
4. "히브리어", 『성서백과대사전』제12권(1982), 681~713.
5. Bodine, W. R. *Linguistics and Biblical Hebrew*. Winona Lake, IN: Eisenbrauns, 1992.
6. Degen, Rainer. "Aramäisch I. Altes Testament", *TRE* (위 0.2.1.10의 사전) III (1978), 599~602.
7. Huehnergard, John. "Language(Introductory Survey)", *ABD*(위 0.2.2.10의 사전) IV(1992), 155~170(157에 셈어계보도가 있음!).
8. Kaufman, Stephan A. "Language(Aramaic)", *ABD* IV(1992), 173~178.
9. Michel, Diethelm. "Hebräisch I. Altes Testament", *TRE* XIV(1985), 505~510.
10. Schramm, Gene M. / Schmitz, Philip C. "Language(Hebrew)", *ABD* IV(1992),

203~214.
11. Waldman, N. M. *The Recent Study of Hebrew. A Survey of the Literature with Selected Bibliography*. Winona Lake, IN: Eisenbrauns, 1989.

### 1.2. 성서 히브리어 문법

#### 1.2.1. 초급 문법

1. 고영민. 『알기 쉬운 히브리어 문법』. 서울: 기독교문사, 1971.
1-1. 김영진. 『성서히브리어』. 서울: 올람하타낙, 2001.
1-2. 방석종. 『히브리어 문법』. 서울: 대한기독교서회, 2000.
2. 배제민. 『새로운 형태의 히브리어 연구』. 서울: 총신대학 출판부, 1986.
3. 변조은(John Brown). 『히브리 말 배우자』. 서울: 장로회신학대학, 1972.
4. 서한원, 이양묵 지음. 『알기 쉬운 새 히브리어 교본』. 서울: 성지출판사, 1995.
4-1. 신충훈. 『도움말 히브리어 길라잡이』. 서울: 아가페 문화사, 2001.
5. 안영복. 『구약 히브리어 연구의 정도. 비교셈족어학에 기초한 히브리어 문법』. 서울: 성광문화사, 1979.
6. 유재원. 『성서히브리어 문법연구』. 서울: 성광문화사, 1977.
7. 이순한. 『성서히브리어』. 서울: 성광문화사, 1977.
8. 이순한. 『성서히브리어 자습서』. 서울: 백합출판사, 1977.
9. 홍반식. 『속성해독 히브리어 교본』. 영음사, 1973.
10. Davidson, A. B. *Introductory Hebrew Grammar*. Edinburgh: T. & T. Clark, [1]1874~[18]1913; Davidson, A. B. / McFayden, J. E., [19]1914/15~[24]1960; Davidson, A. B. /Mauchline, J., [25]1962~[26]1966. > A. B. 데이빗슨 지음. 존 모클린 개정. 이 영근 옮김. 『히브리어 문법(제26판)』. 서울: 크리스챤 다이제스트, 1995
10-1. de Claisse-Walford, Nancy L. *Biblical Hebrew: An Introductory Textbook*. 2002.
11. A. B. 데이빗슨 지음. 이영근 엮음. 『히브리어 문법. 해답 및 해설』. 서울: 비블리카 아카데미아, 1998(13~35의 '히브리어에 대한 개관'은 엮은이의 글임).
12. Lambdin, Thomas O. *Introduction to Biblical Hebrew*. New York: Scribner, 1971. > 토마스 O. 램딘 지음. 이기락 옮김. 『성서 히브리어』. 서울:

카톨릭 출판사, 1995.
13. Vasholz, Robert I. 저. 김영철 역.『히브리어 연습. 계단식』. 평화사, 1985.
14. Yates, K. M. 저 김찬국 역.『성서히브리어 문법』. 서울: 연세대학교 출판부, 1973.
15. Weingreen, Jacob. *A Practical Grammar for Classical Hebrew*. Oxford: Clarendon Press, 1939, ²1959. > J. 와인그린 지음. 김재관 옮김.『구약성서 히브리어 완성』. 서울: 기독교문서선교회, ²1995; J. 와인그린 지음. 원용국, 김해연 함께 옮김.『히브리어 교본』. 서울: 도서출판 한글, ⁶1997.
16. Martin, James D. *Davidson's Introductory Hebrew Grammar*. Edinburgh / Oxford: T. & T. Clark/Clarendon Press, ²⁷1993(위 1.2.1.10 참고).

### 1.2.2. 중고급 문법

1. 이기락 엮음.『성서 히브리어 문장론』. 서울: 가톨릭대학교 출판부, 1999.
2. Bartelmus, Rüdiger. *Einführung in das Biblische Hebräisch*. Zürich: Theologischer Verlag, 1994(Anhang: Biblisches Aramäisch für Kenner und Könner des Biblischen Hebräisch).
3. Gesenius, Wilhelm/ Kautzsch, E. *Hebräsiche Grammatik*. Leipzig, ²⁸1909(=GK). > tr. by Cowley, A. E. *Gesenius' Hebrew Grammar*. Oxford: Clarendon, 1910, 1985.
4. Gibson J. C. L. *Davidson's introductiory Hebrew Grammar. Syntax*. Edinburgh: T. & T. Clark, ⁴1994.
5. Jenni, Ernst. *Lehrbuch der Hebräischen Sprache des Alten Testaments*. Basel/Stuttgart: Verlag Helbing/Lichtenbahn, 1978.
6. Joüon, Paul. *Grammaire de l' Hebreu Biblique*. Rom: Institut Biblique Pontifical, 1923. > tr. by Muraoka, T. *A Grammar of Biblical Hebrew*. 2 vols(subsidia biblica 14/I, II). Roma: Pontificio Instituto Biblico, 1991.
7. Meyer, R. *Hebräische Grammatik*. Berlin. I/II/III/IV. Berlin, ³1966/ ³1969/ ³1972/ 1972. = Mit dem Nachwort von U. Rütersworden. Berlin /New York, 1992.

### 1.2.3. 역사적 문법이나 문장론

0. Arnold, Bill T. *A Guide to Biblical Hebrew Syntax*. Cambridge University Press, 2004
1. Bauer, H. / Leander, P. *Historische Grammatik der hebräischen Sprache des Alten*

*Testaments.* Bd. 1. Halle, 1922.
2. Brockelman, Carl. *Hebräische Syntax.* Neukirchen: Neukirchener Verlag, 1956.
3. Kutscher, E. Y. *A History of the Hebrew Language.* Leiden: E. J. Brill, 1982.
4-1. Michel, Diethelm. *Grundlegung einer hebräischen Syntax. Teil 2. Der hebräische Nominalsatz.* Neukirchen-Vluyn: Neukirchener Verlag, 2004
4. Michel, Diethelm. *Grundlegung einer hebräischen Syntax. I. Sprachwissenschaftliche Methodik Genus und Numerus des Nomens.* Neukirchen-Vluyn: Neukirchener Verlag, 1977.
5. Waltke, B. / O'Connor, M. *An Introduction to Biblical Hebrew Syntax.* Winona Lake, IN: Eisenbrauns, 1990.

### 1.3. 성서 아람어 문법

0. 배철현 역. 『타르굼 아람어 문법』. 서울: 한남성서연구소, 2001.
0-1. Johns, Alger F. *A Short Grammar of Biblical Aramaic.* 김이곤 역. 『성서 아람어 문법』. 오산: 한신대학교출판부, 2002.
1. Rosenthal, Franz. *A Grammar of Biblical Aramaic.* Wiesbaden: Harrasowitz, 1961. > 프란츠 로젠탈 저. 안영복 역. 『성경 아람어 문법』. 서울: 기독교문서선교회, 1984.
2. Bauer, Hans/Leander, Pontus. *Grammatik des Biblisch-Aramäischen.* 1927. Nachdruck - Hildesheim: Georg Olms Verlagsbuchhandlung.
3. Bauer, Hans/Leander, Pontus. *Kurzgefasste Biblisch-Aramäische Grammatik mit Texten und Glossar.* Halle/Saale: Max Niemeyer Verlag, 1929 = Hildesheim/ Zürich/ New York: Georg Olms Verlag, 1990.
3-1. Greenspahn, Frederick E. *An Introduction to Aramaic.* Society of Biblical Litarature Resources for Biblical Study 38. Atlanta, Georgia: Scholars Press, [2]2003.
4. Segert, Stanislav. *Altaramäische Grammatik mit Bibliographie, Chrestomathie und Glossar.* Leipzig: VEB Verlag Enzyklopäie Leipzig, [4]1990.

### 1.4. 성서 히브리어 아람어 사전

1. 고영민 편저. 『구약성서 히브리어 사전』. 서울: 기독교문사, 1973.
2. Feyerabend, Karl. *Langenscheidt's Pocket Hebrew and Aramaic Lexicon of the Old Testament.* Berlin/Müchen, [16]1967. > 랑겐솨이트 원저. 칼 페어러벤드

편저. 김진홍 편역. 『히브리어-한국어 사전』. 서울: 생명의 말씀사. 1977.
3. Holladay, William L.(ed.)*A Concise Hebrew and Aramaic Lexicon of the Old Testament based upon the lexical work of Ludwig Koehler and Walter Baumgartner.* Leiden: E. J. Brill, 1971. > 윌리암 L. 할러데이 편집. 손석태, 이병덕 공역. 『구약성경의 간추린 히브리어 아람어 사전』. 서울: 도서출판 참말, 1994.
4. Brown, Francis/ Driver, S. R. /Briggs, Charles A.(ed.). *A Hebrew and English Lexicon of the Old Testament with an Apendix containing the Biblical Aramaic, based on the Lexicon of William Gesenius as translated by Edward Robinson* (=BDB). Oxford: Clarendon Press, 1907.
5. Clines, D. J. A.(ed.). *The Dictionary of Classical Hebrew.* Vol. 1, 2, 3, 4. Sheffield: Sheffield Academic Press, 1993, 1995, 1996, 1998(아직 미완성임).
6. Koehler, Ludwig/ Baumgartner , Walter(hg.), Walter. *Lexicon in Veteris Testamenti Libros*(=KB). Leiden: E. J. Brill, 1953; with Supplementum, 1958.
7. Köhler, Ludwig/ Baumgartner, Walter(hg.). *Hebräisches und Aramäisches Lexicon zum Alten Testament*(=HAL). Bd. I/II/III/IV/V(아람어부분)/ Supplementenband. Leiden/New York/London: E. J. Brill, 1967/ 74/ 83/ 90/ 95/ 96; I~V in 2Bände, 1995. > Tr. & ed.under the supervision of M. E. J. Richardson. *The Hebrew and Aramaiac Lexicon of the Old Testament.* Study Edition. 2 vols. New York/Köln: E. J. Brill, 2001.
8. Dalman, Gustav H. *Aramäisch-Neuhebräisches Handwöterbuch zu Targum, Talmud und Midrasch.* Göttingen: Verlag von Eduard Pfeiffer, 3. Nachdruck der 3. Auflge von 1938 = Hildesheim/Zürich/New York: Georg Olms Verlag, 1997.

## 1.5. 칠십인역 헬라어 문법

1. Conybeare, F. C. / Stock, st. George. *A Grammar of Septuaginata Greek.* Boston: Ginn and Company, 1905(Reprint: First printing expanded edition - Peabody, Mesachusetts: Hendrickson Publishers, 1995; with minor corrections, 2001).
2. Thackery, H. St. *A Grammar of the Old Testament in Greek according to the Septuagint.* Vol. 1. Cambridge, 1909(Reprint: 1978).

### 1.6. 구약성경 히브리어 한글 음역

1. 민영진. 『국역성서연구』(아래 8.3.5의 책), 340, 345~346.
2. 박동현. "개역한글판의 히브리어 고유명사 한글 음역 방식과 히브리어 한글 음역 시안", 「성경원문연구」제8호(2001년 2월), 106~157.

## 2. 구약지리

### 2.1. 이스라엘 지리 일반

1. 곽안전. 『팔레스틴의 지리』. 서울: 대한기독교서회, 1969.
2. 강석오. 『성서의 풍토와 역사』. 서울: 종로서적, 1990.
3. 김광수. 『중동 이스라엘 역사 지리』. 서울: 기독교문사, 1981.
4. 이병렬. 『이스라엘 역사와 지리. 유다인 - 그들은 누구인가?』서울: 요단출판사, 1985.
5. 이희철. 『지리로 본 성서의 세계』. 서울: 생명의 말씀사, 1984.
6. Baly, D. *Basic Biblical Geography*. Philadelphia: Fortress Press, 1987.
7. Baly, D. *The Geography of the Bible*. London: Lutterworth, 1957.

### 2.2. 이스라엘 역사 지리

1. Aharoni, Y. tr. by Rainy, A. F. *The Land of the Bible. A Historical Geography*. Philadelphia: Westerminster Press, 1967(히브리어 1962). > 이것의 발췌 편역: 아하로니 저. 이희철 편역. 『구약성서지리학』. 서울: 대한기독교서회, 1976.
2. Blaiklock, E. M. *The Zondervan Pictorial Bible Atlas*. > 김규병, 신창하 역. 『역사로 본 성서지리』. 서울: 보이스사, 1980.
3. Gilbert, Martin. *Atlas of Jewish History*. > 최명덕 옮김. 『지도로 보는 이스라엘 역사』. 서울: 도서 출판 호산, 1997.
4. Donner, Herbert. *Einführung in die biblsiche Landes- und Altertumskunde*. Darmstadt: Wissenschaftliche Gesellschaft, 1976.
5. Kallai, Zecharia. *Historical Geography of the Bible*. Jerusalem: The Magnus Press, The Hebrew University, 1986.
6. Keel, Othmar / Küchler, Max / Uelinger, Christoph. *Orte und Landschaften der*

*Bibel. Ein Handbuch und Studienreiseführer zum Heiligen Land. Band 1. Geographische-geschichtliche Landeskunde.* Zürich: Benziger / Göttingen: Vandenhoeck & Ruprecht, 1984.

7. Keel, Othmar/ Küchler, Max. *Orte und Landschaften der Bibel. Ein Handbuch und Studienreiseführer zum Heiligen Land.* Band 2. Der Süden. Zürich: Benziger / Göttingen: Vandenhoeck & Ruprecht, 1982.
8. Monson, J. Student Map Manual. *Historical Geography of the Bible Lands.* Jerusalem, 1979.
9. Orni, Efraim / Efrat, Elisha. *Geography of Israel.* Jerusalem: Israel University Press, ⁴1980.
10. Zwickel, Wolfgang. *Einführung in die biblische Landes- und Altertumskunde.* Darmstadt: Wissenschaftliche Buchgesellschaft, 2002.

## 2.3. 이스라엘 지도

1. 기독교대백과사전 편찬위원회 편. 『최신칼라판 성서지도』. 서울: 기독교문사, 1983.
2. 성서와 함께 편집부. 『성서와 함께 성서지도』. 왜관: 분도출판사, ²1986 = 1999.
3. 이원희 편저. 『실로암 성서 도표』. 서울: 성광문화사, 1984.
4. 이원희. 『최신판 해설 성서지도』. 서울: 예본출판사, ⁶1998(개정증보판).
5. 한국기독교문화원. 『성서지도. 성서지리 해설부』. 서울: 한국기독교문화원, ⁵1982.
6. Aharoni, Yohanan / Avi-Yonah, M. *The Macmillan Bible Atlas.* New York: Macmillan, 1977, 완전개정3판 1993. > 초판 번역: 『아가페 성서지도』. 서울: 아가페 출판사, 1975.
6-1. Brisco, Thomas. *Holman Bible Atlas.* Nashville, Tennessee: Broadman & Holman Publishers, 1998. > 토마스 V. 브리스코 지음. 강사문 외 여럿 옮김. 『두란노 성서지도』. 서울: 두란노서원, 2008.
7. D. 클라인즈 외 지음. 성염 옮김. 『역사와 지리적 배경을 중심으로 한 성서지도』. 서울: 성바오로 출판사, 1989.
8. *Atlas of Israel. Published by Survey of Israel, Ministry of Labour Israel*, 2nd. Engl. Edition. Amsteram: Elseviers Publishing Company, 1970.

9. Grollenberg, L. H., tr. and ed.by Reid, Joyce M. H. / Rowley, H. H. *Atlas of the Bible*. London and Edinburgh: Thomas Nelson and Sons Ltd., 1956.
10. Keel, O. /Küchler, Max(hg.). *Herders Großer Bibelatlas*. Freiburg/ Basel/ Wien: Herder, 1989.
11. May, Herbert G.(ed.). *Oxford Bible Atlas*. London: Oxford University Press, 1962, $^2$1974.
12. Rasmussen, C. *Zondervan NIV Atlas of the Bible*. Grand Rapids: Zondervan, 1989.
13. Wright, G. E. *The Westerminster Historical Atlas to the Bible*. London: SCM Press, 1956.

## 2.4. 성지 순례 안내

(이집트 포함. 아래 4도 참고할 것)
1. "갈릴리/갈릴리 바다", 『성서백과대사전』제1권(1979), 172~184.
2. 문희석 편저. 『성지순례안내』. 서울: 보이스사, 1982.
3. 박수자. 『약속의 땅 이스라엘. 이스라엘의 역사와 지리』. 서울: 양서각, 1986 (재판 1988).
4. 박용우. 『몸으로 부딪쳐 볼 기독교 성지순례와 역사(믿음의 글들 7~112)』. 서울: 홍성사, 1993.
5. 박일복. 『성지순례안내사전』. 서울: 보이스사, 1984.
6. 박준서. 『성지순례 - 초대교회의 발자취를 따라 -』. 서울: 조선일보사, 1992.
7. "예루살렘/예루살렘 성전", 『성서백과대사전』8(1981), 565~636.
8. 이시호. 『중근동 기독교 성지』. 서울: 예영커뮤니케이션, 1997.
9. 이준교. 『이집트 파노라마. 애굽의 성경 역사 및 고대 유적지 안내서』. 서울: 기독조양사, 1990.
10. 정양모, 이영헌 공저. 『이스라엘 성지 - 어제와 오늘 -』. 서울: 생활성서사, 1988
10-1. 홍순화. 『요르단의 성지』. 서울: 한국성서지리연구원, 2006(?).
10-2. 홍순화. 『이스라엘의 성지』. 서울: 한국성서지리연구원, 2007.
11. 벌리츠 편집실 편찬. 『이집트』. 서울: 웅진출판사, 1992.
12. 벌리츠 편집실 편찬. 『이스라엘/예루살렘』. 서울: 웅진출판사, 1991.

13. 엔리꼬 갈비아띠 지음. 나채운 옮김, 『성지에서 보는 예수 사역의 발자취』. 서울: 성지출판사, 1994.
14. 제임스 패커 편저. 노광우 옮김. 『구약성서시대의 세계』. 서울: 성광문화사, 1993(특히 193~221: 제6장. 애굽인).
15. F. H. Wright지음. 김정훈 옮김. 『성지 이스라엘의 관습과 예의』. 서울: 보이스사 1982.
16. Frankel, Rafael /Freyne, Sean. Galilee, *ABD* 2(1992), 879~901.
17. Katzenstein, H. J. /Dothan, Trude. "Philistines", *ABD* 5(1992), 326~333.
18. King, Philip J. " Jerusalem", *ABD3*(1992), 747~766.
19. Murphy-O'Connor, Jerome. *The Holy Land. An Archaeological Guide from Earliest Times to 1700*. Oxford: Oxford Unversity Press, 1980.
20. Welten, Peter/Elliott, James Keith. "Jerusalem I/II. Altes /Neues Testament", *TRE* 16(1987), 590~612.

## 3. 구약역사 및 구약고고학

### 3.1. 이스라엘 역사 일반

0. 김영진. 『이스라엘 역사서설』. 서울: 올람하타낙, 2002.
0-1. 김영진. "이스라엘 역사 연구 방법론과 그 과제", 「구약논단」8(2000), 175~200.
1. 김윤국. 『구약세계역사』. 서울: 기독교문사, 1959.
2. 김의원. 『구약역사(개혁주의신학총서 10)』. 서울: 개혁주의신행협회, 1995.
3. 김희보. 『구약이스라엘사』. 서울: 총신대학출판부, 1981.
4. 소안론. 『구약사기』. 서울: 대한기독교서회, 1954, [11]1979.
5. 안영복 편저. 『구약역사』. 서울: 성광문화사, 1986.
6. 안영복. 『구약역사개요』. 서울: 기독교문서선교회, 1987=[3]1994.
7. 우상열. 『구약역사』. 서울: 기독교문서선교회, 1987.
8. 원용국. 『구약사. 구약역사와 그 세계의 배경』. 서울: 성광문화사, 1978.
9. 정중호. 『이스라엘 역사』. 서울: 대한기독교서회, 1994.
9-1. Albertz, Rainer. *Die Exilszeit 6. Jahrhundert v. Chr*. Stuttgart: Kohlhammer GmbH, 2001. > 라이너 알버츠 지음. 배희숙 옮김. 『포로시대의

이스라엘』. 서울: 크리스챤다이제스트, 2006
10. Anderson, G. W. *The History and Religion of Israel.* Oxford: Oxford University Press, 1966. > 김찬국 옮김. 『이스라엘 역사와 종교』. 서울: 대한기독교서회, 1970.
11. Bright, John. *A History of Israel.* London: SCM Press, 1959, 개정판 1972, 개정4판, 2000(Louisville, Ky. ; Westerminster J. Knox Press). 4판 번역본 > 존 브라이트 지음. 엄성옥 옮김. 『이스라엘의 역사』. 서울: 은성, 2002. > 존 브라이트 저. 김윤주 역. 『이스라엘의 역사. 상, 하』. 왜관: 분도출판사, 1978, 79(개정판의 번역임); 존 브라이트 지음. 박문재 옮김. 『이스라엘 역사』. 서울: 크리스챤 다이제스트, 1993(개정3판의 번역임).
12. Bruce, F. F. *Israel and the Nations from the Exodus to the Fall of the Second Temple.* The Paternoster Press, 1963. > F. F. 브루스 저. 유행렬 역. 『구약사: 이스라엘의 역사』. 서울: 예수교문서선교회, 1981.
13. Castel, François. *The History of Israel and Judah.* > 프랑스와 까스텔 지음. 허성군 옮김. 『이스라엘과 유다 역사』. 서울: 대한예수교장로회총회 출판국, 1992.
14. Clements. R. E. *The World of Ancient Israel. Sociological, Anthropological and Political Perspectives.* Cambridge: Cambridge University Press, 1989. > 황승일 역. 『고대 이스라엘의 세계』. 서울: 은성, 1996.
15. Ehrlich, Ernst Ludwig 저. 배제민 역. 『이스라엘 역사 쌍서(1)』. 요점 이스라엘 역사. 서울: 기독교문사, 1977.
16. Fohrer, Georg. Geschichte *Israels von den Anfängen bis zur Gegenwart*(*UTB* 708). Heidelberg: Quelle & Meyer, 1979, 수정증보3판 1982. > 게오르크 포러 지음. 방석종 옮김. 『이스라엘 역사』. 서울: 성광문화사, 1986.
17. Genneweg, Antonius H. J. *Geschichte Israells bis Bar Kochba*(*Theologische Wissenschaft* 2). Berlin/Köln/Stuttgart/Mainz: Verlag W. Kohlhammer, 1972, [4]1982. > 안토니우스 군네벡 저. 문희석 역. 『이스라엘 역사. 고대로부터 바 코흐바(132 A. D.)까지』. 서울: 한국신학연구소, 1975, [10]1988.
18. Herrmann, Siegfried.*Geschichte Israels in alttestamentlichen Zeit.* München: Chr. Kaiser Verlag, 1974, 증보제2판 1980. > 헤르만 지음. 방석종 옮김. 『이스라엘 역사』. 서울: 나단출판사, 1989. 영역판: *A History of Israel in Old Testament Times.* London: SCM Press, 1975.

19. Hinson, David F. *Old Testament Introduction I. History of Israel*(TEF Study Guide 7). London: SPCK, 1973. > D. F. 힌슨 저. 이후정 역. 『이스라엘의 역사』. 서울: 컨콜디아사 1983.
20. Maxwell, J. Miller/ Hayes, John H. *A History of Ancient Israel and Judah.* Philadelphia: The Westerminster Press. / London: SCM Press, 1986. > J. 맥스웰 밀러, 존 H. 헤이스 지음. 박문재 옮김. 『고대 이스라엘 역사』. 서울: 크리스챤 다이제스트, 1996.
21. Noth, Martin. *Geschichte Israels.* Göttingen: Vandenhoeck & Ruprecht, 1950, ⁹1981. > *History of Israel.* > 마르틴 노트 지음. 박문재 옮김. 『이스라엘 역사』. 서울: 크리스챤 다이제스트, 1996.
22. Pfeiffer, Charles F. *A Concise History of Israel.* > 배제민 역. 『구약역사개론: 이스라엘 역사 쌍서』. 서울: 기독교문사, 1978.
22-1. Shanks, Hershel(ed.). *Ancinet Israel. From Abraham to the Roman Destruction of the Temple.* Washington, D. C.: Biblical Archaeology Society, 1999. > 허셜 섕크스 엮음, 김유기 옮김. 『고대 이스라엘. 아브라함부터 로마인의 성전 파괴까지』. 서울: 한국신학연구소, 2005.
23. Tribble, Harold W. /Hill, John L. /Yates, Kyle M. *A Short Bible History.* > 헤롤드 W. 트리블, 존 L. 힐, 카일 M. 예이츠 지음. 이명환, 정익환, 정학봉 옮김. 『간추린 신구약성서역사(상)구약편』. 서울: 요단출판사, 1977, ³1984.
24. Wood, Leon J. *A Survey of Israel's History.* Grand Rapids: Academie, 1970, ²1986. > 레온 우드 저. 김의원 역. 『이스라엘 역사』. 서울: 기독교문서 선교회, 1985(영문 초판 번역).
25. Ahlström, G. W. *The History of Ancient Palestine from the Paleolithic Period to Alexander's Conquest*(*JSOTS* 146). Sheffield: JSOT Press, 1993.
26. Ben-Sasson, H. H.(ed.). *A History of the Jewish People.* Cambridge/M. and London, 1976.
27. Donner, Herbert. *Geschichte des Volkes Israel und seiner Nachbarn in Grundzügen* 1/2(*Das Alte Testament Deutsch*[=*ATD*] Ergänzungsreihe Band 4/1, 2). Göttingen: Vandenhoeck & Ruprecht, 1984/85.
28. Herrmann, Siegfried."Geschichte Israels", *TRE* 12(1984), 698~740.
29. Koch, Klaus. "Geschichte II. Altes Testament", *TRE* 12(1984), 569~586.

30. Miller, J. Maxwell. *The Old Testament and the Historian*. Philadelphia: Fortress Press, 1976.
31. Soggin, J. Alberto. Storia d'Israele. > Tr. by Bowden, John. *A History of Israel: from the beginnings to the Bar Kochba revolt, A. D. 135*. London: SCM, 1985.
32. Soggin, J. Alberto. *Introduzione alla storia d'Israele e di Giuda*. > Tr. by Bowden, John. *An Introduction to the History of Israel and Judah*. Valley Forge: Trinity Press International, ²1993. > *Einführung in die Geschichte Israels und Judas von den Ursprüngen bis zum Aufstand Bar Kochbas*. Darmstadt: Wissenschaftliche Buchgesellschaft, 1991.
33. Thompson, Thomas L. "Historiography(Israelite)", *ABD* III(1992), 206~212.

### 3.2. 구약 연대기

1. "구약의 연대기", 『성서백과대사전』1(1979), 756~767.
2. Hayes, John H. / Hooker, Paul K.(ed.). *A New Chronology for the Kings of Israel and Judah and Its Implications for Biblical History and Literature*. Atlanta: John Knox Press, 1988. > 헤이즈, 후커 엮음. 정중호 옮김. 『이스라엘과 유다 역사: 신 연대기』. 서울: 대한기독교서회, 1991.
3. Thiele, Edwin R. *The Mysterious Numbers of the Hebrew Kings*. Grand Rapids: Zondervan, 1983. > 에드윈 R. 딜레 저. 한정건 역. 『히브리왕들의 연대기』. 서울: 기독교문서선교회, 1990.
4. Cogan, Mordecai. "Chronology", *ABD* 1(1992), 1002~1011.
5. Jepsen, Alfred/ Hanhart, Robert. *Untersuchungen zur israelitisch-jüdischen Chronologie*(Beiheft zur Zeitschrift für die alttestamentliche Wissenschaft [=*BZAW*] 88). Berlin: Walter de Gruyter, 1964.
6. "이집트/이집트 연대기/이집트의 고고학", 『성서백과대사전』8(1981), 288~384.

### 3.3. 이스라엘 역사 관련 자료

(아래 4.2 참고)
1. 장일선. 『구약성서시대의 역사기록』. 서울: 한국신학연구소, 1984.
2. Galling, Kurt.(hg.). *Textbuch zur Geschichte Israels*. Tübingen: J. C. Mohr, ³1979 (=*TGI*).

### 3.4. 구약고고학

1. "고고학", 『성서백과대사전』1(1979), 324~392.
2. 김성. "발굴과 성서", 「성서마당」(위 0.9.6의 잡지)32호(1998년 8월), 8~11.
3. 김중은. "최근의 성서 고고학 기록물 발굴에 관하여", 같은 책, 12~17.
4. 문희석. 『성서와 고고학』. 서울: 보이스사, 1984.
5. 문희석 편저. 『성서고고학』. 서울: 대한기독교서회, 1974.
6. 박준서. "성서고고학이란 무엇인가?", 「성서마당」32호(위 8.4.1의 책), 4~7.
7. 원용국. 『최신 성서고고학. 구약편』. 서울: 세신문화사, 1983.
8. "팔레스타인과 시리아의 고고학", 『성서백과대사전』11(1981), 726~747.
9. Harrison, R. K. *The Archaeology of the Old Testament*. > R. K. 해리슨 저. 윤창렬 역. 『구약성서고고학』. 서울: 한국기독교교육연구원, 1984.
10. Horn, Siegffried H. *Light from the Dust Heaps*. > S. H. 호온 지음. 장수돈, 오강남 옮김. 『성서고고학입문』. 서울: 대한기독교서회, 1965.
11. Millard, Allan. *Treasures from Bible Times*. Lion Publishing plc, 1985 > 알란 밀라드 지음. 정태현 옮김. 『성서시대의 보물들』. 서울: 바오로딸, 1992.
12. Aharoni, Yohanan. Tr. Rainey, Anson F. *The Archaeology of the Land of Israel*. Philadelphia: Westerminster Press, 1982(히브리어로는 1978).
13. Dever, William G. "Archaeology, Syro-Palestinian and Biblical", *ABD* I(1992), 354~367.
14. Finegan, J. *Discovering Israel. An Archaeological Guide to the Holy Land*. Grand Rapids: Eerdmans, 1981.
15. Fritz, Volkmar. "Bibelwissenschaft I/1. Archäologie(Alter Orient und Palästina)", *TRE* VI(1980), 316~345.
16. Fritz, Volkmar. *Einführung in die biblische Archäologie*. Darmstadt: Wissenschaftliche Buchgesellschaft, 1985. > Fritz, Volkmar. *An Introduction to Biblical Archaeology* (JSOT Suppement Series 172). Sheffield: Academic Press, 1994.
16-1. Hoerth, Alfred J. *Archaeology and the Old Testament*. Grand Rapids, MI.: Baker Books, 1998 > 알프레드 J. 허트 지음. 강대홍 역. 『고고학과 구약성경』. 서울: 미스바, 2003.
17. Kenyon, Kathleen M. *Archaeology in the Holy Land,* London: Benn, $^2$1965. > übersetzt von v. Mertens, Christine. *Archäologie im Heiligen Land*. Neukirchen-Vluyn: Neukirchener Verlag, $^2$1976.

18. Lance, H. Darell. *The Old Testament and the Archaeologist*. Philadelphia: Fortress Press, 1981.
19. Mazar, Amihai. *Archaeology of the Land of the Bible*. New York a. o.: Double Day, 1990.
20. Wright, G. E. *Biblical Archaeology*. Philadelphia: The Westerminster Press, 1957.

## 4. 구약주변(고대근동)세계

### 4.1. 구약주변세계 일반

1. 강사문. "구약성경의 보편성과 특수성", 「교회와 신학」27(1995), 206~244.
1-1. 노세영, 박종수. 『고대근동의 역사와 종교』. 서울: 대한기독교서회, 2000.
1-2. 강성열. 『고대근동 세계와 이스라엘 종교』. 서울: 한들출판사, 2003.
1-3. 김산해. 『신화는 수메르에서 시작되었다』. 서울: 가람 기획, 2003.
2. 문희석 편저. 『구약성서배경사』. 서울: 대한기독교출판사, 1973.
3. 엄원식. 『구약성서배경학』. 대전: 침례신학대학교 출판부, 1992.
3-1. 조철수. 『수메르 신화. 인류의 역사시대를 시작한 고대 메소포타미아 사람들의 이야기』. 서울: 서해문집, 2003.
4. Cavaignac, E. / Grelot, P. / Briend, J. *Le Cadre Historique de la Bible*.
   > E. 꺄베냐/ P. 그럴로/ J. 브리앙 지음. 서인석 옮김. 『성서의 역사적 배경』(200주년 성서 별책 3). 서울: 성바오로 출판사, 1981.
5. Whitley, C. F. *The Genius of Israel. The distinctive nature of the basic concepts of Israel studied against the cultures of the ancient Near East*. Amsterdam: Phil Press, 1969. > C. F. 화이틀리 지음. 안성림 옮김. 『고대 이스라엘 종교의 독창성』(신학총서 20). 서울: 분도출판사, 1981, ²1988.
5-1. 이종근. 『메소포타미아 법사상』. 개정판. 서울: 삼육대학교 출판부, 2008.
6. Hutter, Manfred.*Religionen in der Umwelt des Alten Testaments I: Babylonier, Syrer, Perser(*Kohlhammer-Studienbücher Theologie 4, 1). Stuttgart/ Berlin/ Köln: Verlag W. Kohlhammer, 1996.

6-1. Kramer, Samuel Noah. *History Begins at Sumer: Thirty-Nine Firsts in Recorded History.* 1956, ³1981. > 새무얼 노아 크레이머 지음. 박성식 옮김. 『역사는 수메르에서 시작되었다. 인류 역사상 '최초' 39가지』. 서울: 가람기획, 2000.
7. Niehr , Herbert. *Religionen in Israels Umwelt.* 1998.
8. Ringgren, Helmer. *Religions of the Ancient Near East.* London: S. P. C. K., 1973. 스웨덴어 원본의 독일어 번역본: *Die Religionen des Alten Orients. (*ATD Ergänzungsreihe. Sonderband). Göttingen: Vandenhoeck & Ruprecht, 1979.
9. von Soden, Wolfram. *Einführung in die Altorientalistik.* Darmstadt: Wissenschaftliche Buchgesellschaft, 1985.
10. Walton, John H. *Ancient Israelite Literature in its Cultural Context.* Grand Rapids, Michigan: Zondervan Publishing House, 1989.

## 4.2. 구약주변세계 관련 자료집

1. 장일선. 『구약세계의 문학』. 서울: 대한기독교출판사, 1981.
2. Beyerlin, Walter(hg.). *Religionsgeschichtliches Textbuch zum Alten Testament.* Göttingen: Vandenhoeck & Ruprecht, 1975, ²1985. > *Near Eastern Religious Texts Relating to the Old Testament*(The Old Testament Library). Philadelphia: The Westerminster Press, 1978.
3. Greßmann, H.(hg.). *Altorientalische Bilder zum Alten Testament,* ²1927(1970).
4. Greßmann, H.(hg.). *Altorientalische Texte zum Alten Testament,* ²1926(1970).
5. Hallo, William W.(ed.). *The Context of Scripture.* Vol. 1/2~3. *Canonical Compositions from the Biblical World.* Leiden: E. J. Brill, 1997/2000/2002.
6. Kaiser, Otto(hg.). *Texte aus der Umwelt des Alten Testaments.* Gütersloh: Gütersloher Verlagshaus Gerd Mohn, 1981ff.
6-1. Matthews, Victor Harold/Benjamin, Don C.(eds.). *Old Testament Parallels. Laws and Stories from the Ancient Near East.* New York/Mahwah, N. J. ; Paulist Press, ³2006.
7. Mitchell, T. C. *The Bible in the British Museum. Interpreting the Evidence.* London: British Museum Publications Ltd., 1988.
8. Pritchard, James B.(ed.). *Ancient Near East in Pictures Ralating to the Old*

*Testament*. Princeton: Princeton University Press, 1954, ²1969(=*ANEP*).
9. Pritchard, James B.(ed.). *Ancient Near Eastern Texts Ralating to the Old Testament*. Princeton: Princeton University Press, 1955, ³1969 [with Supplement] (=*ANET*).
9-1. Robins, Gay. *The Art of Ancient Egypt*. London: The British Museum Company Limited, 1997. > 게이 로빈스 지음. 강승일 옮김. 『이집트의 예술』. 서울: 민음사, 2009.
10. Thomas, D. Winton(ed.). *Documents from Old Testament Times*. New York: Harper & Row, 1958.

### 4.3. 비문 자료집

1. Ahituv, S. *Handbook of Ancient Hebrew Inscriptions from the Period of the First Commonwealth and the Beginning of the Second Commonwealth*. Jerusalem, 1992.
2. Beyer, K. *Die aramäischen Texten vom Toten Meer samt den Inschriften aus Palästina, dem Testament Levis aus der Kairoer Genisa, der Fastenrolle und den alten talmudischen Zitaten*. Göttingen: Vandenhoeck & Ruprecht, 1984; Ergängzungsband, 1994.
3. Donner, H. /Röllig, W. *Kanaanäische und aramäische Inschriften*. 3 Bände. Wiesbaden: Otto Harrassowitz, 1966~70.
4. Hoftijzer, J. / Jongeling, K. *Dictionary of the North-West Semitic Inscriptions*. 2 vols. Leiden: E. J. Brill, 1994.
5. Renz, J. / Röllig, W. *Handbuch der Althebräischen Epigraphik*. I, II/1, II/2, III. Darmstadt: Wissenschaftliche Buchgesellschaft, 1995, 1995, 2003, 1995.
5-1. 이종근. 『메소포타미아 법사상』. 개정판. 서울: 삼육대학교출판부, 2008.

### 4.4. 기타

(앞의 3. 4도 참고)
1. 김중은 엮음. 『갈대아 우르에서 브엘세바까지』. 서울: 도서출판 보임, 1999.
2. "모압, 모압 사람", 『성서백과대사전』4(1980), 99~110(지도: 106쪽).
3. "암몬, 암몬 사람", 『성서백과대사전』7(1981), 701~702(지도: 701쪽).

4. "에돔", 『성서백과대사전』8(1981), 67~80.
5. "우가리트", 『성서백과대사전』9(1981), 540~570.
6. Brackman, Arnold C. *The Luck of Nineveh* > 아놀드 C. 브랙만 지음. 안경숙 옮김. 『니네베 발굴기. 아시리아 옛 수도 니네베의 모든 것』(대원동서문화총서). 서울: 대원사, 1990.
7. Coogan, Michael David. *Stories from Ancient Canaan.* > 유선명 역. 『우가릿 신화의 세계』. 서울: 은성, 1992.
8. Jacq, Christian. *Le Petit Champolion illustré* > 크리스티앙 자크 지음. 김진경 옮김. 『이집트 상형문자 이야기』. 서울: 예문, 1997.
9. Jacq, Christian. *Ramses*. Paris: Edtions Robert Laffont, 1995~97. > 크리스티앙 자크 지음. 김정란 옮김. 『람세스』. 전5권. 서울: 문학동네, 1997.
10. 조르주 장(Georges Jean)지음. 이종인 옮김. 『문자의 역사』(시공디스커버리 총서 1). 서울: 시공사, 1995.
11. 장 베르쿠테(Jean Vercoutter)지음. 송숙자 옮김. 『잊혀진 이집트를 찾아서』(시공 디스커버리 총서 2). 서울: 시공사, 1995.
11-1. 채홍식 역주. 『고대근동 법전과 구약성경의 법』. 의정부: 한님성서연구소, 2008.
12. Bartlett, J. R. /MacDonald, Burton. "Edom", *ABD* II(1992),287~301(지도: 295쪽).
13. Bergman, Jan/ Williams, Ronald J. /Weiß Hans-Friedrich/Müller, C. Detlef G. "Ägypten", *TRE* 1(1977), 465~533.
14. Cauvin, Jacques [Tr. Rosoff, Stephen]/Baarda, Tjitze, "Syria", *ABD* VI(1992), 271~282.
15. Craigie, Peter C. *Ugarit and the Old Testament.* Grand Rapids: Eerdmans, 1983.
16. Frankfort, Henri. *Kingships and the Gods: a study of ancient Near Eastern religion as the integration of society and nature*. Chicago: University of Chicago Press, 1978.
17. Friedell, Egon. *Kulturgeschichte Ägyptens und des Alten Orients*(dtv 30039). München: Deutscher Taschenbuch Verlag, 1982(= 1936).
18. Hadidi, Adnan. "Amman", *ABD* I(1992), 189~192.
19. Hornung, Erik. *Grundzüge der ägyptischen Geschichte*. Darmstadt: Wissenschaftliche Buchgesellschaft, ³1988.
20. "History of Egypt", *ABD* II(1992), 322~374.

20-1. Leick, Gwendolyn. *The Babylonians: An Introduction.* Eisenbrauns, 2003.
21. Lorenz, Oswald. *Ugarit und die Bibel. Kanaanäische Götter und Religion im Alten Testament.* Darmstadt: Wissenschaftliche Buchgesellschaft, 1990
22. Malamat, Abraham. *Mari and the Bible.* Leiden: E. J. Brill, 1998.
23. Miller, J. Maxwell. "Moab", *ABD* IV(1992), 882~893.
24. Müller, Hans-Peter(hg.). *Babylonien und Israel*(Wege der Forschung 633). Darmstadt: Wissenschaftliche Buchgesellschaft, 1991.
25. de Tarragon, Jean-Michel. Tr. Norton, Gerard J. "Ammon", *ABD* I(1992), 194~196.
26. Ward, William A. "Egyptian Relations with Canaan", *ABD* II(1992), 399~408.
27. Williams, Ronald J. "Ägypten II. Ägypten und Israel", *TRE* I(1977), 493~505.

## 5. 구약개론

1. 고영춘. 『구약성서개설』. 신교출판사, 1962.
2. 구덕관. 『구약개론』. 상/하. 서울: 대한기독교출판사, 1984($^4$1990)/1986 ($^3$1990).
3. 김경신. 『구약이해의 길잡이』. 서울: 은성, 1988.
4. 김교신. 『구약성서개론』. 서울: 아테네사, 1956.
4-1. 김영진 외. 『구약성서개론. 한국인을 위한 최신연구』. 서울:대한기독교서회, 2004.
5. 김윤국. 『구약성경입문』. 서울: 기독교문사, 1967.
6. 김정준. 김찬국, 박대선 공저. 『구약성서개론』. 서울: 대한기독교서회, 1960.
7. 문희석. 『구약성서지침』. 서울: 대한기독교서회, 1975.
8. 박준서. 『구약개론』. 서울: 기독교방송, 1983.
9. 안영복. 『구약요람』. 서울: 성광출판사, 1980.
10. 전경연, 지동식, 김용수 공저. 『구약성서개론』. 서울:대한기독교서회, 1960.
11. 정규남. 『구약개론(개혁주의신학총서)』. 서울: 개혁주의신행협회, 1985.
12. 최종진. 『구약성서개론』. 서울: 소망사, 1988.
13. 홍반식. 『구약총론』. 성암사, 1978.

14. 곽안련(Allen)저. 심재원 역. 『구약총론』. 서울: 대한기독교서회, 1956.
15. Archer, G. *Old Testament Introduction*. Chicago: Moody Press, 1964. > 아처 저. 김정우 역. 『구약총론』. 서울: 기독교문서선교회, 1985.
16. Ceresko, Anthony R. *Introduction to the Old Testament. A Liberation Perspective*. Maryknoll, NY: Orbis Books, 1992. > 앤터니 R. 체레스코 지음. 성찬성 옮김. 『구약은 끝났는가? 해방적 전망에서 본 구약성서』. 서울: 바오로딸, 1994.
17. Childs, Brevard Springs. *Introduction to the Old Testament as Scripture*. Philadelphia: Fortress, 1979. > 챠일즈 저. 김갑동 역. 『구약정경개론』. 서울: 대한기독교출판사, 1987.
18. Geisler, N. L. *A Popular Survey of the Old Testament*. Grand Rapids: Baker, 1977. > 윤영탁 역. 구약성서개론. 엠마오, 1988.
19. Gottwald, Norman K. *The Hebrew Bible: A Socio-Literary Introduction*. Philadelphia: Fortress, 1985. > 김상기 역. 『히브리성서: 사회문학적 연구』. 제1/2권. 서울: 한국신학연구소, 1987($^3$1989)/1987($^2$1988).
20. Harrison, R. K. *Introduction to the Old Testament*. Grand Rapids: Eerdmans, 1969, 1975. > 해리슨 저. 류호준, 박철현 공역. 『구약서론』(상)(중). 서울: 크리스챤 다이제스트, 1993; 박철현, 노항규 공역. 『구약서론』(하), 1996.
21. Hinson, D. F. *Old Testament Introduction 2. The Books of Old Testament*(TEF Study Guide 10). London: SPCK, 1974. > 이후정 역. 『구약성서 39권』. 서울: 컨콜디아사, 1983.
22. Hill, Andrew E. /Walton, John H. *A Survey of the Old Testament*. > 앤드류 힐, 존 월튼 공저. 유선명, 정종성 공격. 『구약개론』. 서울: 은성, 199
23. Kaiser, Walter C. Jr. *Toward Rediscovering the Old Testament*. Grand Rapids: Academie, 1987. > 김의원 역. 『새롭게 본 구약』. 서울: 엠마오, 1989.
24. Kaiser, Otto. *Einleitung in das Alte Testament*. Gütersloh: Gütersloher Verlagshaus Gerd Mohn, $^5$1984. > 옷토 카이저 지음. 이경숙 옮김. 『구약성서개론. 그 연구성과와 문제점들』. 왜관: 분도출판사, 1995(독일어 1969년 판의 번역임).
25. Laffey, Alice L. 저. 장춘식 역. 『여성신학을 위한 구약개론』. 서울: 대한기독교서회, 1998.
26. Rowley, H. H. *The Growth of the Old Testament*. London: Hutchinson Univer-

sity Library, 1961. > 로울리 저. 문희석, 채위 공역. 『구약성서성장사』. 서울: 대한기독교출판사, 1976.
27. Sellin, Ernst. *Einleitung in das Alte Testament*. Heidelberg, $^{1}$1910~$^{7}$1935; Sellin, Ernst/ Rost, Leonhard. 제8판−$^{9}$1959; Sellin, Ernst/Fohrer, Georg. $^{10}$1965~$^{12}$1979. > E. 젤린, G. 포러 공저. 김이곤, 문희석, 민영진 편역. 『구약성서개론』 서울: 대한기독교서회, 1978.
28. Unger, M. F. *Introductory Guide to the Old Testament*. Zondervan, 1951, 1977. > 김진홍 역. 구약개론. 세종문화사, 1973; 엄성옥 역. 『구약개론』. 은성, 1988.
29. Vos, H. *Beginnings in the Old Testament*. Chicago: Moody Press, 1975. > 차학순 역. 『구약연구입문』. 엠마오, 1988.
30. Wolff, H. W. *Bibel - Das Alte Testament*. Stuttgart/Berlin: Kreuz Verlag, 1970. > 이양구 역. 『구약성서이해. 구약문서들과 그 연구방법의 안내』. 서울: 대한기독교출판사, 1977.
31. Young, Edward J. *An Introduction to the Old Testament*. Grand Rapids: Eerdmans, 1949, 1973. > 에드워드 영 저. 오병세, 홍반식 공역. 『구약총론』. 서울: 한국 개혁주의 신행협회, 1972, 1980.
32. Benware, P. N. *Survey of the Old Testament*. Chicago: Moody, 1988.
33. Boadt, L. *Reading the Old Testament. An Introduction*. New York: Paulist, 1984.
34. Bush, F. W. *Old Testament Survey. The Message, Form and Background of the Old Testament*. Grand Rapids: Eerdmans, 1982.
35. Craigie, P. C. *The Old Testament. It's Background, Growth and Content*. Nashville: Abingdon, 1986.
36. Crenshaw, J. L. *Old Testament Story and Faith. A Literary and Theological Introduction*. Peabody: Hendrickson Publishers, 1992.
37. Fohrer, Georg. *Vom Werden und Verstehen des Alten Testaments*(Gütersloher Taschenbücher [=*GTB*] Siebenstern 1414). Gütersloh: Gütersloher Verlagshaus Gerd Mohn, 1986.
37−1. Gertz, Jan Christian(ed.). *Grundinformation Altes Testament. Eine Einführung in Literatur, Religion und Geschichte des Alten Testaments*. Göttingen: Uni-Taschenbücher. Vandenhoeck & Ruprecht, $^{3}$2009.
38. Friedman, R. E. *Who wrote the Bible?* New York: Harper & Row, 1987.

39. Humphreys, W. L. *Crisis and Story. An Introduction to the Old Testament.* Mountain View: Mayfield, 1990.
40. Kaiser, Otto. *Grundriβ der Einleitung in die kanonischen und deutero-kanischen Schriften des Alten Testaments.* Bd. I, II, III. Gütersloh: Gütersloher Verlaghaus Gerd Mohn, 1992, 1994, 1994.
41. Lace, O. J.(ed.). *Understanding the Old Testament*(The Cambridge Bible Commentary on the NEB. Introductory Vol.). 1972.
42. Rendtorff, Rolf. *Das Alte Testament. Eine Einführung.* Neukirchen-Vluyn: Neukirchener Verlag, ⁴1992. > Tr. Bowden, John. *The Old Testament. An Introduction.* Philadelphia: Fortress Press, 1986(독일어 1983년판에서).
43. Schmidt. Werner H. *Einführung in das Alte Testament.* Berlin/New York: Walter de Gruyter, 1979, ⁵1995. 제5판의 한글 번역: 베르너 H. 슈미트 / 차준희, 채홍식. 『구약성서 입문』I/II. 서울: 대한기독교서회, 2000 / 2001.
44. Smend, Rudolf. *Die Entstehung des Alten Testaments*(Theologische Wissenschaft 1). Stuttgart/Berlin/Köln: Verlag W. Kohlhammer, 1978, ⁴1989.
45. Soggin, J. Alberto. *Introduzione all' Antico Testamento.* ²1974. > Tr. Bowden, John. *Introduction to the Old Testament*(Old Testament Library). London: SCM, 1976.
46. Zenger, E. u. a. . *Einleitung in das Alte Testament*(Kohhammer-Studienbücher Theologie 1, 1). Stuttgart/Berlin/Köln: Verlag W. Kohlhammer, 1995; zweite, durchgesehene und ergänzte Aufl., 1996; dritte, neu bearb. und erweit. Aufl., 1998. Vierte, durchgesehene und ergänzte Auflage, 2001.
47. Zobel, Hans-Jürgen. "Einleitungswissenschaft I. Altes Testament", *TRE* IX (1982), 460~469.

## 6. 구약외경 및 구약위경 연구

### 6.1. 정경, 외경, 위경

0. "구약의 외경", 『성서백과대사전 1』(1979), 768~779.
1. "구약의 정경", 『성서백과대사전 1』(1979), 779~836.
2. 김희태 역. 『구약외경』. 한국기독교출판사, 1969.
3. 이상근. 『구약외경』. 대구: 성등사, 1998.

4. 『외경 위경 전서』. 제1~6권. 서울: 성인사, 1979~1981.
4-1. "위경", 『성서백과대사전 9』(1980), 611~619.
5. 천 사무엘 지음. 『구약외경의 이해』. 서울: 한국신학연구소, 1996.
5-0. Bohlen, Reinhard. "Bibel II. Inhalt und Umfang", *LThK* 2(1994), 363~365
5-1. Charles, R. H.(ed.). *The Apocrypha and Pseduepigrapha of the Old Testament in English*. Oxford: Clarendon, 1976.
6. McNamara, Martin. *Intertestamental Literature*. Wilmington: Michael Glazier, 1983. > 마틴 맥나마라 지음. 채은하 옮김. 『신구약 중간 시대의 문헌 이해』. 서울: 이화여자대학교 출판부, 1995.
7. Metzger, Bruce M. *An Introduction to the Apocrypha*. New York: Oxford University Press, 1957. > 브루스 M. 메츠거 지음. 민영진 옮김. 『외경이란 무엇인가? 신구약중간의 문학』. 서울: 컨콜디아사, 1979.
8. Russell, D. S. *Between the Testaments*. London: SCM Press, 1960. > D. S. 러셀 저. 임태수 역. 『신구약중간시대』. 서울: 컨콜디아사, 1977.
9. Baldermann, I. et al.(hg.). *Zum Problem des biblischen Kanons. Jahrbuch für Biblische Theologie*. Band 3. Neukirchen-Vluyn: Neukirchener Verlag, 1988.
10. Charlesworth, James H. "Old Testament Apocrypha", *ABD* I(1992), 292~294.
11. Charlesworth, James H. "Pseudepigrapha, OT", *ABD* 5(1992), 537~540.
12. Charlesworth, James H. /Evans, C. A.(eds.). *The Pseudepigrapha and Early Biblical Interpretation*. Sheffield, 1993.
13. Charlesworth, James H. *The Old Testament* Pseudepigrapha. 2 vols. Garden City, NY: Double Day, 1983.
13-1. Hanhart, Robert. "Apokryphen I. Alttestamentliche Aporyphen", [3]*EKL* I (1986), 203~207.
13-2. Harrington, Daniel J. *Invitation to the Apocrypha*. Grand Rapids, Michigan: Eerdmans, 1999.
14. Kautzsch, E.(hg.). *Die Apokryphen und Pseudepigraphen des Alten Testaments*. [2] Bde. Tübingen, 1900 = Darmstadt: Wissenschaftliche Buchgesellschaft, 1975.
15. Kümmel, W. G.(hg.). *Jüdische Schriften aus hellenistisch-römischer Zeit*. Gütersloh: Gütersloher Verlagshaus Gerd Mohn, 1973ff.
16. Meurer, S.(ed.). *The Apocrypha in Ecumenical Perspective. The Place of the Late Writings of the Old Testament among the biblical writings and their significance in*

*the eastern and western church translation.* New York, 1991.
17. Rost, Leonhard. *Einleitung in die alttestamentlichen Apokryphen und Pseudepigraphen einschließliche der großen Qumran-Handschriften.* Heidelberg: Quelle & Meyer, 1979, ³1985.
17-1. Rüger, Hans-Peter. "Apokryphen I. Apokryphen des Alten Testaments", *TRE* III(1978), 289~316.
18. Sanders, James A. "Canon", *ABD* I(1992), 837~852.

### 6.2. 사해 문헌

0. 김창선. 『쿰란 문서와 유대교』. 서울: 한국성서학연구소, 2002.
1. "사해 두루마리", 『성서백과대사전』5(1980), 604~637.
2. 오병세. 『사해 문서 연구』. 서울: 개혁주의신행협회, 1989.
3. 조철수, 안성림. 『사해 문헌(1)』. 서울: 한국문화사, 1997.
4. Charlesworth, James H.(ed.). *The Dead Sea Scrolls Hebrew, Aramaic, and Greek Texts with English Translation.* Tübingen: J. C. B. Mohr(Paul Siebeck)/ Louisville: Westerminster John Knox, 1994.
5. Collins, John J. "Dead Sea Scrolls", *ABD* II(1992), 85~101.
6. Eisenman, R. /Wise, M. *The Dead Sea Scrolls Uncovered.The First Complete Translation and Interpretation of 50 Key Documents Withheld for over 35 years.* New York: Penguin, 1992.
7. Garcia Martinez, Florentino(ed.). tr. by Watson, W. G. E. *The Dead Sea Scrolls Translated.The Qumran Texts in English.* Leiden: E. J. Brill, 1994.
8. Garcia Martinez, Florentino/Tigchelaar, E. J. C. *The Dead Sea Scrolls. 2 vols. Study Edition.* Leiden: E. J. Brill, 1997~98.
9. Grözinger, Karl Erich(hg.). *Qumran*(Wege der Forschung 410). Darmstadt: Wissenschaftliche Buchgesellschaft, 1981.
10. Lohse, Eduard(hg.). *Die Texte aus Qumran. Hebräisch und Deutsch mit masoretischer Punktation. Übersetzung, Einführung und Anmerkungen.* Darmstadt: Wissenschaftliche Buchgesellschaft, 1971=⁴1986.
11. Steudel, Annette(hg.). *Die Texte aus Qumran II. Hebräisch/Aramäisch und Deutsch mit masoretischer Punktation. Übersetzung, Einführung und Anmerkungen.* Darmstadt: Wissenschaftliche Buchgesellschaft, 2001.

### 6.3. 유대교 문헌 연구

1. 조철수 역주. 『선조들의 어록. 초기 유대교 현자들의 금언집』(초기 유대교 문헌 총서 1). 서울: 성서와 함께, 1998.
2. Grelot, Pierre. *Les Targoums - Textes Choisis*(Cahier Evangile 54). Paris: Editions du Cerf, 1985. > 피에르 그럴로 지음. 이기락 옮김. 『타르굼-선별한 텍스트와 함께』. 서울: 가톨릭출판사, 1998.
3. Brooks, Roger. "Mishnah", *ABD* IV(1992), 871~873.
4. Neusner, J. *Introduction to Rabbinic Literature*. New York, 1994.
5. Porton, Gary G. "Midrash", *ABD* IV(1992), 818~822.
6. Porton, Gary G. "Talmud", *ABD* VI(1992), 310~315.
7. Strack, H. L. /Stemberger, G. *Enleitung in Talmud und Midrasch*(Beck'sche Elementarbücher). München: Verlag C. H. Beck, [7]1982.

## 7. 구약해석학

### 7.1. 구약해석사, 주석사

1. 문희석. 『한국교회구약성서해석사 1900~1977』(=0. 1. 1).
2. "성서비평사", 『성서백과대사전』6(1980), 41~48.
3. "성서해석사", 『성서백과대사전』6(1980), 275~301.
4. Clements, Ronald E. *A Century of Old Testament Study*. Guildford: Lutterworth, Revised Edition 1983. > 로날드 E. 클레멘츠 지음. 문동학, 강성렬 옮김. 『구약성서 해석사. 벨하우젠 이후 100년』. 서울: 나눔사, 1988, [4]1991.
5. Goldingay, John. *Approaches to Old Testament Interpretation*. Downers Grove, Illinois: InterVarsity Press, 1992. > 존 골딩게이 저. 김의원, 정용성 공역. 『구약해석의 접근 방법』. 서울: 크리스챤 다이제스트, 1995.
6. Grant, Robert M. *A Short History of the Interpretation of the Bible*. New York: Macmillan, 1966. > R. M. 그랜트 저. 이상훈 역. 『성서해석의 역사』. 서울: 대한기독교서회, 1969, [16]1992.
7. Jeanrond, Werner G. "History of Biblical Hermeneutics", *ABD* III (1992), 433~443.
8. Kraus, Hans-Joachim. *Geschichte der historisch-kritischen Erforschung des Alten Testaments*. Neukirchen: Neukirchener Verlag, [3]1982.

9. Lundin, Roger(ed.). *Disciplining Hermeneutics. Interpretation in Christian Perspective.* Grand Rapids: Eerdmans, 1997.
10. O 'Neill, J. C. "History of Biblical Criticism", *ABD* 1(1992), 726~730
11. Rogerson, John William. "History of Old Testament Interpretation", *ABD* III (1992), 425~433.
12. Rogerson, John William / Diebner, *Bernd Jörg. Bibelwissenschaft* I. Altes Testament 2. Geschichte und Methoden, *TRE* IV(1980) 346~374.
13. Saebo, Mage(ed.). Hebrew Bible, *Old Testament. The History of Its Interpretation.* Vol. 1. *From the Beginnings to the Middle Ages*(until 1300). I/1: Antiquity, I/2: The Middle Ages, II: From the Renaissance to the Enlightenment. Göttingen: Vandenhoeck & Ruprecht, 1996, 2000, 2008.

## 7.2. 구약해석학 일반

1. 권성수. 『성경해석학』. 서울: 총신대학, 1991.
2. 김정우. 『구약해석학 논문집』1. 서울: 총신대학교 출판부, 1995.
3. 서영환 외, 『성경적인 성경해석학 원론』. 서울: 한국기독교말씀사, 1999.
4. 세종문화사 편집부 편. 『간추린 성경해석학』. 서울: 세종문화사, 1992.
4. 이상훈. 『해석학적 성서이해』. 서울: 대한기독교서회, 1993.
5. 정기철 엮음. 『성서 해석학』. 광주: 호남신학대학출판부, 1997.
6. 하달리. 『성경해석학: 실제적 적용』. 서울: 대한예수교장로회총회, 1991.
7. "해석학", 『성서백과대사전』12(1981), 299~306.
8. Adams, Daniel J. *Bibical Hermeneutics. An Introduction.* > 다니엘 아담스 지음. 안증호 옮김. 『성경해석학 입문』. 서울: 대한 예수교 장로회 총회 교육부, 1983.
9. Berkhof, L. *Principles of Biblical Interpretation.* > L. 벌코프 지음. 윤종호, 송종섭 옮김. 『성경해석학』. 서울: 개혁주의 신행협회, 1965.
10. 버클리, 헨리 A. 『성경해석학』. 서울: 연합, 1994.
11. 클라인, 윌리암 외. 『성경해석학 총론』. 서울: 생명의 말씀사, 1997.
12. Frei, Hans W. *The Eclipse of Biblical Narrative. A Study in Eighteenth and Nineteenth Century Hermeneutics.* 1980. > 한스 W. 프라이 지음. 이종록 옮김. 『성경의 서사성 상실. 18~19세기 유럽의 성경해석학 연구』. 서울: 한국장로교출판사, 1996.

13. Goldingay, John. *Approaches to Old Testament Interpretation.* > 김의원, 정용성 옮김. 『구약해석의 접근방법』. 서울: 크리스챤다이제스트사, 1992.
14. Hartill, J. Edwin. *Principles of Biblical Hermeneutics.* > 『성경해석학의 원리』. 이주영 옮김. 서울: 성광문화사, 1986.
15. Kaiser, Walter C. Jr. /Silva, Moisés. *An Introduction to Biblical Hermeneutics: The Searching for Meaning.* > 월터 카이저. 모이세스 실바 공저. 강창헌 역. 『성경해석학 개론』. 서울: 은성, 1996.
16. Mayer, Herbert T. *Interpreteing the Holy Scripture.* > 허버트 마이어 저. 엄현섭 역. 『성서해석학』. 서울: 컨콜디아, 1983.
17. Mickelson, A. Berkeley. *Interpreting the Bible.* Grand Rapids: Eerdman, 1963. > 버클레이 미켈슨 저. 원세호 역. 『성경연구를 위한 기초 성경해석학』. 서울: 국제신학연구소, 1988; A. 버클리 마이켈슨 지음. 김인환 옮김. 『성경해석학』. 서울: 크리스챤다이제스트, 1996.
18. Ramm, Bernard. *Protestant Biblical Interpretation.* > 버나드 램 저. 권혁봉 역. 『성경해석학』. 서울: 생명의 말씀사, 1974; 서울: 아가페 출판사, 1993.
19. Smart, James D. *The Strange Silence of the Bible in the Church - A Study in Hermeneutics.* > 제임스 D. 스마트 저. 김득중 역. 『왜 성서가 교회 안에서 침묵을 지키는가? - 성서해석학』. 서울: 컨콜디아사, 1982.
20. 스프라울, R. C. 『성경해석학』. 서울: 아가페 출판사, 1993.
21. Westermann, Claus(hg.). *Probleme alttestamentlicher Hermeneutik*(Theologische Bücherei 11). München: Chr. Kaiser, 1960. > Tr. Mays, James Luther. *Essays on Old Testament Hermeneutics.* Richmond, Virginia: John Knox Press, 1963. > 클라우스 베스터만 편집, 박문재 옮김. 『구약해석학』. 서울: 크리스챤 다이제스트, 1995. 이 영문판의 발췌 편역으로는 또한 문희석 편. 『구약성서해석학』. 대한기독교서회, 1975이 있다.
22. Dohmen, Christoph/Stemberger, Günter. *Hermeneutik der Jüdischen Bibel und des Alten Testaments.* Stuttgart u. a.: Verlag W. Kohlhammer, 1996.
22-1. Ferguson, Duncan S. *Biblical Hermeneutics. An Introduction.* Atlanta: John Knox Press, 1986.
23. Gunneweg, A. H. J. *Vom Verstehen des Alten Testaments. Eine Hermeneutik* (ATDErg. 5). Göttingen: Vandenhoeck & Rupreht, 1977, $^2$1988.
24. Lategan, Bernard C. "Hermeneutics", *ABD* III(1992), 149~154.

25. Maier, G. *Biblische Hermeneutik.* Wuppertal/Zürich, 1991 > Tr. by Yarbrough, Robert W. *Biblical Hermeneutics.* Wheaton, Ill.: Crossway Books, 1994.
26. Schmidt, Ludwig. "Hermeneutik II. Altes Testament", *TRE* XV(1986), 137~143.
27. von Bormann, Claus. "Hermeneutik I. Philosophisch-theologisch", *TRE* XV (1986), 108~137.
28. Weiss, M. *The Bible from Within. The Method of Total Interpretation.* Jerusalem: The Magne Press, 1984.

### 7.3. 구약해석학의 개별 주제

0. Böhl, Eduard. *Christologie des Alten Testaments.* Wien, 1882. > 에드워드 뵐 지음. 권호덕 옮김. 『구약 속의 그리스도』. 서울: 한국 로고스 연구원, 1995; 수정판 - 서울 : 그리심, 2003.
1. Charlesworth, James H. / Weaver, Walter P.(ed.). *The Old and New Testaments. Their Relationship and the "Intertestamental" Literature.* Valley Forge, Pa.: Trinity Press International, 1993. > 제임스 H 찰스워스, 월터 P 웨버 공동 편저. 나채운, 예영수 옮김. 『구약성서와 신약성서. 그 관계와 신구약 중간기 문헌』. 서울: 장로회신학대학교출판부, 1996.
2. Goppelt, Leonhard. *Typos. Die typologische Deutung des Alten Testaments im Neuen.* Gütersloh: C. Bertelsmann Verlag, 1939 = Darmstadt: Wissen-schaftliche Buchgeselschaft, 1990. > 레온하르트 고펠트 저. 최종태 역. 『모형론: 신약의 구약해석』. 서울: 새순 출판사, 1989.
3. Archer, G. L. /Chirichigno, G. *Old Testament Quotations in the New Testament.* Chicago, 1983.
4. Hübner, Hans. Tr. Schatzmann, Siegfried S. "Old Testament Quotations in the New Testament", *ABD* IV(1992), 1096~1104.
5. Hübner, H. *Vetus Testamentum im Novo. Synopsis Novi Testamenti et locorum citatorum vel allegatorum ex Vetere Testamento.* 2 Bünde. Göttingen: Vandenhoeck & Ruprecht, 1991.
6. Juel, D. *Messianic Exegesis. Christological Interpretation of the Old Testament in Early Christianity.* Philadelphia: Fortress, 1988.

## 8. 구약주석방법론

### 8.1. 성경공부 방법론

1. 김수중, 신유식, 오덕호, 이종록. 『사랑의 이야기 성경연구방법』. 서울: 한국장로교출판사, 1998.
2. 이연길. 『이야기식 성경공부방법』. 서울: 한국장로교출판사, 1995.
3. 이연길 외. 『이야기식 소그룹 성경공부방법』. 서울: 한국장로교출판사, 1996.
3-1. 이연학. 『성경은 읽는 이와 함께 자란다.거룩한 독서의 원리와 실천』. 서울: 성서와 함께, 2006.
3-2. 이용세. 『성도의 전공필수 개인성경연구』. 서울: 성서유니온선교회, 2007.
4. 최정호. 『성경연구를 위한 방법론』. 서울: 은혜출판사, 1991.
5. Arthur, Kay. *How to study your Bible.* > 아더 K. 저. 최복순, 김경섭 역. 『귀납적 성경연구방법』. 서울: 죠이츨판사, 1987; 서울: 생명의 말씀사, 1992.
5-1. Bianchi, Enzo. *Pregare la Parola. Introduzione alle "Lection Divina".* Torino: Piero Gribaudi Editore, 1991. > 엔조 비앙키 지음. 이연학 옮김. 『말씀에서 샘솟는 기도. 거룩한 독서로 들어가기』. 왜관: 분도출판사, 2001.
6. Demaray, D. E. *Bible Study Source Book.* Grand Rapids: Zondervan, 1974. > 송종섭 역. 『성경공부』. 서울: 보문출판사, 1978.
7. Hendricks, Howard G. / Hendricks, William D. *Living by the Book.* Chicago: Moody Press, 1991. > 하워드 헨드릭스, 윌리엄 헨드릭스 공저. 정현 옮김. 『삶을 변화시키는 성경연구. 귀납법적 개인 성경연구 가이드북』. 서울: 도서출판 디모데, 1993.
8. Jensen, Irving L. *Independent Bible Study.* Chicago: The Moody Bible Institute, 1963. > 홍성철 역. 『독자적인 성경공부』. 서울: 생명의 말씀사, 1974.
9. Locker, H. *All about Bible Study.* Grand Rapids: Zondervan, 1977.>『성경연구의 방법론』. 서울: 보이스사, 1983.
10. 마갈릿, L. A. 『효과적인 성경공부』. 서울: 한국기독학생회 출판부, 1985.
11. 패트리샤, W. 『성경공부방법』. 서울: 요단출판사, 1983.
12. Sterett, Norton. *How to Understand Your Bible.* Downers Grove, Illinois: Inter-Varsity Press, 1974. > 노튼 스테렐 저. 한국성서유니온 편집부 역. 『성경

해석의 원리』. 서울: 성서유니온, 1978.
13. Vos, Howard F. *Effective Bible Study. A Guide to Seventeen Methods.* > 하워드 F. 보스 지음. 류영모 옮김. 『효과적인 성경연구방법 17가지 지침』. 서울: 대한예수교장로회총회 출판국, 1988.
14. Warren, Richard/Shell, William A. *12 dynamic Bible Study Methods.* Illinois: Victor, 1981. > 『12종류 다이나믹한 성경연구법』. 서울: 요단, 1983; 서울: 한국장로교출판사, 1995.
14-1. Pixley, Jorge. "Toward a Pastoral Reading of the Bible not Confined to the Church", *Biblical Interpretation* 11(2003), 579~587.
15. Weber, Hans-Ruedi. *Experiments with Bible Study.* Philadelphia: Westerminster, 1981.

## 8.2. 주석방법론 일반

0. 강성열, 오덕호, 정기철. 『설교자를 위한 성서해석학 입문』. 서울: 대한기독교서회, 2002.
1. 문희석 편저. 『구약석의방법론』. 서울: 대한기독교출판사, 1992=³1985.
2. 방석종. 『구약해석입문서. 역사비평방법론』. 서울: 성광문화사, 1992 (아래 23의 편역).
3. 왕대일. 『새로운 구약주석. 이론과 실제』. 서울: 성서연구사, 1996.
3-0. 우택주. "구약성서 해석을 위한 역사비평의 미래", 『한국기독교신학논총』34(2004), 5~35.
3-1. 이동수. 『구약주석과 설교』. 서울: 장로회신학대학교 출판부, 2000.
4. 이형원. 『구약성서비평학입문』. 대전: 침례교신학대학출판사, 1991.
5. 이형원. 『구약성서 해석의 원리와 실제』. 서울: 대한기독교서회, 1999.
6. 장영일. "설교준비를 위한 구약성서 이해", 한국성서학연구소 엮음. 『성경과 설교』. 서울: 도서출판 한국성서학, 1993, 31~57.
7. 장일선. 『구약성경과 설교』(아래 10.1.3의 책), 77~214.
8. "주석", 『성서백과대사전』¹⁰(1980), 816~826.
8-1. Dreyza, Manfred/Hilbrands, Walter/Schmid, Hartmut. *Das Studium des Alten Testaments. Eine Einführung in die Methoden der Exegese.* Wuppertal: R. Brockhaus / Giessen: Brunnen Verlag, 2002. > M. 드라이차 / W. 힐브란츠 / H. 슈미트 공저. 『구약성서연구방법론. 주석방법론 입문서』. 서울: 비블

리카 아카데미아, 2005.
9. Haynes, Stephen. R. /McKenzie, Steven L.(ed.). *To Each its Own Meaning: An Introduction to Biblical Criticisms and Their Applicatons*. Westerminster: John Knox Press, 1993. > 스티븐 헤이네스, 스티븐 매켄지 엮음. 김은규, 김수남 옮김. 『성서비평방법론과 그 적용. 역사비평에서 사회과학적 비평을 거쳐 해체주의 비평까지』. 서울: 대한기독교서회, 1997.
10. Hayes, J. H. /Holladay, C. R. *Biblical Exegesis. A Beginner's Handbook*. Atlanta: John Knox Press, 1982. > 헤이즈, 할레데이 공저. 김근수 옮김. 『성경주석학』. 서울: 도서출판 나단, 1991.
11. Kaiser, W. R. *Toward an Exegetical Theology. Biblical Exegesis for Preaching and Teaching*. Grand Rapids: Baker, 1981. > W. C. 카이저 Jr. 지음. 김의원 옮김. 『새로운 주경신학연구. 구문론적 분석』. 서울: 양서각, 1988.
12. Krentz, Edgar. *The Historical-Critical Method*. Philadelphia: Fortress Press, 1975. > 에드가 크렌츠 저. 김상기 역. 『역사적 비평적 방법』(신학사상 문고 16). 서울: 한국신학연구소, 1988=²1991.
13. Maier, Gerhard. *Das Ende der historisch-kritischen Methode*. Wuppertal: Theologischer Verlag Rolg Brockhaus, 1974. > 게르하르트 마이어 지음. 김성수 옮김. 『역사비평학의 종말』. 서울: 여수룬, 1985. *영역판: tr. by Leverenz, Edwin W. / Norden, Rudolph F. *The End of Historical-Critical Method*. St. Louis: Concordia Publishing House, 1977.
14. Soulen, Richard N. *Handbook of Biblical Criticism*. John Jnox Press, 1976, 1981. >정태현 편역. 『성서비평사전』. 서울: 성서와 함께, 1993.
15. Stuart, Douglas/ Fee, Gordon D. *Old and New Testament Exegesis*. > 스투워드, 피 공저. 김의원 역. 『성경해석방법론』. 서울: 기독교문서선교회, 1987.
16. Aichele, George et al. *The Postmodern Bible. The Bible and Culture Collective*. New Haven and London: Yale University Press, 1995.
17. Barton, John. *Reading the Old Testament. Method in Biblical Study*. Philadelphia: The Westerminster Press, 1984.
17-1. Becker, Uwe. *Exegese des Alten Testaments. Ein Methoden- und Arbeitsbuch*. Uni-Taschenbücher. Tübingen: Mohr Siebeck, ²2008.
18. Coggins, R. J. / Houlden, J. L. *A Dictionary of Biblical Interpretation*. London: SCM, 1990.

19. de Moor, J. C. *Synchronic or Diachronic? A Debate on Method in Old Testament Exegesis*. Leiden: E. J. Brill, 1995.
20. Fohrer, Georg/ Hoffmann, Hans Werner/ Huber, Friedrich/ Markert, Ludwig/ Wanke, Gunther. *Exegese des Alten Testaments. Einführung in die Methodik*. (UTB 267). Heidelberg: Quelle & Meyer, $^3$1979($^1$1973). 이 책의 영어번역본: Tr. by Goestschins, E. V. N. *Exegetical Method; a student's handbook*. New York: Seabury, 1981.
21. Kaiser, Otto. "Die alttestamentliche Exegese", in: ders. / Kümmel, Werner Georg /Adam, Gottfried.*Einführung in die exegetischen Methode*. München: Kaiser Verlag, $^6$1979, 9~60.
21-1. Klinger, Susanne. *Status und Geltungsanspruch der historisch-kritischen Methode in der theologischen Hermeneutik*. Stuttgart/Berlin/Köln: Kohlhammer, 2003.
21-2. Kreuzer, S. / Vieweger, D. et al. *Proseminar I. Altes Testament. Ein Arbeitsbuch*. Stuttgart: Verlag W. Kohlhammer, $^2$2005.
22. Richter, Wolfgang. *Exegese als Literaturwissenschaft. Entwurf einer alttestamentlichen Literaturtheorie und Methodologie*. Göttingen: Vandenhoeck & Ruprecht, 1971.
23. Steck, Odil Hannes. *Exegese des Alten Testments. Leitfaden der Methodik*. Neukirchen: Neukirchener Verlag, $^{13}$1993. > Tr. Nogalski, James D. *Old Testament Exegesis. A Guide to the Methodology*(SBL Resources for Biblical Study 33). Atlanta, Georgia: Scholars Press, 1995.
24. Stuart, D. "Exegesis", *ABD* II(1992), 682~688.
25. Tate, W. Randolph. *Biblical Interpretation. An Integrated Approach*. Peabody, Massachusetts: Hendrickson Publisher, 1991.

### 8.3. 구약본문의 역사

1. "구약성서본문", 『성서백과대사전』1(1979), 716~744.
2. 김승태, 류대영, 옥성득, 이만열 공저. 『대한 성서공회사 I. 조직, 성장과 수난』. 서울: 대한성서공회, 1993.
3. 류대영, 옥성득, 이만열 공저. 『대한 성서공회사 II. 번역, 반포와 권서 사업』. 서울: 대한성서공회, 1994.

4. 문희석 편. 『구약원어참고서』. 서울: 보이스사, 1973, 45~70(*BHK* 약자 풀이).
5. 민영진. 『국역성서연구』. 서울: 성광문화사, 1984, ²1990, 193~212 ("히브리어 성서의 비평적 편집").
6. 민영진. "「BHQ」의 서문, 부호와 약자, 용어 정의와 해설 번역", 『성경원문 연구』 4(1999년2월), 121~176
7. 박동현. "『히브리 대학교 성서 예레미야서』 본문비평 장치의 성격", 『성경 원문 연구』 3(1998년8월), 181~247. 지금은 박동현. 『예레미야서 연구』. 서울: 한국성서학연구소, 2003, 11~97에도 실려 있음.
8. 『성서가 우리에게 오기까지』. 성서전시실 진열자료 해설집. 서울: 대한성서공회, 1997.
9. "히브리어 본문사", 『성서백과대사전』12(1982), 713~723.
10. Mulder, Martin Jan(ed.). Mikra, Text, *Translation, Reading and Interpretation of the Hebrew Bible in Ancient Judaism and Early Judaism*(Compendium Rerum Iudaicarum ad Novum Testamentum 2/2). Assen/ Philadelphia: Van Gorcum/ Fortress Press, 1988.
11. Scott, William R. A. *Simplified Guide to BHS* . Berkeley: BIBAL Press, 1987(이 가운데 58~85은 Rüger, H. P. An English Key to the Latin Words and Abbreviations and the Symbols of *BHS*임).
12. Wonneberger, Reinhard. *Leitfaden zur Biblia Hebraica Stuttgartensia*. Göttingen: Vandenhoeck & Ruprecht, ²1986. > Tr. by Daniels, D. R. *Understanding BHS. A Manual for the Users of Biblia Hebraica Stuttgartensia*(Subsidia Biblica 8). Rom: Pontificio Instituo Biblico, 1990.

### 8.4. 칠십인역

0. 김정훈. 『칠십인역 입문. 본문의 역사와 연구의 실제』. 의정부: 한님성서 연구소, 2009.
1. "칠십인역", 『성서백과대사전』11(1981), 525~543.
2. 한의신. 『70인역과 성경정경연구. 초기헬라사상이 히브리사상에 미친 영향』. 서울: 성광문화사, 1988.
3. Hengel, M. / Schwemer, A. M.(hg.). *Die Septuaginta zwischen Judentum und Christentum*(Wissenschaftliche Untersuchungen zum Neuen Testament 72). Tübingen: J. C. B. Mohr(Paul Siebeck), 1994.

4. Jobes, Karen H. /Silva, Moises. *Invitation to the Septuagint.* Grand Rapids, Michigan: Baker, 2000. > 캐런 좁스, 모세 실바 지음, 김구원 옮김. 『70인역 성경 으로의 초대』. 서울: 기독교문서선교회, 2007.
5. Marcos, Natalio Fernandez. Tr. by W. G. E. Watson. *The Septuagint in Context. Introduction to the Greek Versions of the Bible.* Leiden/Boston/Köln: E. J. Brill, 2003.

## 8.5. 구약성경 본문비평과 본문 번역

1. Würthwein, Ernst. *Der Text des Alten Testaments.* Stuttgart: Württem-bergische Bibelanstalt. ⁴1973. > 에른스트 뷔르트봐인 지음. 방석종 옮김. 『성서본문비평입문』. 서울: 대한기독교출판사. ²1992. 영역판: Trans. Rhodes, Erroll F. *The Text of the Old Testament.* 2nd revised and enlarged edition. Grand Rapids: William B. Eerdmans Publishing Co., 1995(=1988년의 독일어 원본 제5판의 번역).
1-1. Fischer, A. A. *Der Text des Alten Testaments. Neubearbeitung der Einführung in die Bibla Hebraica von Ernst Würthwein.* Stuttgart: Deutsche Bibelgesellschat, 2009.
2. McCarter, P. K. *Textual Criticism. Recovering the Text of the Hebrew Bible.* Philadelphia: Fortress, 1986.
3. Tov, Emanuel. *Textual Criticism of the Hebrew Bible.* Minneapolis: Fortress Press / Assen, Maastricht: Van Gorcum, 1992.
4. Tov, Emanuel. "Textual Criticism(Old Testament)", *ABD* VI(1992), 394~412.
5. Weingreen, J. *Introduction to the Critical Study of the Text of the Hebrew Bible.* Oxford, 1982.
5-1. Schenker, Adrian. "What Use is Textual Critisism for Old Testament Exegesis?: With an Explanation of the Critical Apparatus in the Biblia Hebraica Quinta" = 아드리안 쉥커, "구약주석을 위한 본문비평 – BHQ(*Biblia Hebraica Quinta*)의 비평적 각주에 대한 해설을 중심으로", 왕대일 엮음. 『구약성서, 읽기와 해석하기』(감신대성서학연구소 신학강좌시리즈 2). 서울: 감신대성서학연구소, 2001, 68~78.
6. 김중은. "표준새번역 성경 구약 번역에 대한 비평적 고찰 – 토라를 중심으로", 「그말씀」15(1993년10월), 221~236, 지금은 또한 『구약의 말씀과

현실』(아래 9.11의 책), 416~441.
7. 문익환. "히브리어에서 한국어로 – 성서 번역의 문제들–", 그리스도교와 겨레문화연구회 편. 『한글성서와 겨레문화』. 서울: 기독교 문사, 1985, 49~65.
8. 민영진. 『히브리 말에서 우리말로』. 서울: 도서출판 두란노, 1996.
9. Nida, E. A. /Taber, C. R. *The Theory and Practice of Translation*. Leiden: E. J. Brill, 1982.
10. Fritz, Ray. *The Works of Their Hands: Man-made Things in the Bible*. New York: United Bible Societies, 2009. > 레이 프리츠 지음, 김창락 외 여럿 옮김. 『성서 속의 물건들』. 서울: 대한성서공회, 2011.
11. Koops, Robert. *Each According to Its Kind: Plants and Trees in the Bible*. New York: United Bible Societies, 2012. > 로버트 쿱스 지음, 권성달 옮김. 『성서 속의 식물들』. 서울: 대한성서공회, 2015.

### 8.6. 기타 개별적인 주석방법론

1. 김이곤. "B. S. 챠일즈의 성서해석방법론", 「신학연구」22(1980. 12), 49~91.
2. 김찬국. "제3세계와 성서해석", 「기독교사상」333(1986. 9), 110~121.
3. 문희석 편저. 『사회학적 구약성서해석』. 서울: 양서각, 1984=²1987.
3-1. 배정훈. "정경해석 방법(Canonical Analysis)의 이해", 『신학과 문화』 제9집. 정행업 박사 은퇴 기념 논문(2000), 71~90.
4. 서인석. "구조분석과 성서해석", 「기독교사상」296(1983. 2), 104~122.
5. 서인석 편저. 『성서와 언어과학. 구조분석의 이론과 실천』. 서울: 성바오로출판사, 1984=²1989.
6. 안병무 편. 『사회학적 성서해석』. 서울: 한국신학연구소, 1983=⁶1993.
7. 이경재. 『현대 문예비평과 신학』. 서울: 도서출판 호산, 1996.
8. 이동수. "수사비평의 의의–호세아서를 중심으로–", 「교회와 신학」24 (1992)
9. 이형원. "해방신학자들의 성서해석방법에 대한 비평", 「복음과 실천」13 (1990), 225~252.
10. 임태수. "민중신학적 구약성서 이해", 한국기독교학회 엮음. 『21세기 한국 신학의 과제』(「한국기독교신학논총」 11). 서울: 대한기독교서회,

1994, 63~82.
11. 장일선. "공시적 성서연구방법으로서의 구약 경전비평 소고", 「기독교사상」359(1988. 11), 127~141.
11-1. 정중호. "가상현실 기법을 활용한 성서 해석 방법론에 관한 연구", 「구약논단」13(2002. 12), 1~33.
11-2. 정중호. "소리와 구약해석: 청중중심비평(Audience-Oriented Criticism)을 중심으로", 정기철 편. 『역사와 해석학: 호남신학대학교 2000년 학술발표회 논문 제4집』. 서울: 한들출판사, 2000, 113~140.
11-3. 정중호. "한국적 성서해석에 관한 연구", 「구약논단」11(2001. 10), 111~129.
12. 장일선. "성서구조비평 연구 – 히브리 설화를 중심으로", 「기독교사상」 271(1981. 1), 89~108.
12-1. 정석규. "양식비평(Form Criticism)의 역사와 그 전망", 「구약논단」17 (2005. 4), 118~139.
13. 차봉희 편저. 『독자반응비평』. 서울: 고려원, 1993.
13-1. 최인기. "구약 수사비평의 방법론적 고찰(I)", 「구약논단」8(2000. 6), 201~219.
13-2. 최인기. "구약수사비평에서 역사적 요소에 관한 소고", 「구약논단」 11(2001. 10), 131~153.
13-3. 최인기. "구약 수사비평(Rhetorical Criticism)방법 적용의 문제점과 제안점", 「구약논단」15(2003. 10), 175~194.
14. Clévenot, Michel. *Approches matérialistes de la Bible*. Paris: Les Editions du Cerf, 1976. > Tr. Fehlen, Fermand/Füssel, Kuno/Schlechter, Dominique. *So kennen wir die Bibel nicht. Anleitung zu einer materialistischen Lektüre biblischer Texte*. München: Chr. Kaiser, 1978, ²1980. > 미셸 끌레브노 지음. 김명수 옮김. 『새로운 성서읽기』. 서울: 한국기독교장로회 신학연구소, 1997.
14-1. Clines, David J. A. *Interested Parties. The Ideology of Writers and Readers of the Hebrew Bible*. Sheffield: Sheffield Academic Press, 1995 + "The Postmodern Adventure in Biblical Studies" > David J. A. Clines 지음. 김병하, 김상래, 김종윤, 정승우 옮김. 『포스트모더니즘과 이데올로기 성서비평 – 히브리 성서 저자들과 독자들의 이데올로기 –』. 서울: 한들, 2000.
15. Fiorenza, Elisabeth Schüssler. *Bread Not Stone. The Challenge of Feminist*

*Biblical Interpretation.* Beacon Press, 1984. > E. S. 피오렌자 지음. 김윤옥 옮김. 『돌이 아니라 빵을-여성신학적 성서해석학』. 서울: 대한기독교서회, 1994.
16. Harrison, R. K. / Waltke, B. K. / Guthrie, D. / Fee, G. D. *Biblical Criticism: Historical, Literary and Textual.* Grand Rapids: Zondervan, 1978. > 해리슨, 월키, 거쓰리, 피 공저. 오화선, 오성일 공역. 『성경비평. 역사, 문학, 본문비평』. 서울: 도서출판 나단, 1991.
17. Keegan, Terence J. "Biblical Criticism and the Challenge of Postmodernism", *Biblical Interpretation* 3(1995), 1~14.
18. Koch, Klaus. *Was ist Formgeschichte? Methoden der Bibelexegese. Dritte, verbesserte Auflage mit einem Nachwort: Linguistik und Formgeschichte.* Neukirchen-Vluyn: Neukirchener Verlag, 1974. > 클라우스 코호 저. 허혁 역. 『성서주석의 제방법-양식사학이란 무엇인가?-』. 왜관: 분도출판사, 1975.
19. Leach, Edmond. *Structuralist Interpretations of Biblical Myth.* > 에드먼드 리치 지음. 신인철 옮김. 『성서의 구조인류학』(한길그레이트북스 008). 서울: 한길사, 1996.
20. Lohfink, Gerhard. *Jetzt verstehe ich die Bibel - Ein Sachbuch zur Formkritik -.* Stuttgart: Katholische Bibelwerk, 1973. > 게르하르트 로핑크 지음. 허혁 옮김. 『당신은 성서를 어떻게 이해하십니까? 평신도를 위한 양식비평학』. 왜관: 분도출판사, 1977.
21. Pilch, John J. /Malina, Bruce J.(ed.). *Handbook of Biblical Social Values.* Peabody, Massachusets: Hendrickson Publishers, 1993. > 존 J. 필치/브루스 J. 말리나 엮음. 이 달 옮김. 『성서 언어의 사회적 의미』. 서울: 한국장로교출판사, 1998.
22. Powell, Mark Allan. *What is Narrative Criticism?* Augusburg: Fortress, 1993. > 마크 알렌 포웰 지음. 이종록 옮김. 『서사비평이란 무엇인가? 성경 이야기 연구』. 서울: 한국장로교출판사, 1993.
23. Barton, John. "Form Criticism(Old Testament)", *ABD* II(1992), 838~841.
24. Barton, John. "Redaction Criticism", *ABD* V(1992), 644~647.
25. Barton, John. "Source Criticism", *ABD* IV(1992), 162~165.
26. Barton, John. "Structualism", *ABD* VI(1992), 214~217.
26-1. Brenner, Athalya/Foutaine, Carole(eds.). *A Feminist Compainon to Readding*

*the Bible*. Sheffield: Sheffield Academic Press, 1997. ca.

26-2. Childs, Brevard S. "Critique of Recent Intertextual Canonical Interpretation", *ZAW* 115(2003), 173~184.

27. Davies, Margaret. "Poststructural Analysis", *ABD* V(1992), 424~426.

28. Dozeman, Thomas B. "OT Rhetorical Criticism", *ABD* V(1992), 712~715.

29. Exum. J. Cheryl/ Clines, David J. A.(ed.). *The New Literary Criticisam and the Hebrew Bible*(JSOT Supplement Series 143). Sheffield: Sheffield Academic Press, 1993.

30. Fiorenza, Elizabeth Schüssler, "Feminist Hermeneutics", *ABD* II(1992), 783~791.

31. Knight, Douglas A. "Tradition History", *ABD* VI(1992), 633~638.

32. Lategan, Bernard G. "Reader Response Theory", *ABD* V(1992), 625~628.

33. Niditsch, Susan. *Folklore and the Hebrew Bible*. Minneapolis: Fortress Press, 1993.

34. Noble, P. R. *The Canonical Approach*. Leiden: E. J. Brill, 1995.

35. Sheppard, Gerald T. "Canonical Criticism", *ABD* I(1992), 861~866.

36. Schottroff, Luise/ Schroer, Silvia/ Wacker, Marie-Theres. *Feministische Exegese. Forschungserträge zur Bibel aus der Perspektive von Frauen*. Darmstadt: Wissenschaftliche Buchgesellschaft, 1995.

37. Tucker, Gene M. *Form Criticism of the Old Testament*. Philadelphia: Fortress Press, 1971.

37-1. Tull, Patricia. "Intertextuality and the Hebrew Scriptures", *Currents in Research: Biblical Studies* 8(2000), 59~90.

38. Van Dyke Parunak, H. "Computers and Biblical Studies", *ABD* 1(1992) 1112~1124.

39. Watson, Duane/Hauser, A. J. *Rhetorical critics of the Bible. A comprehensive bibliography with notes and method*(Biblical Interpretation Series 4). Leiden: E. J. Brill, 1994.

40. *Biblical Interpretation* vol. II(1994) no. 3('Commitment, Context and Text: Examples of Asian Hermeneutics'), vol. V(1997) no. 4('The New Historicism')

## 8.7. 주석 총서

(* 표한 것은 신약까지 있는 경우임)
1. 『박윤선 성경주석』. 서울: 영음사, 1957~1979.
2. 『이상근 구약성서 주해』. 대구: 성등사, 1988~1997.
3. 『국제성서주석』*. 서울: 한국신학연구소, 1981~1992.
4. 『그랜드 종합 주석』. 서울: 성서교재간행사, 1991~1996.
5. 『베이커 성경주석』. 서울: 대한 예수교장로회 총회교육부, 1982.
6. 『비콘 성경주석』. 서울: 보이스사
7. 『칼빈 구약성경주석』. 서울: 신교출판사, 1978.
8. Keil, C. F. /Delitzsch, F. *Commentary on the Old Testament.* > 『카일 델리취 구약주석』. 서울: 기독교 문화 출판사, 1984.
9. 『매튜 헨리 성서주석시리즈』. 서울: 기독교문사, 1979.
10. 『풀핏 성경주석』. 대구: 보문, 1979.
11. 『우찌무라 간조 성서주해전집』. 서울: 성지사, 1957~1977.
12. 『호크마 종합 주석』. 서울: 기독지혜사, 1989.
13. 『헤세드』. 광명: 임마누엘 출판사, 1986.
13-1. 『대한기독교서회창립백주년기념성서주석』. 서울: 대한기독교서회, 1993년 이후 계속 나오고 있음.
14. *Das Alte Testament Deutsch*(=*ATD*). Göttingen: Vandenhoeck & Ruprecht, 1949ff.
15. *Anchor Bible*(=*AB*). Garden City, New York: Double Day, 1964ff.
16. *Biblischer Kommentar*(=*BK*). Neukirchen-Vluyn: Neukirchener Verlag, 1955ff.
17. **The Broadman Bible Commentary*(=*BBC*). 12 vols, Nashville: Broadman, 1969~1972.
18. *Die Botschaft des Alten Testaments*(=*BAT*). Stuttgart, 1935ff.
19. **Cambridge Bible Commentary*(=*CBC*). Cambridge, U. K.: University Press, 1963~1979.
20. *Comentaire de l'Ancien Testament*(=*CAT*). Neuchatel: Delachaux et Niestlé 1963ff.
20-1. *Continental Commentary.* Fortress Press, 1991ff.
21. **Etudes Bibliques*(=*EtB*). Paris: Garibalda, 1903ff.
22. **The Expositor's Bible Commentary with the New International Version of the*

*Holy Bible*. Grand Rapids: Zondervan 1976ff.
23. *Handbuch zum Alten Testament*(=*HAT*). Tübingen: J. C. Mohr(Paul Siebeck), 1937ff.
24. *\*Hermeneia. A Critical and Historical Commentary on the Bible*, Philadelphia: Fortress, 1972ff.
25. *\*Interpretation. A Bible Commentary for Teaching and Preaching*. Atlanta: John Knox Press, 1982ff.
26. *\*The Interpreter's Bible*(=*IB*). 12 vols. Nashville: Abingdon, 1952.
27. *\*The International Critical Commentary*(=*ICC*). Edinburgh: T. & T. Clark, 1895ff.
28. *The JPS Torah Commentary*. Philadelphia/New York/Jerusalem: The Jewish Publication Society, 1989ff.
29. *Kommentar zum Alten Testament*(=*KAT*). Gütersloh: Gerd Mohn, 1962ff.
30. *\*Die Neue Echter Bibel*. Würzburg: Echter Verlag, 1980ff.
30-1. *New Cambridge Bible Commentary*(=*NCBC*). Cambridge: Cambridge University Press.
31. *\*New Century Bible. Based on the Revised Standard Version*. London a. o. . 1966ff.
32. *The New International Commentary on the Old Testament*(=*NICOT*). Grand Rapids: Eerdmans, 1965ff.
33. *\*The New Interpreter's Bible*. Nashville: Abingdon Press, 1996ff.
34. *Old Testament Library*(=*OTL*). Philadelphia: Westerminster, 1962ff.
35. *Tyndale Old Testament Commentaries*(=*TOTC*). London: Tyndale . 1964ff.
36. *\*Torch Bible Commentary*(=*TBC*). London: SCM, New York: McMillan, 1951ff.
37. *\*Word Biblical Commentary*(=*WBC*). Waco, Texas: Word Books, 1982ff.
38. *Zürcher Bibelkommentare*(=*ZB*). Zürich: Zwingli, 1960ff

## 8.8. 단권 주석

1. Dunn, James D. G. /Rogerson, John(eds.). *Eerdmans Commentary on the Bible*. Grand Rapids, Michigan: Eerdmans, 2003.
2. Newsom, Carol A. /Ringe, Sharon H.(eds.). *Women's Bible Commentary. Expanded Edition with Apocrypha*. Louisville, Kentucky: Westerminster John

Knox Press, 1998.
3. Schottroff, Luise/Wacker, Marie-Theres(hg.). *Kompendium Feministische Bibelauslegung*. München/Gütersloh: Chr. Kaiser/Gütersloher Verlagshaus, ²1998.

## 9. 구약신학

1. 강사문. 『구약의 하나님』. 서울: 한국성서학연구소, 1999.
2. 강성열. 『구약성서와 오늘의 삶』(I)(II). 서울: 한국장로교출판사, 1999.
3. 구덕관. 『구약신학』, 서울: 대한기독교서회, 1991.
4. 김성규. 『구약성서 역사와 전승』. 서울: 기독정문사, 1993.
5. 김성규 편저. 『성서신학의 새 진로』. 서울: 기독정문사, 1994.
6. 김이곤. 『구약성서의 고난 신학』. 서울: 한국신학연구소, 1989.
7. 김이곤. 『구약성서의 신앙과 신학』. 서울: 한신대학교 출판부, 1999.
8. 김정준. 『구약신학의 이해』. 서울: 한국신학대학 출판부, 1974.
9. 김정준. 『이스라엘의 신앙과 신학』. 서울: 성문학사, ¹1967=³1976.
10. 김정준. 『폰 라드의 구약신학』. 서울: 대한기독교서회, ¹1973 = ²1978).
11. 김중은. 『구약의 말씀과 현실. 심천(深川)김중은 구약학공부문집』. 서울: 한국성서학 연구소, 1996.
12. 김철현. 『구약신학』. 서울: 성광문화사, 1994.
13. 김희보. 『구약신학논고』. 서울: 기독교문서선교회, 1975=⁶1987.
14. 박동현. 『예언과 목회 [I]~9』. 서울: 한국장로교출판사, 1993~99
    - 『예언과 목회 [I] 』. 서울: 한국장로교출판사, 1993.
    - 『예언과 목회 [II]』. 서울: 한국장로교출판사, 1993.
    - 『예언과 목회 [III]』. 서울: 한국장로교출판사, 1995.
    - 『예언과 목회 [IV]』. 서울: 한국장로교출판사, 1996.
    - 『예언과 목회 [V]』. 서울: 한국장로교출판사, 1999.
    - 『예언과 목회 [VI]』. 서울: 한국장로교출판사, 1999.
    - 『예언과 목회 7』. 서울: 한국장로교출판사, 2005.
    - 『예언과 목회 8』. 서울: 한국장로교출판사, 2005.
    - 『예언과 목회 9』. 서울: 비블리카 아카데미아, 2009.
15. 박철우. 『구약성서의 구조와 신학』. 서울: 한국신학연구소, 1994 = ²1996.
16. 배제민. 『새로운 형태의 구약연구』. 서울: 총신대학출판부, 1982.

17. 서인석. 『오늘의 구약성서 연구(200주년 성서별책)』. 서울: 성바오로 출판사, 1983.
17-1. 왕대일. 『구약신학』. 서울: 감신대성서학연구소, 2002.
18. 원용국. 『구약신학(증보)』. 서울: 세신문화사, $^5$1991($^1$1979).
19. 윤영탁. 『구약신학과 신앙(구약신학논문선 1)』. 서울: 엠마오, 1991.
20. 윤영탁 역편. 『구약신학 논문집』1~8. 서울: 1~4, 6권은 성광문화사, 5, 7~8권은 합동신학대학원출판부, 1979~1998.
21. 임태수. 『구약성서와 민중』. 서울: 한국신학연구소, 1993.
21-1. 장영일. 『구약신학의 역사적 기초』. 서울: 장로회신학대학교출판부, 2001.
22. 장일선. 『구약신학의 주제』. 서울: 대한기독교서회, 1990년 개정증보판 ($^1$1983).
23. 장일선. 『구약전승의 맥락』. 서울: 대한기독교출판사, $^1$1983=$^3$1992.
24. 장일선. 『이스라엘 포로기 신학』. 서울: 대한기독교서회, 1990.
25. 정규남. 『구약신학의 맥』. 서울: 두란노, 1996.
26. 차준희. 『구약성서의 신앙』. 병천: 한국신학연구소, 1997.
27. 최의원. 『구약논문집』. 서울: 기독교문서선교회, 1986.
28. Clements, Ronald E. *Old Testament Theology; a fresh approach*. Atlanta: John Knox, 1978. > 로날드 E. 클레멘츠 지음. 김찬국 옮김. 『구약신학』. 서울: 대한기독교서회, $^1$1989=$^3$1992.
28-1. Anderson, Bernhard W. *The Contours of Old Testament Theology*. Minneapolis: Fortress, 1999. > 앤더슨, 버나드 W. 지음. 최종진 옮김. 『구약신학』. 서울: 한들, 2001.
29. Dentan, Robert C. *Preface to Old Testament Theology*. New York: Seabury Press, 1963. > 로버트 덴탄 지음. 박문재 옮김. 『구약신학입문』. 서울: 크리스챤다이제스트, 1992.
30. Dyrness, William. *Themes in Old Testament Theology*. > 윌리암 다이어네스 저. 김지찬 역. 『주제별로 본 구약신학』. 서울: 생명의 말씀사, 1984.
31. Eichrodt, Walther. *Theologie des Alten Testaments*. 1933~39. > Tr. by Baker, J. A. *Theology of the Old Testament*. Vol I/II. Philadelphia: The Westerminster Press, 1961/67. > 발터 아이히로트 지음. 박문재 옮김. 『구약성서신학』I, II. 서울: 크리스챤다이제스트, 1994.

31-1. 최종진. 『구약적 이스라엘의 종교-"씨" 신학(Zera' Theology)의 시도-』. 서울: 소망사, 1987.

31-2. Baab, Otto J. *The Theology of the Old Testament*. New York: Abingdon Press, 1949. > 오토 J. 바압 지음. 박대선 옮김. 『구약성서신학』. 서울: 대한기독교서회, $^1$1964=$^8$1981.

31-3. Childs, Brevard S. *Biblical Theology in Crisis*. Philadelphia: Westerminster Press, 1970. > 브레바드 S.차일즈 지음. 박문재 옮김. 『성서신학의 위기』. 서울: 크리스챤 다이제스트, 1992.

31-4. Childs, Brevard S. *Old Testament Theology in a Canonical Context*. London: SCM, 1985. > 브레바드 S. 차일즈 지음. 박문재 옮김. 『구약신학』. 서울: 크리스챤 다이제스트, 1992.

32. Hanson, Paul D. *The Diversity of the Scripture - a theological Interpretation*. 1986. > 폴 D. 핸슨 지음. 이재원 옮김. 『성서의 갈등 구조 - 신학적 해석』. 서울: 한국신학연구소, 1986.

33. Hasel, G. F. *Old Testament Theology. Basic Issues in the Current Debate*. Grand Rapids: Eerdmans, 1972, $^4$1991. > G. F. 하젤 저. 장상 역. 『현대구약신학의 동향』. 서울: 대한기독교출판사, 1982. ; 이군호 역. 『현대구약신학의 동향』. 서울: 대한기독교출판사, $^1$1984=$^{10}$1991.

34. Kaiser, Walter C. Jr. *Toward an Old Testament Theology*. Grand Rapids: Zondevan, 1978. > 월터 카이저 저. 최종진 역. 『구약성서신학』서울: 생명의 말씀사, $^1$1982=$^6$1990.

34-1. Knierim, Rolf P. *The Task of Old Testament Theology: Substance, Method, and Cases*. Grand Rapids, Michigan: Eerdmans, 1995. > 롤프 크니림 지음. 강성열 옮김. 『구약신학의 과제』1, 2. 서울: 크리스챤다이제스트, 2001.

35. Lehman, Chester K. *Biblical Theology*. > 체스터 K. 레만 지음. 김인환 옮김. 『성서신학 I. 구약』. 서울: 크리스챤 다이제스트, 1993.

36. Martens, Elmer. *A. God's Design: A Focus on Old Testament Theology*. Grand Rapids: Baker, 1981, $^2$1994. > 엘머 A. 말텐스 지음. 『새로운 구약신학. 하나님의 계획』. 서울: 아가페, 1990.

37. Muilenburg, James. *The Way of Israel; Biblical Faith and Ethics*. London: Routledge & Kegan Paul / New York: Harper & Row, 1961. > J. 마일렌버그 지음. 김이곤 옮김. 『이스라엘의 길 - 성서적 신앙과 윤리』. 서울: 컨콜

디아사, 1979.
38. Prussner, Frederick C. / Hayes, John H. *Old Testment Theology: Its History and Development*. Atlanta: John Knox, 1985. > 프레드릭 C. 프루스너 /존 H. 헤이스 지음. 장일선 옮김. 『구약성서신학사』. 서울: 나눔사 1991.
39. Ringgren, Helmer. *Israelitische Religion*. > H. 링그렌 지음. 김성애 옮김. 『이스라엘의 종교사(200주년 성서 별책)』. 서울: 성바오로출판사, 1990. 영어번역본: Tr. by Green, David. *Israelite Relgion*. London: S. P. C. K. 1966.
39-1. Sailhamer, John H. *Introduction to Old Testament Theology: A Canonical Approach*. Grand Rapids, Michigan: Zondervan, 1995. > 세일해머, 존 H. 저. 김진섭 역. 『구약신학개론: 정경적 접근』. 서울: 솔로몬, 2003.
40. Schmidt, W. H. *Alttestamentliche Glaube in seiner Geschichte*. Neukirchen-Vluyn: Neukirchener Verlag, [4]1982. > *The Faith of Old Testament. A History*. Philadelphia: The Westerminster Press, 1983. > W. H. 슈미트 지음. 강성열 옮김. 『역사로 본 구약신앙』. 서울: 나눔사, 1988. 2004년에 나온 독일어 제9판의 한글 번역: 베르너 H. 슈미트 지음, 차준희 옮김. 『구약신앙. 역사로 본 구약신학』. 서울: 대한기독교서회, 2007
41. von Rad, Gerhard. *Theologie des Alten Testaments*. Band 1. *Die Theologie der geschichtlichen Überlieferungen Israels* . 1957, [6]1969. > G. 폰 라트 저. 허혁 역. 『구약성서신학 제1권 - 이스라엘의 역사적 전승의 신학 -』. 왜관: 분도출판사, 1976. 영어번역본: Tr. by Stalker, D. M. G. *The Old Testament Theology*. Vol. I. *The Theology of Israel's Historical Traditions*. New York/ Evanston/San Francisco/London: Harper & Row, 1962.
42. von Rad, Gerhard. *Theologie des Alten Testaments*. Band 2. *Die Theologie der prophetischen Überlieferungen Israels*. 1957, [6]1975. > G. 폰 라트 著. 허혁 역. 『구약성서신학 제2권 - 이스라엘의 예언적 전승의 신학 -』. 왜관: 분도출판사, [1]1977=[2]1981. 영어번역본: Tr. by Stalker, D. M. G. The *Old Testament Theology*. Vol. II. *The Theology of Israel's Prophetic Traditions*. New York/ Evanston/San Francisco/London: Harper & Row, 1962.
43. von Rad, Gerhard. *Weisheit in Israel*. 1970. > G. 폰 라트 저. 허혁 역. 『구약성서신학 제3권 - 이스라엘의 지혜의 신학 -』. 왜관: 분도출판사, 1980. 영어번역본: Tr. by Martin, J. D. *Wisdom in Israel*. London: SCM, 1972.
44. G. 폰 라드 저. 김정준 역. 『폰 라드 논문집』. 서울: 대한기독교출판사,

1978.
45. Vos, Geerhardus. *Biblical Theology.* > 게르할더스 보스 저. 이승구 역. 『성서신학』. 서울: 기독교문서선교회, 1985.
46. Vriezen, Th. C. *An Outline of Old Testament Theology.* Oxford: Basil Blackwell, 1954, ²1970 > Th. C. 프리젠 지음. 노항규 옮김. 『구약신학개요』. 서울: 크리스챤다이제스트, 1995.
47. Westermann, Claus. *Das Alte Testament und Jesus Christus.* Stuttgart: Calwer, 1968. > Tr. by Kaste, O. *The Old Testament and Jesus Christ.* Minneapolis: Augsburg. > 클라우스 베스터만 저. 문희석 역. 『구약성서와 예수 그리스도』. 서울: 컨콜디아, 1976.
48. Wright, G. E. *God who Acts.* 1952. > G. E. 라이트 저. 문희석 역. 『구약성서신학입문』. 서울: 대한기독교서회, ²1975(=¹1974)
49. Young, E. J. *The Study of Old Testament Theology Today.* > 에드워드 J. 영 지음. 김정훈 옮김. 『구약신학입문』. 서울: 바울, 1994.
50. Zimmerli, Walter. *Grundriß der alttestamentlichen Theologie*(Theologische Wissenschaft 3, 1). Stuttgart/Berlin/Köln/Mainz: Kohlhammer, 1972, ⁵1985. > 발터 침멀리 저. 김정준 역. 『구약신학』. 서울: 한국신학연구소, ¹1976 = ¹¹1991. 영문번역본: *Old Testament Theology in Outline.* Atlanta: John Jnox, 1978.
51. Albertz, Rainer. *Religionsgeschichte Israels in alttestamentlicher Zeit.* 2 Bände (ATD Ergänzungsreihe 8/1 ù. 2). Göttingen: Vandenhoeck & Ruprecht, 1992. > Tr. by Bowden, J. *A History of Israelite Religion in the Old Testament Period.* 2 Vols. London/Lousville, 1994. > 라이너 알베르츠 지음. 강성열 옮김. 『이스라엘 종교사 1』. 서울: 크리스챤다이제스트, 2003; 『이스라엘 종교사 2』. 서울: 크리스챤다이제스트, 2004(?).
52. Brueggemann, Walter. *Theology of the Old Testament. Testimony, Dispute, Advocacy.* Augsburg : Fortress Press, 1997. > 월터 브루그만 저. 류호준, 류호영 공역. 『구약신학. 증언, 논쟁, 옹호』. 서울: 기독교문서선교회, 2003.
53. Childs, Brevard S. *Biblical Theology of the Old and New Testaments. Theological Reflection on the Christian Bible.* Minneapolis: Fortress Press, 1993. / London: S. C. M. Press Ltd., 1992. > 브레바드 S. 차일즈 지음. 유선명 옮김.

『신구약성서신학』. 서울: 은성, 1994; Tr. by Christiane und Manfred Oeming, *Die Theologie der einen Bibel*. 2 Bände. Freiburg/Basel/Wien: Herder, 2003.
54. Fohrer, Georg. *Geschichte der israelitischen Religion*. Berlin: Walter de Gruyter, 1969. > *History of Israelite Religion*. Nashville: Abingdon, 1973.
55. Fohrer, Georg. *Theologische Grundstrukturen des Alten Testaments*. Berlin: Walter de Gruyter, 1972.
55−1. Gerstenberger, Erhard S. *Theologies in the Old Testament*. Fortress Press, 2002.
56. Graf Reventlow, Henning. *Hauptprobleme der alttestamentlichen Theologie im 20. Jahrhundert*. Darmstadt: Wissenschaftliche Buchgesellschaft, 1982. > *Problems of Old Testament Theology in the Twentieth Century*. London: SCM Press, 1985.
57. Graf Reventlow, Henning. *Hauptprobleme der Biblischen Theologie im 20. Jahrhundert*. Darmstadt: Wissenschaftliche Buchgesellschaft, 1983. > *Problems of Biblical Theology in the Twentieth Century*. Philadelphia, 1986.
58. Gunneweg, A. H. J. *Biblische Theologie des Alten Testaments. Eine Religionsgeschichte Israels in biblisch-theologischer Sicht*. Stuttgart/ Berlin/ Köln: Kohlhammer, 1993.
58−1. House, Paul R. *Old Testament Theology*. Downers Grove, Illinois: Inter Varsity Press, 1998. > 폴 R. 하우스 지음. 장세훈 옮김. 『구약신학』. 서울: 기독교 문서선교회, 2001.
59. Jacob, Edmon. *Theologie de l'Ancien Testament*, 1955. > Tr. by Heathcote, Arthur W. *Theology of the Old Testament*. Harper & Row, 1958.
60. Janowski, Bernd/ Lohfink, Norbert(hg.). *Religionsgeschichte Israels oder Theologie des Alten Testaments Jahrbuch für Biblische Theologie*. Band 10. Neukirchen-Vluyn: Neukirchener Verlag, 1995.
61. Kaiser, Otto. *Der Gott des Alten Testaments: Wesen und Wirken: Theologie des AT 1: Grundlegung*(UTB 1747). Göttingen: Vandenhoeck & Ruprecht, 1993; *2: Jahwe, der Gott Israels, Schöpfer der Welt und des Menschen*(UTB 2024), 1998; *3: Jahwes Gerechtigkeit*(UTB 2392), 2003.
62. Lemke, Werner E. "Theology(Old Testament)", *ABD* VI(1992), 448~473.
63. McKenzie, J. L. *A Theology of the Old Testament*. Garden City, 1974.

63-1. Martens, Elmer A. *Old Testament Theology*. Baker, 1997.
64. Ollenburger, C. Ben/Martens, Elmer A. /Hasel, Gerhard F. *The Flowering of Old Testament Theology*. Winona Lake, Indiana: Eisenbrauns, 1992.
64-1. Perdue, Leo G. *The Collapse of History: Reconstructing Old Testament Theology*. Minneapolis: Augsburg Fortress, 1994.
65. Preuß Horst Dietrich. *Theologie des Alten Testament*. Band I/II. Stuttgart, Berlin, Köln: Verlag W. Kohlhammer, 1991/1992. > Tr. by Leo G. Perdue. *Old Testament Theology*(Old Testament Library). 2 vols. Louisville, Kentucky: Westerminster /John Knox, 1995/1996.
66. Rendtorff, Rolf. *Theologie des Alten Testaments. Ein kanonischer Entwurf.* Band 1: Kanonische Grundlegung. Neukirchen-Vluyn: Neukirchener Verlag, 1998.
67. Schreiner, Josef. *Theologie des Alten Testaments(Neue Echter Bibel Ergänzungsband 1)*. Würzburg: Echter Verlag, 1995.
68. Terrien, Samuel. *The Elusive Presence: toward a new Biblical Theology*. San Francisco: Harper & Low, 1978.
69. Westermann, Claus. *Theologie des Alten Testaments in Grundzügen*(ATD Erg. reihe 6). Göttingen: Vandenhoeck & Ruprecht, 1978. > *Elements of OT Theology*. Atlanta: John Knox, 1982.

## 10. 구약본문설교와 구약윤리

### 10.1. 구약본문설교

1. 김중은. "구약도 자주 설교합시다", 『구약의 말씀과 현실』(위 9.9의 책), 336~343.
2. 박동현. "나는 어떻게 설교하는가?", 『예언과 목회 [IV]』(위 9.14의 책), 101~111.
2-1. 박종수. 『성서적 설교의 이론과 실제』. 서울: 대한기독교서회, 2002.
2-2. 왕대일, 이성민. 『구약설교 패러다임』. 서울: 감신대성서학연구소, 2002.
3. 장일선. 『구약성경과 설교』. 서울: 전망사, 1989.
4. 장일선. 『구약 성서와 현대 생활』. 서울: 대한기독교서회, 1995.

5. 엘리자벳 악트마이어 저. 장일선 역. 『구약 성서와 복음 선포』. 서울: 대한기독교 출판사, 1981.

## 10.2. 구약윤리

1. 강성열. "구약성서의 경제윤리와 사회정의", 「신학이해」17(1999), 9~65.
2. 박동현. "구약의 경제 윤리", 「구약논단」6(1999. 6), 5~26과 7(1999. 11).
3. 신성자. 『구약윤리』. 서울: 총신대학교 출판부, 1998.
4. "윤리(구약)", 『성서백과대사전』9(1981), 710~720.
4-1. 채홍식. 『구약성경의 윤리』. 의정부: 한님성서연구소, 2008.
5. Steck, Odil Hannes. *Welt und Umwelt*(Kohlhammer Taschenbücher 1006. Biblische Konfrontationen). Stuttgart/Berlin/Köln/Mainz: Verlag W. Kohl-hammer, 1978. > 오딜 H 슈텍 지음. 박영옥 역. 『세계와 환경』. 서울: 한국신학연구소, 1990.
6. Wright, Christopher J. H. *The Relevance of Old Testament Ethics*. > 정옥배 옮김. 『현대를 위한 구약윤리』. 서울: 한국기독학생회 출판부, 1989.
7. Würthwein, E. /Merk , O. *Verantwortung*. Stuttgart/Berlin/Köln/Mainz: Verlag W. Kohlhammer, 1982. > 황현숙 옮김. 『책임』. 서울: 대한기독교서회, 1991.
8. Barton, J. *Ethics and the Old Testament*. London: SCM Press, 1998.
9. Barton, J. "Understanding OT Ethics", *JSOT* 9(1978), 44~64.
10. Clements, R. E. *Loving One's Neighbour: OT Ethis in Context*, 1992.
11. Gerstenberger, Erhard S. / Schrage, Wolfgang. *Frau und Mann*(Kohlhammer Taschenbücher 1013. Biblische Konfrontationen). Stuttgart/ Berlin/ Köln/ Mainz: Verlag W. Kohlhammer, 1980.
12. Gustavson, J. "The Place of Scripture in Christian Ethics", *Interpretation* 24 (1970), 430~455.
13. Janzen, W. *Old Testament Ethics. A Paradigmatic Approach*. Louisville, Kentucky: Westerminster/John Knox Press, 1994.
13-1. Walter C. Kaiser, Jr. *What Does the Lord Require?: A Guide for Preaching and Teaching Biblical Ethics* > 월터 카이저 지음. 강성열 옮김. 『이렇게 가르치라: 설교자와 교사를 위한 성경윤리 가이드』. 서울: 새물결플러스, 2009.
14. Knight, D. A.(ed.). *Ethics and Politics in the Hebrew Bible*. Semeia, 1994/ 1995.

15. Malfico, T. L. J. "Ethics(OT)", *ABD* 2(1992), 645~652.
16. Otto, Eckart. *Theologische Ethik des Alten Testaments*(Theologische Wissenschaft 3, 2). Stuttgart/Berlin/Köln: Verlag W. Kohlhammer, 1994.
16-1. Rodd, Cyril S. *Glimpses of A Strange Land. Studies in Old Testament Ethics*. Edinburgh: T & T Clark, 2001.
17. Smend, R. "Ethik(AT)", *TRE* X(1982), 423~435.

## 구약학개관

| | | |
|---|---|---|
| 초 판 발 행 | 2003년 3월 5일 |
| 개정증보1판 발행 | 2010년 2월28일 |
| 개정증보2판 발행 | 2016년 7월11일 |
| 개정증보2판 2 쇄 | 2018년 3월 8일 |

| | | |
|---|---|---|
| 지 은 이 | 박 동 현 |
| 발 행 인 | 임 성 빈 |
| 발 행 처 | 장로회신학대학교출판부 |
| 등 록 | 제1979-2호 |
| 주 소 | 04965 서울특별시 광진구 광장로 5길 25-1(광장동 353) |
| 전 화 | 02-450-0795 |
| 팩 스 | 02-450-0797 |

값 19,000원
ISBN 978-89-7369-390-0 93230

ⓒ 장로회신학대학교출판부 2016